Gertrude Kircheisen
Die Frauen um Napoleon

SE**V**ERUS

Kircheisen, Gertrude: Die Frauen um Napoleon
Hamburg, SEVERUS Verlag 2012
Nachdruck der Originalausgabe von 1912

ISBN: 978-3-86347-286-3
Druck: SEVERUS Verlag, Hamburg, 2012

Der SEVERUS Verlag ist ein Imprint der Diplomica Verlag GmbH.

Bibliografische Information der Deutschen Nationalbibliothek:
Die Deutsche Nationalbibliothek verzeichnet diese Publikation in der Deutschen Nationalbibliografie; detaillierte bibliografische Daten sind im Internet über http://dnb.d-nb.de abrufbar.

© **SEVERUS Verlag**
http://www.severus-verlag.de, Hamburg 2012
Printed in Germany
Alle Rechte vorbehalten.

Der SEVERUS Verlag übernimmt keine juristische Verantwortung oder irgendeine Haftung für evtl. fehlerhafte Angaben und deren Folgen.

seVerus

Josephine.
Nach einem Gemälde von J. B. Isabey.
(Aus der Sammlung E. Taigny.)

DIE FRAUEN UM NAPOLEON

VON

GERTRUDE KIRCHEISEN

MIT
ZWEIHUNDERTUNDELF ILLUSTRATIVEN
BEIGABEN

MÜNCHEN UND LEIPZIG 1912 BEI GEORG MÜLLER

GELEITWORT

Hervorragende Männer müssen wie Fragen von hoher Bedeutung behandelt werden. Man soll sie bis in die verborgensten Winkel ihres Seelenlebens und ihres Empfindungsvermögens studieren. Sucht man im allgemeinen hauptsächlich den Einfluß auf ihre Zeit und die kommenden Geschlechter zu ergründen, so wird sich doch zu gleicher Zeit der Wunsch und das Interesse einstellen, ihre menschlichen Eigenschaften und Schwächen kennen zu lernen. Man möchte sie ganz und voll verstehen, ihre Neigungen, ihre Leidenschaften, ihre Fehler und Laster ebensogut wie ihre Tugenden und Vorzüge kennen, um sie danach in ihren Handlungen besser und gerechter beurteilen zu können. Das Privatleben eines großen Mannes wird zum Eigentum des Publikums, das an seinen Sorgen und Freuden, an seinen Gefühlen im Glücke wie im Leid Anteil nimmt. Wir stellen uns ihn in seiner Häuslichkeit vor, als Gatten und Vater, als Geliebten und Freund. Wir fragen uns, wie verhielt sich dieser Mann, dessen Hirn gigantische Pläne entwarf, in dessen Kopfe die genialen Gedanken einen steten Wettlauf vollbrachten, an dessen Schaffenskraft selbst die Zeit ermüdete, wie verhielt sich dieser Mann zu dem zartesten, edelsten und zugleich mächtigsten aller Gefühle, zur Liebe? Wie war er gegen die Frau? War er brutal, despotisch, gefühllos? War er zart, rücksichtsvoll, feinempfindend oder schwach, ergeben, willenlos, ihr Sklave?

Alle diese Fragen müssen uns doppelt lebhaft bei einem

Menschen wie Napoleon interessieren, dem Helden auf dem Felde der Ehre, dem genialsten aller Feldherrn, dem gewaltigen Staatenlenker, dem klugen Gesetzgeber und unermüdlichen Arbeiter. In seiner Doppelnatur vereinigten sich alle Gegensätze: der rauhe Krieger und strenge, ehrgeizige Herrscher war nicht unempfänglich für menschliche Empfindungen und Leidenschaften. Die Liebe, die er als junger Leutnant und später noch als Mann fast verleugnete, die Liebe hatte auch diesen Riesengeist gepackt und ihre süßen Schmerzen in sein Herz geträufelt. Und obwohl er gern sagte: „die Liebe ist nicht für mich geschaffen, ich bin nicht wie andere Menschen", so hat er doch viele Frauen gekannt, die ihm sehr nahe standen. Er hatte zwar nie eine offizielle Geliebte wie andere Herrscher, aber die geheimen Gemächer in Saint-Cloud und in den Tuilerien sahen eine Schar schöner Odalisken, die dahin kamen, um die Huldigung des Paschas zu empfangen. Alle diese galanten Verbindungen aber krönte die große, die starke Liebe zu Josephine! Jene Liebe, die den jungen Helden zu Beginn seiner Siegerlaufbahn zu herrlichen Taten hinriß, jene Liebe, für die er Schlachten gewann, Städte und Länder eroberte, jene Liebe mit deren Feuer im Herzen er seine armen, zerlumpten Soldaten von der Italienischen Armee zur Begeisterung entflammte, sie schoß wie der glühende Strom der Lava aus frischem Krater hervor. Und schließlich opferte er sie doch, diese Liebe! Sein Ehrgeiz, seine unerbittliche Politik verlangten nach einer Dynastie, nach der Kaisertochter, dem Sprößling des alten Geschlechts der Habsburger, die ihm den Thronerben gebären sollte.

Ich habe mich jedoch nicht nur darauf beschränkt, Napoleon in seinen Beziehungen zu den Frauen, die er geliebt hat, darzustellen; es lag mir auch nicht daran, gewisse pikante Hofgeschichten ans Tageslicht zu fördern, sondern ich wollte einfach den Mann in seinem Sichgeben dem Weibe gegenüber, sei es Geliebte, Gattin, Freundin oder Feindin, beurteilen, und zwar mit den Augen einer Frau.

Es hat allerdings nur wenige Frauen gegeben, die ein rein geistiges Interesse mit Napoleon verband. Daher haben sich die meisten Schriftsteller und Historiker nicht die Mühe gegeben, diesen Gegenstand in Betracht zu ziehen, es sei denn, daß man diesen Frauengestalten, wenn sie sonst eine Rolle in der Öffentlichkeit spielten, Biographien oder Spezialwerke gewidmet hat, in denen ihre Beziehungen zu dem französischen Kaiser gestreift wurden. Der Stoff ist groß und der Raum bemessen, so daß auch ich Kapitel wie über die Königin Luise, die Baronin von Staël und Frau von Rémusat nur essayistisch behandeln konnte. Hingegen ist es mir gelungen, mit Hilfe aller vorhandenen Quellen, deren Kenntnis ich besonders den langjährigen bibliographischen Forschungen meines Mannes verdanke, andere Abschnitte über Frauen, mit denen Napoleon durch zarte Bande verknüpft war, erschöpfend darzustellen. Manches Neue ist mir dabei unter die Hände gekommen. Natürlich konnten auch unter diesen weiblichen Gestalten, die des großen Mannes Weg für einige Zeit kreuzten, nur die bedeutendsten in Betracht gezogen werden. Eintagsfliegen fanden nicht Erwähnung in diesem Buche, das fern von der Absicht steht, nur um des Pikanten und Reizvollen willen geschrieben worden zu sein. Es war oft schwer genug, die heiklen Gegenstände in eine Form zu bringen, die nichts Verletzendes und Anstößiges an sich hat.

Ich hoffe, der Leser versteht meine Absicht. Vielleicht vermutet man, daß, da das Buch von einer Frau geschrieben ist, es den Standpunkt der Frauenemanzipation vertritt. Das aber lag mir fern. Ich stellte mich bei der Beurteilung des außergewöhnlichen Menschen ganz auf den Standpunkt der Unparteilichkeit und sah nicht mit den Augen der Frauenrechtlerin, für die Napoleon der Tyrann, der brutale Mensch, der Unterdrücker aller Frauenwürde und aller Frauenrechte ist. Ich sah in ihm den Mann, den Herrscher, den genialen Denker und Arbeiter, dem das weibliche Element wohl Bedürfnis war, der jedoch niemals um einer Frau willen den Kopf verlor, der stets über seinen Leidenschaften stand, und dessen erste Geliebte der Staat war. Daß auch auf ihn, der Throne stürzte und wieder aufbaute, der Fürsten und Völker vor seiner Gewalt erzittern machte, eine sanfte Stimme, ein zärtliches Wort, die Liebkosungen einer weichen Hand, der Blick aus einem schönen Auge, manches gute Wort aus schönem Munde, vielleicht gar eine Träne Einfluß hatten, und daß doch an seinem Hofe, dem es an hübschen, verführerischen und auch klugen Frauen nicht mangelte, diese nie eine Rolle spielten, das zu beweisen ist der Zweck meines Werkes.

Es sei mir an dieser Stelle noch gestattet, allen meinen Freunden, die mir bei der Entstehung des Buches durch Ratschläge und Dienste ihr Interesse bewiesen haben, zu danken, besonders Herrn Amtsrichter Joseph Urban und Herrn Hauptmann Rudolf Fleischer, die mir beim Lesen der Korrektur behilflich waren. Die wichtigsten von mir benutzten Quellen sind im Anhange verzeichnet, ebenso die Liste der Bilder. Diese habe ich selbst ausgewählt und alles getan, die Auswahl so mannigfaltig und neu wie möglich zu gestalten.

Genf, im Frühjahr 1912.

Gertrude Kircheisen.

INHALTSVERZEICHNIS

	Seite
Geleitwort	VII—X
Inhaltsverzeichnis	XI—XII
Erstes Kapitel. Napoleon und die Liebe	3—20

DIE FRAUEN DES JUNGEN NAPOLEON

Zweites Kapitel. Die Kirschenesserin von Valence. — Das Abenteuer im Palais Royal. — Leutnantsflirt in der Garnison Auxonne	23—42
Drittes Kapitel. Luise Turreau de Lignières. — Désirée Clary	43—60
Viertes Kapitel. Drei Frühlingstage in Châtillon	61—71

DIE FRAUEN IN PARIS

Fünftes Kapitel. Notre Dame de Thermidor	75—89

LIEBE UND EHE

Sechstes Kapitel. Josephine	93—166

DIE MAITRESSEN

Siebentes Kapitel. Pauline Fourès, die Königin des Orients	169—184
Achtes Kapitel. Die mailändische Sängerin Guiseppina Grassini	185—199
Neuntes Kapitel. Georgina	201—219
Zehntes Kapitel. Josephine Duchesnois	221—230

DIE HOFDAMEN UND VORLESERINEN

Elftes Kapitel. Das Geheimnis von Saint-Cloud	233—245
Zwölftes Kapitel. Die schöne Genueserin	246—255
Dreizehntes Kapitel. Eleonore Dénuelle de la Plaigne	256—268

COER-DAME

Vierzehntes Kapitel. Gräfin Marie Walewska	271—297

DEUTSCHE FÜRSTINNEN

Fünfzehntes Kapitel. Luise Herzogin von Sachsen-Weimar	301—318
Sechzehntes Kapitel. Königin Luise von Preußen	319—343

DER GATTE UND VATER

Siebzehntes Kapitel. Marie Luise	347—392

DIE SCHÖNGEISTIGEN FRAUEN AM HOFE NAPOLEONS

Seite

Achtzehntes Kapitel. Laura Junot, Herzogin von Abrantes . 395—408
Neunzehntes Kapitel. Frau von Staël . . . . 409—423
Zwanzigstes Kapitel. Frau von Rémusat . . . . 424—435

EINE UNBEKANNTE FREUNDIN

Einundzwanzigstes Kapitel. Die Gräfin Charlotte v. Kielmansegg 439—451

Literatur . . . . 453—463
Verzeichnis der illustrativen Beigaben . . . . 464—471

DIE FRAUEN UM NAPOLEON

Bonaparte bei Arcole.
(Nach einem Gemälde vom Baron A. L. J. Gros im Musée du Louvre.)

ERSTES KAPITEL

NAPOLEON UND DIE LIEBE

„Was ist die Liebe? — Das Gefühl seiner eigenen Schwäche, von dem der alleinstehende Mensch bald durchdrungen wird; gleichzeitig auch das Gefühl seiner Machtlosigkeit. Das Herz krampft sich zusammen, es erweitert sich, schlägt stärker — süße Tränen der Wollust rinnen. Das ist die Liebe."

So sprach der junge Napoleon. Von Rousseauschen Gedanken erfüllt und begeistert, schrieb er seine Ansichten über die Liebe, die er selbst noch kaum kannte, an einem düsteren Februartage im Jahre 1791 auf seiner Wanderung durch die Dauphiné nieder.

Das war seine Ansicht über die platonische Liebe; die rein physische fand noch weniger Anklang bei ihm. Sein Freund, der Leutnant Des Mazis im Regiment La Fère, gab ihm oft Gelegenheit, seine Meinung darüber auszusprechen. Des Mazis hatte eine Geliebte, dachte nur an sie, sprach nur von ihr und sah nur sie auf der Welt. Bonaparte behandelte ihn wie einen Kranken. Mit Vernunftgründen wollte er ihn von dieser Krankheit heilen, denn er hielt sie für überflüssig. Schließlich entstand aus diesen täglichen Auseinandersetzungen der „Dialogue sur l'amour", worin er ganz kategorisch behauptete: „Ich halte die Liebe für die Gesellschaft, für das persönliche Glück der Menschen für verderblich und glaube, daß sie mehr Schaden anrichtet als Gutes tut. Es wäre wahrhaftig eine Wohltat der Götter, wenn sie die Welt davon befreiten!" Und in seinen „Lettres sur la Corse" ruft er leidenschaftlich aus: „O Liebe, verderbliche Leidenschaft, Geißel der Tugend, was hast du getan!"

Sein junges Herz empfand die Liebe als eine niedrige Eigenschaft, durch die Völker und Sitten zugrunde gerichtet werden. Nur eine Liebe erkannte er an: die Liebe zum Vaterland! Seine korsische Insel war ihm alles. Für sie lebte er, für sie wäre er gestorben. Ja, die alten Römer, die Spartaner, die wußten noch, was wahrer Patriotismus war! Aber die Weichlinge des 18. Jahrhunderts, die ließen sich von einem schwachen Geschlecht beherrschen, dessen ganzes Verdienst in einem schönen Äußern bestand! Wie verächtlich! Seine Entrüstung findet kaum Worte. „Ein dem Frauenkult überliefertes Volk hat nicht einmal so viel Kraft, zu begreifen, daß es Patrioten gibt!"

Und als die Revolution über Frankreich hereinbrach, als alle patriotischen Männer vom Freiheitstaumel und von der Begeisterung für die neuen Ideen mit fortgerissen wurden, die Frauen aber, besonders die der höheren Stände, noch immer zum alten Régime mit den verfeinerten, wenn auch keineswegs moralischeren Sitten hinneigten, da konnte Napoleon Bonaparte seiner Verachtung für die Frauen nicht Einhalt tun. „Ist doch die Freiheit ein viel schöneres Weib als sie", rief er, „und stellt sie in den Schatten!"

Standen diese Aussprüche mit dem Wesen und dem Verhalten des Mannes im Einklang, der sie tat? Durfte und konnte ein Mann so sprechen, der später zwei Frauen und mehrere Geliebte gehabt hat? Ja. Denn im Grunde genommen war für Napoleon die Frau nichts weiter als ein Zeitvertreib, ein Bedürfnis. Er suchte ihre Gesellschaft, ihre

Zärtlichkeit, ihre Liebe, wenn sein Geist das Verlangen nach Ruhe, nach Abwechselung hatte, oder die Frau war ihm rein Mittel zum Zweck, wenn seine ehrgeizigen oder politischen Pläne es erforderten.

Er kannte nicht d i e Frau, sondern e i n e Frau: Josephine. Vielleicht kannte er nicht einmal sie vollkommen, da sie mehr als jede andere Schauspielerin war. Alle andern Frauen, die Napoleon gekannt und besessen hat, waren für ihn Notwendigkeit, Fürstenlaune, Politik oder Zufall.

Nie haben die Frauen an seinem Hofe eine Rolle ge-

Ajaccio.
(Nach Baron D. V. Denon.)

spielt. Er hatte weder eine Diana de Poitiers, die sich täglich in kaltem Goldwasser badete und die Sinne und das Land Heinrichs II. vollkommen beherrschte, noch, wie Ludwig XIV., eine Montespan, noch eine Pompadour, von der Sainte-Beuve sagt, sie sei die letzte der königlichen Maitressen gewesen, die dieses Namens wert sind. Napoleon hatte auch keine Lola Montez, wie der greise König von Bayern, oder eine Aurora von Königsmark, wie August der Starke. „Frauen dürfen an meinem Hofe nie eine Rolle spielen", sagte er einmal zur Frau von Rémusat; „sie werden mich deshalb hassen, aber ich habe wenigstens Ruhe vor ihnen ... Die Weiber haben Heinrich IV. und Ludwig XIV. geschadet. Meine Stellung aber ist weit ernster als die jener Fürsten. Die Franzosen sind seitdem in dieser Hinsicht strenger geworden. Sie würden ihrem Herrscher öffentliche Liebschaften und Maitressen nicht mehr verzeihen."

Darin hatte er recht: was andere Fürsten sich gestatteten, durfte ein Napoleon sich nicht erlauben. Ein so großer Charakter, wie er, durfte nicht so tief hinabsteigen, daß die Galanterie in seinem Leben eine Rolle spielte. An seinem Hofe waren die Frauen nur Schmuck, nur Dekoration. Nur zu diesem Zwecke suchte er die schönsten, die elegantesten und vornehmsten heranzuziehen. Niemals sahen Frankreichs Königsschlösser mehr Anmut, mehr Schönheit, glänzendere Pracht und größere Jugend als zur Zeit Napoleons. An seinem Hofe ward der Luxus bis zum Übermaß getrieben. Frauen und Männer waren mit Gold und Edelsteinen bedeckt. Die Schwestern und Schwägerinnen des Kaisers erschienen nie zu einer Festlichkeit, ohne für mehrere hunderttausend Franken Schmuck an sich zu haben.

An Höfen, wo ausschließlich Frauen die Herrschaft besaßen, wie bei Ludwig XIV., war der Ton ein leichter, frivoler. Am Hofe Napoleons ging es steif zu; man könnte ihn beinahe einen moralischen Hof nennen. Alle, die ihn bildeten, waren nicht von der Gesellschaft mit ihren verfeinerten Genüssen verdorben; die Zeit vom 9. Thermidor bis zur Errichtung des Konsulats war zu kurz gewesen, als daß ihre zügellosen Sitten wirkliche Verheerungen in der neuen Gesellschaft hätten anrichten können. Die Frauen brachten alle mehr oder weniger ihr unverdorbenes Naturell mit, das wohl bisweilen mit der vorgeschriebenen Etikette auf Kriegsfuß stand aber keine schadhafte Übertünchung aufwies. Ihre Eleganz, ihre Jugend, ihre Anmut milderten die vom Kaiser verlangte, bisweilen an Steifheit grenzende Zurückhaltung. Vielleicht fehlte dieser Hofgesellschaft jene leichte Beweglichkeit, jene sprühende Lebhaftigkeit des Geistes, die die des alten Régime so sehr auszeichnete, aber dafür hatte sie den Vorzug, natürlicher, moralischer zu sein, was freilich nicht heißen will, daß sich am napoleonischen Hofe keine Liebeshändel abgespielt hätten.

Die Frauen haßten Napoleon zwar nicht, wie er meinte, aber sie hatten alle mehr oder weniger eine gewisse Scheu vor ihm. Er konnte sie bei öffentlichen Gelegenheiten in die peinlichste Verwirrung bringen. Während der Hofcour zitterte jede Dame vor dem Augenblick, wo der Kaiser das Wort an sie richten würde. Er machte ihnen schlechte Komplimente über ihre Toiletten und verriet vor aller Welt ihre Abenteuer. Das war so seine Art, die Sitten an seinem Hofe zu bessern. Ein junges Mädchen konnte gewärtig sein, gefragt zu werden, wieviele Kinder sie habe. Junge Frauen fragte er, im wievielten Monat sie guter Hoffnung seien, und alten Damen sagte er frei heraus, er glaube wohl, daß sie nicht mehr lange leben würden. War eine häßlich oder nicht nach seinem Geschmack, so sagte er bei der Vorstellung: „Mein Gott, Madame, man hatte mir gesagt, Sie seien hübsch." Kurz, es war ihm nicht gegeben, jenen leichten Ton zu finden, in dem man mit einem Nichts eine Liebenswürdigkeit, eine Schmeichelei sagt, und der besonders seinem Bruder Lucien in so hohem Maße eigen war. Es kam Napoleon nicht darauf an, einer Dame, die kein Rot aufgelegt hatte, vor versammelter Hofgesellschaft zu sagen: „Madame, gehen Sie, schminken Sie sich; Sie sehen aus wie eine Leiche." Oder: „Warum sind Sie denn so blaß? Sie sind wohl eben aus dem Wochenbett aufgestanden?" Ohne Zweifel waren diese Fragen brutal; niemand wird das Gegenteil behaupten.

Und dennoch besaß dieser Mann, der ein so schroffes Wesen vor der Öffentlichkeit zur Schau trug, der die Liebe als verderbenbringend verabscheute, der die Frau gering zu schätzen schien, ein leidenschaftliches, liebebedürftiges Herz. Dennoch schrieb er die zärtlichsten, die glühendsten Briefe, wie sie nur ein Mann an eine geliebte Frau schreiben kann. Dennoch wurde er, der behauptete, „die Liebe ist weiter nichts als ein wahnsinniges Hoffen," von sehnsüchtiger Leidenschaft verzehrt, als er in Italien vergebens auf Josephine wartete. Dennoch kannte er die Eifersucht, als er in den syrischen Wüsten die Untreue seiner Josephine erfuhr!

Josephine! Diese Frau allein hat sein Herz besessen; sie allein hatte Einfluß auf ihn. Sie hat er geliebt, trotz des Altersunterschiedes. Gegen sie war er bald eifersüchtig und streng, bald zärtlich und vertrauend. Und sie wiederum verstand ihn wie keine andere Frau. Mit bewunderungswürdiger Sanftmut ertrug sie alle seine Launen und besiegte ihn stets durch ihre Güte oder ihre Tränen. Napoleon selbst gesteht: „Ich war niemals verliebt, ausgenommen in Josephine". Und wenn es einige Frauen außer ihr gegeben hat, wie die Gräfin Walewska oder die Schauspielerin George, Madame Fourès, Madame Duchâtel und Carlotta Gazzani, die seine Gunst länger als manche andere besaßen, so konnten sie sich doch nicht rühmen, jemals irgendwelchen Einfluß auf sein Privatleben oder auf seine Staatsgeschäfte gehabt zu haben. Er blieb immer seinem Grundsatz getreu: „Ein Tor der Mann, der sich von einer Frau beherrschen läßt!" Auch liebte er zu sagen: „Empfindsamkeit ist die Sache der Weiber; der Mann aber soll fest in seinen Gefühlen und Vorsätzen sein oder ganz auf Kriegs- oder Regierungsgeschäfte verzichten."

War Napoleon deshalb ein Tyrann, ein brutaler Mensch gegen Frauen, die ihm näher standen? Der Schein ist

Geburtshaus Napoleons.
(Nach einem Stich aus dem Anfang des 19. Jahrhunderts. Aus der Sammlung Kircheisen.)

gegen ihn, und doch müssen wir mit einem „Nein" antworten. Er war Mann, und trotz seiner Ansichten, die leicht auf das Gegenteil schließen lassen können, nicht ohne Empfindsamkeit. Eine sanfte Stimme, ein zärtliches Wort, eine Träne vermochten auch in seinem Herzen eine Saite erklingen zu lassen, die zarte Empfindungen verriet. „Ich hasse intrigante Frauen", schrieb er am 6. November 1806 aus Berlin an Josephine; „ich bin an gute und sanfte Frauen gewöhnt, nur diese liebe ich." Und wäre Frau von Hatzfeld nicht so bescheiden und sanft aufgetreten, nie und nimmer hätte sie ihrem Manne das Leben gerettet.

Wenn Napoleon bisweilen gegen Josephine rücksichtslos war und ihr seine Liebesabenteuer weder verschwieg noch Anstalten traf, daß sie sie nicht erfuhr, oder wenn er, sobald er eine Geliebte hatte, gegen seine Frau weniger zärtlich als sonst war, so lag dies an seiner ganz besonderen Veranlagung und hatte mit Brutalität nichts zu tun. Sah er Josephine weinen, so war er besiegt, und seine Zärtlichkeit war unerschöpflich. Einem wahrhaft brutalen Menschen ist das unmöglich: er weidet sich an dem Schmerze einer Frau, die um ihn leidet. Nein, Napoleon war kein gefühlloser Mensch. Er hätte sonst nicht im „Discours de Lyon" schreiben können: „Das Gefühl ist die engste Bande des Lebens, der Gesellschaft, der Liebe und der Freundschaft." Im Gefühl erkannte er die Quelle aller Lebensfreuden und -schmerzen. Nur einen kraftlosen, haltlosen Menschen hielt er jeglichen Gefühls für unfähig.

Aber einem Charakter wie Napoleon mußte selbst die kleinste sichtbare Beherrschung von seiten einer Frau unerträglich sein. Als Josephine, von Eifersucht geplagt, ihm während seines Aufenthaltes in Posen, im Jahre 1806, einen vorwurfsvollen Brief schrieb und sich beklagte, daß er sie nicht nachkommen ließe, antwortete er: „O, Ihr Frauen! Ihr kennt keine Schranken! Was Ihr wollt, muß geschehen. Aber ich, ich erkläre mich zum niedrigsten Sklaven unter den Menschen. Mein Gebieter hat kein Herz im Leibe, und dieser Gebieter heißt: die Natur der Dinge!"

Ja, das war der einzige Gebieter, den Napoleon über sich anerkannte, und dem er auch schließlich erliegen mußte. Aber die Liebe! die Frauen! nimmer hatten sie Gewalt über ihn.

Auf Sankt Helena sagte er eines Tages im Kreise seiner Schicksalsgenossen halb im Scherz, halb im Ernst: „Wir Abendländer verstehen doch eigentlich nichts von der

Frau. Wir haben alles dadurch verdorben, daß wir sie viel zu gut behandeln. Mit großem Unrecht haben wir die Frau fast auf die gleiche Stufe erhoben, auf der wir uns befinden. Die Morgenländer waren viel gescheiter und einsichtsvoller als wir. Sie erklärten das Weib als das wahre Eigentum des Mannes, und in der Tat hat es die Natur auch zu unserer Sklavin geschaffen. Nur infolge unserer verkehrten Ansichten wagen die Frauen zu behaupten, daß sie unsere Gebieterinnen seien. Sie mißbrauchen einige Vorzüge, um uns zu verführen und uns zu beherrschen. Wenn uns wirklich einmal eine zum Guten begeistert, so gibt es dafür Hunderte, die uns nichts als Dummheiten begehen lassen."

Nun, diese Grundsätze waren nur halbe Wahrheiten im Munde Napoleons; er sprach sie wohl nur aus, um Madame Montholon und Madame Bertrand ein wenig zu reizen.

Man hat behauptet, Napoleon sei ein lasterhafter, ausschweifender Mensch gewesen. Eine solche Behauptung aufrecht zu erhalten wäre ebenso unbegründet wie ungerecht, und im weiteren werden wir sehen, ob daran etwas Wahres ist oder nicht.

Ohne Zweifel ist Napoleon weder ohne Schwächen noch ohne Fehler gewesen. Er hat Maitressen gehabt, er hat seine Ehe und die anderer gebrochen, er hat manche Blume geknickt und sie achtlos weggeworfen. Wo aber fände man etwas Vollkommenes in der Welt? Hat doch selbst die Sonne Flecken auf ihrer goldenen Scheibe. Er war groß genug, um Fehler haben zu dürfen. Fehler und Schwächen aber sind weit entfernt von Lastern und Ausschweifungen. Sein Charakter allein schon hielt ihn davon ab und ließ ihn im vertraulichen Verkehr mit Frauen eher zurückhaltend als herausfordernd sein. Die Keuschheit galt ihm als die höchste Tugend der Frau. „Sie ist", sagte er, „bei der Frau dasselbe wie die Tapferkeit beim Manne; ich verachte einen Feigen ebenso wie eine schamlose Frau."

Ein Mann, der so denkt, kann unmöglich so brutal gewesen sein, wie man Napoleon geschildert hat und noch schildert. Er hat sich zwar in einigen Fällen, wie gegen die Königin Luise in Tilsit, gegen Frau von Staël und Frau von Chevreuse, vielleicht auch gegen diese oder jene Dame seines Hofes nicht einwandfrei benommen, aber diese Ausnahmen bestätigen keinesfalls die Regel. Die Gründe dafür sind ganz andern Ursprungs. Er liebte es weder, daß die Frauen sich in Politik mischten, noch daß sie Schöngeister waren, noch daß sie eine Vergangenheit hatten oder im Begriff waren, sich eine zu schaffen. „Es ist besser", sagte er einmal zum

Staatsrat Roederer, „die Frauen beschäftigen sich mit Handarbeiten, als daß sie ihre Zunge gebrauchen, besonders, wenn sie sich in Politik mischen wollen ... Die Staaten sind verloren, sobald Weiber die öffentlichen Angelegenheiten in die Hand nehmen. Frankreich ist durch die Königin (Marie Antoinette) zugrunde gerichtet worden. Mir würde es schon genügen, wenn meine Frau in Staatsgeschäften etwas wollte, um gerade das Gegenteil zu tun." Und bei einer andern Gelegenheit, als er jenes berühmte 29. Bulletin der Großen Armee über Europa flattern ließ, schrieb er: „Die in Charlottenburg aufgefundenen Papiere werden beweisen, wie unglücklich die Fürsten sind, die sich in politischen Angelegenheiten durch Frauen beeinflussen lassen."

So konnten weder die Königin Luise, die ihm in ihrer engelsreinen Schönheit wohl sehr anziehend erschien, noch die kluge Frau von Staël bei ihm etwas erreichen.

Wir wollen mit dem Kaiser der Franzosen gerecht sein. Er, der unaufhörlich mit seinen gigantischen Plänen beschäftigt war, den ernste Arbeit stundenlang in seinem Arbeitszimmer festhielt, dessen ungeheures Genie immer neue, immer überraschendere Gedanken gebar und zur Ausführung brachte, er hatte wenig Zeit, sich mit der Frau und ihrer Eigenart zu beschäftigen. Die kurzen Augenblicke seiner Jugend, die er sozusagen auf das theoretische Studium der Frau verwendete, genügten nicht, ihn auf diesem Gebiete zum Kenner zu machen. Durch die Praxis konnte er nicht lernen, denn er war kein Frauenverführer. Auch dazu gehört Zeit, und die hatte Napoleon nie, selbst nicht als Leutnant. Die Arbeit war sein Element! Es fehlte ihm die Muße, sich mit der einschmeichelnden Sprache der Verführung, mit der Eleganz und den Feinheiten des reichhaltigen Wortschatzes der Erotik bekannt zu machen, die jede Frau in der Liebe sucht und verlangt. Und deshalb hatte Napoleon auch keine wahrhafte Geliebte.

Königin Luise von Preußen.
(Nach dem Gemälde von Joseph Grassi.)

Blieben ihm bisweilen ein paar Stunden für die Frau übrig, so überlegte er nicht lange, sondern ging gerade auf sein Ziel los, ohne Umschweife und ohne sentimentale Gefühle. Die Arbeit, der Ruhm, sie gingen allem andern voran. So kam es, daß er in Italien ein sechzehnjähriges Mädchen — „schön wie der Tag" sei es gewesen, sagt Chateaubriand — mitten in der Nacht fortschickte, wie man eine Blume zum Fenster hinauswirft, weil sie vielleicht auf dem Arbeitstisch zu viel Platz einnahm. Daher auch der geringe Respekt für ein Gefühl, das das Herz weit macht. Daher auch die rücksichtslose Art, mit der er eines Tages die Schauspielerin Duchesnois halbentblößt im kalten Schlafzimmer warten ließ und sie dann nach Hause schickte, weil sie ihn daran erinnern ließ, daß sie friere. Daher vielleicht auch das geringe Feingefühl, das ihn Josephine gegenüber seine Untreue offen zur Schau tragen ließ. Er selbst erzählte ihr bisweilen seine Abenteuer und duldete nicht, daß sie sich beklagte. „Begeht der Mann eine Untreue", sagte er, „so soll er sie ohne Reue gestehen; sie hinterläßt für ihn nicht die geringste Spur. Die Frau wird zwar zuerst ärgerlich sein, vergibt jedoch; manchmal gewinnt sie sogar dabei. Nicht dasselbe ist es mit der Untreue der Frau. Was hilft es, wenn sie ihren Fehler eingesteht ohne ihn zu bereuen? Wer bürgt dafür, daß er keine Folgen hinterlassen hat? Das Unheil ist nicht wieder gut zu machen, und deshalb darf sie, kann sie nicht dasselbe tun wie der Mann. Übrigens liegt in diesem Unterschiede zwischen Mann und Weib nichts Entehrendes. Jeder hat sein Eigentum und seine Verpflichtungen. Das Eigentum der Frau ist die Schönheit, die Anmut, die Kunst der Verführung; ihre Verpflichtungen: die Unterwürfigkeit und Abhängigkeit." Im übrigen liebte er seine Seitensprünge mit den Worten zu beschönigen: „Ich bin nicht ein Mann wie andere, und die

Gesetze der Moral und Schicklichkeit können nicht auf mich angewandt werden."

Nichtsdestoweniger hat es auch Frauen gegeben, die Napoleons Liebenswürdigkeit und Schmeicheleien ganz besonders hervorheben. So die Gemahlin des österreichischen Gesandten, die Gräfin Metternich. „Er hat mir viele galante Schmeicheleien über meine Diamantspange und mein Goldbrokatkleid gesagt", schrieb sie ihrem Mann, als sie bei einem Empfang in den Tuilerien zur Spielpartie des Kaisers hinzugezogen worden war. Und an die Gemahlin des Astronomen Lalande schrieb der General Bonaparte aus Italien: „Eine Nacht mit einer schönen Frau unter einem schönen Sternenhimmel verbringen, scheint mir das höchste Glück der Erde zu sein."

Gewiß, Napoleon konnte galant sein, aber die Galanterie war nicht der Kern seines Charakters. Die Tugenden und Vorzüge einer Frau faßten sich für ihn in den Begriffen Hausfrau und Mutter zusammen, alles andere schien ihm Beigabe, wenn nicht überflüssig. Er war in dieser Hinsicht ganz Korse. Vielleicht hatten sich diese Grundsätze durch das Beispiel seiner eigenen Mutter in ihm befestigt. Letizia hatte ihrem Gatten während ihrer einundzwanzigjährigen Ehe dreizehn Kinder geboren und war den acht, die am Leben geblieben, eine vortreffliche Mutter gewesen. Mit welchem Stolze, mit welch kindlicher Verehrung sprach der gefangene Kaiser von dieser Mutter! „Sie wußte zu bestrafen und zu belohnen", sagte er; „alle niedrigen Gefühle in uns erstickte sie, denn sie verabscheute sie. Nur das Große, das Erhabene ließ sie an ihre Kinder herantreten ..." Und hatte der italienische Sieger nicht auch Frau von Staël die bekannte Antwort gegeben, als sie ihn fragte, welche Frau er für die erste in Frankreich halte? „Die, welche ihrem Gatten die meisten Kinder gebiert, Madame." Ihm wurde die Frau erst schätzens- und achtenswert, wenn sie Mutter war.

Die Söhne Hortenses und Louis Bonapartes.
(Nach zeitgenössischen Stichen aus der Sammlung des Herrn P. Lafond.)

Diese Anschauung Napoleons gibt uns den Schlüssel zu seiner Scheidung von Josephine, die, wenn er sie auch nicht mehr mit der Leidenschaft des Generals Bonaparte liebte, doch noch immer die einzige Frau war, der er wahrhafte Neigung entgegenbrachte. Hätte sie ihm Kinder, hätte sie ihm nur einen Sohn geschenkt, er würde ihr wie einer Heiligen zu Füßen gelegen haben. Ihren Kindern, Eugen und Hortense, war er stets ein guter Vater und liebte sie mit der ganzen Zärtlichkeit eines solchen. Als Hortense ihren ersten Sohn gebar, überschüttete Napoleon ihn mit seiner ganzen Fürsorge und Zärtlichkeit. Er sah in ihm den mutmaßlichen Erben seines Thrones und liebte ihn wie seinen eigenen Sohn. Die Gerüchte, die über die Beziehungen des Kaisers zu seiner Stieftochter im Umlauf waren, entbehren aller Begründung. Er sah in diesem Kinde, dem Sohne des Bruders, den er mit seinem Leutnantssolde aufgezogen hatte, den Erben seiner Rasse. Er schien ihm am würdigsten, seinen Namen und seine Dynastie fortzupflanzen.

Die Ehe war für ihn die einzige annehmbare Verbindung zwischen Mann und Weib, und das Lebensziel der Menschen bestand für ihn darin, viele Kinder zu haben. Nur mit sich selbst machte er eine Ausnahme; er allein hatte noch ein anderes Ziel, das der Weltmacht, im Auge! Daß er eine wahre Manie hatte, Ehen zu stiften, ist bekannt. Nie hat es einen Herrscher gegeben, der an seinem Hofe so viele Ehen zustande brachte wie Napoleon. Er verheiratete seine Brüder, seine Schwestern, seine Generale, seine Minister und hohen Beamten; und manchem wurden zu diesem Schritt kaum 24 Stunden Bedenkzeit gegeben. Er verlor die Jungverheirateten nicht aus dem Auge, und bekamen sie Kinder, besonders Knaben, so konnten sie seiner Fürsorge um so gewisser sein.

Vertrauen aber brachte Napoleon auch der Gattin und

Mutter nicht entgegen. Die Treue schien ihm keine unantastbare Tugend der Frau zu sein. Es ist wohl möglich, daß ihn die Erfahrung mit Josephine mißtrauisch gemacht hatte. Selbst Marie Luise, die während ihrer Ehe mit Napoleon in Liebesintrigen gewiß unerfahren war, mußte es sich gefallen lassen, unter der strengen Aufsicht ihres Gemahls zu stehen. Kein Mann durfte ohne die Erlaubnis des Kaisers ihre Gemächer betreten und dann auch nur in Gegenwart von mehreren oder wenigstens einer Hofdame. Glaubt man jedoch, daß es blinde Eifersucht war, die Napoleon so handeln ließ, so irrt man sich. Diese Leidenschaft kannte er nur im Anfang seiner Liebe zu

Josephine und vielleicht noch einmal bei der hübschen Madame Fourès in Ägypten. Als er erfuhr, daß der General Kléber sein Nachfolger in der Gunst der Schönen geworden, da schien es, als wenn ihm dieser Gedanke „das Gehirn sprengen würde", wie sich Madame Junot ausdrückt.

Bei Marie Luise trieb ihn nicht die Eifersucht zur Überwachung. Seit er mit der Kaisertochter verheiratet war, lag ihm viel daran, alle falschen Situationen an seinem Hofe zu vermeiden. Er hätte unter keinen Umständen geduldet, daß an der Kaiserin, der Mutter seines Sohnes, auch nur ein Schein von Makel haftete. Aus der Erfahrung seiner Ehe mit Josephine hatte er sich eine ganz eigene Ansicht vom Ehebruch gebildet, und er liebte zu sagen: „L'adultère n'est pas un phenomène mais une affaire de canapé; il est tout commun."

Er haßte alles, was seiner Meinung nach gegen die guten Sitten und die Moral verstieß. Das Konkubinat, das unter der Revolution allgemein geworden war, verabscheute er. Selbst mit Berthier, der seine ganze Gunst und Zuneigung besaß, machte er in dieser Hinsicht keine Ausnahme. Berthiers Geliebte, Madame Visconti, durfte nie am Kaiserhofe erscheinen, obgleich sie durch ihre Geburt und ihren Rang ein Recht dazu gehabt hätte; ebensowenig Talleyrands Frau, Madame Grant. Sie hatte vor ihrer Ehe mit dem Minister gelebt; das war für Napoleon Grund genug, sie vom Hofe fern zu halten. Er ging in seinen Ansichten über die Moral so weit, daß er einer großen Frau, die Frankreich nur Gutes getan, der berühmten Agnes Sorel, ein Denkmal verweigerte. Warum? Weil sie die Geliebte eines Königs gewesen war.

Napoleon nahm von der Frau, was sie ihm zu geben vermochte, lieferte sich ihr aber nicht aus. Infolge seiner ganz besonderen geistigen Veranlagung konnte nie ein Identifizieren zwischen ihm und irgendeiner Frau stattfinden. Von einer geistigen Gemeinschaft konnte keine Rede sein, es sei denn, die Frau würde annähernd auf seiner Höhe gestanden haben. Dann aber hätte es eine jener Frauen sein müssen, die er verabscheute, eine jener Frauen, die sich in irgendeiner Hinsicht dem Manne überlegen fühlen und ihn gerade deswegen am meisten lieben. Eine solche Geliebte oder Frau konnte ein Napoleon nicht haben, so lange er die Welt beherrschte. Als er später auf dem öden Felsen im Ozean seine Tage beschloß, hätte er wohl eine solche Trösterin finden können, aber er verschmähte sie, vielleicht in der Hoffnung, daß ihm die eine Frau, die der Verlassene so sehnlich erwartete, die Mutter seines Sohnes, noch seine letzten Stunden verschönen würde. Sie kam nicht. Und so hat Napoleon die Theorie, die er als junger Mann im „Discours de Lyon" niederschrieb, nur teilweise in der Praxis anwenden können. „Die Frau", heißt es darin, „ist zur animalischen Organisation des Mannes nötig, aber noch mehr zur Befriedigung seines Empfindens. Sie ist die natürliche, eigens für ihn erschaffene Gefährtin. Daher soll er sie um ihrer selbst willen bekommen und unzertrennlich von ihr sein. Er soll sich mit ihr identifizieren, sein Herz in das ihrige ergießen. Dann werden sie beide, gegen zügellose Gelüste stark, die Reize des Lebens höher empfinden. Die Süße der Vereinigung verschönt die Träumereien, mildert die Traurigkeit, macht die Freuden des Lebens abwechselungsreicher, das weite Feld der Empfindungen fruchtbarer."

Konnte ein Mann, der so etwas schrieb, wirklich brutal sein? Nein! Nur die äußeren Umstände, seine ganz eigenartige Stellung der Welt und den Menschen gegenüber, ließen sein Benehmen gegen Frauen oft in diesem Lichte erscheinen. Seine rastlose Geistestätigkeit ließ ihm nicht die Zeit, sein Empfindungsvermögen in den feinen und feinsten Abstufungen sich entwickeln zu lassen. Er war zu groß, um wie ein Mensch zu lieben, und zu klein, um wie ein Gott geliebt zu werden.

Wir finden in keiner Liebesepisode Napoleons, außer in der Liebe zu Josephine, weder etwas von übergroßer Sinnlichkeit, noch von Leidenschaft, noch von alles vergessender Hingebung. Keine Frau war diesem großen Manne, der Throne stürzte und wieder aufbaute, jemals ein Leitstern. Die heiße Flamme, die in den ersten Briefen an die unvergleichliche Josephine so wild und unbändig aufloderte, war wie der Lavastrom aus frischem Krater: er schießt erst heiß und glühend mit mächtiger Gewalt hervor, um allmählich verkühlend, ruhig und gleichmäßig hinabzufließen, bis er ganz erkaltet.

Auf den ersten Blick hin scheint Napoleon eine Doppelseele zu haben. Große und edle Eigenschaften paaren sich

Marquise Visconti.
(Nach Baron F. P. S. Gérard im Musée du Louvre.)

in ihm mit unedlen und kleinen. Er scheint in seinen Sitten und seinem Empfinden einfach zu sein, umgibt sich und seinen Hof aber mit fast orientalischer Pracht. Er scheint uneigennützig und selbstlos in vielen Dingen und kennt doch nichts reizvolleres als die unumschränkte Gewalt. Er liebt die Einsamkeit, die ungestörte Ruhe des Philosophen, und sitzt doch auf einem Throne, dadurch alle seine Handlungen, sein Fühlen und Denken der Öffentlichkeit preisgebend. Kurz, er vereinigt in sich die widersprechendsten Eigenschaften und läßt sich von einem Doppellichte beleuchten, dessen Reflexe uns einerseits entzücken, anderseits so starke Schatten werfen, daß uns davor fröstelt.

Noch einmal aber sei hervorgehoben: wenn auch das Weib im Leben des großen Kaisers eine untergeordnete Rolle gespielt hat, so war er doch ihm gegenüber weder brutal, noch tyrannisch, noch war er ausschweifend und lasterhaft. Er war hart, weil er stets nur ein Ziel vor Augen hatte, aber er war weder schlecht noch roh. Sein Charakter war viel zu stark, um schlecht zu sein. Seine eigenen Maitressen, denen er, wenn er nicht sofort für sie Zeit hatte, sich auszukleiden befahl und im Schlafzimmer auf ihn zu warten, stellen ihm dieses Zeugnis aus. Die Schauspielerin George schreibt: „Man hat den Kaiser beschuldigt, er sei roh und brutal. Eine Verleumdung wie tausend andere! ... Der Kaiser war — wenigstens mir gegenüber — sanft, lustig, ja wie ein Kind. Die Stunden vergingen mit ihm unbemerkt, und der Tag überraschte uns oft." Und eine andere Frau, Ida de Sainte-Elme, schrieb wenige Jahre nach Napoleons Tode: „Man hat von seinem Ungestüm, das man fast der Brutalität gleichstellt, großes Aufheben gemacht. Nur Haß und Neid können so urteilen. Gewiß, Napoleon war kein großer Galan, aber seine Galanterie war, weil eben nicht so wie die anderer Männer, um so schmeichelhafter. Sie gefiel, weil sie eben nur ihm eigen war. Er sagte nicht zu einer Frau, daß sie schön sei, aber mit dem Feingefühl des Künstlers zählte er alle ihre Vorzüge auf."

Sicher ist, daß Napoleon für alle menschlichen Leidenschaften und Gefühle empfänglich war. Bewunderungswürdig ist die Organisation eines Menschen, der mit der größten Kaltblütigkeit Dinge vollbringt, die andern als unmenschlich erscheinen, und doch von dem Zauber eines liebenswürdigen Wesens, von einer zarten, sanften Frau, einem höflichen Wort berührt wird. Aber dieser empfindsame korsische Charakter wurde von dem unersättlichen Ehrgeiz beherrscht, der bei einem Herrenmenschen angeborener Impuls ist. Ihm mußten alle andern Gefühle weichen, die vielleicht sonst in den Vordergrund getreten wären.

DIE FRAUEN DES JUNGEN NAPOLEON

ZWEITES KAPITEL

DIE KIRSCHENESSERIN VON VALENCE / DAS ABENTEUER IM PALAIS ROYAL / LEUTNANTSFLIRT IN DER GARNISON AUXONNE

Nicht immer war Napoleon der junge menschenscheue Offizier, als den ihn die meisten seiner Biographen mit der Absicht hinstellen, ihn entweder als ganz besondern Charakter zu bezeichnen oder einen Fehler mehr an ihm zu entdecken. Es gab eine Zeit, wo er sich weder von der Gesellschaft entfernte noch sich finster von den Vergnügungen seiner Kameraden zurückzog. Entsagte er wirklich bisweilen den Zerstreuungen, die sie sich gestatteten, so lag das mehr an seinen beschränkten Vermögensverhältnissen als an seinem Charakter. Er war nicht reich. Achthundert Franken Leutnantssold, zweihundert Franken Pension als ehemaliger Pariser Militärschüler und hundertundfünfzig Franken Wohnungszuschuß, zusammen elfhundertundfünfzig Franken jährlich mußten ihm für alle Lebensbedürfnisse genügen. Viel Geld für Sonderausgaben, wie sie das Leben eines Offiziers mit sich bringt, blieb Napoleon nicht übrig. Das machte sich besonders an seiner Kleidung bemerkbar. Sie war schäbig, vernachlässigt und ungepflegt. Von vielen der vornehmen Kameraden des Regiments La Fère stach er sehr ab. Er verwendete die wenigen Groschen, die ihm blieben, lieber auf den Ankauf von Büchern als auf seine Uniform.

Trotzalledem knüpfte Napoleon bereits in seiner ersten Garnison, in Valence, gesellschaftliche Beziehungen an. Anfangs freilich war er schüchtern, ein wenig melancholisch, ganz mit seinen Büchern, seinen Gedanken an Heimat und Familie beschäftigt, allmählich aber ging er aus sich heraus. Seine kleine magere, elastische Gestalt mit dem gelben, pergamentähnlichen Gesicht und den ernsten grauen Augen hatte etwas Entschlossenes an sich, das mit der Schüchternheit seines Wesens auffällig kontrastierte. Der für den kleinen Körper viel zu große Kopf — übrigens ein besonderes Merkmal in der Familie Bonaparte — zeigte die edelste Reinheit der Linien: eine hohe, schöngeformte Stirn, eine feingebogene Nase mit leichtbeweglichen Flügeln und einen Mund, der, wenn er lächelte, einen unwiderstehlichen Zauber ausübte. In seinen Blicken flammten alle Stürme auf, die sein leidenschaftliches Innere bewegten. Wenn er sprach, schien eine innere Glut die ganze seltsame Gestalt zu durchlohen, und die Sprache schien nicht reich genug, um das auszudrücken, was er empfand.

Menschen, denen er zum erstenmal in einer Gesellschaft begegnete, hätten meinen können, er sei ein Menschenfeind, ein Hypochonder, einer, der für nichts außer für seinen Beruf und seine Bücher Interesse hatte; so zurückhaltend und in sich gekehrt verhielt er sich ihnen gegenüber. Aber unter diesem jungen, äußerlich weltfremden, mißtrauischen Korsen verbarg sich eine Empfindsamkeit, die unter der leisesten Berührung erschauern konnte. Sein wahres Temperament war kühn und leicht erregbar. In seiner Natur waren die größten Gegensätze vereint. Aus der höchsten Begeisterung konnte er plötzlich in die kälteste Zurückhaltung verfallen.

Zwei große Leidenschaften beherrschten diesen jungen Offizier: Die Liebe zu seinem Vaterland, zu seiner Familie und die Liebe zu Rousseau! Seine Familie, sein Korsika und der Genfer Philosoph nahmen all sein Denken in Anspruch. In diesem siebzehnjährigen Herzen, das bereits mit der Sorge für die Seinen belastet war, fand das Weib noch wenig Platz. Er kannte es nicht. Aus Korsika hatte

Valence am Anfang des 19. Jahrhunderts.
(Nach einem Stiche aus der Sammlung Kircheisen.)

er nur die Erinnerung an seine Mutter, an die Großmutter Saveria, an Tante Gertruda und an die alte Amme Camilla Ilari mit fortgenommen. Wie in graue Nebel gehüllt erschien ihm das Bild seiner kleinen Spielgefährtin Giacominetta, mit der ihn die Buben und Mädels von

Ajaccio so oft geneckt hatten. Er hörte sie noch singen:
Napoleone di mezza calzetta
Fa l'amore a Giacominetta!
wenn er, gravitätisch wie ein Alter, mit ihr die Straße vor seinem Elternhause auf und ab spazierte.

Nun, das war lange her. Die Kleine war gestorben. In Brienne und in Paris hatte er in beinahe klösterlicher Schulzucht gelebt und alle Zeit seiner geistigen Ausbildung gewidmet. Jetzt war es schon anders. Die körperlichen Anstrengungen des Dienstes waren seiner Gesundheit von Vorteil. Obwohl die praktische Erlernung seines Berufs ihn auch jetzt viel in Anspruch nahm, so konnte er doch seine Freiheit genießen. Er war Offizier, ein junger Mann, vor dem sich zum erstenmal die Pforten der Gesellschaft mit ihren Zerstreuungen öffneten. Er lernte Menschen kennen und verlor allmählich seine Schüchternheit und sein Mißtrauen.

Durch den Bischof von Marbeuf, den Bruder des ehemaligen Gouverneurs von Korsika und Gönners der Familie Bonaparte, machte Napoleon in Valence die Bekanntschaft des Monseigneur de Tardivon, Abbé von Saint-Ruff. In dessen gastfreiem Hause befand er sich bald in einem Kreise liebenswürdiger Frauen und Mädchen. Der Frau Grégoire du Colombier, deren Tochter Karoline, Fräulein de Laurencin, Frau und Fräulein Lauberie de Saint-Germain, u. a. m., wurde der junge Leutnant vorgestellt.

Frau du Colombier, eine Frau in den Fünfzigern, von „großem Verdienst", wie das „Mémorial de Sainte-Hélène" erzählt, wußte sehr bald die Vorzüge des schüchternen und doch so selbstbewußten jungen Mannes zu schätzen. Sie war eine jener geistreichen, klugen Frauen, von denen Rousseau sagte, daß „ihre interessanten und vernünftigen Unterhaltungen mehr geeignet seien, einen jungen Menschen

Jean-Jacques Rousseau im armenischen Kostüm.
Von Ramsay (1779).
(Nach einem Stiche aus der Sammlung Kircheisen.)

zu bilden, als alle pedantische Bücher- und Schulweisheit".
Ihr fiel Napoleon besonders durch seine Kenntnisse und sein Wissen auf, die sich gewaltig von denen der andern jungen Leute seines Alters unterschieden. Seine Manieren waren ernst, er selbst bald lebhaft und impulsiv, bald zurückhaltend und scheu, dabei außerordentlich empfindsam und reizbar. Die Art und Weise, wie er sprach, sein korsischer Akzent, seine Ansichten, die weit über sein Alter hinaus gereift waren, alles das interessierte. Dazu kam ein Mitgefühl, das besonders die Frauen mit dem melancholischen Jüngling ergriff, den die Sehnsucht nach der Heimat fast verzehrte.

Frau du Colombier lud Napoleon oft auf ihren Landsitz Basseaux ein, der zwölf Kilometer von Valence gelegen war. Napoleon machte den weiten Weg stets zu Fuß, denn er war zu arm, um sich einen Wagen nehmen zu können. Dort fand er die beste Gesellschaft von Valence versammelt. Frau du Colombiers Salon galt für einen der elegantesten im Umkreis. Sie selbst war gegen den jungen Napoleon wie eine Mutter und erteilte ihm manchen guten Rat. So sagte sie ihm später beim Ausbruche der Revolution: „Emigrieren Sie nicht! Man weiß wohl, wie man fortgeht, aber nicht, wie man wiederkommt". Und Napoleon erwiderte damals, es sei besser, man verdanke den Marschallsstab dem eigenen Volke als den Fremden.

Der Leutnant Bonaparte stand im ersten Frühling seiner Jugend. Das Verlangen nach Zuneigung, nach Zärtlichkeit keimte trotz aller Verleugnung der Liebe in seinem jungen Herzen. Frau du Colombier hatte eine Tochter, ebenfalls jung wie er. Draußen im Obstgarten von Basseaux reiften die Strahlen der Junisonne die ersten Kirschen. In Napoleons Phantasie lebten die Helden der Rousseauschen Romane; er mußte ein Vorbild haben. Wie sie pflückte er für Karoline du Colombier die roten Früchte, um sie ihr zwischen die roten Lippen zu schieben. Und wie die Romanhelden des Genfer Philosophen hören wir ihn im Geiste flüstern: „O, wären meine Lippen doch Kirschen!" Es war das erste sentimentale Empfinden des Jünglings für das Weib, noch schüchtern und zaghaft in seinen Äußerungen.

Die Stadt Valence besitzt eine Bild von Karoline. Die großen dunklen Augen, das volle schwarze Haar, die zarte durchsichtige Haut und die ein ganz klein wenig zu dicken frischen Lippen, verleihen dem ganzen Persönchen, ohne daß es besonders schön zu nennen wäre, den Ausdruck von Liebreiz und Güte. Selbst ein Kaiser brauchte sich einer solchen ersten Liebe nicht zu schämen. Denken wir uns neben ihr unter dem alten Kirschbaum mit knorrigem Stamme Napoleon in seiner dunklen Artillerieuniform, mit seinem mageren Gesicht, in dem die Augen alles zu sein schienen! Der Mann, der wenige Jahre später Herr über ganz Frankreich werden sollte, erlebte hier mit einem hübschen Kinde seine erste Liebesidylle, die frisch und poetisch wie der Hauch des Frühlings zu uns herüberstreift. Frisch und poetisch lebte sie auch in der Erinnerung des Kaisers fort. Und als die trüben Stunden auf Sankt Helena über ihn hereinbrachen, da dachte er noch manchmal an jene frohe unschuldige Jugendzeit zurück, da er mit Karoline du Colombier Kirschen gegessen hatte. „Wir gestatteten uns kleine Stelldicheins", erzählte er; „ich erinnere mich besonders noch an eins im Sommer beim Morgengrauen. Und man wird es kaum glauben: unser ganzes Glück bestand darin, daß wir miteinander Kirschen aßen."

Napoleon war nicht der einzige Bewunderer des jungen Mädchens. Drei seiner Regimentskameraden, die Leutnants de Menoir, Raget de Fontanille und Hermet de Vigneux bewarben sich ebenfalls um die Gunst und die

Hand Karolines. Schließlich wurde ein ehemaliger Hauptmann des Regiments Lothringen, Herr Garempel de Bressieux, ihr Gatte.

Man hat gesagt, Bressieux habe Bonaparte bei Fräulein du Colombier „ausgestochen". Davon kann keine Rede

Erstes authentisches Porträt des jungen Bonaparte, von seinem Landsmann Pontornini gezeichnet.
(Musée de Versailles.)

sein. Herr von Bressieux heiratete Karoline erst sechs Jahre später, am 31. März 1792, als Napoleon bereits zum zweiten Male Valence verlassen hatte. Und während des zweiten Aufenthaltes in der Garnison sah er zwar Karoline du Colombier wieder, aber der Zauber, den sie fünf Jahre vorher auf ihn ausgeübt, war verschwunden. Die Kirschen, waren, wie es schien, nicht mehr von derselben Güte. Als Herr von Bressieux ein Jahr darauf das junge Mädchen heimführte, war der Platz im Herzen Karolines leer. Hätte übrigens ein verschmähter Liebhaber so gehandelt wie später der Kaiser? Er ernannte Frau von Bressieux, geborene du Colombier, zur Hofdame seiner Mutter, und Herrn von Bressieux zum Generalverwalter der Forsten. Im Jahre 1810 machte er ihn zum Reichsbaron.

Weder Karoline noch andere Frauen brauchten zu bereuen, daß sie in ihrer Jugend den Weg Napoleons gekreuzt hatten. Sie alle, die sich einmal gegen ihn sanft und liebenswürdig gezeigt hatten, konnten seiner Dankbarkeit sicher sein. Und selbst wenn er Grund hatte, sich zu beklagen, ließ ihn die Erinnerung an einen lieben Blick, ein liebes Wort alles vergessen. Der in seiner Leutnantszeit geknüpften Bekanntschaft bewahrte er ein dauerndes Andenken und sprach gern und unbefangen davon, wenn die Gelegenheit sich dazu bot. So in einem Briefe, den er 1804 aus dem Feldlager von Boulogne schrieb. Karoline hatte dem zu Glanz und Ruhm Gekommenen die Stunden von einst ins Gedächtnis zurückgerufen und ihn um eine Gunst für den Bruder gebeten. Napoleon antwortete sofort:

„Madame, Ihr Brief war mir sehr angenehm. Ich habe mich Ihrer und Ihrer Frau Mutter stets gern erinnert. Ich werde die erste Gelegenheit ergreifen, um Ihrem Bruder nützlich zu sein. Aus Ihrem Briefe ersehe ich, daß Sie in der Nähe von Lyon wohnen, und ich muß Ihnen gerechterweise Vorwürfe machen, daß Sie mich, während ich dort war, nicht besucht haben, denn es wird mir stets großes Vergnügen bereiten, Sie zu sehen. Seien Sie von meinem Wunsche überzeugt, Ihnen stets gefällig und angenehm zu sein.

Stephanie, Großherzogin von Baden.
(Nach einem Porträt von Grevedon.)

Pont de Briques (Camp de Boulogne), 2. Fructidor des Jahres XII (20. August 1804).

Napoleon."

Als er sich anderthalb Jahre später zur Krönung nach Italien begab, und sein Weg ihn über Lyon führte, sah er Karoline wieder. Welche Enttäuschung! Die Veränderung, die mit ihrem Äußern vorgegangen, war außerordentlich. Napoleon selbst gesteht, daß sie sich „furieusement" verändert habe. Die Herzogin von Abrantes, die Karoline ebenfalls nicht schön findet, läßt ihr wenigstens die eine Genugtuung zuteil werden, indem sie sagt, Frau von Bressieux sei beides: klug und gut, und ihre Manieren seien ebenso vornehm wie angenehm gewesen.

Daß der junge Bonaparte Fräulein du Colombier zu jener Zeit heiraten wollte, ist wegen seiner großen Jugend nicht recht denkbar und wird auch durch nichts bewiesen. Seine Beziehungen zu Karoline waren und bleiben eine ländliche Idylle zur Kirschenzeit. Der Traum war kurz, wie das bei Napoleon nicht anders sein konnte. Der Mann der Tat war nicht für die Tändelei der Liebe geschaffen. Der Flirt ging zu Ende, und es mußte so sein. Hätte Napoleon Karoline geheiratet, so wäre er vielleicht, anstatt mit Fürsten und Völkern Krieg zu führen, ein braver Landedelmann geworden. Seine Aufgabe war es nicht, das Saatkorn auf den Feldern in irgendeiner französischen Provinz auszusäen, wohl aber, seine großen Ideen in alle Winde zu zerstreuen, damit sie an allen Ecken der Welt Wurzel schlügen.

Um dieselbe Zeit, als Napoleon Karoline du Colombier kannte, machte er auch einer jungen Landsmännin, Fräulein Mion-Desplaces, und dem reizenden Fräulein de Lauberie de Saint-Germain den Hof. Ihnen zuliebe hatte er noch einmal in Valence beim Tanzmeister Dautel Stunde genommen, denn Bonaparte war in seiner Jugend der Muse

Terpsichore durchaus nicht abhold. Freilich gelang es dem Valencer Meister der Choreographie ebensowenig wie dem Tanzlehrer in der Pariser Militärschule, dem jungen Bonaparte das Tanzen beizubringen. Er ist sein Lebtag ein schlechter Tänzer geblieben. Der Walzer besonders war nicht sein Fall. Es wurde ihm schon bei der ersten Drehung schwindelig. Als er es 1809 Marie Luise zuliebe nochmals mit dem Tanzen versuchen wollte, weil er wußte, daß die Österreicherinnen den Walzer über alles lieben, erregte er bei der Königin Hortense von Holland und der Erbprinzessin Stephanie von Baden, die ihm den Tanz beibringen wollten, durch seine linkischen und grotesken Bewegungen die größte Heiterkeit. Stephanie ließ ihn lachend stehen und sagte: „Genug, Sire, Sie haben mich vollkommen überzeugt, daß Sie immer nur ein schlechter Schüler sein werden. Sie sind wohl geschaffen, Lehren zu erteilen, aber nicht, sie zu empfangen."

An Gegentänzen nahm Napoleon aber gern teil, sogar später noch als Konsul und Kaiser. Als der Tanzmeister Dautel, der unter der Revolution Postbeamter war, 1808 in großes Elend geriet, hatte er den guten Gedanken, sich mit einem geistreichen Wort an den Kaiser zu wenden. „Sire", schrieb er, „der Mann, der Sie den ersten Schritt in die Welt machen ließ, empfiehlt sich Ihrer Hochherzigkeit." Die Antwort blieb nicht aus: er erhielt den Posten eines Steuerkontrolleurs.

Fräulein von Saint-Germain, auf die der Leutnant Bonaparte ebenfalls Heiratsabsichten gehabt haben soll, zog ihm ihren Vetter, einen Herrn de Montalivet vor, den der Kaiser später zum Präfekten des Seine- und Oisedepartements, dann zum Generaldirektor der Brücken und Chausseen und schließlich zum Minister des Innern und zum Reichsgrafen mit 80 000 Franken Dotation ernannte. Napoleon wollte auch Frau von Montalivet eine glänzende

Stellung an seinem Hofe verschaffen und machte sie 1806 zur Palastdame der Kaiserin Josephine. Frau von Montalivet aber schlug diesen Posten aus: sie wollte ihrem Gatten Frau und ihren Kindern Mutter bleiben. Als Palastdame hätte sie diese Pflichten vernachlässigen müssen. Der Kaiser, der nicht gewöhnt war, daß man sich seinem Willen widersetzte, achtete ihre Gründe, ernannte sie jedoch trotzdem zur Palastdame, ohne daß sie jemals den

Ansicht von Ajaccio vom Hospitalgarten aus gesehen.
(Nach einem Stich von Despois. Aus der Sammlung Kircheisen.)

Dienst einer solchen zu tun brauchte. Sie sollte nur die Annehmlichkeiten und die Einkünfte einer solchen Stellung genießen.

Auf den Leutnant Bonaparte hinterließ der Flirt mit den jungen Damen in Valence keinen tieferen Eindruck. Heimat und Familie zogen ihn weit mächtiger an. Die Sehnsucht nach der geliebten Insel, wo er, wie er sich ausdrückte, „wieder einmal mit dem Herzen leben würde, nachdem er so lange nur mit dem Verstand gelebt hatte", wurde endlich durch den ersten Urlaub gestillt. Mitte September 1786 sah er seine teuren korsischen Felsen wieder. Beim Näherkommen des Schiffes, das ihn der Heimat zuführte, glaubte er den aromatischen Geruch der Insel zu spüren. Zu Hause lebte er nur für seine Familie. Er überließ sich ganz seinen Träumereien und Zukunftsplänen. Keine Spur von einem weiblichen Einfluß während dieser Urlaubszeit.

Endlich, Anfang Oktober 1787, sollte er mit Paris nähere Bekanntschaft machen. Da seine schriftlichen Gesuche um Besserung der Vermögensverhältnisse seiner Familie bisher ohne Erfolg gewesen waren, hatte der Leutnant Bonaparte sich entschlossen, persönlich an die Türen der Mächtigen zu klopfen, die sein und der Seinigen Geschick in Händen hielten. Als Militärschüler hatte er nur wenig von der Hauptstadt gesehen. Die Disziplin war streng gewesen, und keiner der Cadets-gentilshommes durfte ohne die Begleitung eines Unteroffiziers ausgehen. Jetzt war es anders! Jetzt war Napoleon Bonaparte in der großen Stadt sich selbst überlassen.

Seinen bescheidenen Mitteln entsprechend, war er in dem einfachen „Hôtel de Cherbourg", in der Rue du Four-Saint-Honoré abgestiegen. Seine Bemühungen um das Wohl der Seinigen waren jedoch auch diesmal nicht vom Glück begünstigt. Man gab ihm ausweichende Antworten, zog seine Angelegenheiten in die Länge, und vergebens wartete der junge Offizier in dem großen Paris, wo er weder Freunde noch Protektion besaß, auf einen günstigen Bescheid.

Paris, von dem Napoleon später schrieb: „Eine Frau braucht nur sechs Monate hier zu sein, um zu wissen, welches Reich ihr gehört", Paris war von jeher das Dorado der Frau! Bonaparte war achtzehn Jahre alt und zum erstenmal allein auf dem Pflaster, das auf jeden jungen

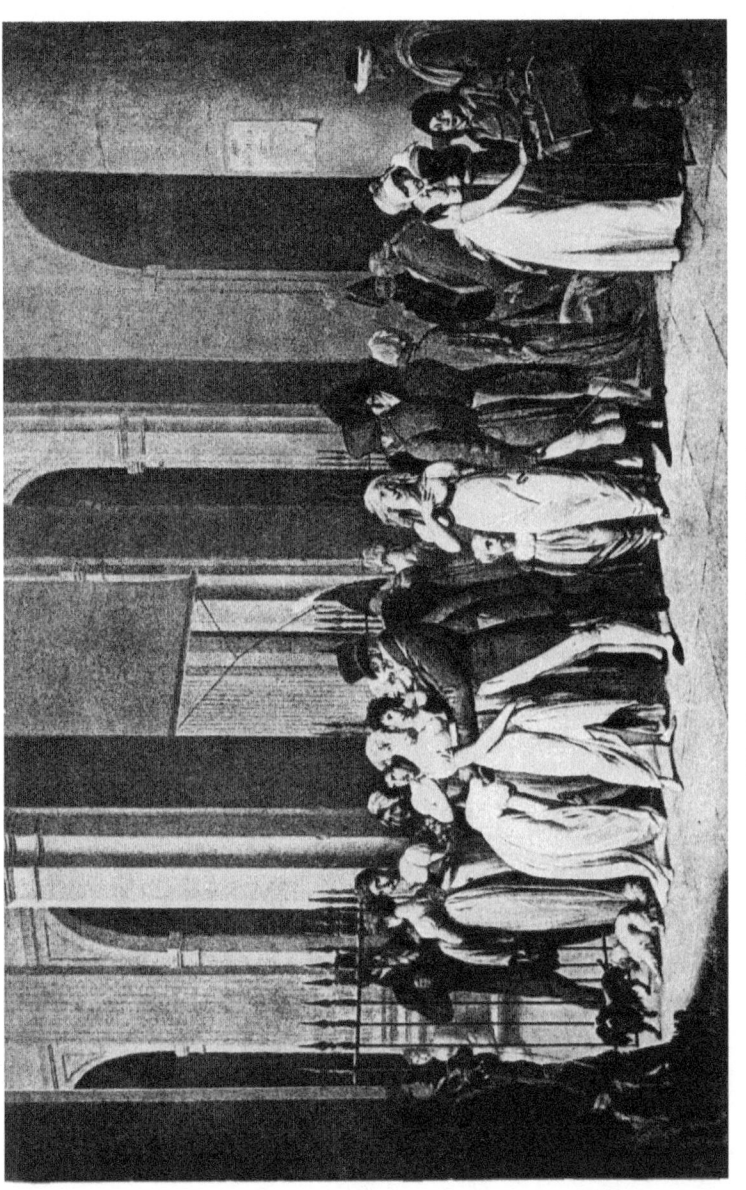

Die Bogengänge des Palais-Royal.
(Nach einem Gemälde von L. L. Boilly.)

Mann, der aus der Provinz kommt, eine unwiderstehliche Anziehungskraft ausübt. Die Frau ist hier Alleinherrscherin, ihr Parfüm erfüllt die Luft der Boulevards, die Dinge und die Menschen. Das Rauschen ihrer Kleider klingt wie Musik, zu der ihre Augen den Text sprechen. Eine seltsame geheimnisvolle Kraft geht von ihr aus, die den Jüngling wie in einen Rausch versetzt. Die Frau ist überall: auf der Promenade, in den öffentlichen Gärten, den Cafés, den Restaurants, in den Theatern und Konzerten, und überall spielt sie die Hauptrolle.

Napoleon wußte von der Frau so gut wie nichts. In der kleinen Garnison, wo sich jeder kannte, hätte sich ein Offizier keinerlei Freiheit gestatten können, ohne sich aus der guten Gesellschaft ausgeschlossen zu sehen. Aber hier in Paris! Zum erstenmal tritt die Schlange der Verführung an Napoleon heran. Ein unwiderstehlicher Reiz des Unbekannten, der Wunsch, zu wissen, treibt den Jüngling eines Abends nach Schluß des Italienischen Theaters, in dem er gewesen, in die Nähe des Palais-Royal, zu jener Zeit das berüchtigtste Stelldichein aller leichtsinnigen Frauen.

Seine „von heftigen Empfindungen erschütterte Seele" macht ihn zuerst gegen die herrschende Novemberkälte unempfindlich. Als jedoch seine heiße Phantasie etwas abgekühlt ist, spürt er die Strenge der Jahreszeit um so mehr. Er flüchtet sich unter die schützenden Bogengänge des Gartens. Die auf- und niederwogende Menge von Dirnen und Lebeleuten, die hellerleuchteten Restaurants, aus denen Lachen und Lärmen schallt, verwirren ihm fast die Sinne. Er ist arm, er kann sich keinen von diesen Genüssen leisten. Da streifen seine brennenden Blicke eine weibliche Gestalt. Die späte Nachtzeit, ihre Haltung, ihre große Jugend sagen ihm sofort, daß sie eins jener unglücklichen Geschöpfe sei, die zu Hunderten in dem Garten herumlaufen. Und doch ist etwas in ihrem Wesen, das ihn anzieht. Sie ist bescheidener gekleidet als die andern, eher zurückhaltend als herausfordernd. Das verleiht ihm Mut, seine eigene Schüchternheit zu überwinden. Er, der „mehr als ein anderer von dem Schändlichen ihres Berufs überzeugt war", der sich „durch einen Blick aus solchen Augen stets beschmutzt" vorkam, er spricht sie an. Und wie zu seiner eigenen Entschuldigung schreibt er später in sein Heft, es sei ihm mehr um eine psychologische Beobachtung zu tun gewesen als um die Bekanntschaft selbst. Man fühlt jedoch den Wissensschauer, der ihn durchrieselt; er möchte das Weib kennen lernen, das Rätsel lösen. Das noch Unbekannte hält ihn gefangen.

„Sie frieren? Wie können Sie sich entschließen, bei dieser Kälte hier auf und ab zu gehen?" fragt er naiv das Mädchen.

„Ach, mein Herr, die Hoffnung belebt mich. Ich muß doch meinen Abend beenden", ist die Antwort.

Die Gleichgültigkeit, mit der diese Worte gesprochen werden, reizt den Unerfahrenen, und er schreitet an ihrer Seite weiter.

„Sie haben, wie es scheint, eine sehr zarte Gesundheit", fährt er fort; „ich wundere mich, daß Ihr Beruf Sie nicht aufreibt."

Das Mädchen findet diese Beobachtung etwas seltsam. „Zum Teufel, mein Herr", erwidert sie, „man muß doch etwas tun."

„Das stimmt. Aber gibt es denn keinen andern, Ihrer Gesundheit zuträglicheren Beruf?"

„Nein, mein Herr, man muß leben."

Und auf diese Weise setzen sich Frage und Antwort fort. Er will alles wissen. Wie sie zu diesem traurigen Erwerb gekommen, wie lange sie ihn ausübt, wer sie dazu getrieben, woher sie stammt, wie alt sie ist, usw. Gutwillig aber interesselos erzählt ihm das Mädchen ihre

Das Hôtel de Cherbourg in Paris.
Gegenwärtiger Zustand.
(Nach einer Photographie aus der Sammlung H. Fleischmanns.)

ganze Geschichte, und sein Wissensdurst ward in dem kahlen Hotelzimmer, das er in der engen, schlechtbeleuchteten Rue du Four-Saint-Honoré bewohnte, gestillt.

So alltäglich dieses Abenteuer erscheint, so sehr zeigt es uns Napoleon in seiner ganzen Charakterveranlagung. Sein Hang zum Ausforschen, den er selbst bei dieser Gelegenheit nicht unterdrücken kann, seine Genauigkeit, mit der er alles, selbst die kleinsten Einzelheiten, in sein Heft einträgt, ja auch sein später so oft gerühmtes Gedächtnis, kommen hier zur vollen Geltung. Glaubt man jedoch, er habe dieses Ereignis seines Lebens deswegen notiert, weil es einen besonderen Eindruck auf ihn hinterlassen hatte, so irrt man sich. Die Aufzeichnung jenes flüchtigen Begegnens mit dem Weibe geschah weit mehr aus Neigung oder Grundsatz, jeden Wendepunkt in seinem Dasein mit der größten Genauigkeit zu verzeichnen als aus einem inneren Erleben und Empfinden heraus. Napoleons Herz war viel zu sehr von der Vaterlandsliebe erfüllt, als daß ein anderes Gefühl, und wäre es auch nur ein sinnliches, dauernd darin Platz gefunden hätte. Er nahm von dem Abenteuer im Palais-Royal ganz andere Eindrücke mit sich fort, wenn auch nicht ohne Kampf. Alle physischen Empfindungen suchte er durch das seiner Ansicht nach allein echte Gefühl des Patriotismus zu unterdrücken.

Fünf Tage später, am 27. November, verfaßte er einen Monolog über die Vaterlandsliebe. Er ist an eine nichtgenannte Dame gerichtet. Sollte Napoleon naiv genug gewesen sein und mit der Anonymen die Schöne des Palais-Royal im Auge gehabt haben? Möglich wäre es. Paris mit seinen zahllosen galanten Frauen, den Tausenden von Venuspriesterinnen schien ihm der Abschaum alles Gemeinen. Sein ganzes Innere empörte sich. Wie konnte ein korrumpiertes Volk, das sich einzig und allein dem Vergnügen der Sinne hingab, noch Vaterlandsliebe empfinden? Wie weit war man doch von den einfachen Sitten, den Tugenden und der Seelengröße der Spartaner und Römer entfernt! Wo waren jene alten Zeiten hin, wo man noch den Patriotismus als höchste Tugend anerkannte? — So schrieb ein Achtzehnjähriger, dessen Sinne eben erst erwacht waren. Nein, die Liebe war für Napoleon nicht geschaffen. Und doch sieht man: er kämpft, er kämpft gegen das Weib, gegen die Schlange, die ihn umzingelt, die ihn überall in seinen Gedanken verfolgt, die ihn betören möchte. Mit aller Macht Rousseauscher Argumente sucht er der Versuchung zu entgehen — und es gelingt ihm.

Um eine Erfahrung reicher, vielleicht nicht viel wissender, kehrte Napoleon nach der Heimat zurück. Die Frau hatte keine Macht über ihn gewonnen; Ausschweifungen und Laster hielten ihn weder gefangen, noch flößten sie ihm Interesse ein. In Korsika führte er dasselbe zurückgezogene Leben wie vorher. Der Urlaub ging schließlich zu Ende und mit ihm auch die schöne, die herrliche Zeit in der Heimat.

Das Regiment La Fère hatte inzwischen, seit dem Jahre 1787, die Garnison gewechselt und lag jetzt in Auxonne. Dort traf der Leutnant Bonaparte am 1. Juni 1788 ein.

Auf dem Marktplatz von Auxonne steht ein Denkmal Napoleons. Eins der Basreliefs stellt den Artillerieleutnant Bonaparte träumerisch an eine der alten Eichen gelehnt dar, die noch heute ihre knorrigen Äste schützend über die Landstraße in der Nähe des Einsiedlerbrunnens ausbreiten. Napoleon liebte den Weg zum Einsiedlerbrunnen. Niemand störte ihn hier. Nur das Rauschen der Blätter und das Plätschern der Quelle waren hörbar. Hier konnte er seinen Gedanken nachhängen, die sich einzig und allein

mit seiner Heimatinsel beschäftigten. Verträumt und in
sich versunken ging er einher, die Arme auf dem Rücken
verschränkt, ein Buch oder ein paar lose Blätter in der
Hand haltend, auf die er seine Notizen zu machen pflegte.
Bisweilen blieb er stehen, zeichnete mechanisch und gedankenverloren mit der Säbelscheide geometrische Figuren

Der Boulevard des Italiens im April 1797.
(Stich von Voysard, nach dem Gemälde von Desrais.)

in den Sand und schien der Wirklichkeit und dem Alltag
entrückt zu sein.

Im Dorfe Villers Rotin, auf dem Gute des Pächters
Merceret hielt er öfters Einkehr. Eine Zeitlang während
des Sommers nahm er sogar seine Bücher und Karten
mit hinaus auf dieses Gut und arbeitete unter einer mächtigen Linde in ländlicher Ruhe und Abgeschiedenheit.

Waren es wirklich nur die köstliche Stille des Dörfchens

und die gute Milch, die den jungen Bonaparte nach Villers Rotin zogen? Es ist zu bezweifeln. Merceret hatte eine Tochter, jung und frisch wie der Tag. Ihr scheint der Leutnant Bonaparte seine schüchternen Huldigungen dargebracht zu haben. Er nannte sie „seine kleine Marie" und schenkte ihr ein seidenes Halstuch und einen silbernen Fingerring, bescheidene Andenken, die aber doch für die Besitzerin mehr Wert hatten als alle Schätze, die der Kaiser ihr später hätte zu Füßen legen können.

Weniger sentimental scheinen Napoleons Beziehungen zu der koketten Madame Naudin gewesen zu sein. Ihr Mann war Kriegskommissar in Auxonne, und der Leutnant Bonaparte war in Naudins Hause ein gern gesehener Gast. Man sagt, er sei dort noch lieber gesehen gewesen, wenn Herr Naudin abwesend war. Fest steht, daß Napoleon, als er schon nicht mehr in Auxonne war, mit Frau Naudin noch Briefe getauscht hat. Er erinnerte sich auch später ihrer und ernannte Naudin unter dem Kaiserreich zum Generalintendanten des Invalidendoms.

Marie Merceret und Madame Naudin waren nicht die einzigen Frauenbekanntschaften, die der Leutnant Bonaparte in seiner zweiten Garnison machte. Ein junges Mädchen der Bürgerkreise, namens Manesca Pillet, erregte gleichfalls seine Aufmerksamkeit. Sie war die Stieftochter des reichen Holzhändlers Chabert und scheint eine gute Mitgift gehabt zu haben, denn Napoleon soll mit der Absicht umgegangen sein, sie zu heiraten. Er soll sogar bereits um ihre Hand angehalten haben, aber den Verwandten des Mädchens muß wohl eine Heirat mit einem armen Offizier, der weder Zukunft noch Vermögen hatte, zu wenig vorteilhaft erschienen sein. Er verkehrte übrigens nur einige Male in der Familie des Herrn Chabert, nahm ein paarmal am Whist teil und schrieb bei einer solchen Gelegenheit auf einen Spielzettel aus Elfenbein den Namen

Basrelief der 1857 in Auxonne errichteten Statue des jungen Bonaparte.

Manescas. Dieser einzige Beweis der flüchtigen Gefühle eines Kaisers für eine Holzhändlerstochter wird in der Stadtbibliothek zu Auxonne aufbewahrt. In Manescas dunklen Locken sollte nicht das Krönlein blinken, das Napoleon fünfzehn Jahre später einer andern aufs Haupt setzte.

Ganz ohne Frauenbekanntschaften ist also, wie man sieht, für Napoleon auch der Aufenthalt in Auxonne nicht gewesen, und sein Jugendbiograph Coston hat nicht recht, wenn er behauptet, man habe nie etwas von galanten Abenteuern Bonapartes in Auxonne gehört. Napoleon hat gewiß auch nicht den Spröden gespielt, als seine Kameraden im Winter 1789 den kleinen Grisetten einen Ball gaben, jedenfalls hat auch er daran teilgenommen.

Liebe aber scheint bei alledem nicht mit im Spiel gewesen zu sein. In seinem „Dialogue sur l'amour", der um diese Zeit entstand, legt Napoleon wenigstens ganz andere Ansichten nieder, als Verliebte sie gewöhnlich äußern. Er leugnet die Liebe und das damit verbundene Glück. Er hält sie für die Menschheit für verderblich. Es wäre eine Wohltat der Götter, wenn sie die Welt von ihr befreiten. Und als der verliebte Freund Des Mazis, mit dem Bonaparte im Geiste dieses Gespräch hält, ihm vorstellen will, wie glücklich er durch die Liebe ist, antwortet ihm Napoleon: „Ich lache über all die Dinge, die Sie gefangen halten. Aber noch mehr lache ich über die Begeisterung, mit der Sie sie mir erzählen. Welch seltsame Krankheit hat Sie gepackt? — Schlaflose Nächte, unangerührte Mahlzeiten, nirgends auf der Welt ein Fleckchen, wo Ihre Ruhelosigkeit Erholung fände! Ihr Blut kocht. Sie gehen mit großen Schritten auf und ab, den Blick irrend in die Ferne gerichtet. Armer Freund! Ist das etwa das Glück? ... Wenn es gälte, das Vaterland zu verteidigen, was würden Sie wohl tun? ... Wozu sind Sie nütze?... Würde man das Geheimnis des Staates wohl demjenigen anvertrauen, der keinen Willen besitzt?... O, ich beklage Ihren Irrtum! Wie, Sie glauben, die Liebe sei der Weg zur Tugend? Nein, sie hemmt Sie bei jedem Schritt. Seien Sie vernünftig!"

Bei einem Offizier, auf dessen jungen Schultern die Sorge um seine Familie schwer lastete, können uns solche Anschauungen kaum wundern: es hieß leben, bevor man liebte. In den leidenschaftlichen Liebesbriefen an Josephine werden wir uns später überzeugen können, daß der General Bonaparte nicht immer die düstern Grundsätze des Leutnants Bonaparte in Anwendung brachte. Sein liebedurstiges Herz wartete nur auf die Gelegenheit, um dann mit um so größerer Kraft, mit um so größerer Glut die Hymne der Liebe zu singen.

Vorläufig faßte Napoleon die Frau ganz vom Standpunkt des Korsen auf: als Gattin und Mutter. Die Liebe außerhalb der Familie kam für ihn nicht in Betracht; er hielt sie für verderblich. In dem „Discours de Lyon" über die Glückseligkeit der Menschen, der ungefähr um dieselbe Zeit entstand wie der „Discours sur l'amour", und der auch aus den gleichen Empfindungen heraus geschrieben ist, sagt er: „Ohne Frau gibt es weder Gesundheit noch Glück. Lehret deshalb der zahlreichen Klasse der Junggesellen, daß ihre Freuden keine wahren sind!" Und von solchen Grundsätzen erfüllt kehrte er aufs neue in die Heimat zurück.

DRITTES KAPITEL

LUISE TURREAU DE LIGNIÈRES / DÉSIRÉE CLARY

Im Herzen Napoleons brausten augenblicklich andere Stürme als die der Liebe. Die Fackel der Freiheit hatte in Frankreich den Brand der Revolution entfacht. Der junge Sohn dieser Revolution, von der er alles Heil zu erwarten hatte, ging jetzt auf in freiheitstrunkenen Ideen, die ihn wie junger Wein berauschten. Vergessen waren Frauen und Liebe, vergessen alle sentimentalen, alle philosophischen Betrachtungen über das Weib und seine Eigenart. Nur eine Frau, schöner als alle, beschäftigte ihn: die Freiheit! Ja, die Freiheit für sein armes Vaterland, sein Korsika! Ihr wirft er sich in die Arme.

Von nun an kennt er außer dem Patriotismus nichts weiter als seinen Ehrgeiz. In der Welt, und sei diese Welt auch nur die Insel, auf der er geboren, eine Rolle zu spielen, seine Familie zu Ehren und Ansehen zu bringen und die Zukunft der Seinigen sicherzustellen, darnach geht sein ganzes Streben. Das Weib hat nichts dabei zu schaffen: er hat nichts von ihm zu erwarten und ihm nichts zu geben. Weder in Korsika noch später in Toulon sind uns galante Beziehungen Napoleons zu Frauen bekannt. Die Ereignisse und sein Beruf nahmen ihn völlig in Anspruch.

Erst im Jahre 1794 tauchen wieder weibliche Wesen in Napoleons Dasein auf. Er hatte seine Lehrzeit als Republikaner hinter sich; aus dem königlichen Artillerieleutnant war ein republikanischer Brigadegeneral geworden. Beinahe wäre ihm der 9. Thermidor, der den Sturz der beiden Brüder Robespierre herbeiführte, verhängnisvoll geworden. Infolge seiner Freundschaft zu dem jüngeren Robespierre wurde er verhaftet und nach dem Fort Carré bei Antibes gebracht. Nur seine ausgezeichneten Verbindungen und der gute Ruf, den er bei den Volksvertretern genoß, gaben ihm seine Freiheit zurück, das heißt, er durfte vorläufig wieder in das Haus seines Freundes, des Grafen Joseph Laurenti in Nizza zurückkehren, bei dem er bereits vor seiner Verhaftung eine Unterkunft gefunden hatte.

Bald verband den jungen General und die aus zwei Töchtern und einem Sohn bestehende Familie Laurenti enge Freundschaft. Die jungen Leute vertrugen sich aufs beste. Bonaparte blieb vor allem nicht unempfänglich gegen die jugendliche Anmut der jüngsten Tochter, Emilie, und der Wunsch, bald ein Heim, eine gesicherte Zukunft zu haben, ließ ihn um die Hand der jungen Gräfin anhalten. Die Mutter jedoch widersetzte sich dieser Verbindung, obgleich ihr der General Bonaparte nicht unsympathisch war, und gab das Alter ihrer Tochter, die damals vierzehn Jahre alt war, als Grund dieser Weigerung an.

Der General Bonaparte hatte nicht lange Zeit, über dieses Mißgeschick nachzugrübeln. Im September war er wieder in sein altes Amt als Artilleriegeneral der Italienischen Armee eingesetzt worden, und der Beruf mahnte ihn zur Pflicht. Er war so ganz anders als seine oft viel älteren Untergebenen. Er sagte niemals etwas Unbestimmtes, sein feuersprühender Blick überschaute sofort alle kritischen Lagen, und was er sagte, das galt. Diese Überlegenheit sahen besonders die Volksvertreter Ricord und Turreau de Lignières ein. Sie waren voller Begeisterung für

Napoleon als Gefangener im Fort Carré bei Antibes.
(Nach einer Zeichnung von Weber, gestochen von Motte.)

den jungen General und hoben seine Verdienste bei jeder Gelegenheit hervor.

Turreau, ein ziemlich unbedeutender Mensch, hatte eine reizende Frau. Ende September 1794 kam sie mit ihrem Mann in das Hauptquartier der Italienischen Armee nach Nizza. Dort sah sie den General Bonaparte zum ersten Male. Sie war die Tochter des Chirurgen Gauthier in Versailles und erst seit zwei Monaten mit dem Repräsentanten verheiratet. An Grazie und Koketterie gab sie der wahren Pariserin nichts nach. Sie war vierundzwanzig Jahre alt, leicht und lebenslustig wie eine Libelle. Eher klein als groß, eher braunhaarig als blond, den Teint

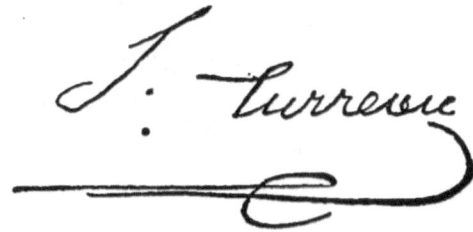

matt wie Elfenbein, das Auge dunkelleuchtend, die Lippen rot, wie zum Kusse geschaffen: so stellen wir uns Luise Turreau vor. Napoleon sagt, sie sei „extrêmement jolie" gewesen.

Die Schönheit und die Lebenslust waren aber auch, wie es scheint, ihre größten Vorzüge. Intelligenz und Tugend gehörten nicht dazu. Mit der Treue nahm es diese leichtsinnige Frau, deren Ehe kaum begonnen hatte, nicht genau. Der magere, äußerlich wenig anziehende General Bonaparte, von dem eine geistreiche Frau sagte, daß „wenn er nicht gar so hager gewesen wäre und krankhaft ausgesehen hätte, man die Feinheit seiner Gesichtszüge habe erkennen können", gefiel der hübschen Madame Turreau. Sie und ihr Mann zeichneten ihn bei jeder Gelegenheit aus, nicht zu Napoleons

Nachteil, denn ein Volksvertreter war zu jener Zeit eine äußerst einflußreiche Person. Später erinnerte der Kaiser sich dieser Protektion und sagte zu seinen Getreuen, die das Los auf der einsamen Insel mit ihm teilten:

„Ich war damals noch sehr jung*) und stolz und glücklich über meinen kleinen Erfolg. So suchte ich mich denn auch dafür durch alle in meiner Macht stehenden Aufmerksamkeiten erkenntlich zu zeigen. Sie werden gleich sehen, wie weit der Mißbrauch der Gewalt führen und wovon oft das Geschick der Menschen abhängen kann. Denn ich bin nicht besser als andre. Als ich eines Tages in der Nähe des Colle di Tenda**) inmitten unserer Stellungen mit Frau Tur-

[Unterschrift: Buonaparte]

reau spazieren ging, kam mir plötzlich der Gedanke, vor ihren Augen ein wenig Krieg zu spielen. Ich befahl einen Angriff der Vorposten. Wir waren zwar Sieger, aber von einem Ergebnis konnte natürlich keine Rede sein. Der Angriff war eine reine Phantasie — und dennoch blieben einige Leute auf dem Platze! Jedesmal, wenn ich daran denke, mache ich mir die größten Vorwürfe."

Also um ein Paar schöner Augen willen opferte Napoleon, der große Feldherr, seine Leute! Er, der in seinen späteren Kriegen mit Sorgfalt über seine „Kinder", seine Soldaten

---

*) Er war fünfundzwanzig Jahre alt.
**) Das Gedächtnis des Kaisers läßt ihn hier im Stich. Es ist unwahrscheinlich, daß das Gefecht in der Nähe des Colle di Tenda stattgefunden hat, denn im September 1794 war nicht mehr die Rede von diesem Paß. Möglichenfalls fand das kleine Gefecht beim Angriff auf die Redoute „Union" bei Vado, am 26. September statt.

wachte! Da Frau Turreau hübsch, kokett, liebenswürdig und verführerisch war, konnte ihrem Lächeln selbst ein General Bonaparte nicht widerstehen. War es für ihn nicht das erste süße Lächeln einer Frau nach langen Jahren der Enthaltung; das Lächeln einer leichtsinnigen Verführerin, die es gerade auf ihn, den Spröden, den Schwerzugänglichen abgesehen hatte? Seine in tiefen Höhlen liegenden Augen verrieten ihr verhaltene Leidenschaft. Seine weißen Zähne blitzten verlockend aus dem gebräunten Kriegergesicht. Die sehnigen, mageren Arme mußten wohl verstehen, eine Frau in leidenschaftlichem Vergessen an sich zu pressen. Luise Turreau dürstete nach den schmalen Lippen Bonapartes, und er war nicht so spröde wie er den Anschein hatte. Er war ein Mann wie andere, der die Gelegenheit ergreift, wenn sie sich ihm bietet.

Opferte er aber wirklich ein paar arme Teufel für sie? Und wenn dem so war, geschah es dann nur aus eitlem Wunsch, der Schönen zu gefallen? Wer den Charakter Napoleons kennt, dem steigen Zweifel auf, ob er sich nicht etwa getäuscht hat, als er sich nach so langen Jahren dieses absichtlich herbeigeführten Vorpostengefechts erinnerte. Frau Turreau selbst hat später bestritten, daß sie die Veranlassung zu diesem Angriff gewesen sei. Er sei nicht ihretwegen befohlen worden, sondern der General Bonaparte habe sie benachrichtigen lassen, daß sie Augenzeugin eines soeben stattfindenden Vorpostengefechts sein könne.

Sei dem wie es sei. Wenn auch die Schönheit Luise Turreaus auf Napoleon eine unwiderstehliche Anziehungskraft ausübte, so hatten doch die Gefühle, die er für sie empfand, wenig mit Liebe zu tun. Es war Strohfeuer, das sich im freien Felde, in Wind und Sturmeswehen entzündet. Jene Brände hinterlassen weder dauernde Schäden, noch währen sie so lange wie die Flamme auf dem heiligen Herde der Liebe. Sie erlöschen so schnell, wie sie entfachten. Einige

Funken davon wehen weiter, um sich ebenso rasch auf einem andern Herde zu entflammen und wieder zu ersterben.

Und doch war dieser Flirt kein gewöhnlicher. Es lag ihm eine Absicht zugrunde. So wenig wir an Napoleon gewöhnt sind, daß er sein Emporkommen mit Hilfe der Frauen er-

General Carteaux.
(Nach einem Stiche der Bürgerin Boze.)

strebte, so sehr ist diesmal der Schein gegen ihn. Es ist wohl anzunehmen, daß er mehr den Schutz der hübschen Repräsentantin suchte als ihre Person. Übrigens steht auch dieser Fall in seinem Leben nicht vereinzelt da. Es ist bekannt, daß Madame Carteaux, die Gattin des Generals und Vorgesetzten Napoleons vor Toulon, den jungen Offizier, der nicht immer so gefügig war, als es Carteaux gewünscht hätte, ihrem Mann gegenüber in Schutz nahm. Das Vertrauen, das Napoleon dem Volksrepräsentanten Ricord einflößte, soll er gleichfalls der liebenswürdigen Vermittelung der Madame Ricord zu verdanken gehabt haben. Und sein einstiger Freund Saliceti hätte, wie man sagt, nach dem neunten Thermidor, als er Bonaparte denunzierte ein Anhänger Robespierres zu sein, nur im Rachegefühl des betrogenen Ehemannes gehandelt. Erwiesen sind freilich diese „on dit" nicht. Sie scheinen jedoch nicht ganz unmöglich, wenn man in Erwägung zieht, daß Bonaparte damals vor allem auf seine Zukunft bedacht war.

Am Ende des Jahres 1795 sah er Luise Turreau noch einmal in Paris wieder. In Nizza waren sie im Streitausein-

andergegangen, jetzt aber waren die Beziehungen der beiden Liebenden wieder die alten. Ungefähr neun Monate später, im August 1796, gab Luise ihrem ersten Kinde, einem Mädchen, das Leben. Man will die Vaterschaft Bonaparte zuschreiben, aber bei der Unbeständigkeit der Madame Turreau, die ihre Liebhaber wie ihre Kleider wechselte, ist diese kühne Behauptung nicht zu beweisen.

Nach seiner Verheiratung mit Josephine ist Napoleon nicht wieder mit Luise Turreau zusammengetroffen. Frau Bonaparte hatte in ihrem eifersüchtigen Mißtrauen zwar gerade auf sie Verdacht, als ihr Mann in Italien von Sieg zu Sieg eilte, aber er war unbegründet. Frau Turreau hatte wohl einst seinen Körper besessen, aber nie sein Herz. Das gehörte nur ihr, der angebeteten, der unvergleichlichen Josephine, die ihn inzwischen in Paris mit Monsieur Charles betrog.

„Ich bin ganz verzweifelt, meine liebe Freundin", schreibt Napoleon auf die Vorwürfe, die sie ihm macht, „daß Du glauben kannst, mein Herz könnte sich einer andern als Dir erschließen. Es gehört Dir, denn Du hast es erobert, und diese Eroberung wird ewig währen. Ich weiß nicht, weshalb Du Madame T[urreau] erwähnst. Ich mache mir aus ihr ebenso wenig wie aus den Frauen in Brescia."

Trotzdem vergaß er Luise Turreau nicht. Zwar lebte sie, nachdem sie im Jahre 1797 Witwe geworden war — ihr Mann soll aus Kummer über ihr lockeres Leben gestorben sein — lange Zeit in Not, ohne daß es ihr gelungen wäre, vom Ersten Konsul oder später vom Kaiser eine Gunst zu erlangen. Die

Bittschriften und Gesuche kamen nicht in seine Hände; man schreibt es Berthier zu, sie dem Kaiser vorenthalten zu haben. Aber endlich, es muß in den Jahren 1810 oder 1811 gewesen sein, war der Zufall ihr günstig. Den Kaiser führte eine Jagd nach Versailles. Er erinnerte sich, daß hier eine Frau lebte, die ihn einst unter dem heißeren Himmel der Riviera geliebt hatte. Er ließ sofort Erkundigungen über sie einziehen, und am nächsten Tag führte Berthier ihm Luise Turreau zu. Aber welche Veränderung war mit ihr vorgegangen! Wo waren die lachenden Augen, die schwellenden Lippen, die jugendlichen, elastischen Formen der Madame Turreau von einst? War das jene Frau, die ihn durch ihre Schönheit bezaubert hatte? Ein ausschweifendes Leben Sorgen und Elend hatten sie vorzeitig gealtert.

Napoleon Bonaparte.
Nach einem Gemälde von H. E. P. Philippoteaux.
(Musée de Versailles.)

Als sie in das Kabinett ihres einstigen Geliebten eintrat, alt, faltig, „kaum zum Wiedererkennen", da begrüßte sie der Kaiser mit den Worten:

„Weshalb haben Sie sich denn nicht unserer gemeinsamen Bekannten von der Italienischen Armee bedient, um bis zu mir zu gelangen? Mehrere unter ihnen sind bedeutende Persönlichkeiten geworden und stehen in ständigem Verkehr mit mir."

„Leider, Sire", war die bittere Antwort, „kannten wir uns nicht mehr, als jene zu Ansehen gelangten, und ich ins Elend geriet." Und ein verstohlener Blick aus ihren müden Augen streifte den Fürsten von Neuchâtel.

Napoleon hatte Mitleid mit Luise. Er erinnerte sich ihrer Schönheit, ihrer Zärtlichkeiten, mit denen sie in Nizza so verschwenderisch gewesen war, und bewilligte ihr alles, was sie verlangte. Ihre Wünsche erstreckten sich auf eine Rente von 6000 Franken.

Der General Bonaparte aber gab Luise Turreau ebenso auf wie der Leutnant Bonaparte Karoline du Colombier und Manesca Pillet aufgegeben hatte. Es lag dies in seiner Art; er war zwar nicht unempfänglich für die Reize einer Frau, aber er unterlag nicht völlig ihren Verführungskünsten. Außerdem war er arm, und Frauen kosteten Geld. Sein korsisches Herz sehnte sich nach einem Heim, nach einer Familie. Das höchste Ideal war ihm die Frau als Mutter. Eine unfruchtbare Frau schätzte er gering. Die galt ihm für die verehrungswürdigste, die die meisten Kinder zur Welt gebracht hatte.

Aber noch eine andere Veranlassung ließ Napoleon plötzlich Heiratspläne schmieden. „Ce coquin de Joseph" hatte das Glück gehabt, am 3. Vendémiaire des Jahres III (24. September 1794) eine reiche Marseillerin, Julie Clary, als Gattin heimzuführen. Und was war denn dieser Joseph:

ein einfacher Kriegskommissar! Er, Napoleon hingegen, hatte doch wenigstens einen wohlklingenden Titel. Er war Brigadegeneral, wenn auch vorläufig ohne Kommando. Einstweilen war er im topographischen Bureau in Paris als Planentwerfer angestellt. Immerhin war das doch etwas. Und wer wußte, was die Zukunft bringen würde? Er glaubte an seinen Stern. Konnte er nicht viel mehr Ansprüche auf eine reiche Heirat machen als Joseph?

Napoleons Wahl fiel auf die jüngere, hübsche Schwester der Gattin Josephs, Désirée Clary*). Er hatte ihre Bekanntschaft bereits im Jahre 1794 gemacht, als seine Mutter und Geschwister in Marseille eine Zufluchtsstätte suchten. Damals hatten sich zwischen ihm und dem kaum sechzehnjährigen Mädchen**) zarte Liebesbande angeknüpft, ohne daß er schon ernstlich daran dachte, sie zu seiner Frau zu machen. Für Désirée war der junge korsische Offizier das Ideal gewesen. Sie hatte die Tapferkeit, die er bei Toulon bewiesen, und von der man noch allenthalben sprach, ebenso bewundert wie den Stolz, mit dem er seine Armut trug. War er doch der Beschützer einer zahlreichen Familie, die zu ihm wie zu einem Gotte aufblickte. Soweit Désirées Jugend und ihre Intelligenz es gestatteten, sah sie in dem geliebten Manne das ungeheure Genie, das ihn hoch über alle andern erhob. Sie brachte ihm jene zarte Liebe entgegen, die in ihrer Überfülle von Glück kaum Worte findet, ihre Gefühle auszudrücken. „Du weißt, wie sehr ich Dich liebe", schreibt sie in ihrem ersten Briefe, den Napoleon in Châtillon bei den Eltern Marmonts empfing; „aber niemals werde ich es Dir so sagen können, wie ich es empfinde. Die Abwesenheit und die Entfernung werden die Gefühle, die Du mir einflößt, niemals verändern. Mit einem Wort: mein ganzes Leben gehört Dir."

*) Ihr eigentlicher Name war Désirée Bernardine Eugénie.
**) Désirée war am 9. November 1777 geboren.

Marseille.
Nach einem Stiche aus dem Anfang des 19. Jahrhunderts.
(Aus der Sammlung Kircheisen.)

In Napoleon war der Gedanken an eine Ehe mit Désirée eigentlich erst zur Reife gekommen, als er sich 1795 in Paris aufhielt. Von diesem Augenblick an aber schwelgte er auch förmlich in Zukunftsplänen für sein Heim. Désirée hatte eine schöne Mitgift — 150 000 Franken wie man sagt, — welches Vermögen für einen so armen Offizier wie Napoleon! Er lebte damals wie so viele andere, die von der Reaktion ihr Heil erwarteten: auf gut Glück in der allgemeinen Verwirrung der Sitten und Zustände. Seine Mittel waren äußerst dürftig in dieser Zeit der Teuerung, wo die Begierde nach Luxus und Sinnengenüssen schier unersättlich war, wo es dem Unbemittelten an allem fehlte, während der Reiche Tausende und aber Tausende an einem Abend für Vergnügungen, Toiletten, Frauen, für eine einzige Laune ausgab.

Unter Josephs Mithilfe spann sich der Roman „Désirée" weiter. Er vermittelte die Briefe der beiden Liebenden und war auch sonst bereit, dem Bruder ab und zu Nachricht über die Auserwählte zu geben. Man findet jedoch nichts von Leidenschaft oder starker Zuneigung für die junge Désirée in den Äußerungen Napoleons gegen Joseph, nur der beständige Gedanke an eine sorgenfreie Zukunft, fern von allen politischen Bewegungen, vereint mit dem geliebten Bruder, beschäftigt ihn. Wenn er mit Désirée verheiratet sein wird, gedenkt er sich ein Haus in der Stadt und eins auf dem Lande zu kaufen, Pferde und Wagen zu halten, kurz wie ein wohlhabender Bürger zu leben. Um diese Pläne drehen sich während der Monate in Paris alle seine Gedanken.

Und doch hat Napoleon Désirée geliebt. Könnten wir einen Blick in die Briefe werfen, die er ihr geschrieben, vielleicht würden wir darin ein Gegenstück zu den Liebesbriefen an Josephine finden, nicht so glühend, nicht so leidenschaftlich wie diese, aber vielleicht nicht weniger gefühlvoll. Leider sind sie nicht mehr vorhanden. Was ist aus ihnen geworden? Désirée muß diese Zeugen ihres jungen Glücks wohl verbrannt haben, während sie einige Abschriften ihrer eigenen bis zu ihrem Tode bewahrte. Sie war der Liebe ihres Napoleon so sicher, daß sie eines Tages von Genua aus schrieb, wo sie mit Joseph und Julie weilte: „Schreibe mir so bald als möglich, nicht, um mich Deiner Zuneigung zu versichern — unsere Herzen sind zu eng miteinander verbunden, als daß sie sich jemals voneinander trennen könnten — sondern um mich über Deine Gesundheit zu unterrichten. Du befandest Dich nicht wohl, als Du mich verließest. O, mein Freund! Trage Sorge für Dein Leben, damit das Deiner Eugenie erhalten bleibt, die ohne Dich nicht leben könnte. Halte mir den Schwur, mich ewig zu lieben, ebenso fest, wie ich den meinigen halte!"

Dieses Kind verstand bereits Worte zu finden, die nur einer liebenden Frau zur Verfügung stehen. Napoleon weiß, mit ihr wird ihm ein zufriedenes Dasein beschieden sein; liebend und aufopfernd wird sie ihm die Tage seines Lebens verschönen. Deshalb hat er es eilig mit seiner Heirat. In jedem Briefe an den Bruder gedenkt er derer, die ihm dieses ruhige Glück verschaffen soll. „Grüße Deine Frau und Désirée", schreibt er im Mai 1795. Einen Monat später will er ihr sein Bild schicken; sie hat es verlangt. Da er aber nicht sicher ist, ob sie es noch haben will, läßt er Joseph die Wahl und schreibt: „Désirée hat mich um mein Bild gebeten. Ich werde mich malen lassen. Du wirst es ihr geben, wenn sie es noch haben will, sonst kannst Du es für Dich behalten."

Lange hört er nichts von der kleinen Désirée, weder von ihr selbst noch durch Joseph. Grollt sie ihm? Warum schreibt sie nicht? Napoleon ist verzweifelt. Düstere Schatten umhüllen das Luftschloß seiner glänzenden Zukunft. Sollten denn alle seine Pläne scheitern? „Wie es scheint", fragt er ironisch in einem an Joseph gerichteten Briefe vom

Marie Julie, Königin von Spanien mit der Prinzessin von Canino.
(Nach einem Gemälde von P. Lefebvre im Musée de Versailles.)

7. Juli 1795, „muß man, um nach Genua zu gelangen, über den Lethe fahren?" Und am 19., als er noch immer keine Nachricht von ihr hat: „Ich habe noch immer keinen Brief von Désirée, seit sie in Genua ist."

Désirée schrieb immer noch nicht. Hatte sie ihn bereits vergessen? Nein. Das konnte nur an Joseph liegen. Ungeduldig schreibt Napoleon ihm am 25. Juli: „Ich glaube, Du sprichst absichtlich nicht von Désirée; ich weiß nicht einmal, ob sie noch lebt." Und in einem Briefe, den er sechs Tage später absandte, heißt es: Du sprichst nie von Fräulein Eugenie." Jetzt war er wirklich beleidigt und nannte sie Fräulein Eugenie.

Endlich kommt ein Brief von ihr. Napoleon ist glücklich. Sein Selbstbewußtsein wächst, da er nun wieder Nachricht von Désirée hat. Die Heiratsgedanken erhalten bestimmte Formen. Am 5. September spricht er mit Joseph ganz offen über seine Pläne. „Wenn ich hier bleibe", schreibt er von Paris aus, „ist es nicht unmöglich, daß mich die Heiratswut packt. Schreibe mir ein Wort darüber. Vielleicht wäre es gut, Du sprächest darüber mit dem Bruder Eugeniens. Laß mich das Ergebnis wissen, und alles ist gesagt." Aber er kann die Antwort nicht abwarten; die Ungeduld verzehrt ihn. Schon am folgenden Tage ermahnt er Joseph: „Denke an meine Angelegenheit! Ich brenne darauf, einen Hausstand zu haben ... Entweder muß die Sache mit Eugenie sich entscheiden oder abgebrochen werden."

Das war das letzte Wort. Die Hymne Désirée verstummt

in Napoleons Briefen; niemals wieder ward ihr Name genannt. Warum? ... Spitze Zungen behaupten, die Clarys hätten an einem Bonaparte in der Familie genug gehabt und ihre Einwilligung zu dieser Heirat nicht gegeben. Vielleicht aber hatte auch Napoleon seine Absichten geändert. Vielleicht hatten die vielen schönen Frauen in Paris, die „nur hier wußten, welches Reich ihnen gehörte", die Frauen, die „hier die schönsten der Welt" waren, die er bei Barras, bei Ouvrard, bei Madame Tallien und bei den Permons sah, vielleicht hatten all die glänzende Toilettenpracht, der Luxus, das schimmernde Fleisch, die rosigen Lippen, die süßen einschmeichelnden Worte der Pariserinnen die Sinne des kleinen, mageren, schlechtgekleideten Generals verwirrt. Er hatte darüber die kleine Provinzlerin mit den schönen unschuldsvollen braunen Augen vergessen. Sie kannte Paris nicht, in dem es keinen Mittelstand gab, wo die Frauen entweder Welt- oder Halbweltdamen waren! Ja, Napoleon hatte Désirée so vollkommen vergessen, daß er der Freundin seiner Mutter, der inzwischen zur Witwe gewordenen Frau Permon einen Heiratsantrag machte. Sie hatte zwei Kinder und war die Mutter der späteren Herzogin von Abrantes, der Gattin des Generals Junot. Dann hatte er sein Heil bei Madame de La Boucharderie, der nachherigen Madame Le Beau de l'Esparda versucht. Sie war die Geliebte Marie Joseph Chéniers gewesen und hatte während der Herrschaft des Konvents im Palais Egalité (Palais-Royal) ein ausschweifendes Leben geführt. Wie es scheint, fühlte Napoleon sich besonders zu Frauen hingezogen, die viel älter waren als er.

Die Kaiserkrone der Franzosen war also nicht für Désirée Clary bestimmt. Sie sollte nicht die Gefährtin der großen Tage des Ruhmes und Glanzes Napoleons werden. Aber eines Tages sollte sie über ein anderes Volk herrschen, mit Bernadotte, dem Könige von Schweden!

Bernadotte.
Porträt von Jean Guerin. Gestochen von G. Fiesinger.
(Nach einem Stiche aus der Sammlung Kircheisen.)

Sie hatte nicht aufgehört, den Treulosen zu lieben und litt unsäglich unter dem Verlassensein. Arme Désirée! Ihre Tränen kamen zu spät. Eine Vicomtesse hatte ihr das Herz ihres Napoleons geraubt. Das konnte sie nur schwer überwinden. Und als er sich mit Josephine de Beauharnais verheiratet hatte, klang es wie ein Verzweiflungsschrei aus gebrochenem Herzen, da Désirée ihm schrieb: „Sie haben mich elend gemacht, und ich bin schwach genug, Ihnen zu verzeihen! ... Sie verheiratet! Der armen Désirée ist es nicht mehr gestattet, Sie zu lieben, an Sie zu denken? ... Mein einziger Trost ist, Sie von meiner Beständigkeit überzeugt zu wissen ... Jetzt wünsche ich nur noch den Tod. Das Leben ist eine schreckliche Qual für mich, seitdem ich es nicht mehr Ihnen widmen darf ... Sie verheiratet! Ich kann diesen Gedanken nicht fassen — er tötet mich. Niemals werde ich einem andern angehören ... Ich, die ich hoffte, bald die glücklichste der Frauen, Ihre Frau zu werden! ... Ihre Heirat hat mein ganzes Glück vernichtet ... Ich wünsche Ihnen dennoch alles Glück und Gedeihen in Ihrer Ehe. Möchte die Frau, die Sie sich gewählt haben, Sie ebenso glücklich machen, wie ich es mir vorgenommen hatte, und wie Sie es verdienen. Mitten in Ihrem Glück aber vergessen Sie nicht ganz die arme Eugenie und beklagen Sie ihr Geschick!"

Solche Anklagen trafen Napoleon schwer. Er wußte: hier hatte er etwas gutzumachen. Auf dem Wege nach Italien holte er sich in Marseille persönlich die Verzeihung der Verlassenen. Später suchte er Désirée vorteilhaft zu verheiraten. Der 26 jährige General Léonard Duphot schien ihm der würdigste Gatte für die einstige Geliebte. Am 12. November 1797 schrieb Napoleon an Joseph nach Rom, wo auch Désirée weilte: „Der General Duphot wird Dir diesen Brief überbringen. Er wird mit Dir über die Heirat sprechen, die er mit Deiner Schwägerin einzugehen gedenkt.

Ich halte diese Verbindung für sehr vorteilhaft für sie. Duphot ist ein ausgezeichneter Offizier."

Man sagt, Désirée sei nicht abgeneigt gewesen, den so warm Empfohlenen anzunehmen, obwohl es bekannt war, daß Duphot eine Geliebte und einen dreijährigen außerehelichen Sohn hatte. Aber das Verhängnis hatte es anders beschlossen. Der tapfere Offizier mußte sein Leben auf tragische Weise lassen. Als er am 17. Dezember 1797 im Begriff war, Joseph Bonaparte vor der französischen Gesandtschaft in Rom gegen den wütenden Pöbel zu verteidigen, traf ihn vor den Augen seiner Verlobten die tödliche Kugel.

Der schwedische Baron Hochschild, der die Königin von Schweden noch persönlich gekannt hat, stellt jedoch in Ab-

Désirée Bernadotte

rede, daß Désirée den General Duphot habe sterben sehen. Als Hochschild ihr im Jahre 1856 die kurz vorher erschienene Korrespondenz Joseph Bonapartes vorlas und zu der Stelle kam, wo Joseph an den Minister des Äußern schreibt, daß seine Schwägerin am Tage nach dem Tode Duphots die Frau dieses Generals hätte werden sollen, unterbrach ihn die Königin mit den Worten: „Das ist eine Lüge! Ich hätte Duphot, der mir gar nicht gefiel, niemals geheiratet."

Nach ihm hatte Napoleon die späteren Generale Marmont und Junot für Désirée ausersehen, aber beide wurden abgewiesen. Später jedoch mußte sie es doch wohl überwunden haben. Am 30. Thermidor des Jahres VI (17. Juli 1798) wurde sie die Frau des Generals Bernadotte. Die Wahl war nicht nach dem Geschmack Napoleons. Er befand sich zu jener Zeit in Ägypten und schrieb von Kairo aus: „Ich wünschte, daß Désirée mit Bernadotte glücklich würde; sie verdient es." Und ehe ein Jahr vergangen war, bat Désirée den General Bonaparte, der Pate ihres Erstgeborenen zu sein. Das war ihre Revanche! Etwas wie triumphierender Stolz leuchtete in ihren Augen, als sie ihm diesen Sohn zeigte. Einen Sohn! Napoleon sollte ihn nie von Josephine haben. Beschlich ihn jetzt vielleicht Bedauern, daß

General Bernadotte.
(Ausschnitt aus einem Gemälde von Lebrun, nach einem Stiche von Lefevre.)

er die junge Désirée nicht geheiratet hatte? Er gab ihrem Sohne den Heldennamen Oskar, als wenn er vorausgesehen hätte, daß dieser einst der Fürst eines nordischen Reiches werden würde.

Bernadotte war Napoleons Feind, und dennoch handelte dieser an ihm wie an einem Freunde, um Désirées willen, deren Herz er so tief beleidigt hatte. Für sie machte er Bernadotte zum Marschall von Frankreich, um ihretwillen kaufte er für ihn Moreaus Hotel für 400 000 Franken, um ihretwillen verlieh er ihm den Titel eines Fürsten von Ponte Corvo und setzte ihm eine Rente von 300 000 Franken aus. Um Désirées willen verzieh er ihm alle seine Fehler in den verschiedenen Feldzügen. Um ihretwillen gab er seine Zustimmung, als das schwedische Volk Bernadotte zum Thronfolger wählte. Ein einziges Wort von Napoleon, und die Krone hätte Bernadottes Haupt nur gestreift. Alles nur um Désirées willen! Und wie lohnte es ihm Bernadotte? Mit schändlichem Verrat.

Désirées sanftes, zärtliches Herz überwand und erschloß sich ihrem Gatten, dem sie wahrhaft zugetan war. Aber vergessen hat sie selbst auf dem Throne der Wasa nicht jene Zeit ihrer Jugend, als sie noch den General Bonaparte liebte. Lange Zeit, als sie längst ein herrliches Schloß im Norden besaß, konnte sie sich nicht entschließen, Paris zu verlassen, den Ort, wo der geweilt hatte, den sie geliebt, wo sie beinahe die erste der Frauen geworden wäre. Als sie längst in ihr Königreich eingezogen war, hielt sie noch an ihrem Hotel in Paris wie an einem Kleinod fest. Sie gab es auch nicht auf, als man es unter dem zweiten Kaiserreich niederreißen wollte, um den Boulevard Haußmann durchzubrechen. Napoleon III. war feinfühlend genug, ihren Tod abzuwarten, ehe das Haus vom Erdboden verschwand. Désirée Clary, Königin von Schweden, die ehemalige Braut des großen Kaisers, starb, 83 Jahre alt, am 17. Dezember 1860. Unter ihren Papieren fand man die vergilbten Dokumente einer Liebe, die sie wie heilige Reliquien bis an ihr Ende aufbewahrt hatte.

VIERTES KAPITEL

DREI FRÜHLINGSTAGE IN CHÂTILLON

Fast um dieselbe Zeit, als in Marseille der Roman „Désirée" seinen Anfang nahm, taucht im Leben des jungen Napoleon eine andere liebenswürdige Frauengestalt auf: die Gräfin Victorine de Chastenay.

Den Artilleriegeneral Bonaparte hatte am 9. April 1795 der Befehl getroffen, sich zur Westarmee in die Vendée zu begeben, wo der kühne Hoche sich bereits Ruhm und Ehren erworben hatte. Eine solche Versetzung konnte Napoleon nicht angenehm sein. Einesteils hatte er keine Lust, sich unter die Befehle des Rivalen zu stellen, andernteils sagte ihm die Art des Krieges in der Vendée nicht zu: der Bürgerkrieg war ihm widerwärtig. Er schob daher seine Abreise von Marseille, wo ihn nicht allein seine Familie, sondern auch die kleine Désirée zurückhielten, immer weiter hinaus und zwar unter dem Vorwande, daß er seinen Nachfolger bei der Italienischen Armee, den General Dujard erwarten müsse. Dieser traf Anfang Mai 1795 in Marseille ein. Es hieß nun also aufbrechen.

Am 9. Mai machte der General Bonaparte sich endlich auf den Weg. Obgleich er der Form halber seine Wagen und Pferde nach der Vendée vorausgeschickt hatte, so war doch sein Ziel nicht der Kriegsschauplatz, sondern Paris. Dort hoffte er Mittel und Wege zu finden, um das ihm verhaßte Kommando unter dem General Hoche rückgängig zu machen. Wenigstens wollte er Zeit gewinnen, um die nötigen Schritte für eine ihm zusagendere Verwendung im Heere zu tun.

Der sechzehnjährige Louis Bonaparte, der in die Militärschule von Châlons untergebracht werden sollte, der Adjutant Junot und der Hauptmann de Marmont begleiteten Napoleon. Junot und Marmont waren voller Bewunderung für ihren General, der kaum das sechsundzwanzigste Lebensjahr erreicht und doch schon hervorragende Proben von Intelligenz und Mut abgelegt hatte. Marmont, der ihm mehr Freund als Adjutant war, schrieb alles, was er gelernt hatte, alle seine Ideen und Ansichten dem Einfluß Bonapartes zu, dessen ungeheures Genie er nicht genug zu loben wußte. Wer hätte damals geglaubt, daß er einst zum Verräter an dem Kaiser werden würde?

Diese Zeiten aber lagen noch in weiter Ferne. Keiner von den vier Reisenden, die in einem bequemen, mit einem gewissen Luxus ausgestatteten Wagen den Weg von Marseille nach Paris zurücklegten, dachte im entferntesten daran, daß der junge General, der jetzt einer ungewissen Zukunft entgegenfuhr, einst der erste Mann von Frankreich sein würde. Am allerwenigsten beschäftigte dieser sich selbst mit solchen Gedanken. Ihm war es jetzt nur darum zu tun, daß man ihn nicht in der Vendée, sondern wieder bei der Italienischen Armee verwendete. Ab und zu flogen seine Gedanken wohl auch nach Marseille zurück, zu Désirée, zu seinem Bruder Joseph, für den er in Montélimar und in Châlon-sur-Saône eine Besitzung kaufen wollte. Dachte Napoleon vielleicht bereits im stillen an seinen eigenen Haushalt mit Désirée Clary?

Auf dem Wege nach der Hauptstadt hielten die vier Reisenden in Châtillon bei den Eltern des jungen Marmont kurze Rast. Die Besitzung der Marmonts lag am äußersten Ende der Stadt und führte den Namen Châtelot. Hier in dem antijakobinischen Milieu des Provinzadels, der infolge der reaktionären Ideen fast verächtlich auf die „blauen Offiziere", wie man sie nannte, herabblickte, machte der bleiche, wortkarge republikanische General nicht den günstigsten Eindruck. Man wußte, daß er der Freund des jüngeren Robespierre gewesen war und unter dem Verdacht

A. F. L. Viesse de Marmont.
(Nach einem Gemälde von J. P. B. Guérin im Musée de Versailles.)

ein Parteigänger Robespierres zu sein, in Antibes in Haft gesessen hatte. Das war Grund genug, um ihm mit Mißtrauen zu begegnen. Trotz der Begeisterung Marmonts und Junots für den jungen General wäre dessen Besuch in Châtillon gewiß kläglich verlaufen, wenn nicht ein junges Mädchen der Aristokratie sich seiner angenommen und sich zu seiner Verteidigerin gemacht hätte.

In der Tat wußte Frau von Marmont nichts mit ihrem schweigsamen Gaste anzufangen. Er sprach nur das Nötigste, ging seinen eigenen Ideen nach oder beschäftigte sich mit seinem Bruder Louis, dessen Erziehung er auf sich genommen hatte. Und Napoleon war ein so strenger Mentor, daß alle Damen von Châtillon den sanften Louis, der bereits so liebenswürdige Manieren hatte, bemitleideten.

Um ihre kleine Gesellschaft zu zerstreuen, kam Frau von Marmont der Gedanke, den General Bonaparte und seine Begleiter, Junot und Louis, bei ihren Freunden, dem Grafen und der Gräfin de Chastenay einzuführen. Sie hatten eine vierund-

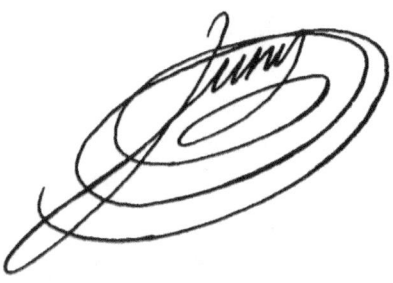

zwanzigjährige Tochter, Victorine, ein liebenswürdiges, kluges Mädchen von fröhlichem, unterhaltendem Wesen, und mit einer Bildung, die weit über den Durchschnitt jener Zeit hinausging. Frau von Marmont hoffte im stillen, daß Victorine ihren Gast ein wenig zerstreuen und aufmuntern werde.

Sie brachte also ihre Gäste zu der Familie Chastenay. Die junge Gräfin verfügte über ein schönes musikalisches Talent. Sie mußte sich sogleich ans Klavier setzen und spielen. Aber der General Bonaparte schenkte weder ihr noch ihrem Spiel besondere Aufmerksamkeit. Die Höflichkeiten, die er ihr sagte, waren trocken und alltäglich. Dann sang Fräulein Victorine eine alte italienische Ballade, die sie selbst in Musik gesetzt hatte. Vielleicht hatten Marmont oder Junot ihr verraten, daß Napoleon gern italienische

Lieder höre. Als das Lied zu Ende war, fragte sie den General, ob sie das Italienische gut aussprache. „Nein", war die kurze, unliebenswürdige Antwort. Der erste Besuch also war wenig versprechend.

Bonaparte.
(Nach Baron A. L. J. Gros.)

Am folgenden Tage war die Familie Chastenay zu Ehren des so wenig höflichen Generals Bonaparte in Châtelot zum Diner eingeladen. Die spröde Art des Offiziers mit den langen schlechtgepuderten Haaren, den tiefliegenden Augen, kurz seine ganze charakteristische Erscheinung übte auf die junge Gräfin einen unwiderstehlichen Reiz aus. Sie brannte darauf, den seltsamen Mann, der so ganz anders war als die Herren ihrer Kreise, zum Sprechen zu bringen. Sie wußte aber auch: mit landläufigen Salonphrasen war hier nichts zu erreichen!

Nach dem Diner, das ihr endlos lang erschien, ging sie mutig auf ihn zu und richtete teilnehmend eine Frage über seine Heimat, sein Korsika an ihn. Und siehe da, das Eis war geschmolzen, die Zunge des schweigsamen Generals löste sich. Sein Auge leuchtete, seine Züge belebten sich, und bald kam die Unterhaltung zum großen Erstaunen der übrigen Gesellschaft in lebhaften Fluß.

Zwischen den Fenstern des Salons an einen Marmorpfeiler gelehnt, sprachen die beiden jungen Leute miteinander, ohne gewahr zu werden, wie die Zeit verrann und daß sie bereits vier Stunden geplaudert hatten. Ach, Bonaparte hätte noch lange so weiter sprechen mögen! Er erzählte ihr ja von Korsika, von seinen Plänen! Er sprach sogar von Politik, von militärischen Dingen, vom Bürgerkrieg, den er verwarf und ohne die Beteiligung des hohen Adels nicht begriff, von der Revolution und ihrer Wirkung. Victorinens Blicke hingen bewundernd an seinen Lippen. Die Überlegenheit dieses Mannes, der mit erstaunlicher Beweglichkeit des Geistes seine Ideen vor ihr entwickelte und von einem Thema auf das andere übersprang, nahm sie gefangen. Es war ihr, als wäre sie nie einem geistreicheren Menschen begegnet.

Mit beredten Worten rollte Napoleon vor ihren Augen das Bild der Revolution und ihrer Schrecken vor dem 9. Thermidor auf. Ein Grauen erfaßte sie dabei vor den Verbrechen, die Frankreichs Erde mit unschuldigem Blute getränkt hatten, und begeistert ergriff sie für die Thermidorianer Partei, die all diesen Greueln ein Ende machten. Der General Bonaparte aber hatte eine weniger günstige Meinung von den Männern des 9. Thermidor. Er hatte sie vor diesem Zeitpunkt als Terroristen gekannt. „Immer-

Gräfin Victorine de Chastenay.

hin", meinte er, „kann man viel Schlechtes tun und verursachen ohne selbst wirklich schlecht zu sein. Eine unüberlegt gegebene Unterschrift kostet oft Tausenden das Leben. Man müßte", fügte er hinzu, „den Menschen immer und immer wieder ein Gemälde vor Augen führen, auf dem alle Handlungen, alle Szenen und Leiden wiedergegeben wären, die aus unbedachten Entschlüssen entsprängen."

Später ging das Gespräch auf die Literatur über. Bonaparte sprach von Ossians Gesängen und pries den schottischen Barden voller Begeisterung. Fräulein von Chastenay kannte wohl den Namen des Dichters aber nicht seine Werke. Sogleich bat Napoleon sie um die Erlaubnis, ihr eine Sammlung der Gesänge in Paris kaufen und ihr das Buch persönlich übergeben zu dürfen, wenn sie in der Hauptstadt sein werde. Die Gräfin aber war ein wenig prüde; sie glaubte gegen den guten Ton zu verstoßen, wenn sie das Anerbieten und den Besuch des jungen Offiziers annehmen würde. Sie dankte.

Als der General Bonaparte aber an jenem Abend von Victorine de Chastenay Abschied nahm, da hatte er in ihr eine begeisterte Verehrerin gefunden, die jedem, der es hören wollte, sagte, daß es keinen geistreicheren, genialeren und liebenswürdigeren Menschen gäbe als ihn. Alles, was er gesagt hatte, prägte sich tief in ihr Gedächtnis ein, und als sie als Sechsundvierzigjährige ihre Memoiren schrieb, erinnerte sie sich noch deutlich der Hauptpunkte jener merkwürdigen Unterhaltung in Châtelot. Nur ihre Bewunderung für den seltsamen Mann war nicht mehr dieselbe.

Der General Bonaparte sah Victorine während seines Aufenthaltes in Châtillon fast täglich, sei es bei den Marmonts, sei es bei ihren Eltern. In ihrer Gesellschaft wurde er zugänglicher, nahm an den gemeinsamen Spaziergängen teil, pflückte galant für sie einen Kornblumenstrauß und beteiligte sich auch an den Pfänderspielen in Châtelot. Auf diese Weise sah die junge Gräfin eines Abends den Mann zu ihren Füßen, dem bald die halbe Welt huldigen sollte.

Aber die Scheidestunde schlug. Die traute Kameradschaft zwischen Victorine de Chastenay und dem jungen Korsen mußte ein Ende nehmen. Er kam nie wieder nach Châtillon. Erst in den glänzenden Tagen des Konsulats sah er die Gräfin im Boudoir Josephines wieder. Die beiden Frauen hatten sich unter dem Direktorium in der neuen Gesellschaft bei Barras kennen gelernt, und es scheint, daß Victorine schnell die lockeren Sitten jener Zeit angenommen hatte, denn man sagte ihr allerlei Unmoralitäten mit Herrn von Châteaurenault nach. Nun war sie gekommen, um die gute Madame Bonaparte um Fürsprache für eine Audienz beim Ersten Konsul zugunsten eines Emigranten zu bitten.

L. Bonaparte

Aber die eifersüchtige Frau hegte ein gewisses Mißtrauen gegen Fräulein von Chastenay. Napoleon hatte ihr von seiner Bekanntschaft in Châtillon erzählt und dabei die außerordentliche Klugheit der jungen Dame vielleicht in zu lebhaften Worten geschildert. Das hatte genügt, Josephines Eifersucht zu erwecken. Sie versprach zwar der Gräfin sehr freundlich ihre Vermittelung, wußte es aber so einzurichten, daß die Audienz nicht zustande kam. Vielleicht fürchtete sie, Fräulein von Chastenay würde beim Ersten Konsul wegen ihrer Scheidung intrigieren, die sie wie ein Gespenst verfolgte. Daß sie diesen Verdacht hegte, ist sehr leicht möglich, denn die Gräfin stand in engem Verkehr mit den Brüdern Napoleons, die nichts unterließen, um ihn von „la vieille" loszubekommen. Jedenfalls wußte Josephine sie seit dem ersten Besuche bei ihr, da Napoleon Victorine wiedersah, stets von ihm fernzuhalten.

Wenn jedoch Fräulein von Chastenay weniger zu den offiziellen Festlichkeiten des Konsular- oder Kaiserhofes erschien, so war sie desto häufiger bei den Gesellschaften der Minister und Würdenträger zugegen. Ihr hochgebildeter Geist, ihre weitgreifenden Anschauungen als Schriftstellerin*), ihre guten Beziehungen zu den angesehensten Familien und ihre eigene vornehme Abstammung machten ihre Gesellschaft nicht allein Gelehrten und Schriftstellern begehrenswert, sondern auch die Männer der Regierung suchten ihren Verkehr. Der Polizeiminister Fouché und der Staatsrat Réal gehörten zu ihren Vertrauten.

Sie war nie zu bewegen gewesen, eine Kurtisane des napoleonischen Hofes zu werden, denn trotz aller Bewunderung für das außerordentliche Genie des Kaisers liebte sie ihn nicht als Menschen. Und dieses Gefühl schien auf Gegenseitigkeit zu beruhen: Napoleon schätzte zwar ihren Geist aber nicht ihre Person. Weder der eine noch der andere Teil suchte die in Châtillon geknüpfte Bekanntschaft fortzusetzen. Erst als Josephine der österreichischen Kaisertochter auf dem Throne Frankreichs Platz gemacht hatte, wollte es der Zufall, daß Napoleon und Victorine de Chastenay einander begegneten. Es war auf einem Balle, den

---

*) Fräulein von Chastenay, die in ihrer Eigenschaft als Stiftsfräulein Madame genannt wurde, hat sich durch mehrere Werke und Übersetzungen um die Literatur verdient gemacht. Sie veröffentlichte: Calendrier de Flore, ou Études de fleurs d'après nature, Paris (1802), 1804. — Les chevaliers normands en Italie et en Sicile ... Paris, 1816. — Du Génie des peuples anciens, ou tableau du développement de l'ésprit humain chez les peuples anciens. Paris, 1808. Ferner die Übersetzungen aus dem Englischen: Mystères d'Udolphe von Radcliffe und: Le village abandonné von Goldsmith.

Savary, der Herzog von Rovigo, im Winter 1811 zu Ehren des Kaiserpaares veranstaltete. Napoleon hatte Fräulein von Chastenay bereits mehrmals auf andern Bällen seiner Minister bemerkt, aber sie hatte es stets so einzurichten gewußt, daß sie in einer der letzten Reihen zu stehen kam, wenn er seinen Rundgang machte. Sie liebte seine Anreden an die Damen des Hofes nicht. Vielleicht fürchtete sie auch eine Indiskretion seinerseits in bezug auf Réal, mit dem sie mehr als Freundschaft verband.

Auf dem Balle des Herzogs von Rovigo aber war es ihr unmöglich, sich seinen Blicken zu entziehen. Sie stand mit der Tochter Réals, Madame Lacuée, und mit Madame de Brancas in der vordersten Reihe der Damen, als Napoleon und Marie Luise im Ballsaale erschienen. Madame de Brancas erhielt die erste Schmeichelei des Kaisers. Er fragte sie, ob sie tanze? — „Nein, Sire", antwortete sie, „ich tanze nicht mehr." — „So müssen Sie nicht antworten", verbesserte Napoleon; „Sie müssen sagen: ich tanze nicht. Die Worte: ich tanze nicht mehr, schließen bereits einen zweiten Gedanken in sich."

Und dann kam die Gräfin de Chastenay an die Reihe. Sie hatte sich bei der kaiserlichen Zurechtweisung eines diskreten Lächelns nicht erwehren können, und Napoleon hatte es gesehen. Er wandte sich mit der Bemerkung an sie, daß er sie kenne, daß er sie **gekannt habe**. — „Ja, ja", sagte er, nachdem sie ihren Namen genannt hatte, „ich kenne Sie sicher. Ich sah Sie in Châtillon. Sie waren damals Stiftsfräulein. Wie geht es Ihrer Mutter?" Und ohne ihr Zeit zur Antwort zu lassen, fuhr er hastig fort: „Erinnern Sie sich noch unserer langen Unterhaltung? Erinnern Sie sich noch, sagen Sie! Es war vor sechzehn Jahren! Ja wahrhaftig, vor sechzehn Jahren!" Und er wiederholte noch einmal: „Vor sechzehn Jahren!"

Darauf sagte er Fräulein von Chastenay noch ein paar

Schmeicheleien über ihre Bücher, nannte sie eine Muse und erkundigte sich, ob sie ihr musikalisches Talent weiter gepflegt habe. Er schien nichts vergessen zu haben, was er an jenen Maitagen von 1795 in Châtillon erlebt und gesehen hatte. Als die Gräfin ihm aber einige Tage später ihre Werke „Le Génie des anciens", „Udolphe" und „Le calendrier de Flore" überreichen ließ, nahm der Kaiser diese wohl an, schrieb ihr jedoch nicht ein einziges Wort des Dankes dafür, und Victorine de Chastenay sah ihn niemals wieder.

DIE FRAUEN IN PARIS

FÜNFTES KAPITEL

NOTRE DAME DE THERMIDOR

Der 9. Thermidor hatte der Schreckensherrschaft ein Ende gemacht. Wie aus einem schweren Traume erwachend stürzten sich die Franzosen, besonders die Pariser, in einen sinnverwirrenden Strudel von Vergnügungen. Man brauchte sich ja jetzt nicht mehr ausschließlich mit der Sorge um sein Leben zu beschäftigen. Der Tod lauerte nicht mehr in jedem Winkel; er war nicht mehr die einzige Zerstreuung des von barbarischen Genüssen übersättigten Volkes. Die öffentlichen und privaten Vergnügungen waren nicht mehr einer tyrannischen Zensur unterworfen.

Diese Veränderung brachte eine ganz neue Gesellschaft in Frankreich hervor, eine durch die Revolution verdorbene und nach allen sinnlichen Genüssen schmachtende Gesellschaft. Sie baute sich auf den Trümmern der Schreckensherrschaft auf und bestand aus einem Gemisch von Leuten des alten und neuen Regimes mit mehr oder weniger republikanischer Gesinnung.

Die Löwin dieser Gesellschaft, die umworbenste, verwöhnteste und einflußreichste Frau von Paris war die schöne Jeanne Marie Ignace Theresia Cabarrus, geschiedene Marquise de Fontenay, Geliebte und spätere Gattin des Thermidorianers Tallien. Ihre kleine weiße Hand hatte dazu beigetragen, die Riegel der Kerker der Revolution zu öffnen und die darin Schmachtenden zu befreien. Dank ihres Einflusses auf ihren Geliebten war der Sturz des Diktators Robespierre beschlossen worden. Jetzt lag ihr das befreite Frankreich zu Füßen. Ihr galten alle Huldigungen. Das Volk nannte sie „Notre Dame de Thermidor". Und selbst als sie längst nicht mehr die Gattin Talliens war, als sie im Luxembourg als Maitresse des jungen Direktors Barras die Honneurs machte, als der Volkswitz ihr den Namen „La propriété du Gouvernement" gegeben hatte, bewahrte sie sich ihren Ruf als Rettungsengel, als gute Fee. Ihre Salons in der berühmten Chaumière blieben nach wie vor der Sammelpunkt aller berühmten und berüchtigten Geister jener Zeit.

Theresia Tallien hatte es verstanden, sich mit einem Kreise schöner, liebenswürdiger Frauen zu umgeben, die sich ebenso wie sie durch ihre Eleganz, ihre Überspanntheit und frivolen Sitten auszeichneten. Frau von Navailles, Frau von Beauharnais, deren Mann auf dem Schafott gestorben war und die sich später mit Theresia in die Gunst Barras' teilte, Frau Rovère, die Gattin des Deputierten der Montagnards, Frau von Châteaurenault, Frau von Forbin, sie alle halfen ihr die Männer heranziehen, mit deren Hilfe sie aus ihrem Salon einen politischen Mittelpunkt zu machen gedachte. Bei Theresia knüpften sich die Intrigen der Politiker vom Tage an, Armeelieferanten vermittelten ihre Geschäfte, und alles, was von Männern und Frauen zu jener fieberhaften Zeit am öffentlichen Leben Anteil hatte, versammelte sich bei ihr. Vielleicht wurden auch in ihrem Salon die Rollen für den 13. Vendémiaire verteilt.

Und kam man nicht aus politischem Interesse zu Theresia Tallien, so kam man, um ihre wahrhaft klassische Schönheit, ihre Anmut, ihre Eleganz und ihre alles Maß überschreitende Extravaganz zu bewundern. Sie gestattete sich Freiheiten, die selbst in jener sittenlosen Zeit Aufsehen erregten. Sie zögerte nicht, ihre nackte Schönheit nicht

Tallien.
Nach einer Lithographie von Delpech.
(Aus der Sammlung Kircheisen.)

allein bei Barras, bei Ouvrard oder in der Chaumière preiszugeben, sondern, erhaben über alle Meinungen, auf der Promenade, im Theater und überall da mit ihr zu prunken, wo neugierige und begehrliche Blicke sie verschlingen konnten. Es war ihr Bedürfnis, die Welt, besonders die Männerwelt herauszufordern. Erschien sie nicht einst in ihrer Loge in der Oper als Diana in antiker Nacktheit, nur mit einem Tigerfell bekleidet!

Eines Tages, wenige Wochen vor dem 13. Vendémiaire, führte Barras einen jungen Artilleriegeneral bei seiner schönen Freundin ein. Er war klein und mager. Sein blasses Gesicht war von braunen Haaren umrahmt, die in Strähnen „à l'oreilles de chien" bis auf die Schultern herabhingen. Seine Uniform war alt und abgenutzt. Die Schöße seines Rockes waren viel zu lang, die Schuhe von zweifelhafter Eleganz. Unter all den Anwesenden in dem eleganten, mit dem raffiniertesten Luxus ausgestatteten Salon war er der Unscheinbarste und gewiß auch der Ärmste. Aber sein graues Auge blickte mit Feuer und Lebhaftigkeit. Die feinen Linien des Mundes drückten Willenskraft und Entschlossenheit aus, und wenn er sprach, schien seine kleine Gestalt zu wachsen.

Theresia geruhte diesen Offizier mit ihrer ganz besonderen Aufmerksamkeit zu beglücken. Sie entfaltete dem unscheinbaren jungen General gegenüber ihre bezauberndste Anmut und Liebenswürdigkeit. Er wiederum war galant und höflich gegen sie. Ihre sieghafte Schönheit blendete auch ihn, der keinen andern Kultus kannte als den Ruhm. Die Gesellschaft wurde bald aufmerksam auf das seltsame Paar. Was hatte Theresia an diesem armen Offizier gefunden, der aussah wie ein Kleinstädter, dessen Manieren darauf schließen ließen, daß er das Parkett der Pariser Salons nicht gewöhnt war? Als er an jenem Abend die Chaumière verlassen hatte, fragte Frau von Beauharnais ihre

Freundin etwas spöttisch, wer denn dieser unscheinbare Offizier sei. Madame Tallien antwortete: „Der General Bonaparte."

Er kam oft wieder, teils von dem ehrgeizigen Gedanken geleitet, vorteilhafte und einflußreiche Beziehungen anzuknüpfen, — er war ja ohne Anstellung in Paris — teils von dem ihm ungewohnten Reiz bestrickt, den all die schönen Frauen, die wie Musen die Göttin umgaben, auf sein korsisches Herz ausübten. Jetzt begann er zu begreifen, daß in Paris die Frau nicht ohne Einfluß auf die öffentlichen Angelegenheiten war. „Die Frauen sind überall", schrieb er um diese Zeit an Joseph, „im Theater, auf der Promenade, in den Bibliotheken. In den Arbeitszimmern der Gelehrten sieht man entzückende Gestalten. Hier allein verdienen sie das Steuer zu führen. Deshalb sind auch die Männer ganz vernarrt in sie. Sie denken nur an sie, leben nur durch und für sie."

Nicht immer waren es politische Gespräche, die die Gesellschaft Theresias belebten, obwohl die Wechselfälle der Zeit oft genug die Hauptunterhaltung ausmachten. Die liebenswürdige Herrin verstand es vortrefflich, für Abwechselung zu sorgen. Ihre Freundinnen waren alle reizend, lebenslustig und leichtsinnig wie sie. Man tanzte in ausgiebigem Maße bei Theresia. Bisweilen wurde musiziert und deklamiert, auch Liebesspiele, wo der Kuß die Hauptsache war, fanden Beifall. Kurz, es herrschte die ausgelassenste Lustigkeit, die von keiner Etikette beeinflußt wurde. Selbst der ernste General Bonaparte ward davon angesteckt. Eines Tags nahm er den herrlich geformten Arm Theresias. Ihre Hand lag in der seinigen, die feinen Linien brachten ihn auf den Gedanken, ihr die Zukunft aus ihnen zu prophezeien. Madame Tallien war schnell dabei. Ein Kreis neugieriger Damen und Herren versammelte sich um das Paar, und in pathetischem Tone sagte Napoleon

Bonaparte.
Nach einem Porträt von Jean Guérin, gestochen von G. Fiesinger.
(Aus der Sammlung Kircheisen.)

ihr die unsinnigsten Dinge von der Welt voraus, zur großen Belustigung der Umstehenden. Alle streckten ihm nun ihre Hände hin, und das Lachen und Scherzen nahm kein Ende.

An diesem Tage war die Herrin des Hauses besonders schön*). Groß und schlank überragte sie die meisten anwesenden Frauen. Sie war griechisch gekleidet. Das indische Mullkleid schmiegte sich in antikem Faltenwurf an den herrlichen Körper, dessen Formen der dünne Stoff nicht nur ahnen ließ. Ihre tiefschwarzen Locken waren gleichfalls auf antike Weise frisiert, wie man es an den Büsten des Vatikans sieht. Wie eine Einfassung von Ebenholz umrahmten sie das schöne weiße Gesicht. Goldspangen umschlangen die feinen Knöchel ihrer im Kothurn ruhenden nackten Füße und die wundervoll geformten Arme, die selbst ein Canova als Modell für die schönste seiner Statuen hätte nehmen können. Ihre großen, weitgeöffneten Augen leuchteten, ihr kleiner sinnlicher Mund lächelte siegesbewußt über all die bewundernden Blicke, die der Schwarm junger Gecken um sie herum ihrer Schönheit zollte.

Und welche Stimme! Sie klang wie Syrenenmusik, vor der man, um nicht ihrem Zauber zu verfallen, wie Odysseus sich die Ohren mit Wachs verstopfen mußte. Mit unvergleichlicher Grazie trieb Theresia ein kokettes Spiel mit dem kostbaren Kaschmirschal, dessen blutrote Farbe ihre Arme und Schultern aufs schönste zur Geltung kommen ließ.

Ihre physischen wie geistigen Vorzüge schienen wie geschaffen zur Verführung; sie war die geborene Hetäre. Ihre größte Macht bestand in der Eroberung des Mannes; nur ein Blick aus ihren schönen sündhaften Augen brauchte ihn zu treffen, um ihn zu ihrem Sklaven zu machen. Aber auch sie war willenlos an ihn verloren, wenn er den geeigneten

*) Frau Tallien stand in der Blüte ihrer Jugend. Sie wurde am 31. Juli 1773 auf einem Schlosse bei Madrid geboren; ihr Vater und ihre Mutter waren Franzosen.

Augenblick zu erfassen wußte. Sie hatte wohl Waffen zum Angriff, aber keine zur Verteidigung. Schon die Berührung ihrer Lippen genügte, um sie ganz zu besitzen.

Das war Theresia Tallien, die Königin der Leichtlebigkeit, die wahre Kalypso, wie Lucien Bonaparte sie nannte. Eine ihrer Zeitgenossinnen, die Herzogin von Abrantes, vergleicht sie mit der Venus des Kapitols. „Aber", sagt sie, „sie war noch schöner als das Werk des Phidias, denn man fand in ihr dieselbe Reinheit der Züge, dieselbe Vollendung der Arme, der Hände, der Füße, und das Ganze war durch einen Ausdruck von Wohlwollen belebt. Dieser Ausdruck war der Spiegel ihrer Seele, der alles wiedergab, was in ihr vorging: es war die Güte."

Diese Frau zog alle Männer, selbst den nicht vom Glück begünstigten General Bonaparte in ihren Lichtkreis. Er war in Not und auf die dürftigsten Hilfsquellen angewiesen. Seine Mittel gestatteten ihm nicht einmal, daß er sich eine neue Uniform machen ließ. Zwar bewilligte ein Beschluß des Wohlfahrtsausschusses vom Jahre III den aktiven Offizieren Tuch für einen Rock, einen Mantel, eine Weste und eine Hose, aber Bonaparte war damals aus der Armeeliste gestrichen, und sein Gesuch ward abgewiesen.

Seine einzige Hoffnung blieb die alles vermögende Theresia, die große Spenderin von Gunst und Gnaden. Ein einziges Wort von ihr würde genügen, um seinen bescheidenen Wunsch zu erfüllen. Und eines Tages nahm er sich ein Herz. Notre Dame de Thermidor war gleich bereit. Wer hätte sich jemals vergebens mit einer Bitte an sie gewandt? Sie gab dem General Bonaparte einen Brief an Lefeuve, den Zahlungsanweiser der 17. Militärdivision, mit, und wenige Tage vor dem 13. Vendémiaire war Napoleon im Besitz der neuen Uniform. Nun brauchte er sich nicht mehr zu schämen, wenn ihn die heißen Blicke der Frauen unter den glänzenden Lüstern im Salon seiner Gönnerin trafen. Vielleicht trug er diese Uniform schon an dem denkwürdigen Tage, an dem sein Stern aufging, dem Anfange seiner Größe. Theresia hatte ihm Glück gebracht. Bald sollte die schlichte Artillerieuniform des armen Offiziers, der nichts besaß als „le cape et l'épée", der Purpurmantel bedecken!

Napoleon wußte ihr keinen Dank dafür. Theresia Tallien war eine von den wenigen Personen, gegen die er sich, zu Glanz und Ruhm gelangt, nicht erkenntlich zeigte. Was war die Ursache zu diesem Grolle? Barras behauptet in seinen wenig glaubwürdigen Memoiren, Napoleon habe der schönen Kalypso ewigen Haß entgegengebracht, weil sie seine Liebesanträge zurückgewiesen. Weshalb aber dann das Entgegenkommen Theresias dem General Bonaparte gegenüber? Hätte sie, die aus einem Arm in den andern flog, der es nicht darauf ankam, einen Geliebten mehr oder weniger zu besitzen, deren perverse Sinnlichkeit vielleicht gerade nach dem äußerlich so wenig anziehenden General verlangte, ihm eine Gunst verweigert, wenn er darum gebeten? Oder war sie eine von den Frauen, von denen Restif de la Bretonne sagt: „Keine weiß besser einem Manne zu widerstehen, als die, welche es nicht immer getan hat?"

Daß Bonapartes Lippen die der schönen Sirene berührt haben, geht aus einem Briefe hervor, den er an Barras schrieb und mit den Worten schloß: „Einen Kuß für die Damen Tallien und Châteaurenault*); der ersten auf den Mund, der zweiten auf die Wange." Das war eben damals, als ihm solche Bekanntschaften eher förderlich als hinderlich waren. Später, als er aus Ägypten zurückgekehrt war und dem Direktorium den Todesstoß versetzt hatte, verbot er Josephine alle Beziehungen zu der einstigen Freundin und zu allen Frauen, die ihren Kreis bildeten. Weder die sehr herausfordernde Kreolin Madame Ha-

*) Auch sie war eine Geliebte Barras'.

melin, noch die beiden Freundinnen Barras', Madame de Châteaurenault und Madame de Forbin, überschritten die Schwelle des Konsularhofes. Natürlich hinderte das Josephine nicht, trotz alledem heimlich mit ihnen zu verkehren. Mehr als einmal war Napoleon genötigt, sie an seinen Befehl zu erinnern, den die schlaue Diplomatin so geschickt zu umgehen wußte. Den höchsten Grad erreichte seine Empörung, als er sich 1806 in Berlin befand und erfuhr, daß Josephine Frau Tallien bei sich empfangen habe. „Ich verbiete Dir", schrieb er wütend von dort aus, „jeglichen Verkehr mit Madame Tallien, unter welchem Vorwande es auch sei. Ich lasse keine Entschuldigung gelten. Wenn Dir an meiner Achtung gelegen ist, und Du mir gefallen willst, so überschreite diesen Befehl niemals. Sie kommt sogar des Nachts in Deine Gemächer. Verbiete Deinem Türhüter, sie einzulassen. Ein Elender hat sie mit acht Bastarden geheiratet. Ich verachte sie jetzt mehr als früher. Sie war eine liebenswürdige Dirne, jetzt ist sie eine entsetzlich gemeine Frau."

Napoleon ging mit der armen Theresia, die inzwischen Fürstin Caraman-Chimay geworden war, etwas zu scharf ins Gericht. Sie hatte nicht acht außereheliche Kinder — sondern nur sechs! Immerhin auch eine ganz stattliche Anzahl. Ihrem ersten Gatten, dem Marquis de Fontenay, gebar sie 1789 einen Sohn. Aus ihrer Verbindung mit Tallien ging 1795 ihre Tochter Thermidor hervor, die Josephine Beauharnais zur Patin hatte. Während Tallien auf dem Wege nach Ägypten war, brachte sie am 20. Dezember 1798 ein drittes Kind zur Welt, das kurz nach der Geburt starb. Man schreibt Barras die Vaterschaft zu. Am 31. Januar 1800 gebar sie ein viertes, eine Tochter, die unter dem Namen Cabarrus und nicht Tallien eingeschrieben wurde. Ouvrard scheint der Vater gewesen zu sein. Ihn beglückte Theresia außerdem noch mit drei anderen Kindern.

Madame Tallien und auch Josephine schrieben die Härte
Napoleons der Abneigung zu, die er gegen den Armeelieferanten Ouvrard hegte, dessen Geliebte Theresia fünf
Jahre gewesen*). Sie ließ indes trotzdem nichts außer acht,
um Bonaparte zu ihren Gunsten zu stimmen. Der bren-

G. L. Ouvrard.
(Nach einer Lithographie von Villain.)

nende Wunsch, in den Salons des neuen Regimes eine Rolle
zu spielen, wie einst unter dem Direktorium, die Löwin des
Tages zu sein, ließ sie in ihren Bittschriften alle Würde und
allen Stolz vergessen. Kein Mittel war ihr zu gering, um
das harte Herz des Ersten Konsuls zu erweichen. Aber
nichts half. Selbst die flehendsten Briefe an ihre Freundin

---

*) Napoleon ließ ihn im Jahre 1800 wegen Veruntreuungen bei den Armee-
lieferungen verhaften.

Josephine hatten keinen Erfolg. Napoleon hatte seine eigene Ansicht über die Moral einer Frau. Nur gegen eine war er in dieser Hinsicht schwach: gegen Josephine.

Theresia Tallien hatte eine zu stürmische Vergangenheit gehabt. Sie hatte ihren Körper zu sehr vor aller Welt zur Schau getragen und ihren Leidenschaften zu freien Lauf gelassen. Er wollte nur anständige Frauen in den Tuilerien sehen. Das erste, womit er dies bewies, war die anständigere Mode, die er einführte. Mit den mythologischen Phantasien der Damen war es vorbei, die fleischfarbenen Trikots wurden verbannt, das unentbehrlichste Kleidungsstück, das unter dem Direktorium so wenig Anklang fand, kam wieder zu Ehren, und die Formen, mochten sie noch so schön sein, mußten verhüllt werden. Auch Theresia, die Königin der Mode, die einst den Ton angegeben, mußte sich diesen Gesetzen beugen. Und sie tat es. Ja, sie lebte fast bürgerlich mit Ouvrard, gebar ihm jedes Jahr ein Kind und vermied alles in ihrem Lebenswandel, was dem Ersten Konsul mißfallen konnte. Schön war sie noch immer. Sie war den Dreißig nahe und trug ihr Alter mit dem triumphierenden Stolze der reifen Schönheit. Aber die Tuilerien blieben ihr verschlossen, mochte sie im stillen noch so viele Tränen der Wut und des Bedauerns darüber vergießen.

Endlich im Winter 1802 hatte Napoleon Mitleid mit der schönen Sünderin. Er gab ihr auf dem berühmten Maskenball von Marescalchi ein Rendezvous. Als Erkennungszeichen sollte sie eine grüne Schleife tragen und ihren Arm einem Domino reichen, den ein ebensolches Band schmückte. Der Abend kam. In einen Domino mit grünem Bande gehüllt, spähte Madame Tallien fieberhaft in dem festlich geschmückten Saale umher. Endlich erschienen zwei Dominos, der eine mit einem grünen Bande wie sie. Als er Theresia gewahrte, trennte er sich sofort von seinem Be-

„La Chaumière" der Frau Tallien in den Champs Élysées.

gleiter — dem Doktor Lucas — und bot ihr den Arm. Zwei volle Stunden sah man die beiden grünbebänderten Dominos lebhaft plaudernd im Saale einhergehen. Der eine schien sich in Bitten und Flehen zu erschöpfen, der andere blieb kalt und abweisend. Dann und wann warf er wie zum schwachen Trost eine galante Schmeichelei ein. Die Antwort war formell: Der Erste Konsul verweigerte der einstigen „Propriété du Gouvernement" den Zutritt zu den Tuilerien. Was vor dem 13. Vendémiaire gewesen, mußte jetzt vergessen sein. Damals hatte er ihrer Gesellschaft bedurft; Barras, Ouvrard und mancher andere konnten ihm von Nutzen sein. Aber die Zeiten hatten sich geändert.

Jetzt war er der Herr. Er hatte nicht Lust, die leichten Sitten des Direktoriums am Hofe des Konsuls einzuführen, was ohne Frage mit dem Einzug Theresias in die Tuilerien geschehen wäre. Auch wollte er nicht an jene Zeiten erinnert sein, in denen er gezwungen gewesen war, um eine Uniform zu bitten.

Theresia aber ließ sich nicht so leichten Kaufs abweisen. Als das Kaiserreich errichtet, als dieselbe Josephine, mit der sie einst die Liebe Barras' geteilt, der sie so oft ihre hilfreiche Hand geboten hatte, wenn die leichtsinnige Kreolin gar zu tief in Schulden steckte, als diese Josephine mit dem Purpurmantel und der Krone geschmückt ward, da wurde das Verlangen Theresias immer brennender, ebenfalls in den Räumen zu glänzen, die ihr eine mächtige

Stimme so grausam verschloß. O, wie wünschte sie alle diese neuen Herzoginnen und Marschallinnen, denen die schweren Hofschleppen in ihren Bewegungen hinderlich waren, mit ihrer sieghaften Schönheit, ihrer Grazie, ihrer Weltgewandtheit zu erdrücken! Sie, die ehemalige Marquise von Fontenay würde ihnen gezeigt haben, daß sie die Etiquette des „Ancien Régime", trotz ihrer Verwandlung in Notre Dame de Thermidor und la Lionne. du Directoire nicht vergessen hatte!

Es blieb ihr nur ein Mittel, dies zu erreichen. Sie mußte versuchen, noch einmal den Kaiser persönlich zu sprechen. Er war ja auch nur ein Mann; warum sollte gerade er ihr widerstehen? Wie und wo aber war es möglich, bis zu ihm zu gelangen? Nur auf den Maskenbällen, die Napoleon nie zu besuchen verfehlte, und die jedermann zugänglich waren. Theresia war hartnäckig. Der Kaiser selbst erzählte auf Sankt Helena, daß sich jedes Jahr dieselbe Maske ihm genähert habe. Sie rief ihm die Vergangenheit ins Gedächtnis zurück, erinnerte ihn an die Gefälligkeiten, die sie ihm und ihm nahestehenden Personen erwiesen. Er hörte höflich zu, aber die Antwort war immer die gleiche. Einmal sagte er zu ihr: „Ich leugne nicht, Madame, daß Sie reizend sind, aber bedenken Sie, was Sie von mir verlangen. Urteilen Sie selbst. Sie haben zwei oder drei Männer und Kinder von aller Welt. Ohne Zweifel wird man sich glücklich schätzen, Mitschuldiger am ersten Fehltritt gewesen zu sein; über den zweiten ärgert man sich, verzeiht ihn aber vielleicht. — Jedoch die andern! — Und dann, und dann ... Versetzen Sie sich in meine Lage und urteilen Sie. Was würden Sie an meiner Stelle tun? Und dabei bin ich gezwungen, ein gewisses Dekorum zu bewahren."

Theresia konnte darauf nichts erwidern als: „Sire, nehmen Sie mir wenigstens nicht die Hoffnung!" Und so trafen sie sich noch öfter auf den Maskenbällen; keiner von beiden versäumte je das Rendezvous.

Napoleon aber blieb fest in seinem Willen. War er in dieser Hinsicht doch selbst gegen seine Brüder unerbittlich. Er verzieh es Lucien nie, daß er Alexandrine Jouberthon geheiratet hatte, die ihm vor der Ehe ein Kind geschenkt. Madame Visconti hatte keinen Zutritt am Kaiserhofe, weil sie Berthiers Maitresse war. Madame Grant, die Geliebte

Frau Tallien.
(Nach einem Portrait von Quenedey.)

und spätere Gattin Talleyrands, war aus demselben Grunde aus der Hofgesellschaft ausgeschlossen. Er würde sie sogar nicht einmal mehr in Talleyrands eigenem Hause geduldet haben, wenn der Minister sie nicht zu seiner legitimen Frau gemacht hätte. Er stellte ihn vor die Alternative: entweder Madame Grant, die einst sehr schön war, zu heiraten oder sie aus seinem Hause zu jagen; und dies binnen vierundzwanzig Stunden!

Auch gegen die leichtsinnige Madame Regnault de Saint-Jean d'Angély zeigte Napoleon sich nicht nachsichtiger. Sie hielt weder ihrem Mann noch ihren zahlreichen Geliebten die Treue. Ihre „Verirrungen" mit einem Prinzen von Koburg waren schuld, daß ihr Mann nicht Minister wurde. Am 20. Februar 1809 schrieb der Kaiser an den Erzkanzler Cambacérès:

„Lassen Sie Herrn R[egnault] kommen und ihn wissen, daß seine Frau sich auf die skandalöseste Weise benimmt. Ihr Boudoir ist die größte Schande für Paris. Sie soll sofort eine Änderung treffen, denn wenn sie fortfährt, sich so zu benehmen, so werde ich genötigt sein, ihr einen öffentlichen Beweis meiner Mißbilligung zu geben."

Von allen Frauen aber war Theresia Tallien die am strengsten überwachte. Sie war nicht einmal Herrin in der Wahl ihres Bekanntenkreises. Noch am 22. Januar 1808 erschien ein von Fouché unterzeichnetes Polizeibulletin, worin es hieß:

„Im diplomatischen Korps ist man sehr erstaunt gewesen, am letzten Donnerstag bei Herrn von Champagny (Minister des Äußern) Madame Tallien eingeladen und an der Tafel den Ehrenplatz einnehmen zu sehen. Die Fremden sowie die Franzosen sehen es nicht gern, wenn öffentliche Dirnen geehrt werden."

Theresias Rache bestand darin, daß sie wieder zum Adel des alten Frankreichs zurückkehrte, dem sie vor der Revolution durch ihren ersten Gatten, den Marquis de Fontenay, angehört hatte. Es war ihr diesmal gelungen, nachdem sie die Geliebte Talliens, Barras', Ouvrards und noch manches anderen gewesen, in dem Grafen Caraman, späteren Prinzen Chimay, einem Sprossen altadeligen Geschlechts, einen wirklichen Gatten zu finden. Sie heiratete ihn am 18. Juli 1805 und feierte damit einen kleinen Triumph über die neue Gesellschaft. Ein Jahr darauf begab sie sich mit

Madame de Talleyrand, Fürstin von Benevent.
(Nach einem Gemälde vom Baron F. P. S. Gérard.)

ihrem Mann nach Italien. Dort verschloß Joseph, der König von Neapel, ihr nicht, wie der Bruder in Paris und wie später der König Wilhelm III. der Niederlande, an dessen Hofe der Prinz Chimay Kammerherr wurde, die goldenen Pforten des Paradieses. Als die Prinzessin Chimay jedoch wieder nach der französischen Hauptstadt zurückkehrte und ihren Triumphzug in dem Faubourg Saint-Germain zu halten gedachte, da fand sie auch hier verschlossene Türen. Die Macht des Herrschers hatte auch hier ihren Einfluß, und die Prinzessin Chimay blieb trotz allem und allem im Gedächtnis der Gesellschaft: Theresia Tallien, Notre Dame de Thermidor, la Propriété du Gouvernement, la Lionne du Directoire, die Geliebte Ouvrards!

Und doch war es nicht Undank, der Napoleon zu solchem Handeln gegen die Frau veranlaßte, deren unwiderstehlicher Zauber auch ihn einst bestrickt hatte. Seine Politik als Staatsoberhaupt, die ganz besondere Stellung, die sein Hof unter den übrigen europäischen Höfen einnahm, schrieben ihm eine solche Strenge vor. Übrigens verweigerte er ihr ja nur den Hof und nicht Paris. Er verbannte sie weder wie Frau von Staël, noch wie Frau von Chevreuse vierzig Meilen aus dem Umkreis der Hauptstadt. Und das war gewiß ein großer Trost für eine Frau wie Madame Tallien, für die Paris dasselbe war wie für den Hungernden die Nahrung. „Nicht gegen Madame Tallien empörte sich der Sieger der Italienischen Armee", sagt Arsène Houssaye, „sondern gegen die Gesellschaft des Direktoriums".

LIEBE UND EHE

SECHSTES KAPITEL

JOSEPHINE

I.

Nichts charakterisiert das Wesen der ersten Gemahlin Napoleons besser als seine eigene Beschreibung ihrer Individualität. „Ich war", sagte er, „in meinem Leben um zwei sehr verschiedene Frauen bemüht. Die eine war die Kunst und Grazie in Person, die andere die Unschuld und Einfachheit. Jede aber hatte ihren besonderen Wert. In allen Augenblicken ihres Lebens, in welcher Lage sie sich auch befinden mochte, war die erste anmutig und verführerisch. Es wäre unmöglich gewesen, etwas Unangenehmes an ihr zu entdecken. Alles, was die Kunst zum Vorteile weiblichen Reizes erfinden kann, wurde von ihr angewendet, aber derartig geheimnisvoll, daß man nie etwas davon merkte. Die andere hingegen hatte nicht die geringste Ahnung, daß selbst durch die unschuldigste der weiblichen Künste etwas zu gewinnen sei. Jene war stets nahe bei der Wahrheit. Ihre erste Antwort war immer eine Verneinung. Die zweite wußte nichts von der Lüge, und alle Ausflüchte waren ihr fremd. Die erste verlangte nie etwas von ihrem Mann, borgte dafür aber bei aller Welt. Die zweite zögerte nicht zu fordern, wenn sie nichts mehr hatte, was jedoch sehr selten vorkam. Sie hätte sich nie etwas gekauft, was sie nicht gleich bezahlen konnte. Übrigens waren beide gut und sanft und ihrem Manne sehr zugetan."

Diese erste Frau Napoleons, die er wie keine andere geliebt, die wie keine andere dauernden Einfluß auf ihn gehabt hat, kam unter dem tiefblauen Himmel der Tropen, auf der malerischsten und schönsten Insel der Kleinen Antillen zur Welt. Trois-Ilets auf Martinique war ihr Geburtsort, wo der Vater, Joseph Gaspard Tascher de la Pagerie*), den Beruf eines Hafenkapitäns ausübte. Außerdem besaß er einige Kaffee- und Zuckerplantagen.

Dort wo französischer Geist sich mit dem heißeren Temperament der Tropen vermischt, entwickelte sich Marie Joseph Rose**) zu jenem liebenswürdigen Kreolentypus, der sie ebenso anziehend wie eigenartig machte. Die sinnberauschende Anmut ihres geschmeidigen Körpers, der matte Teint, die schönen schwärmerischen tiefblauen Augen mit den langen dunklen Wimpern, das ins Mattrötliche schimmernde Haar, das in wilden Locken ihr schmales Gesicht umrahmte, und die einschmeichelnde melodische Stimme gewannen ihr die Herzen im Sturme. Sagte Napoleon doch selbst: „Josephine gewinnt Herzen, ich gewinne Schlachten!" Ohne schön zu sein umschwebte diese Frauengestalt ein unwiderstehlicher Zauber. Man vermochte sich schwer von diesen leichtbeweglichen, angenehmen Zügen loszureißen, die beides, den Schmerz und auch die Freude, so überzeugend auszudrücken wußten. In Josephines Blick lagen zugleich Sanftmut, Hingebung, Melancholie, Sinnlichkeit und Leidenschaft. Er sprach ebenso zu Herzen wie zu den Sinnen. Alles in ihrem Wesen schien sich zu einer wundervollen Harmonie zu vereinigen, selbst ihre Leichtfertigkeit und ihre Koketterie. Bis auf die schlechten Zähne wäre

---

*) Er wurde 1735 in Carbet auf Martinique geboren. Die Mutter, Rose Claire des Vergers de Sannois, entstammte ebenfalls einer der ältesten und angesehensten eingewanderten französischen Familien. Sie wurde 1736 geboren und starb 1807 in Trois-Ilets.
**) Den Namen Josephine nahm sie erst in Frankreich an. Ihr Rufname war Rose.

nichts an ihrem Körper zu tadeln gewesen. Aber auch diesen Mangel wußte sie geschickt zu verbergen. Sie verstand mit geschlossenem Munde so bezaubernd zu lächeln, daß man vergaß, warum sie die Lippen nicht öffnete.

Nur Josephines Erziehung ließ zu wünschen übrig; sie

Josephine de Beauharnais.

war die aller Kreolinnen gewesen. Man hatte sie lesen und schreiben, tanzen und ein wenig singen gelehrt. Mehr Ansprüche wurden an ein junges Mädchen auf Martinique nicht gestellt. Später hätte ihr diese Unwissenheit von Nachteil sein können, wenn sie nicht mit ganz besonderer Geschicklichkeit das Gespräch auf Gegenstände zu lenken gewußt hätte, die ihr bekannt waren, oder zu schweigen, sobald sie Gefahr sah, ihr Wissen zu kompromittieren; und selbst wenn sie schwieg, war sie reizvoll.

Sie ist die am wenigsten richtig beurteilte Persönlichkeit der napoleonischen Ära. Sie, die das größte Elend im Kerker, das höchste Glück auf einem der glänzendsten Throne Europas an der Seite des gefeiertesten und gefürchtetesten Mannes der Welt gekannt hat, umschwebt nicht allein jener eigene Zauber, der uns nachsichtig gegen sie macht, sondern es ergreift uns auch ein unendliches Mitleid mit ihr, die der Politik alles opfern mußte: Liebe, Glanz, Macht und Einfluß. Und trotz ihrer vielen Schwächen und Fehler fühlen wir uns unwiderstehlich zu Josephine hingezogen.

Übrigens sind wir ihr in mancher Hinsicht diese Nachsicht schuldig. Sie war in ihrer ersten Ehe mit dem Vicomte Alexandre de Beauharnais nicht glücklich*). Leichtlebig, eitel, verschwenderisch, despotisch und launenhaft, ein „enfant gâté" der frivolen Hofgesellschaft liebte er jede andere Frau mehr als seine eigene. Er vernachlässigte Josephine und stürzte sich in den Strudel der Vergnügungen, an denen es ihm als jungem lebenslustigem Offizier weder in Paris noch in den Garnisonen mangelte. Dazu war er einer von den Männern, die sich alles gestatten, aber von der niedrigsten Eifersucht gegen ihre Frauen geplagt werden, selbst wenn sie sie nicht lieben. Er beschuldigte Josephine sehr bald der Untreue und leugnete die Vaterschaft ihrer Tochter Hortense, der späteren Königin von Holland**). Mit Unrecht, denn die damals zwanzigjährige Josephine hatte weder Gelegenheit, untreu zu sein, noch hatte sie die Absicht dazu, denn sie liebte ihren Mann. Später freilich nahm sie es mit der Treue nicht so genau.

Nach der Anschuldigung Alexanders lebten die beiden

---

*) Josephine heiratete ihn am 13. Dezember 1779 in ihrem 16. Lebensjahre. Alexandre war am 28. Mai 1760 auf Martinique geboren, also 19 Jahre alt.
**) Sie kam am 10. April 1783 zur Welt.

ALEXANDRE BEAUHARNOIS

Né au Fort Royal de la Martinique en 1760.

Député du Dépt du Loir et Cher

à l'Assemblée Nationale de 1789.

Eheleute getrennt voneinander, bis der Kerker sie wieder vereinigte. Der General von Beauharnais war von den Terroristen unschuldig angeklagt worden und mußte als Adliger sein Leben auf dem Schafott lassen. Josephine zeigte sich in den Tagen seines Unglücks als wahrhaft edler Charakter. Ungeachtet alles Leids, das Alexander ihr zugefügt hatte, ließ sie nichts unversucht, um seine Freilassung zu erlangen. Umsonst. Sie selbst mußte im Frühjahr 1794 die Schwelle des Kerkers überschreiten. Getrennt von ihren beiden Kindern Eugen und Hortense mußte sie in dem schrecklichsten aller Revolutionsgefängnisse, in dem schmutzigen, ungesunden ehemaligen Karmeliterkloster drei Monate lang schmachten. Und als am 6. Thermidor das Haupt ihres

Alexandre Beauharnois

Gatten unter dem Beile des Henkers fiel, da beweinte sie aufrichtig seinen Tod, als wenn er ihr nie ein Unrecht zugefügt hätte.

Ihr selbst war das Glück günstiger. Ein heftiges Fieber — ob echt oder nur erfunden, darüber bestehen Zweifel — warf Josephine im Kerker aufs Krankenlager und verhinderte sie, vor dem Revolutionstribunal zu erscheinen, das ihr Todesurteil ausgesprochen hätte. Die Vorsehung hielt schützend ihre Hand über diese Frau, der es bestimmt war, die Krone Frankreichs zu tragen. Während ihrer Krankheit geschah das Unmögliche: Robespierre, den Diktator, der täglich das Schicksal Tausender in Händen hatte, Robespierre selbst hatte die Nemesis ereilt! Er selbst mußte seine Verbrechen auf der Guillotine büßen. Sein Tod öffnete den in den Gefängnissen Schmachtenden die Türen zu neuer Freiheit und neuem Leben. Wie so viele ihrer Schicksalsgenossen war auch Josephine de Beauharnais gerettet!

Das heißt, sie hatte eben ihr nacktes Leben gerettet, sonst nichts. Ihr Vermögen, ihr Eigentum, ihre Besitzungen alles war beschlagnahmt. Von ihren Eltern aus Martinique hatte sie nichts mehr zu erwarten. Der Vater, der am 4. November 1791 gestorben war, hatte nur Schulden hinterlassen. Das Wenige, was ihr eine Tante, Madame Renaudin, die die Geliebte ihres Schwiegervaters, des alten Marquis de Beauharnais war, geben konnte, genügte nicht für eine Frau mit den Ansprüchen Josephines. In ihren Geldangelegenheiten konnte sie nie Ordnung halten. Mit kreolischer Nachlässigkeit überließ sie sich jederzeit, mochte sie arm oder reich sein, ihrer unseligen Leidenschaft, das Geld mit vollen Händen auszugeben. Wenn sie nichts hatte, so machte sie Schulden. Selbst als sie längst in der Lage war, sich die kostspieligsten Launen zu gestatten, schuldete sie überall und aller Welt. Es war sogar Napoleon, der in allem die größte Ordnung hielt, bisweilen unmöglich, ihre Ausgaben zu regeln. Von Zeit zu Zeit gestand Josephine ihm unter Tränen ihre Schulden. Dann gab es zornige Auftritte, aber die Schulden wurden bezahlt. Bis nach Elba verfolgten ihn die Rechnungen Josephines. Diese grenzenlose Verschwendungssucht stürzte sie zu jener Zeit, als sie unbemittelt und von allem entblößt den Kerker verließ, ins Verderben. Ihre Schulden wuchsen ihr fast über den Kopf; selbst die Dienstboten waren ihre Gläubiger.

Die Gesellschaft, jene zügellose, sittenlose Gesellschaft nach dem 9. Thermidor und unter dem Direktorium, war nicht geeignet, einen guten Einfluß auf Josephine auszuüben. Sie knüpfte enge Freundschaft mit der schönen, aber äußerst leichtfertigen Theresia Tallien, Notre Dame de Thermidor, und derem Gatten an. Diese Umgebung, in der Sinnlichkeit, Galanterie, Vergnügen und Liebe die Haupt-

Die Vergnügungssäle bei Frascati, unter dem Konsulat.
(Nach einem Kupferstich von Debucourt.)

sache waren, sagte der lebensdurstigen, vergnügungssüchtigen Kreolin sehr zu. Lange genug hatte sie im Kerker nichts als Tränen, Elend, Schmutz, Laster und Verkommenheit gesehen. War es da zu verwundern, daß sie sich jetzt mit aller Leidenschaft in das neue Leben stürzte, das ganz Frankreich in einen Taumel seligen Genießens versetzte? Stärkere Charaktere als Josephine gingen in diesem Strudel unter. Wie hätte sie, die Schwache, die Hingebende, die Genußsüchtige widerstehen können? Das Heute war herrlich! Morgen schon lauerte vielleicht der Tod in irgendeinem Winkel. In jener Zeit der Umwälzungen war man ja nie sicher, was die nächste Zukunft bringen würde.

Josephine Beauharnais genoß alle Vergnügungen bis zur Neige. Sie war auf jedem Ball, in jedem Konzert, im Theater, in den Sommergärten und auf der Promenade zu finden. Man sah sie im Hôtel Thélusson, im Hôtel Longueville, im ‚Tivoli', im ‚Idalie' im Kreise all der schönen Frauen vom Tage tanzen. Theresia, die sieghafte Schönheit, ,,la Lionne du Directoire", war ihre treue Begleiterin.

Trotz der herrschenden Teuerung gab Frau von Beauharnais Diners und Gesellschaften, kaufte sich indische Schals, kostbare Kleider und seidene Strümpfe, das Paar zu 500 Franken in Assignaten. Dabei hatte sie ihre beiden Kinder zu erziehen. Hortense war zu Madame Campan in Pension gegeben worden, und Eugen wurde in dem irländischen Institut MacDernotts in Saint-Germain erzogen. Das alles war sehr kostspielig und Frau von Beauharnais ohne Einkünfte. Sie machte Schulden über Schulden. Sie brauchte fortwährend Geld und immer wieder Geld. Ihre Kleidung allein, die sie zu einer der elegantesten Damen von Paris machte, kostete Unsummen. Schließlich war diese verschwenderische Frau genötigt, ihr Heil in der Liebe zu suchen.

Zunächst, nachdem sie das Gefängnis verlassen hatte,

schreibt man ihr, ein Verhältnis mit dem General Hoche zu, der sich ihres Sohnes Eugen annahm. Es kann jedoch, wenn etwas Wahres daran ist, nur von kurzer Dauer gewesen sein, denn der General verließ Paris am 11. Fructidor, um sich als Oberbefehlshaber der Küstenarmee nach Cherbourg zu begeben. Josephine aber hatte ihre Freiheit am 19. Thermidor wieder erlangt. Im Gefängnis selbst, in dem sich auch Hoche befand, konnte sich eine Liebschaft nicht anknüpfen, weil in dem ehemaligen Karmeliterkloster Frauen und Männer getrennt waren. Noch weniger kann man den lügenhaften Berichten Barras' glauben, der in seinen Memoiren erzählt, daß Hoches Nachfolger in der Gunst Josephinens dessen Stallknecht Van Ackeren gewesen sei. Sie hatte es nicht

nötig, so tief hinabzusteigen. Es gab andere Männer, Männer von Einfluß um sie herum, denen sie nicht gleichgültig war.

So lernte sie bei ihrer Freundin Theresia den damaligen Volksrepräsentanten Barras kennen, der bald der gewaltige Herr über Frankreich werden sollte. Madame Tallien war zwar die Besitzerin seines Herzens und seines Geldbeutels, aber ihm, einem Kenner weiblicher Vorzüge, ihm, der Abwechselung und genußreiches Leben liebte, gefiel auch die anmutige Vicomtesse de Beauharnais, jenes Gemisch französischer Eleganz und kreolischer Nachlässigkeit. Theresia hatte nichts dagegen. Josephine war ihre beste Freundin. Sie verstanden sich beide vortrefflich und paßten wie geschaffen füreinander. Beide waren schön, — obwohl die Jugend und Schönheit Theresias diejenige Josephines weit überstrahlte, — außerordentlich gutmütig, genußsüchtig, verschwenderisch, elegant und verwöhnt, und beide waren darauf bedacht, einen Mann zu finden, gleichviel ob Gatten oder Geliebten, mit dessen Gelde sie alle ihre Bedürfnisse befriedigen konnten. Theresia war nicht eifersüchtig auf Josephine, denn sie hatte reicheren Ersatz gefunden. Barras selbst hatte seiner ehemaligen Maitresse den freigebigen Armeelieferanten Ouvrard verschafft.

Josephine war nun der größten Sorge enthoben. Von

Barras.
(Nach einer Lithographie von Delpech.)

Liebe zu Barras war bei ihr nicht die Rede. Es genügte ihr, die Herrin im kleinen Luxembourg zu spielen und in Gemeinschaft Theresias und der schönen Julie Récamier eine der umworbensten Frauen vom Tage zu sein. Wie man sich bei dem lebenslustigen, sinnlichen Direktor amüsierte, darüber schreibt Arsène Houssaye sehr anschaulich in seinem Buche über Madame Tallien:

„Madame Tallien, Madame Beauharnais und Madame Récamier, die, wie man sich damals ausdrückte, zur „Freude des Herrgotts bekleidet" waren, so sehr hatten sie den Anschein, unbekleidet in den Salon einzutreten, trugen auf dem Arm eine Chlamys. Sobald die Geigen anstimmten, sah man sie sich ernst auf den Schauplatz ihrer Grazie hinbewegen. Mit jenem leichten Gewand ausgerüstet nahmen sie bald die sinnlichsten, bald die keuschesten Stellungen ein, je nachdem sie den Stoff um ihre Gestalt drapierten. Bald war es ein Schleier, der die Liebende oder die Leidenschaft der Liebenden verbarg, bald war es ein Faltenwurf, unter dem man die geängstigte Schamhaftigkeit zu verbergen suchte, bald auch ein Gürtel, der Venusgürtel, der, von der Hand der Grazien befestigt, von Amors Hand gelöst wurde. ... Man konnte sich keine köstlicheren Vorstellungen denken als diese. Niemals hatte die Oper ähnliche Feste veranstaltet ... Madame Tallien, Madame Beauharnais und Madame Récamier wurden oft halb tot vom Tanz in ein nahegelegenes Boudoir getragen, begleitet von dem Schwarm ihrer Bewunderer."

Josephines Name war jetzt ebenso in Mode wie der Theresia Talliens. Bis dahin hatte sie mit ihrer Tante, der Schriftstellerin Fanny de Beauharnais, in einer bescheidenen Wohnung in der Rue de l'Université gewohnt. Jetzt bezog sie ein schönes Haus in der Rue Chantereine Nr. 6 (heute Rue de la Victoire). Sie hatte es von der geschiedenen Frau des Schauspielers Talma, der leichtlebigen Julie Carreau, für 4000 Franken jährlich gemietet. Frau von Beauharnais hielt sich Wagen und Pferde, Kutscher, Koch, Portier und Kammermädchen. Ihr Salon war der Vereinigungspunkt der alten und neuen Gesellschaft und von den bedeutendsten Persönlichkeiten aller Parteien besucht. Für die Kosten dieses Haushaltes kam zum großen Teile Barras auf, obgleich er nur ungern bares Geld hergab, das er selbst sehr nötig hatte. Aber er bezahlte in Naturalien und verschaffte seinen Freundinnen durch seinen Einfluß manche Annehmlichkeit.

Hoche.
(Nach einem Porträt von Boze.)

Das waren Josephine de Beauharnais' Lage und ihre Beziehungen zu dem genußsüchtigen Direktor, als sie die Bekanntschaft des Generals Bonaparte machte.

Man hat diesem ersten Begegnen Napoleons mit Josephine einen poetischen Reiz verleihen wollen und zu diesem Zwecke die Legende von dem jungen Eugen erfunden, der sich von dem Degen seines Vaters nicht trennen mochte, als die Entwaffnung der Sektionen allen Einwohnern von Paris die in ihrem Besitz befindlichen Waffen abforderte. Die hübsche Erzählung hat jedoch den Fehler der Unwahrheit. Napoleon kannte Josephine bereits vor dem 14. Vendémiaire, dem Tage, an dem die Entwaffnung der Sektionen begann. Er hatte sie oft vorher bei Madame Tallien, bei Ouvrard oder Barras gesehen. Er konnte also nicht von ihrer Erscheinung überrascht sein, als sie ihm nach diesem Ereignis einen Besuch machte, um ihm für seine Güte zu danken, daß er ihrem Sohn den Säbel des Vaters gelassen hatte*).

In dem eleganten Salon der berühmten Chaumière Theresias trafen sich die Blicke Napoleons und Josephines zum ersten Male, aller Wahrscheinlichkeit nach im Monat Brumaire des Jahres IV. (November 1795). Unter den vielen eleganten, griechisch gekleideten Frauen fiel dem jungen General die geschmeidige Kreolin mit dem braunen, ins Mattrötliche schimmernden Haar und den langbewimperten Augen auf. Denn wenn sie auch nicht mehr in der ersten Jugend stand, so wußte sie doch die Mängel der für eine Kreolin gefährlichen dreiunddreißig Jahre wunderbar geschickt zu verbergen. Napoleon, der Schüchterne im Salon, der Kühne auf dem Schlachtfelde, verfolgte sie im geheimen mit brennenden Blicken. „Ich war zwar nicht unempfänglich für weibliche

---

*) Ein Bekannter Josephines, J. C. Bailleul sagt in seinen „Études sur les causes de l'élévation de Napoléon": „Ich habe niemals von dieser Anekdote zu jener Zeit sprechen hören. Die Ehe war bereits geschlossen, als diese Erzählung in Umlauf kam."

Reize", sagte er später auf Sankt Helena, „aber bis dahin (bis er Josephine kennen lernte) war ich von Frauen nicht verwöhnt worden. Infolge meines Charakters war ich in ihrer Gesellschaft äußerst schüchtern. Frau von Beauharnais war die erste, die mich ein wenig mutiger machte. Eines Tages, als ich ihr Tischnachbar war, sagte sie mir viel Schmeichelhaftes über meine militärischen Eigenschaften. Dieses Lob machte mich trunken. Ich sprach nur noch mit ihr und wich nicht von ihrer Seite. Ich war leidenschaftlich in sie verliebt, und unsere Gesellschaft wußte es längst, ehe ich nur wagte, ihr ein Wort darüber zu sagen."

Josephine hielt ihn ganz und gar gefangen. Sie verwirrte dem jungen General die Sinne mit ihrer Eleganz, ihrem bezaubernden Wesen, ihrer weichen, melodischen Stimme und den schönen, so sanft blickenden Augen. Der Duft ihres auf etruskische Art frisierten Haares, die matte Haut ihrer bloßen Schultern und Arme, die mit Goldspangen geschmückt waren, berauschten ihn dermaßen, daß er in Josephine de Beauharnais das Ideal aller Frauen sah. Dazu war sie vornehm und reich: eine Vicomtesse! Er sah nicht und wußte nicht, daß unter diesem äußern Glanze auch viel Mängel verborgen waren. Er sah nur die große Zauberin, die wie keine andere ihm das höchste Glück geben sollte. Ihr schlanker biegsamer Körper, den sie so vorteilhaft in weiche, leichte Stoffe zu kleiden verstand, und dessen Bewegungen so graziös und ungezwungen waren und doch immer die einer Dame blieben, bestrickte ihn. Daß diese Frau sechs Jahre älter als er sein könnte, kam ihm nicht in den Sinn. Seine Augen sahen sie jung, sahen sie frisch und schön unter dem Puder und dem Rot ihrer Wangen und Lippen. Josephine merkte bald den Einfluß, den sie auf diesen unerfahrenen General ausübte, und ließ ihn nicht unbenutzt.

Geraume Zeit jedoch blieben ihre Beziehungen rein ge-

Der 13. Vendémiaire.
(Nach Raffet.)

sellschaftliche. Napoleon war schüchtern und in der Liebe wenig erfahren, Josephine aber zu berechnend, als daß sie ihm zu schnell entgegengekommen wäre. Napoleon Bonaparte war nicht Barras. Sie wußte: wenn dieser junge korsische General liebte, dann war es fürs Leben. Er würde sie nicht zur Geliebten wollen, sondern zur Frau. Er würde sie ganz allein für sich haben wollen. Aus einem späteren Briefe

Au General Bonoparte

vous ne venez plus voir une amie qui vous aime vous l'avez tout a fait délaissée vous avez bien tort car elle vous est tendrement attachées venez demain septidi déjeuner avec moi j'ai besoin de vous voir et de causer avec vous sur vos intérêts. Bonsoir mon ami je vous embrasse

Veuve Beauharnais

Billett Josephine Beauharnais' an den General Bonaparte.
(Faksimile.)

Napoleons an Josephine geht jedoch hervor, wie sehr er Feuer gefangen hatte, und daß ihre Beziehungen nicht mehr nur auf gesellschaftlichen Formen beruhten.

Es war nach einer Abendgesellschaft bei Barras, als er ihr morgens 7 Uhr schrieb: „Ich erwache ganz erfüllt von dem Gedanken an Dich. Dein Bild und der bezaubernde Abend von gestern haben mir meine Ruhe geraubt. Liebe, unvergleichliche Josephine, welch einen seltsamen Eindruck machen Sie auf mein Herz! Sind Sie böse, betrübt oder besorgt, so leidet mein Herz ... es gibt keine Ruhe mehr für Ihren Freund ... ist es denn aber anders, wenn Sie meine Gefühle teilen? Wenn ich von Ihren Lippen, an Ihrem Herzen die Flamme trinke, die mich verzehrt? Ach! in dieser Nacht habe ich wohl gemerkt, daß Ihr Bild Sie mir nicht ersetzt! ... Gegen Mittag brichst Du auf, und in drei Stunden werde ich Dich wiedersehen. Einstweilen, mio dolce amor, tausend Küsse, aber erwidere sie nicht, denn sie versengen mir das Blut."

Madame Beauharnais teilte anfangs diese glühende Leidenschaft nicht. Sicher hat sie sich nicht auf den ersten Blick in den kleinen, mageren korsischen Offizier mit dem gelben Gesicht, den straff herunterhängenden Haaren verliebt, der zu Theresia Tallien kam, um sie um eine neue Uniform zu bitten, weil die seine gar so schäbig war. Aber sein Ruf als Soldat, seine Tapferkeit vor Toulon waren Josephine nicht unbekannt. Er hatte zwar keine Anstellung, als sie ihn kennen lernte, aber sein Genie, sein Unternehmungsgeist ließen eine sorgenfreie Zukunft voraussehen. Dann machte ihn der 13. Vendémiaire mit einem Schlage zum Manne des Tages und stellte seine militärischen Fähigkeiten in das glänzendste Licht. Frau von Beauharnais gedachte sich eine Situation zu gründen. Sie brauchte einen Mann, auf dessen starken Arm sie sich stützen konnte. Auf Barras war nicht immer zu zählen. Er liebte die Abwechselung. Und was wäre dann aus ihr und ihren Kindern geworden? Sie war nicht mehr jung: Liebhaber fand sie wohl, aber einen Mann, der sie zu seiner rechtmäßigen Frau machte, den fand sie nicht jeden Tag auf der Straße. Sie griff zu und sollte es nicht zu bereuen haben.

Napoleon hingegen trieb nur die Liebe zu Josephine. Er liebte sie mit der ganzen heißen Inbrunst einer ersten Liebe, mit der ganzen Leidenschaft seines korsischen Temperaments. Jetzt hätte er nicht mehr mit Des Mazis gestritten,

General Bonaparte im Jahre 1797.
Nach einer Zeichnung von D. A. M. Raffet. Gestochen von Pollet.
(Aus der Sammlung Kircheisen.)

denn auch er liebte, aber viel heißer, viel leidenschaftlicher als sein einstiger Regimentskamerad. Und diesen hatte er damals für krank gehalten! Napoleon nahm Josephine, weil er sie liebte, so liebte, wie nur ein Mann ein Weib lieben kann. Keinerlei Berechnung, keinerlei Ehrgeiz waren dabei mit im Spiele, nur die Leidenschaft, die Leidenschaft in ihrer ganzen Kraft und Tiefe! In einem Brief ohne Datum, der nur den Vermerk trägt „9 Uhr morgens", schreibt er ihr, da sie wahrscheinlich Zweifel in seine Gefühle für sie gesetzt hatte: „Sie haben also geglaubt, daß ich Sie nicht um Ihrer selbst willen liebte. Ja um wessen willen denn sonst? O, Madame, ich müßte mich sehr verändert haben! Wie konnte ein so niedriger Gedanke in eine so reine Seele Eingang finden?"

Das klingt so aufrichtig, daß wir nicht daran zweifeln können. Ihre Vergangenheit, ihr Lebenswandel waren ihm gleichgültig, auch ihre vornehme Abstammung, der Titel Vicomtesse, der ihm höchstens anfangs imponiert hatte, und ihre Beziehungen zu dem einflußreichen Barras ließen ihn kalt. Napoleon brauchte keinen Protektor. Seine Verkleinerer wollen behaupten, er habe Josephine nur geheiratet, um von Barras das Kommando der Italienischen Armee zu erhalten. Die Sache war viel, viel einfacher. Erstens verdankte er weder Barras noch sonst jemandem das Kommando, sondern seinen eigenen Verdiensten, und zweitens war er seit Monaten bereits von dem Gedanken beherrscht, sich einen Hausstand zu gründen. Diesen Wunsch hatte er weder mit Désirée Clary noch mit Madame de La Boucharderie noch mit Madame Permon verwirklichen können. Nun kam diese anmutige Kreolin. Er war in sie verliebt. Sie besaß alle Eigenschaften, um einem so empfänglichen Charakter wie Bonaparte die Sinne zu verwirren. Sie lebte in Paris, in jenem Paris, wo „allein die Frauen zu lieben wissen und es verstehen, geliebt zu werden". Sie mußte seine Frau werden, koste es, was es wolle! Was kümmerte es ihn, wenn ihm böse Zungen alles mögliche Schlechte über sie hinterbrachten? Er liebte sie ja.

Josephine verstand so gut mit ihrer süßen Stimme, die zu hören später die Dienstboten in den Tuilerien an den Türen lauschten, die Flamme in Napoleons Herzen zu wildlodernder Glut zu entfachen. Seine feurige Liebessprache, die jetzt zum erstenmal in ihrer ganzen Gewalt und mit dem Ungestüm des Korsen zum Ausbruch kam, war für sie, die in den leichtlebigen Salons nur pikante, zweideutige Liebesplaudereien gehört hatte, etwas Neues. Manchmal zwar erschien ihr Bonaparte in seiner brüsken Natürlichkeit seltsam, „drôle", aber die unverhohlene Bewunderung ihrer Person, der er in leidenschaftlichen Worten Ausdruck verlieh, schmeichelte sie. Und er war stolz, wenn sie über seine wilden Liebesausbrüche errötete — weil sie sie „drôle" fand.

Eine Vereinigung mit Josephine schien ihm das höchste Glück zu sein. Was kümmerte es ihn, daß sie noch einige Wochen vorher die Geliebte Barras' gewesen war? In seinen Augen verlor sie dadurch nichts; sie blieb doch immer die unvergleichliche, die angebetete Josephine. Und diese grenzenlose Liebe sollte erst nach Jahren etwas verblassen, als häusliche Stürme ihren Zauber gebrochen hatten.

Am 19. Ventôse (9. März 1796) abends 10 Uhr fand die Ziviltrauung Napoleon Bonapartes mit Josephine de Beauharnais, geborenen Tascher de la Pagerie, auf dem Standesamte des 2. Arrondissements von Paris im ehemaligen Palais des Marquis de Gallet de Mondragon*) statt. Napo-

---

*) Heute dient dieses Haus, das in der Rue d'Antin allen Stürmen der Zeit

Kaiserin Josephine.
Nach einem Gemälde von P. Prud'hon.
(Musée du Louvre.)

leons sehnlichster Wunsch war erfüllt: Josephine de Beauharnais war sein Weib!

Am vorhergehenden Tage war bei dem Advokaten Raguideau in Gegenwart des Bürgers Lemarois, Napoleons Adjutanten, der Ehekontrakt abgefaßt worden. Raguideau war derselbe Notar, bei dem sich folgender kleiner Zwischenfall zugetragen hatte: Als Josephine eines Tages in Begleitung ihres zukünftigen Gatten bei ihm vorsprach, um Raguideau wegen ihrer Heirat um Rat zu fragen, hatte dieser ihr abgeraten, den General zu heiraten, der nichts weiter besäße als seinen Degen. „Ein kleiner unbekannter Offizier ohne Zukunft!" fügte er geringschätzig hinzu. „Besser wäre es schon, einen Lieferanten zu heiraten." Das alles hatte „der kleine General" gehört, denn die Tür, die aus dem Kabinett ins Vorzimmer führte, war offen geblieben. Als Josephine zurückkam, sagte er nur, es schiene ihm, daß der Advokat ein tüchtiger Mann sei, und er wolle ihm auch fernerhin seine Angelegenheiten übertragen. Und er hielt Wort.

In dem Ehekontrakt erklärte der junge Gatte, keinerlei Eigentum außer seiner Kleidung und seiner Kriegsausrüstung zu besitzen. Nichtsdestoweniger sicherte er seiner Frau, im Falle er sterben sollte, wahrscheinlich im Vertrauen auf sein Glück, eine Lebensrente von 1500 Franken monatlich zu. Er hatte sich als General des Innern eingetragen, obwohl er seit dem 2. März zum Oberbefehlshaber der Italienischen Armee ernannt worden war.

Das waren jedoch nicht die einzigen Unregelmäßigkeiten, die Napoleons und Josephines Trauungsurkunde aufzuweisen hatte. Josephine, die nahe vor ihrem 33. Lebensjahre stand, trug sich als am 23. Juni 1767 geboren ein. Sie machte sich also um vier Jahre jünger, als sie war. Napoleon

getrotzt hat, der Pariser und Niederländischen Bank als Geschäftslokal. In dem Zimmer, in dem vor mehr als 100 Jahren Napoleon getraut wurde, hat der Direktor der Bank sein Kabinett aufgeschlagen.

109

hingegen schien sich auch noch für eine neunundzwanzigjährige Frau für zu jung zu halten, denn er erhöhte sein Alter um anderthalb Jahre, indem er angab, am 5. Januar 1768 geboren zu sein. Der Schein war gewahrt. Nachforschungen hinsichtlich der Richtigkeit dieser Angaben wurden weder auf Korsika noch auf Martinique angestellt. Daß Josephine durch diese falsche Angabe ihres Alters ihren Gegnern später zur Zeit der Scheidung eine gefährliche Waffe in die Hand gab, überlegte sie wohl damals nicht. Napoleon selbst sagte eines Tages auf Sankt Helena, als er auf die Heirat mit seiner ersten Gemahlin zu sprechen kam: „Die arme Josephine setzte sich dadurch ernsten Unannehmlichkeiten aus, denn schon deshalb hätte unsere Ehe später als nichtig erklärt werden können." Außerdem war unter den Trauzeugen einer, der noch nicht mündig war: der zwanzigjährige Hauptmann Lemarois. Die andern Zeugen waren Barras, Tallien und ein Herr Calmelet, ein alter Bekannter Josephinens. Der junge Ehemann unterschrieb den Ehekontrakt mit vor Aufregung zitternder Hand als „Napolione Buonaparte".

Noch an demselben Tage hielt er Einzug in das Haus seiner Frau in der Rue Chantereine. Für seine Vermögenslage war es ein sehr stattliches Heim. Vom Garten aus führten einige Stufen in einen länglichen Spiegelsaal, an den sich links und rechts ein mit Mosaikfliesen getäfeltes Boudoir und ein kleines Arbeitszimmer anschlossen. Am Ende des Korridors des Erdgeschosses befand sich der Salon mit zwei Flügeltüren nach dem Garten. Eine Treppe führte hinauf nach den intimen Gemächern, die aus einem Salon und zwei Zimmern bestanden. Das eine dieser Zimmer war vom Boden bis zur Decke ganz mit Spiegelglas bedeckt. Es war das Schlafzimmer. Daneben befand sich ein reizendes Ankleidezimmer, dessen Wände mit Vögeln und Blumen bemalt waren.

Daß in diesen Räumen nicht immer alle Möbel mit der Eleganz der Wohnung übereinstimmten, daß hier und da ein Stück fehlte, und manchmal der scheinbare Reichtum der Besitzerin durch ein fadenscheiniges oder morsches

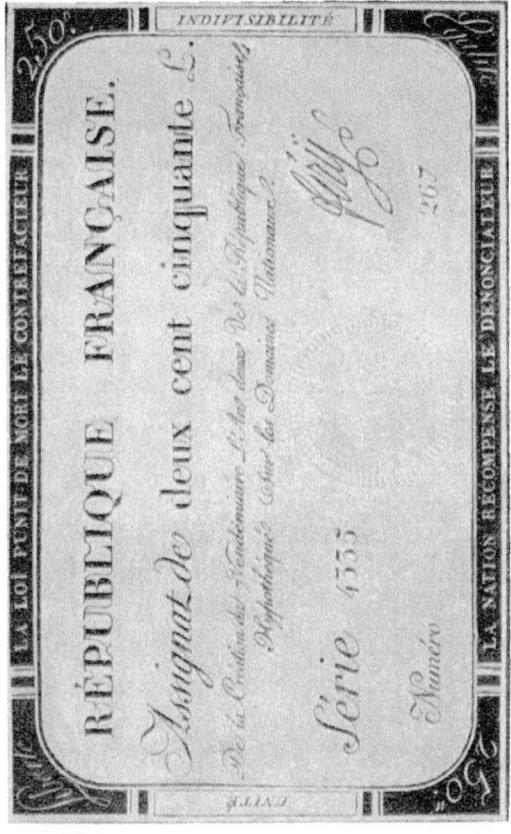

Französische Assignate.
(Aus der Sammlung Kircheisen.)

Möbelstück Lügen gestraft wurde, sah der General Bonaparte nicht. Er sah nur Glanz. Und hätte er unter dem Glanze die Armut hervorlugen sehen, so wäre ihm das auch gleich gewesen. Er hatte Josephine nicht ihres Reichtums wegen geheiratet, sondern um ihrer selbst willen. Sie, die da im weichen rosa Seidenkleide vor ihm stand, das ihren anmutigen Körper sanft umschloß, sie war nun sein, ganz sein! Leidenschaftlich zog er sie an sich, heiß preßten sich seine Lippen auf ihren Mund, ihren Hals, ihre Schultern. Sein Gesicht streifte das kleine Medaillon, das sie an einem Kettchen um den Hals trug: sein Brautgeschenk! In dem Medaillon waren die Worte eingraviert: „Au destin!"

Napoleons Glück wäre vollständig gewesen, wenn Josephines Schoßhund, „le vilain Fortuné", nicht seinen Platz auf der seidenen Decke des Bettes der Herrin eingenommen hätte. „Sehen Sie sich diesen Herrn hier an", sagte Napoleon später einmal zu dem Schriftsteller Arnault, indem er auf Fortuné zeigte, „er nahm das Bett von Madame ein, als ich sie heiratete. Und man erklärte mir kurz und bündig, daß ich entweder wo anders schlafen oder teilen müsse. Das war nun nicht gerade angenehm. Aber es hieß: nehmen oder aufgeben! Und der Liebling war weniger nachgiebig als ich." Fortuné biß nämlich den jungen Ehemann ins Bein. Napoleon ertrug jedoch diese kleine Unannehmlichkeit gern, weil Josephine es wünschte. Später versöhnte er sich sogar mit dem Schoßhündchen, denn am 17. Juli 1976 schrieb er von Marmirolo aus: „Millionen Küsse, auch für Fortuné, trotz seiner Schlechtigkeit."

Nur wenige Stunden waren Napoleon gegönnt, sich seinem Liebesrausche hinzugeben. Nach zwei Tagen kurzen Beisammenseins mit Josephine rief ihn die Kriegstrompete ins Feld. Schmerzgebrochen scheidet er von seiner Frau, die er anbetet, die er vergöttert. Aber er scheidet mit der Gewißheit im Herzen, daß er Großes vollbringen, daß er ihr einen Schrei der Bewunderung entreißen wird. Von Josephine geliebt und bewundert zu werden, scheint ihm das höchste Glück, der größte Ruhm. Er geht. Süße Erinnerungen begleiten ihn. Er sieht Josephine im Geiste in dem Spiegelzimmer der Rue Chantereine, sieht ihre zarten Schultern, ihren schlanken Körper, ihr niedliches Köpfchen und „bedeckt alle diese Schönheiten mit tausend Küssen".

Sein Weg führte ihn zunächst nach Marseille zu seiner Mutter, von der er stets mit der größten Zärtlichkeit sprach. Er teilte ihr erst jetzt seine Heirat mit der Vicomtesse de Beauharnais mit. Sie fand nicht die Billigung Letizias; die Schwiegertochter schien ihr viel zu alt für ihren Sohn zu sein. Sie hätte es viel lieber gesehen, wenn er die junge Désirée geheiratet haben würde. Auch diese einstige Geliebte besuchte Napoleon in Marseille, um sie persönlich um Verzeihung zu bitten für das Leid, das er ihr durch seine Heirat zugefügt hatte. Dann begab er sich nach Nizza, wo sich der Generalstab der Italienischen Armee befand. Und am 26. März 1796 schritt der junge General von dort aus dem Ruhme entgegen, der ihn und seine Soldaten in Italien erwartete.

II.

Was aber nützt Napoleon aller Ruhm ohne Josephine? In seinem Liebesschmerze schreibt er ihr, während die Kugeln um seinen Kopf sausen, die glühendsten Briefe. Die Sehnsucht packt ihn gewaltig. Fern von ihr nimmt seine Liebe an Leidenschaftlichkeit zu. Kaum hat er einen Augenblick Zeit, während man ihm die Pferde in Chanceaux wechselt, so setzt er sich hin, um der Geliebten zu schreiben. Er meint, Josephine könne schon jetzt Mangel leiden. „Ich habe Dir von Châtillon aus geschrieben und Dir eine Vollmacht geschickt, damit Du gewisse, mir zukommende Summen einziehen kannst... Jeder Augenblick entfernt mich weiter von Dir, anbetungswürdige Freundin, und jeden Augenblick finde ich weniger Kraft, die Entfernung zu ertragen. Du bist fortwährend in meinen Gedanken. Meine Phantasie erschöpft sich im Nachdenken, was Du wohl jetzt tust ... Schreibe mir bald einen langen Brief, meine geliebte Freundin, und empfange tausend Küsse der zärtlichsten und aufrichtigsten Liebe."

Und von Port-Maurice aus, wo er sich am 3. April aufhält, schreibt er: „Ich habe alle Deine Briefe erhalten, aber keiner hat einen solchen Eindruck auf mich gemacht wie Dein letzter ... Welche Gefühle erweckst Du in mir! Sie sind Feuer, sie verzehren mein armes Herz. Meine einzige Josephine, entfernt von Dir kenne ich keine Fröhlichkeit. Entfernt von Dir ist die Welt eine Einöde, in der ich vereinsamt dastehe, ohne den süßen Genuß zu haben, mein Herz ausschütten zu können. Du hast mir mehr als mein Herz genommen. Du bist der einzige Gedanke meines Lebens ... Wie hast Du es gemacht, mich mit allen meinen Sinnen an Dich zu fesseln, meine ganze seelische Existenz in Dir zu vereinigen? Für Josephine zu leben! das ist mein einziges Lebensziel. Ich bemühe mich, in Deine Nähe zu kommen, ich sterbe vor Sehnsucht, mich Dir zu nähern. Unsinniger, der ich bin! Ich merke nicht, daß ich mich immer weiter von Dir entferne! Wie viel Zeit wird noch verstreichen, ehe Du diese Schriftzüge liest, die schwachen Ausdrücke meines bewegten Herzens, worin nur Du allein herrschest! Ach! anbetungswürdige Frau, ich weiß nicht, welches Schicksal mich erwartet, aber wenn es mich länger von Dir entfernt, kann ich es nicht ertragen; soweit reicht mein Mut nicht! Es gab eine Zeit, wo ich mit meinem Mut prahlte ... Aber jetzt, der Gedanke, meine Josephine könnte krank sein, und besonders der grausame, der fürchterliche Gedanke, sie könnte mich weniger lieben, drückt meine Seele nieder, macht mich traurig und läßt mir nicht einmal den Mut der Verzweiflung. Ich sagte mir oft, die Menschen vermögen nichts über den, der ohne Furcht stirbt. Aber nun, zu sterben ohne von Dir geliebt zu sein, zu sterben ohne diese Gewißheit, das ist Höllenqual ... Der Tag,

Josephine.

meine einzige Gefährtin, die das Schicksal bestimmt hat, mit mir die beschwerliche Reise durchs Leben zu machen, der Tag, an dem ich Dein Herz nicht mehr besitzen werde, wird der letzte meines Lebens sein..."

Während Napoleon von Sieg zu Sieg eilte, während er die Welt im Sturme eroberte, während er die italienischen Städte ruhmüberschüttet als Befreier Italiens durchzog, litt sein heißes korsisches Herz, das zum erstenmal wahrhaft liebte, unsäglich unter dem Schmerze, von der Geliebten getrennt zu sein. Ihr Bild umschwebte ihn Tag und Nacht. Selbst Schlachtenlärm und Siegesjubel vermochten es nicht aus seinen Gedanken zu verbannen. Mit Josephines Bild im Herzen spornte er seine Soldaten zu berauschender Siegesfreudigkeit an; für Josephine gewann er Schlachten, für Josephine eroberte er Städte und Länder, alles für sie. Die Liebe zu ihr und die Liebe zum unsterblichen Ruhm sind seine unzertrennlichen Führer.

Aber Josephine, die schwache, die lebenslustige Josephine war in Paris, dem großen verführerischen Paris, allein zurückgeblieben. Die Briefe, die eine so energische Liebessprache zu ihr reden, sie kann sie nicht verstehen. Sie empfindet ja nicht so wie Napoleon. Die Sehnsucht, an der er fast zugrunde geht, findet in ihrem Herzen keinen Widerhall. Sie schreibt entweder gar nicht, oder ihre Briefe sind kalt und förmlich. Bisweilen schleicht sich sogar das zeremonielle „Sie" anstatt des herzlichen „Du" in ihre Briefe ein. Napoleon hingegen denkt Tag und Nacht an sie; er verwünscht beinahe Ruhm und Ehren, die ihn von ihr, der Geliebten fernhalten. „Nicht ein einziger Tag ist vergangen", schreibt er ihr einmal, „an dem ich Dich nicht geliebt, nicht eine Nacht, in der ich Dich nicht in meine Arme geschlossen habe... Ich habe nichts getan, ohne den Ruhm und den Ehrgeiz zu verwünschen, die mich von der Seele meines Lebens fernhalten. Inmitten der Geschäfte, an der Spitze meiner Truppen, auf dem Schlachtfelde, überall, überall ist meine angebetete Josephine in meinem Herzen. Sie allein beschäftigt meinen Geist und meine Gedanken... Und doch nennst Du mich in Deinem Brief vom 23. und vom 26. Ventôse „Sie". Du nennst mich „Sie"! Ach, wie konntest Du Böse einen solchen Brief schreiben? Wie ist er doch kalt! Und zwischen dem 23. und dem 26. liegen vier Tage! Was hast Du denn getan, daß Du Deinem Manne nicht schreibst?"

Vier Tage waren für Napoleon eine Ewigkeit, für ihn, der ihr fast täglich schrieb. Brief um Brief fliegt zu ihr nach Paris, um sie zu bewegen, zu ihm nach Mailand zu kommen und mit ihm Ruhm und Glück zu teilen. Immer leidenschaftlicher wird Napoleons Verlangen nach der geliebten Frau. „Komme geschwind... wenn Du zögerst, wirst Du mich krank finden. Die Strapazen und Deine Abwesenheit: das ist zu viel für mich!" Er bettelt, er fleht, er ist beinahe eifersüchtig auf Junot, der bald das Glück haben wird, Josephine in Paris zu sehen, denn er soll dem Direktorium 22 in Italien eroberte Fahnen überbringen. Und dann wieder füllt sich Napoleons Herz mit Hoffnungen, daß sie vielleicht mit diesem Siegesboten kommen wird. „Du sollst mit ihm zurückkommen, hörst Du", schreibt er am 24. April 1796; „wenn ich das Unglück hätte, ihn allein kommen zu sehen, so würde ich untröstlich sein. Er wird Dich sehen, meine angebetete Freundin; er wird dieselbe Luft atmen wie Du! Vielleicht gewährst Du ihm sogar die einzige, die unschätzbare Gunst, Deine Wange zu küssen! Und ich — ich werde hier allein, fern, fern von Dir sein. Aber Du wirst mit ihm kommen, nicht wahr? Du wirst bald hier an meiner Seite, an meinem Herzen, in meinen Armen ruhen. Nimm Flügel! Komm! Komm! Aber reise bequem; der Weg ist lang, schlecht, ermüdend... Meine geliebte Freundin, sei oft in Gedanken bei mir...!"

Welche Fürsorge, welches Sehnen, welches Hoffen und welche unendliche Liebe liegen in den Worten Napoleons. Ein Lebenszeichen von Josephine würde ihn zu dem Glücklichsten der Sterblichen machen. Sie aber, sie schreibt nicht, sie kommt nicht! Sie findet das Verlangen komisch, ihrem Mann, der sie wahnsinnig liebt, in den Krieg zu folgen. Diese Liebe, die sie dem jungen General einflößt, diesen Mann, der sie mehr liebt als seinen Ruhm, findet sie „drôle". Ohne Frage fühlte sie sich durch all die Schmeicheleien, all die Huldigungen, die man ihr als Generalin Bonaparte entgegenbrachte, geehrt, aber zu ihm, nein zu ihm möchte sie nicht! Jene glühenden Briefe, von denen Madame de Rémusat sagte, es herrsche darin ein so leidenschaftlicher Ton, man entdecke darin so starke Empfindungen, so wilde und gleichzeitig so poetische Ausdrücke, kurz eine so ganz andere Liebe als gewöhnlich, daß jede Frau stolz auf solche Briefe gewesen wäre, sie ließen Josephine unberührt. Sie lächelte über diese eheliche Liebe. Es erschien ihr drollig, daß ein Mann seine angetraute Frau so lieben konnte.

Napoleon mit seiner streng bürgerlichen, korsischen Moral hingegen empfand die ganze Verantwortlichkeit einer Ehe. Diese Moral schrieb dem Manne vor, sich zu verheiraten, seine Frau zu lieben und sich von ihr lieben zu lassen. Er, der nie vorher eine solche Liebe empfunden hatte, legte jetzt in seiner Leidenschaftlichkeit und seinem Bedürfnis zu lieben und geliebt zu werden, diese Liebe in einem so hohen Grade an den Tag, daß er von Josephine nicht verstanden werden konnte. An ihr wäre es gewesen, diese Leidenschaft eines unverdorbenen Herzens für das ganze Leben an sich zu fesseln. Hätte sie Napoleon in den ersten Monaten ihrer Ehe verstanden, hätte sie seine heiße Liebe in den ersten Tagen ihrer Vereinigung erwidert, vielleicht würde Napoleon sich später nie, nicht einmal aus Staatsgründen haben bewegen lassen, das Band zu lösen, das ihn anfangs so innig mit ihr verband.

Aber Josephine liebte damals das Leben und seine Zerstreuungen mehr als ihren Mann. Sie amüsierte sich in dem schönen lustigen Paris so gut, in diesem Paris, das so herrlich zu ihrer kreolischen Flatterhaftigkeit paßte, und von dem sie sich so furchtbar schwer trennen konnte. Sie, sie sollte ihrem Mann in Pulverdampf und Schlachtenlärm folgen? Hatte das vielleicht jemals Herr von Beauharnais von ihr verlangt? Sie sollte an Bonapartes Seite den Ruhm teilen, den man seinem Genie, seinen Fähigkeiten entgegenbrachte? Aber das konnte sie ja viel besser in Paris, in Paris, wo man der Frau des gefeierten Siegers Feste bereitete, wo sie die erste Rolle spielte! Die Pariser nannten sie Notre Dame des Victoires und jubelten ihr zu wie einst Theresia Tallien als Notre Dame de Thermidor.

In Italien erwarteten Josephine Ruhm und Ehre, ein eigens für sie hergerichtetes Schloß, das der Fürst Serbelloni ihr zur Verfügung stellte. Liebe, Aufopferung, Zärtlichkeit und Leidenschaft erwarteten sie in Mailand, aber nichts von alledem konnte ihr Paris ersetzen. Sie hätte gern alle Schlösser der Welt für ihr kleines Haus in der Rue Chantereine hergegeben. Paris! Paris! Sie hing mit allen Fasern ihres Herzens an diesem Paris! Und doch halfen alles Sträuben, alle Tränen, ja selbst eine vorgebliche Schwangerschaft nichts: einmal mußte sie doch an die Reise nach Italien glauben.

Napoleon ist unermüdlich in seinem Bitten und Flehen. Schon merkt man in seinen Briefen neben all der Liebe und unstillbaren Leidenschaft eine gewisse Unruhe, Josephine könne ihn weniger lieben. Wie ein Gespenst verfolgt ihn der Gedanke. Er macht Marmont zu seinem Vertrauten. Zu ihm sprach er oft mit der Phantasie eines ganz jungen Mannes von seiner Liebe zu Josephine. Der Umstand, daß sie ihre Abreise von Paris immer wieder aufschob, quälte ihn unsäglich, und er ließ sich bisweilen zu Ausbrüchen der

Bonaparte, Obergeneral der Italienischen Armee.
(Nach einem Porträt von A. Fragonard jun. Gestochen von Coqueret.)

Eifersucht hinreißen. Eine fürchterliche Ahnung bemächtigte sich seiner. Eines Tages fiel das Bild Josephinens, eine von Isabey gemalte Miniatur, die er stets bei sich trug, zur Erde. Das Glas zerbrach. Abergläubisch wie er war, erbleichte Napoleon tödlich und sagte zu seinem Adjutanten: „Marmont, meine Frau ist entweder sehr krank oder untreu!"

Krank oder untreu! Krank war Josephine nicht, im Gegenteil, es ging ihr besser denn je. Aber sie mußte einen Vorwand finden, der ihr Nichtkommen entschuldigte. Und wodurch konnte sie in den Augen ihres jungen Gatten interessanter und begehrenswerter erscheinen als dadurch, das sie ihm das süße Geheimnis einer kommenden schweren Stunde, anvertraute? Bei dieser Nachricht erfaßt Napoleon das glückliche, das selige Gefühl, ein Kind zu haben, ein Kind! Und von ihr, der schönsten, der besten, der angebeteten Frau! Aber gleichzeitig packt ihn auch die Verzweiflung, die Reue, daß er die kranke Frau einer beschwerlichen Reise aussetzen will. Ach! er weiß nicht, was er tun soll; er ist beides: überglücklich und traurig. Sein Brief, den er Josephine am 15. Juni aus dem Hauptquartier Tortona schreibt, ist der beste Vermittler seiner Gefühle.

„Mein Leben ist ein ununterbrochenes Schreckbild. Eine furchtbare Ahnung erfaßt mich. Ich lebe nicht mehr. Mein Leben, mein Glück, meine Ruhe sind hin. Ich bin ganz hoffnungslos. Ich schicke Dir einen Boten, der nur vier Stunden in Paris bleiben soll, um mir gleich Antwort von Dir zurückzubringen. Schreibe mir zehn Seiten; das kann mich ein wenig trösten ... Du bist krank! Du liebst mich! Ich habe Dich betrübt. Du bist guter Hoffnung, und ich kann Dich nicht sehen! ... Ich habe Dir so großes Unrecht getan, daß ich gar nicht weiß, wie ich es wieder gut machen kann. Ich werfe Dir vor, daß Du in Paris bleibst, und Du bist dort krank. Verzeih mir, meine liebe Freundin. Die Liebe, die

Du mir eingeflößt hast, beraubt mich meines Verstandes. ... Meine Ahnungen sind so fürchterlich, daß ich alles darum gäbe, um Dich zu sehen, Dich nur zwei Stunden lang an mein Herz zu drücken und dann mit Dir zu sterben! Wer pflegt Dich? Ich denke mir, Du hast Hortense kommen lassen. Seitdem ich mir einbilde, daß sie Dich ein wenig trösten kann, liebe ich dieses liebenswürdige Kind tausendmal mehr. Ich jedoch, ich habe keinen Trost, keine Ruhe, keine Hoffnung. Ich werde erst ruhig sein, wenn der an Dich gesandte Kurier zurückgekehrt ist, und Du mir in einem langen Briefe auseinandergesetzt hast, was Dir fehlt und wie lange Deine Krankheit dauern wird. Wenn sie gefährlich ist, so komme ich, das sage ich Dir, nach Paris. Meine Ankunft wird Deine Krankheit besiegen... Josephine, wie konntest Du mich so lange auf ein Lebenszeichen warten lassen? Dein letzter Brief ist vom 3. dieses Monats. Noch stimmt er mich traurig. Und dennoch trage ich ihn immer bei mir. Dein Bild und Deine Briefe sind stets vor meinen Augen.

„Ich bin nichts ohne Dich. Ich begreife kaum, wie ich leben konnte, als ich Dich noch nicht kannte. Ach! Josephine! Wenn Du mein Herz kennen würdest, hättest Du da vom 29. bis zum 16. mit Deiner Abreise gezögert? Hättest Du Dein Ohr treulosen Freunden geliehen, die Dich von mir entfernen wollten? Ich habe die ganze Welt in Verdacht; ich meine damit alles, was Dich umgibt...

„Josephine! Wenn Du mich liebst ... so schone Dich ... Alle meine Gedanken sind bei Dir, in Deinem Schlafzimmer, an Deinem Bett, an Deinem Herzen .... Du, Du, und immer wieder Du! Die übrige Welt ist nicht für mich vorhanden. Es liegt mir an der Ehre, weil Dir daran liegt, an dem Siege, weil es Dir Vergnügen macht. Ohne dies hätte ich längst alles im Stich gelassen, um mich Dir zu Füßen zu werfen. Manchmal sage ich mir wohl: ich beunruhige mich ohne Grund, sie ist vielleicht schon wieder hergestellt, sie reist gewiß ab, vielleicht ist sie bereits in Lyon. Eitler Wahn! Du liegst krank in Deinem Bett, Du leidest, bist aber desto schöner, interessanter und anbetungswürdiger. Du bist blaß; Deine Augen sind schmachtender denn je. Wann wirst Du wieder hergestellt sein? Warum bin nicht ich von uns beiden der Kranke? Stärker und mutiger, hätte ich die Krankheit leichter ertragen... Was mich ein wenig tröstet ist der Gedanke, daß es wohl vom Schicksal abhängt, Dich aufs Krankenlager zu werfen, aber von niemand, mich zu zwingen, daß ich Dich überlebe!

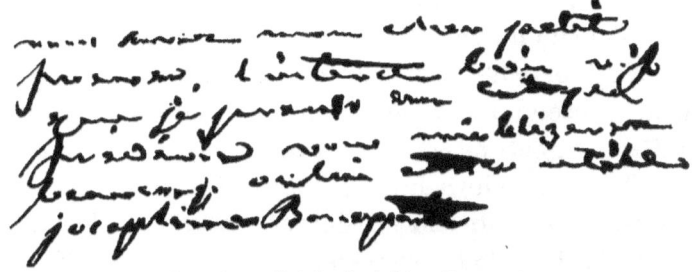

Aus einem Briefe Josephine Bonapartes.
(Faksimile.)

„Sage mir in Deinem Brief, liebe Freundin, daß Du überzeugt bist, daß ich Dich über alles liebe, daß alle meine Augenblicke Dir gehören, daß nie eine Stunde vergeht, in der ich nicht an Dich denke, daß ich nie an eine andere Frau denke, daß in meinen Augen alle ohne Anmut, Schönheit und Geist sind, daß Du, Du ganz allein, so wie ich Dich sehe, so wie Du bist, mir gefällst und meine ganze Seele besitzest, daß mein Herz keine Falte hat, die Dir verborgen ist, keinen Gedanken, der nicht Dir gehört... und daß der Tag, wo Du aufhören würdest, zu leben, auch mein Sterbetag ist! Die Natur, die Erde sind in meinen Augen nur schön, weil Du sie bewohnst. Wenn Du das alles nicht glaubst, wenn Dein Herz nicht davon überzeugt und durchdrungen ist, dann machst Du mich sehr traurig, denn dann liebst Du mich nicht ... Ich könnte es nicht ertragen, wenn Du einen andern liebtest, oder wenn Du Dich gar einem andern hingäbest. Ihn sehen und ihn vernichten wäre das Werk eines Augenblicks! Und dann — dann würde ich die Hand an Deine geheiligte Person legen ...! Nein, das würde ich nie wagen ...! Aber ich, ich würde eine Welt verlassen, in der mich das tugendhafteste Geschöpf getäuscht hätte.

„Aber ich bin ja Deiner Liebe gewiß und stolz auf sie. Das Unglück ist der Probierstein, der uns gegenseitig die Stärke unserer Leidenschaften offenbart. Ein Kind, so liebenswürdig wie seine Mutter! Ein Kind wird das Licht der Welt erblicken und viele Jahre in Deinen Armen zubringen! O, ich Unglücklicher! ich würde mich mit einem Tage begnügen. Tausend Küsse auf Deine Augen, Deine Lippen, Dein Herz, anbetungswürdige Frau!"

Sein Wunsch, sein Sehnen nach der Geliebten aber sind mächtiger als das Mitleid mit ihrer körperlichen Schwäche. Alle seine Liebe, alle Fürsorge legt er ihr zu Füßen. Er, dem man als Helden, als Sieger die größten Huldigungen und Ehren entgegenbringt, dem die schönsten Frauen ihre Arme öffnen, er verschmäht alles und alle. Nur die eine, nur sie, nur Josephine begehrt er. Vor ihr kniet er wie vor einer Heiligen. Er, der dem Papste, den österreichischen und den italienischen Fürsten seinen Willen diktierte, er ist vor dieser Frau schwächer wie der geringste ihrer Diener.

Schließlich kann Josephine nicht anders, als seinen Bitten und seinem Flehen nachgeben. Unter Tränen und nachdem sie noch ein letztesmal mit ihren Freunden und mit Barras im Luxembourg soupiert hatte, reiste sie am 24. Juni mit Junot, Murat und Joseph Bonaparte von Paris ab, als ginge sie dem größten Unglück entgegen. Napoleons Siegerstirn umwanden bereits die Lorbeeren von Montenotte, Millesimo, Mondovi, Lodi und Cremona, so daß die Reise nach

Italien eine ununterbrochene Kette von Triumphen war, und Josephine fast ebensoviel Ruhm erntete als ihr Gatte.

Das alles aber konnte ihr nicht das lustige, das leichtsinnige Paris ersetzen. Glücklicherweise befand sich unter

Faksimile eines Briefes Bonapartes an Josephine vom 13. Fructidor des Jahres IV (10. August 1796).

ihrer Reisegesellschaft jemand, der ihr die traurigen Gedanken vertrieb. Herr Hippolyte Charles war ein gar lustiger, liebenswürdiger Gesellschafter, der sich auf den Umgang mit genußsüchtigen jungen Frauen verstand. Und

Josephine fand nichts dabei, sich auf ihre Art mit dem jungen Offizier die Zeit zu vertreiben.

In Italien wartete indessen Napoleon sehnsüchtig und ungeduldig, bis er die Geliebte in seine Arme schließen konnte. Manch eifersüchtiges Wort schleicht sich in seine Briefe, aber mehr um Josephine zu necken, nicht im Ernst. Er ahnte sicher nicht, daß seine Frau sich mit dem jungen Charles die Trennung von Paris zu erleichtern suchte.

Endlich ist sie bei ihm! Marmont hatte Josephine in Turin erwartet und sie dann nach Mailand in das Palais Serbelloni geleitet, wo sie von Napoleon mit offenen Armen empfangen wurde. Aller Kummer über ihr Nichtkommen ist verraucht, nun sie, die Einzige bei ihm ist. Jene alles vergessende Leidenschaft des Jünglings, der zum ersten Male wahrhaft liebt, bricht sich jetzt mit Ungestüm Bahn; anstatt Vorwürfe findet Josephine nur Liebe, nichts als Liebe inmitten des Kriegsgetümmels. Marmont sagt: „Als Josephine endlich in Mailand ankam, war der General Bonaparte sehr glücklich. Er lebte nur für sie. Niemals gab es eine reinere, eine aufrichtigere und größere Liebe, die je ein Menschenherz empfunden."

Aber bald, Anfang Juni 1796, ruft Napoleon die Pflicht, oder besser, Wurmser von neuem ins Feld. Etwas später sollte Josephine nach Verona kommen, aber der Schlachtenlärm und der Pulverrauch zwangen sie, in Brescia wieder umzukehren. Diesmal tat ihr die Trennung weh. Sie weinte. Napoleon, dessen Leidenschaft täglich zunahm, seit Josephine bei ihm war, tröstete sie mit den Worten: „Wurmser soll mir Deine Tränen teuer bezahlen!" Und er hielt Wort.

Aus den Augen, aus dem Sinn! Sobald Josephine wieder in Mailand ist, denkt sie ebensowenig an ihren Mann wie in Paris. Um sie herum bildete sich bald ein Kreis junger glänzender Offiziere, die der Gattin des gefeierten Oberbefehlshabers ihre Huldigungen zu Füßen legten. Sie waren alle ganz dazu geeignet, koketten Frauen den Kopf zu verdrehen. Madame Bonaparte schwelgte in Wonne und Glück. Auch Hippolyte Charles leistete ihr im Palazzo Serbelloni Gesellschaft. Sobald Napoleon den Rücken gekehrt hatte, hielt der junge Fant im Hause und im Herzen der Generalin Einkehr. Er war gewandt und unterhaltend, war, wie man so sagt, ein Schwerenöter, der stets ein „bon mot", eine Schmeichelei für schöne, empfängliche Frauen auf den Lippen hatte, kurz einer jener angenehmen Schwätzer, die wenig Wissen aber desto mehr Dreistigkeit besitzen und stets in einem Salon die erste Rolle spielen. Sein Äußeres war zierlich und fein, sehr gepflegt und elegant. Keck und selbstbewußt ließ er die dunklen Augen blitzen und besonders lange auf der schlanken Gestalt und dem liebeheischenden Antlitz Josephinens ruhen. Stendhal sagt einmal: „Unterhaltet eine Frau gut, und sie ist euer!" Eine solche Frau war Josephine, und der junge Charles trug den Sieg davon.

Die ganze Armee, die ganze Stadt hatte Kenntnis von diesem Verhältnis der seit so kurzer Zeit verheirateten Madame Bonaparte und von ihrer Gleichgültigkeit gegen ihren Mann. Nur Napoleons Liebe war vertrauensselig. Er allein hielt alle Gerüchte über Josephine für niedrige Verleumdung. Sie liebte ihn ja! Wie konnte sie, die Gute, die Sanfte, die Tugendhafte untreu sein? Ihn, der sie so unendlich liebte, mit einem Gecken betrügen? Nein, das schien ihm unmöglich.

Aber die Gerüchte, die zu ihm dringen, nehmen eine immer bestimmtere Gestalt an. Seine Adjutanten, seine Brüder, seine Mutter, seine Schwestern träufeln ihm durch ihre „gelegentlichen" Mitteilungen langsam das verderbliche Gift der Eifersucht in sein bis dahin vertrauendes Herz. Eine entsetzliche Ahnung überkommt ihn, dieselbe Ahnung wie damals, als Josephine ihn so lange in Mailand warten ließ.

Diesmal aber ist diese Ahnung drückender, anhaltender; er hat mehr Grund dazu. Josephine schreibt nicht. Warum schreibt sie nicht? Sie hat doch gar nichts zu tun. Hat sie am Ende doch einen Liebhaber? Die Grausame! Jetzt packt den jungen General wirklich die Eifersucht. Sie macht sich zwar immer noch schüchtern und halb im Scherz, um die Anbetungswürdige ja nicht unschuldig zu beleidigen, in seinen Briefen Luft, aber er schreibt ihr doch von Verona aus am 17. September 1796:

„Adieu, anbetungswürdige Josephine. In einer dieser Nächte wird die Tür Deines Schlafzimmers aufgerissen werden wie von einem eifersüchtigen Geliebten, und im nächsten Augenblick liege ich in Deinen Armen. Tausend heiße Küsse."

Endlich, endlich langen Briefe von der Schweigsamen an. Sie versetzen den sehnsüchtig Harrenden in die glücklichste Begeisterung. Die Anstrengungen und Aufregungen des Feldzugs haben ihn aufs Krankenlager geworfen, er phantasiert im Fieberwahn. Aber die Worte Josephines sind ihm Balsam, obwohl sie nur zur Steigerung des Fiebers beitragen. „Ich habe Deine Briefe erhalten, habe sie ans Herz und an meine Lippen gedrückt, und der Trennungsschmerz, hundert Meilen Entfernung sind verschwunden! Ich habe Dich in diesem Augenblick bei mir gesehen, nicht launenhaft, nicht unwillig, sondern sanft und zärtlich mit jener Weihe von Güte, die nur meiner Josephine eigen ist. Es war ein Traum! Urteile, ob er mein Fieber heilen konnte."

So schrieb Napoleon. Josephines Briefe hingegen waren kühl. Sie vermochten den Leidenschaftlichen nicht zu befriedigen. Er fand darin die glühende Flamme nicht erwidert, die sein heißes korsisches Herz versengte. „Deine Briefe sind kalt wie fünfzig Jahre", beschwerte er sich; „sie ähneln denen, die man sich nach fünfzigjähriger Ehe schreibt. Man fühlt daraus die Freundschaft jenes Lebens-

General Bonaparte.
(Zeitgenössische italienische Zeichnung von P. T.
Nach einem Stich aus der Sammlung Kircheisen.)

winters. Pfui Josephine! . . . Das ist schlecht, das ist böse von Ihnen. Was bleibt Ihnen denn noch übrig, um mich so recht beklagenswert zu machen? Mich nicht mehr zu lieben? Aber das tun Sie ja schon. Mich zu hassen? Ich wünsche es sogar, denn alles erniedrigt, nur der Haß nicht..."
Und dann hören wir doch immer wieder die unendliche Liebessprache: „Tausend, tausend Küsse, so zärtlich wie mein Herz!"

Dieses Herz hatte jedoch das Vertrauen verloren. Es war von Unruhe und wohlbegründetem Mißtrauen erfüllt, denn schon einige Tage später stimmte Napoleon dieselben Klagen über Josephines Gleichgültigkeit und ihr Schweigen an. Ärger, Kummer, Ironie, Liebe, Schmerz und Leidenschaft sind in dem Briefe enthalten, den er ihr am 13. November (3. Frimaire des Jahres V) ebenfalls von Verona aus schrieb: „Ich liebe Dich gar nicht mehr, im Gegenteil, ich verabscheue Dich. Du bist häßlich, albern, dumm, garstig. Du schreibst mir nicht ein einziges Mal. Du liebst Deinen Mann nicht. Du weißt, wie er sich über Deine Briefe freut und schreibst ihm nicht einmal ein paar hingeworfene Zeilen.

„Was tun Sie denn den ganzen Tag, Madame? Welches wichtige Geschäft raubt Ihnen die Zeit, an Ihren lieben guten Freund zu schreiben? Welche Neigung erstickt und beseitigt die Liebe, jene zärtliche und beständige Liebe, die Sie ihm versprochen haben? Wer kann dieser herrliche, dieser neue Geliebte sein, der alle Ihre Zeit in Anspruch nimmt, der tyrannisch über Ihre Tage verfügt und Sie verhindert, sich mit Ihrem Gatten zu beschäftigen? Josephine, nehmen Sie sich in acht! In einer schönen Nacht werden die Türen mit Gewalt aufgerissen werden — und ich stehe vor Ihnen!

„Wahrhaftig, meine gute Freundin, ich bin sehr besorgt, daß ich von Dir keine Nachricht erhalten habe. Schreibe mir schnell vier Seiten voll lieber Dinge, die mein Herz mit Liebe und Glück erfüllen. Ich hoffe Dich in kurzem in meine Arme schließen zu können, und dann will ich Dich mit Millionen Küssen bedecken, die so heiß sind wie unter dem Äquator."

In der Tat war das Wiedersehen mit Josephine nicht fern. Siegestrunken, noch vom Schlachtenstaub bedeckt, kehrte Napoleon von Arcole nach Mailand zurück, um sich von ihr, der Einziggeliebten, für alle ausgestandenen Gefahren, für alle Anstrengungen und Mühen den schönsten Lorbeerkranz aufs Haupt drücken zu lassen. Klopfenden Herzens war er die Stufen zu ihren Gemächern hinangestürmt, um sich mit einem Schrei des Glücks ihr zu Füßen zu werfen. Bittere, unsägliche Enttäuschung harrte seiner! Im Schloß war alles still. Niemand antwortete auf seinen angstvollen Ruf: „Josephine! Josephine!" Sie, für die er hätte Flügel haben mögen, um schneller zu ihr zu kommen — sie war nicht da! Sie war nicht in Mailand, sie war in Genua! In Genua — mit Hippolyte Charles! Diesmal hatte Napoleon verstanden. Er konnte nicht mehr zweifeln.

Schmerzgebrochen schreibt er ihr sofort: „Ich komme in Mailand an, ich stürze in Deine Wohnung, ich habe alles im Stich gelassen, um Dich zu sehen, um Dich in meine Arme zu schließen! ... Du warst nicht da! ... Du amüsierst Dich in Städten, wo man Feste gibt. Du gehst, wenn ich komme. Du kümmerst Dich nicht mehr um Deinen Napoleon. Eine Laune ließ Dich ihn lieben, die Unbeständigkeit macht ihn Dir gleichgültig. — Das Unglück, das mich betroffen hat, ist unberechenbar. Ich habe es nicht verdient.

„Ich werde bis zum 9. hier bleiben. Laß Dich in Deinen Vergnügungen nicht stören; das Glück ist für Dich geschaffen. Die ganze Welt ist glücklich, wenn sie Dir nur gefallen kann; — Dein Mann allein ist sehr, sehr unglücklich."

Die ganze Nacht irrt Napoleon wie ein Wahnsinniger in dem großen leeren Schlosse umher, das noch von Josephines

Madame Mère.
(Nach einem Porträt von Baron F. P. S. Gérard im Musée de Versailles.)

Parfüm durchduftet ist. Auf den Tischen und in den Schubläden liegen Gegenstände, die ihn an die Ungetreue erinnern. Sein Herz leidet unter der entsetzlichen Gewißheit, daß sie ihn betrügt. Und doch hat er ihr am nächsten Tag fast vergeben. Josephine hatte an Berthier geschrieben und

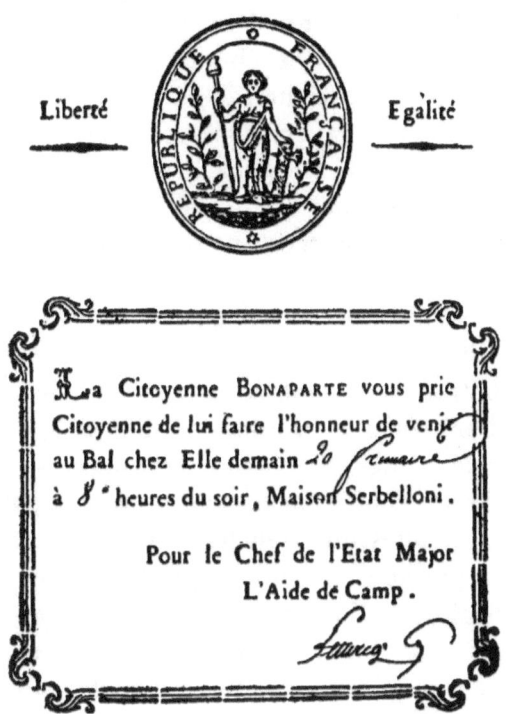

Faksimile einer Einladung der Generalin Bonaparte zu einem Ball im Palazzo Serbelloni.
(Aus der Sammlung H. Fleischmanns.)

ihm mitgeteilt, daß sie all der Festlichkeiten wegen nichts habe von sich hören lassen können. Das genügt Napoleon. Fast tut er Abbitte, daß er ihr wehgetan hat. Eine stumme Ergebung in sein Geschick hat sich seiner bemächtigt. Er fleht nicht mehr um Josephines Liebe. „Ich bin nicht der Mühe wert. Das Glück oder das Unglück eines Mannes, den Du nicht liebst, hat keinen Anspruch auf Dein Interesse."

Sein ganzes Streben geht dahin, Josephine glücklich zu wissen, sie zu lieben, nichts zu tun, was ihr mißfällt. Und er schließt den erwähnten Brief mit den Worten: „Leb wohl, anbetungswürdige Frau, leb wohl — meine Josephine!..." Der Brief ist bereits versiegelt. Napoleon reißt ihn wieder auf: „Ich öffne noch einmal meinen Brief, um Dir einen Kuß zu geben... Oh, Josephine!... Josephine!"

In diesem letzten Aufschrei liegt Napoleons ganzes Empfinden, sein ganzer grenzenloser Schmerz. Man hatte ihm nichts erspart, er hatte alle Einzelheiten über die Missetaten Josephines anhören müssen. Die entsetzlichsten Folterqualen hatte er dabei ausgestanden. Er, der in dieser Ehe geglaubt hatte alles: Liebe, Hingebung, Vertrauen und Treue zu finden, er war betrogen! Betrogen von der, auf deren Altar er seine große Liebe zum Opfer gebracht hatte! Josephine hatte ihn betrogen! Die ganze tiefe Bitterkeit des unglücklichen aber immer noch verliebten Mannes spiegelt sich in seinem Briefe wieder. Sein Herz ist wund, es schreit nach Liebe und Trost. Ach, wenn Josephine da wäre, sie würde ihm trotzdem über alles hinweghelfen. Aber sie war in Genua.

Die Herzogin von Abrantes sagt, Napoleon habe seinen Rivalen erschießen lassen wollen. Als Oberbefehlshaber hätte er das unter irgendeinem Vorwande tun können. Es lag indes nicht in seiner Absicht. Ihm blieben andere Mittel, um sich Genugtuung zu verschaffen. Charles wurde unter der Begründung, er habe es mit den Armeelieferanten gehalten, aus der Offiziersliste gestrichen und nach Paris zurückgeschickt.

Seitdem jedoch Napoleon die Gewißheit hatte, daß Josephine ihn betrog, seitdem er empfunden hatte, daß seine Zärtlichkeit sich an ein leeres Herz wandte, seit dieser Zeit verlor seine Liebe zu Josephine die Leidenschaft. Er vergab ihr, denn er wünschte nichts mehr als ihr zu vergeben. Noch war sie das Ideal seines Herzens, die einzige Frau, die

Alexander Berthier.
(Nach einem Gemälde vom Baron A. J. Gros.)

darin herrschte, aber die Flamme loderte nicht mehr mit derselben Glut wie ehedem; seine Illusionen waren zerstört.

Josephine hingegen beginnt jetzt erst ihren Mann zu lieben. Je weniger leidenschaftlich er sich zeigt, desto eifersüchtiger ist sie. In ihrer Angst wendet sie sich an Berthier, der täglich in der Nähe des Generals ist, und gewiß ganz genau dessen Gesinnungen kennt. Aber Berthier antwortet ihr am 11. Februar 1797: „Ich bin Ihnen so zugetan, daß ich es Ihnen sicher sagen würde, wenn Bonaparte auch nur den geringsten Groll auf Sie hätte. Das schwöre ich Ihnen! Nein, er hat nichts gegen Sie. Er liebt Sie, er betet Sie an. Er ist unglücklich, daß jene Hirngespinste Sie Dinge glauben lassen, die nicht vorhanden sind. Ich habe den General während des ganzen Feldzugs nicht verlassen. Seien Sie beruhigt: bei allem was mir heilig ist, schwöre ich Ihnen, daß er immer und immer nur Sie geliebt hat und nur mit Ihnen beschäftigt war. Nein, es gibt keine Frau, die mehr geliebt und mehr geachtet wird als Sie! Wie oft hat er zu mir gesagt: ‚Gestehe, mein lieber Berthier, daß ich sehr unglücklich bin. Ich bin in meine Frau wahnsinnig verliebt. Ich denke nur an sie, und sieh, wie ungerecht sie gegen mich ist...‘ Ja, Bonaparte liebt Sie aufrichtig. Bereiten Sie sich keine unnützen Qualen. Weisen Sie diese Liebe, unter der er so unsäglich leidet, nicht von sich. Wie ungerecht sind Sie doch gegen ihn!"

III.

Im Dezember 1797 war Napoleon, von Rastatt kommend, als gefeierter Held, als Befreier Italiens wieder in Paris, in das Haus der Rue Chantereine eingezogen, in dem er mit Josephine die ersten Stunden seines Glücks verlebt hatte. Jetzt hatte man die Straße, Napoleon zu Ehren, Rue de la Victoire getauft. Man gab dem heimkehrenden Sieger Feste und Bälle, und sein Name war in aller Munde. Ganz Paris lag dem genialen Manne zu Füßen, dessen Feldherrntalent so Großes vollbracht hatte. Sein Aufenthalt in der Hauptstadt aber war nicht von langer Dauer. Im Mai 1798 trieb es ihn wieder hinaus ins Feld. Der Krieg war sein Beruf. Zum Oberbefehlshaber der Armee von Ägypten ernannt, rief ihn das Schicksal an die Ufer des Nils, an die Pyramiden, jene Steinkolosse, die bald Zeugen seines Ruhms und seiner Feldherrngröße sein sollten.

Josephine begleitete ihren Mann bis nach Toulon. Der Abschied fiel ihr schwer; sie weinte diesmal aufrichtige Tränen, denn Napoleon ging einer ungewissen Zukunft entgegen. Er wußte nicht, wann oder ob er überhaupt aus dem unbekannten Lande wiederkehren würde. Seine Fürsorge für Josephine hatte alles bedacht. Ehe er Paris verließ, hatte er ihr eine Pension von 40 000 Franken ausgesetzt, mit deren Auszahlung er seinen Bruder Joseph beauftragte. Zu Josephinens Rechtfertigung muß indes gesagt werden, daß sie diesmal wohl die Absicht hatte, ihrem Mann in den Krieg zu folgen, aber es wäre töricht gewesen, wenn Napoleon diesem Wunsche nachgegeben hätte. Er stand vor dem Beginne eines unsicheren Unternehmens, von dem er selbst nicht wußte, wie es enden würde, und welche Gefahren ihn erwarteten. Josephine blieb daher in Frankreich und besuchte die Bäder von Plombières, die ihr zur Fruchtbarkeit verhelfen sollten. Dort begegnete ihr ein Unfall: sie stürzte mit einem Balkon, auf dem sie stand, zusammen und zog sich bedeutende äußere Verletzungen zu, die sie länger als sie gedacht hatte in dem Bade zürückhielten. Dann kehrte sie nach Paris zurück.

Inzwischen segelte Napoleon auf dem „Orient" neuem Schlachtenglück und neuem Ruhm entgegen. Die Ausführung des ungeheuren Unternehmens, die Eroberung Ägyptens und Syriens beschäftigte ihn fortwährend auf seiner

Reise. Sein Genie gebar immer neue, immer riesenhaftere Pläne, und seine unermüdliche Geistestätigkeit ließ ihm nicht einen Augenblick Rast und Ruhe. „Und dennoch", sagt Bourrienne, „war in seinem Kopfe noch genügend Platz für Josephine übrig". Er sprach täglich von ihr.

Anfang Juli 1798 landete der General Bonaparte in

Faksimile der letzten Seite eines Briefes Josephine Bonaparte, vom 30. Prairial des Jahres VII.

Alexandrien. Kaum hatte er den Fuß ans Land gesetzt, so erreichten ihn bereits besorgniserregende Nachrichten über das Verhalten Josephinens in Paris. Sie hatte zum zweiten Male dem Zauber Charles' nicht widerstehen können! In Malmaison, das sie später auf eigene Faust für 225 000 Franken von Herrn du Moley kaufte, wovon sie freilich nur 15 000 Franken anzahlte, verlebte sie mit dem Geliebten in sorgloser Unvorsichtigkeit Tage verbotenen Glücks. Man sah sie im Parke des Schlosses am Arme des jungen Mannes bei Mondschein spazieren gehen, des Morgens gemeinsam mit ihm frühstücken und den Tag über ebenfalls stets in seiner Gesellschaft. Hippolyte hatte sich in Malmaison häuslich eingerichtet. Die Nachbarn meinten, Frau Bonaparte habe ihren Sohn oder einen jüngeren Bruder bei sich. Sie täuschten sich: Eugen Beauharnais war dem General Bonaparte an den Nil gefolgt, und einen Bruder hatte Josephine nicht. In Paris, wo sie besser bekannt war als in Malmaison, wußte man bald den wahren Namen des mysteriösen jungen Mannes. Charles, den Napoleon aus der Italienischen Armee entfernt hatte, war durch die Vermittlung Josephines als Teilhaber in die Lebensmittelgesellschaft von Bodin eingetreten. Nach Barras' Aussagen soll sie ihm außerdem „ungeheure Summen und sogar Schmucksachen wie einer Dirne" geschenkt haben. Gute Freunde, Verwandte und Bekannte zögerten nicht, den betrogenen Ehegatten sobald wie möglich von alledem zu unterrichten. Die ganze Sippe der Bonaparte von der Mutter bis hinab zur jüngsten Schwester und Schwägerin, selbst Jérôme nicht ausgeschlossen, sorgte dafür, daß Napoleon die geringsten Einzelheiten über das Leben seiner Frau in Paris erfuhr. Nicht immer blieben dabei die Berichterstatter in den Grenzen der genauesten Wahrheit. Das Unrecht Josephines wurde durch sie um ein gut Teil verschlimmert, denn sie haßten die Schwägerin aus tiefstem Herzen.

Napoleon trafen diese Nachrichten schwer. Seine Unruhe machte sich zuerst in den Briefen an seinen Bruder Joseph bemerkbar, den er jederzeit zum Vertrauten erkor. Am 25. Juli 1798 bereits schrieb er ihm: „Ich habe viel häuslichen Kummer, denn der Schleier ist vollkommen gelüftet. ... Deine Freundschaft ist mir teuer; um Menschenfeind zu werden, bliebe mir nur noch, sie zu verlieren und zu erleben,

Schlafzimmer Josephines in Malmaison.
(Gegenwärtiger Zustand.)
(Sammlung H. Fleischmann.)

daß auch Du mich verließest. Es ist sehr traurig, wenn man alle Gefühle für eine einzige Person in einem einzigen Herzen vereint... Sorge dafür, daß ich, wenn ich zurückkomme, ein Landhaus habe, entweder in der Nähe von Paris oder in Burgund. Dort will ich den Winter verbringen und ganz abgeschlossen leben. Die Menschen ekeln mich. Ich brauche Ruhe und Einsamkeit. Alles Große langweilt mich; mein Gefühl ist völlig abgestumpft."

Selbst Eugen, dem Sohne Josephines, seinem jüngsten Adjutanten, teilte Napoleon seine Besorgnis mit, so daß der siebzehnjährige Jüngling sich verpflichtet fühlte, seine leichtsinnige Mutter, soweit es seine Liebe zu ihr und seine kindliche Achtung erlaubten, auf das Unrecht aufmerksam zu machen, das sie dem General zufügte. Später litt Eugen sehr unter der peinlichen Lage, daß er den Mann seiner Mutter auf den Spazierfahrten mit seiner Maitresse begleiten mußte. Von diesen Adjutantendiensten befreite ihn aber glücklicherweise Napoleon, als er sah, wie schwer sie Eugen fielen.

Am meisten trug Junot dazu bei, daß der General Bonaparte die Untreue Josephines erfuhr. Er war bereits auf dem Wege von Paris nach Italien Zeuge ihres Flirts mit Charles gewesen, ja er selbst soll damals das Interesse der Frau Generalin erregt haben. „Eines Tages, im Februar 1799"*), erzählt Bourrienne, „sah ich Bonaparte mit Junot vor El Arisch auf und ab gehen, wie das sehr oft geschah... Das stets sehr blasse Gesicht des Generals war, ohne daß ich die Ursache dazu erraten konnte, bleicher als sonst. In seinen Zügen lag ein nervöses Zucken, sein Blick war unstät, und mehrmals schlug er sich mit der Hand gegen die Stirn. Nachdem er eine Viertelstunde mit Junot gesprochen

---

*) Bourrienne irrt sich, wenn nicht in den Einzelheiten so doch im Datum. Dieses Gespräch muß bereits im Juli 1798, ungefähr um dieselbe Zeit als Napoleon an Joseph schrieb, stattgefunden haben.

hatte, verließ er ihn und kam zu mir. Ich hatte ihn niemals so unzufrieden, so besorgt gesehen... ‚Sie sind mir gar nicht zugetan', rief er mir in strengem, heftigem Tone zu. ‚Die Frauen!... Josephine!... Wenn Sie mir zugetan wären, hätten Sie mich von allem, was ich durch Junot erfahren habe, unterrichtet. Der ist wenigstens ein Freund... Josephine!... und ich bin 600 Meilen weit weg!... Sie mußten es mir sagen... Josephine!... Daß sie mich so betrügen konnte!... sie!... Wehe ihnen! Ich will diese Brut von Laffen und Stutzern verderben... Von ihr aber lasse ich mich scheiden! Ja, scheiden!... Eine öffentliche, aufsehenerregende Scheidung! Ich will sofort an Joseph schreiben... ich weiß alles.'"

Junot hatte ohne Frage mehr erzählt, als er wußte, und Napoleon war leichtgläubig, um so mehr, da sein Vertrauen zu Josephine nicht mehr felsenfest war. Übrigens waren dies die letzten heftigen Ausbrüche einer Leidenschaft, die in ihrer Kraft und Ausdehnung wohl nie erloschen wäre, wenn sie auf dem Herde, auf dem sie sich entzündete, mehr Nahrung gefunden hätte. Jetzt gehörte Napoleons Liebe nicht mehr allein seiner Josephine. Er, dem die schönsten Frauen in Italien, dem selbst eine Grassini kein Interesse abgewonnen hatten, der nur Augen und Sinn für die eine, für Josephine, gehabt, der nur für sie gelebt, für sie allein allen Ruhm erstrebt, der ihr wie einer Heiligen alle seine Siege zu Füßen gelegt hatte, er, der einzige, der bei der Armee stets alle Vergnügungen ausschlug, er hatte jetzt zum ersten Male auch Sinn für andere Frauen. Die blonde Bellilotte, Pauline Fourès, sollte ihn nach der Rückkehr von Akka mit ihrer Jugend und ihrem Temperament über seine ehelichen Sorgen hinwegtrösten.

Fast über ein Jahr hielten die Angelegenheiten in Ägypten Napoleon von Frankreich fern. Die Lage der Republik wurde von Tag zu Tag trostloser. Die schlechte Regierung

Pauline Bonaparte.
(Federzeichnung nach der Statue A. Canovas.)

des Direktoriums hatte viel Unzufriedenheit in Frankreich hervorgerufen, und nun setzte das französische Volk seine ganze Hoffnung auf den jungen General, der seinen Ruhm und seinen Namen bis an die fernen Grenzen Asiens getragen hatte. Man erwartete ihn sehnsüchtig als den Retter aus aller Not. Und als Bonaparte endlich unverhofft am 19. Vendémiaire 1799 in Fréjus landete, da atmete ganz Frankreich auf in der Gewißheit, nun eine sichere und feste Stütze zu haben.

Nicht die gleichen befreienden Gefühle empfand die ungetreue Josephine. Sie fühlte sich schuldbewußt. Die Rückkehr ihres Gatten versetzte sie in Furcht und Schrecken vor der Szene, die sie erwartete. Sie hatte durch Eugen und andere erfahren, daß Napoleon alles wußte, daß er sogar von Scheidung gesprochen hatte. Eine Scheidung aber lag nicht im Sinne Josephines. Ein Herr Charles, mochte er noch so liebenswürdig, noch so verführerisch sein, war doch nicht der General Bonaparte, dessen Name die ganze Welt mit Jubel erfüllte. Es lag ihr daran, ihre Stellung als Gattin dieses gefeierten Feldherrn zu bewahren. Vielleicht dachte sie es sich leichter als es in Wirklichkeit war, den eifersüchtigen und in seiner Ehre verletzten Gatten zu versöhnen. Josephine vertraute unbedingt dem Einfluß, den sie jederzeit auf Napoleon gehabt hatte, und dem Zauber, den sie auf sein Herz ausübte. Noch ehe er Gelegenheit hätte, mit seiner Familie zu sprechen und noch mehr Nachteiliges über sie zu erfahren als er schon wußte, gedachte Josephine ihn ganz allein zu empfangen, um mit der ihr eigenen Kunst und Feinheit sein Herz wieder zu erobern. Er würde ihr gewiß alles vergeben, sobald sie nur bei ihm war, sobald er sie in seine Arme geschlossen hatte.

Und so reiste Josephine am 19. Vendémiaire ihrem Gatten entgegen. Sie glaubte ihn in Lyon zu treffen. Das Verhängnis wollte es anders. Bonaparte hatte bereits Lyon verlassen, als seine Frau dort ankam, und zwar hatte er die Straße von Bourbonnais eingeschlagen, während sie ihm auf der Straße von Burgund entgegengefahren war. Enttäuscht und verzweifelt schlug Josephine den Rückweg nach Paris ein. Zu spät! Napoleon war dort achtundvierzig Stunden vor ihr angekommen. Am 25. Vendémiaire 6 Uhr morgens war er in Paris angelangt. Achtundvierzig lange

Eugène de Beauharnais. (Ausschnitt.)
(Nach einem Stiche von Joubert. Aus der Sammlung Kircheisen.)

Stunden hatte das Feld der Verleumdung ihren Feinden offen gestanden! Und sie ließen keinen Augenblick unbenutzt, um den General gegen seine Frau aufzubringen.

Als Josephine endlich in der Rue de la Victoire anlangte, fand sie verschlossene Türen und ein verschlossenes Herz. Napoleon verweigerte ihr jegliche Aussprache und verbot ihr den Zutritt zu seinem Zimmer. Er war zu sehr verletzt, zu tief gekränkt und zu sehr in seiner Liebe zu dieser Frau getäuscht worden, die er abgöttisch geliebt hatte. Noch war der Funken in seinem Herzen nicht ganz erloschen. Der leiseste Hauch von Zärtlichkeit von seiten Josephines, ein Blick aus ihren halbverschleierten Augen, der Klang ihrer weichen Stimme hätten ihn wieder zur hellodernden Flamme entfachen können. Das befürchtete Napoleon. Er wollte fest bleiben, so schwer und schmerzlich es ihm auch ankam, gegen diese einziggeliebte Frau hart zu sein.

Alle Tränen, alles Flehen, alle Beteuerungen Josephines

Hortense de Beauharnais.
(Nach einer Miniatur von Sain im Besitze der Frau Rainbeaux.)

halfen ihr nichts. Napoleon blieb unerschütterlich. Drei Tage bereits hatte er sich ihren Blicken entzogen. Es blieb ihr nur noch ein Mittel, ihn zu erweichen: ihre Kinder! Eugen und Hortense, die er beide so sehr liebte, denen er ein zweiter Vater war, ihnen würde er nicht widerstehen können!

Josephine hatte richtig berechnet. Am dritten Abend kamen Eugen und Hortense weinend in Napoleons Schlafzimmer, um Gnade für ihre unglückliche Mutter zu erflehen. Konnte er diese unschuldigen Herzen in ihren heiligsten Gefühlen verletzen, sie rauh und unerbittlich abweisen? Nein. Napoleon war besiegt. Von ihren Kindern geführt, schuldbewußt und reuevoll, hingebend und Verzeihung heischend, trat Josephine vor ihren Gatten. Sein Gesicht zeigte noch die Spuren von vergossenen Tränen. Er breitete seine Arme aus und drückte Josephine an seine Brust. Er hatte ihr vergeben. Da sie solche Szenen immer gern mit einer Ohnmacht beschloß, verlor sie auch jetzt die Besinnung. Behutsam, als wäre sie sehr krank, legte Napoleon sie auf sein Bett; alles Leid, aller Schmerz waren vergessen. Er liebte sie noch immer! Hielt er den Ehebruch nicht für „une affaire de canapé"? In seinem Innern schrieb er sich vielleicht ebensoviel Schuld an der Untreue seiner Frau zu wie dieser selbst. Er hätte sie eben nicht allein lassen, sondern sie immer bewachen sollen, wie er es später bei Marie Luise tat. Von der Standhaftigkeit der Frau hatte er keine hohe Meinung. Konnte man ihm das jedoch übelnehmen? Welche Art von Frauen hatte er denn kennen gelernt? Die Frauen der Revolution und unter dem Direktorium hatten ihm kein Beispiel von Unnahbarkeit und Festigkeit gegeben. Sie stürzten sich in jedes Vergnügen, das ihnen geboten wurde, genossen jeden Sinnenrausch und waren nicht wählerisch. Und so verzieh er auch Josephine, jedoch unter einer Bedingung: daß sie Charles niemals wiedersah!

Ja, Napoleon vergab ihr, aber er vergaß die Untreue nicht. Er fühlte sich jetzt Josephine gegenüber vollkommen frei und ging in der Liebe seine eigenen Wege. Aus der Geliebten war eine Freundin geworden, der er sogar bisweilen von seinen Liebschaften erzählte. Monsieur Charles jedoch war ihm sein ganzes Leben lang ein Dorn im Auge. Nie wieder empfand Napoleon eine solche Eifersucht wie auf diesen jungen Fant. Als bereits Jahre darüber hingegangen waren, verursachte ihm die Begegnung mit dem ehemaligen Rivalen das

Der Erste Konsul Bonaparte.
(Nach einer Zeichnung von J. B. F. Massard. Nach einem Stich von J. B. L. Massard jun.
Aus der Sammlung Kircheisen.)

größte Mißbehagen. Eines Tages besuchte der Kaiser in Begleitung des Palastmarschalls Duroc die Arbeiten an der Brücke von Austerlitz. Sie mußten auf dem Fahrdamm stehenbleiben, um einen Wagen vorüber zu lassen. Plötzlich preßte Napoleon den Arm seines Begleiters so heftig, daß es diesem fast Schmerz verursachte. Dabei war der Kaiser so bleich wie eine Marmorsäule, und seine Augen funkelten in verhaltener Wut. In dem Wagen, der vorüber gefahren war, hatte — Hippolyte Charles gesessen!

Seit jener ehelichen Szene, während welcher Josephines Geschick nur an einem Haare hing, war sie auf ihrer Hut. Der Abgrund, an dessen Rande sie sich gesehen hatte, war zu tief, zu schrecklich gewesen, als daß sie Lust gehabt hätte, sich noch einmal in eine solche Gefahr zu begeben. Das Blatt schien sich von dieser Zeit an gewendet zu haben. Nicht Napoleon war mehr der leidenschaftlich Verzweifelte, der Eifersüchtige, sondern Josephine. Von da an hören wir nichts mehr von einer Untreue Josephinens. Freilich, sie kam den Vierzig nahe! Doch nein, nicht nur ihr Alter war der Grund ihrer Beständigkeit. Napoleon hatte wirklich endlich Eingang in ihr Herz gefunden. Wie gern hätte sie jetzt einen Funken von jener Leidenschaft der früheren Jahre erhascht. Zu spät! Josephine war ihm nur noch die Gefährtin seines Lebens, die Freundin, der er sein Herz ausschütten konnte, die Frau, die ihn am besten verstand, und von der er Nachkommen erhoffte, aber nicht mehr die Geliebte. Er hielt es nicht mehr für nötig, ihr die Treue zu bewahren.

Der 18. Brumaire, der nicht lange auf jenen Auftritt folgte, hatte den General Bonaparte zum ersten und mächtigsten Mann in Frankreich gemacht. Josephine war Konsulin und beinahe Herrscherin. Die Negerin auf Martinique, die ihr prophezeiht hatte, daß sie einmal Königin von Frankreich werden würde, sollte recht behalten. Keimten nicht schon im Konsularhofe die ersten Anfänge monarchischer Größe? Josephine fand sich mit allem Luxus umgeben im Luxembourg wieder, wo sie einst in den Gesellschaften, die Barras veranstaltete, Triumphe gefeiert hatte. Sie wurde der Gegenstand der Achtung und Verehrung und, durch ihr liebenswürdiges, ansprechendes Wesen, der Liebe des ganzen französischen Volkes. Später siedelte Napoleon in die Tuilerien über, und Josephine schlief in dem Bett, das vor ihr nur Fürstinnen von Geblüt berührt hatten.

Nach und nach nahm ihr Leben das geregelte Zeremoniell eines Hofes an. Es gab Empfänge und Diners, Theater und Konzerte, Audienzen und Vorstellungen, ganz wie bei einem wirklichen Fürsten. Napoleon und Josephine sahen sich jetzt seltener allein: den Ersten Konsul hielten seine Staatsgeschäfte und Josephine die offiziellen Festlichkeiten ab. Nur in Malmaison nahm das Leben beider wieder einen bürgerlicheren Charakter an. Dort gehörten sie sich mehr als in Paris an. Und trotz der unliebsamen Erinnerungen an Monsieur Charles wählte Napoleon dieses Schloß zu seinem Lieblingsaufenthalt, bis die Gesetzgebende Körperschaft ihm Saint-Cloud anbot.

In Malmaison widmete er Josephine jeden freien Augenblick. Die freien Augenblicke des Ersten Konsuls beschränkten sich allerdings meist auf die Mahlzeiten. Und wie wenig Zeit der unermüdlich Schaffende darauf verwandte, ist bekannt. Bisweilen nahm er aber auch an den Spielen im Parke teil, welche die meist aus jungen Leuten bestehende Gesellschaft veranstaltete. Dann lief er mit Eugen, Hortense, Bourrienne, Rapp, Isabey u. a. um die Wette. Da Napoleon kein gewandter Läufer war, fiel er öfters hin, worüber er sich meist totlachen wollte. Im großen und ganzen waren der Erste Konsul und seine Familie in Malmaison außerordentlich glücklich.

Die liebsten Stunden Josephines waren die, in denen sie abends an Napoleons Bette saß und ihm mit ihrer melodischen Stimme, die er nie satt bekam, aus einem Buche vorlas. Selbst als sie nicht mehr gemeinsame Schlafzimmer hatten, mußte Josephine ihm allabendlich vorlesen, bis er eingeschlafen war, wenn ihn die Geschäfte nicht abhielten, früh zu Bett zu gehen. Bis zum Jahre 1802 behielt er die Gewohnheit bei, wie ein guter Bürger das Bett mit seiner Frau zu teilen. Erst als er Saint-Cloud zu seinem Aufenthaltsort wählte, und die Besuche der Mademoiselle George und anderer in den geheimen Gemächern häufiger wurden, gewöhnte er Josephine daran, daß er die Nacht in seinem eigenen Schlafzimmer verbrachte.

Malmaison war das eigentliche Heim Josephines. Weder die Tuilerien, noch Saint-Cloud, noch Fontainebleau atmeten so ihren Geist wie dieses Schloß. Hier lebte ihre Seele in allem, was sie umgab. Der ganzen Einrichtung war Josephines Individualität aufgedrückt. Sie hatte sich aus ihrer tropischen Heimat die Vorliebe für schöne exotische Pflanzen, Blumen und Vögel bewahrt und belebte das ganze Schloß mit den seltensten Exemplaren der tropischen Flora und Fauna. In Paris waren ihre Gemächer stets mit Blumen geschmückt, die die Blumenhändlerin Bernard jeden Tag erneuern mußte. Im Parke von Malmaison ließ Josephine künstliche Seen anlegen, Gewächshäuser, Aquarien und Vogelhäuser bauen, und das Schloß selbst füllte sie mit kostbaren und wertvollen Gemälden und Kunstgegenständen an. Ihre angeborene Verschwendungssucht tat sich dabei etwas zugute. Sie gab für seltene Pflanzen Unsummen aus. Eine einzige Tulpenzwiebel kostete sie einmal 4000 Franken.

Dieselbe Verschwendungssucht zeigte Josephine in ihrer Toilette, sowohl als Konsulin als auch als Kaiserin. Man sagt, sie habe manches Jahr mehr als sechshundert Kleider gekauft. Der berühmte Modehändler Leroy schuf für sie wahre Meisterwerke von Eleganz und Geschmack. Sie hatte bei ihm allein jeden Monat eine Rechnung von meher als 15 000 Franken stehen. Als Kaiserin belief sich ihr Garderobebudget auf 600 000 Franken, was ihr indes lange nicht genügte. Vor allem aber liebte sie Diamanten und Geschmeide. Napoleon, der es ebenfalls gern hatte, wenn seine Damen mit Gold und Diamanten behangen erschienen, überschüttete Josephine mit den kostbarsten Schmucksachen. Als Kaiserin genügte ihr selbst der Schmuckschrank, der einst Marie Antoinette gehört hatte, nicht zur Aufbewahrung ihrer Schätze. Und doch hatte ihn die ehemalige Königin von Frankreich niemals ganz gefüllt gesehen.

Josephine kam nie mit ihrem Gelde aus. Immer und immer wieder mußte Napoleon ihre Schulden bezahlen. Er tat es stets, bisweilen freilich unwillig über die ungeheuren Summen, die seine verschwenderische Frau verbrauchte. Sie kostete ihm weit mehr als seine Maitressen. Er machte ihr aber deswegen nie ernstliche Vorwürfe. Aller Zank in seiner Häuslichkeit war ihm verhaßt. Zum Staatsrat Roederer sagte er einmal: „Wenn ich in meinem häuslichen Leben keine Ruhe und Zufriedenheit fände, wäre ich ein sehr unglücklicher Mann." Und alle: Thibaudeau, Roederer, Constant, Mademoiselle Avrillon, Caulaincourt, Bourrienne u. a. stellen der Ehe Napoleons mit Josephine das Zeugnis aus, daß sie, abgesehen von einigen Stürmen in den ersten Jahren, eine glückliche gewesen sei. In der Tat, Napoleon war ein friedlicher und sorgsamer Gatte. Zu allen Zeiten, mochte er sich befinden wo er wollte, mochten die Kugeln um seinen Kopf fliegen, mochten Pläne und Arbeit im Felde noch so sehr auf ihm lasten, er gedachte stets seiner Frau daheim. Kam er in irgendeiner Stadt an, so war das erste, was er tat, einen Brief an Josephine zu schreiben. Und wenn es auch nur ein paar Zeilen waren, er schrieb ihr von seinem Befinden, erkundigte sich nach dem ihrigen, teilte ihr seine Erfolge und die Einzelheiten einer Schlacht oder eines politischen Ereignisses mit, kurz, er teilte mit ihr seine Freuden und Sorgen. Schreibt sie ihm nicht, so ist er um ihre Gesundheit besorgt, oder traurig, weil sie für ihn keine Zeit findet.

Hortense de Beauharnais.
(Gestochen nach einem Gemälde von A. L. Girodet de Roucy-Trioson.)

Freilich ist in den Briefen des Konsuls und Kaisers nicht mehr jene Flamme zu spüren, die in den Briefen des Generals brannte, aber es spricht aus ihnen jener besorgt liebevolle Ton, den nur jemand anzuschlagen weiß, der für den andern wahrhafte Zuneigung empfindet. Jene ruhige Liebe des Gatten spricht aus ihnen, der nur glücklich ist, wenn er die

Seinigen glücklich weiß. Seine Frau war seine beste Freundin. Wenn sie krank war, verbrachte er jeden freien Augenblick an ihrem Bett. In der Zwischenzeit schickte er einen Diener, um sich nach ihrem Zustand zu erkundigen. Selbst in der Nacht ließ er bei dem geringsten Unwohlsein Josephines nach ihrem Befinden fragen, oder er kam selbst, um zu sehen, wie es ihr ging.

So verstrichen die Jahre. Josephine ward älter und älter und hatte Napoleon noch immer nicht durch einen Erben seines Namens erfreut. Das Jahr 1802 hatte ihm das Konsulat auf Lebenszeit gebracht und damit auch die Erblichkeit seiner Würde. Die arme Josephine stand Qualen der Angst und Eifersucht aus, eine Jüngere, eine Fruchtbare könnte sie von der Seite des Mannes verdrängen, den sie jetzt liebte, und durch dessen fabelhaftes Glück und Genie ihr ein Los bereitet wurde, um das jede Frau sie beneidete. Die verschiedenen Liebeleien ihres Mannes waren ihr nicht verborgen geblieben und hatten zu ihrer Besorgnis beigetragen. Ängstlich beobachtete sie jeden Schritt Napoleons und ersparte ihm weder Eifersuchtsszenen, noch Weinkrämpfe, noch Ohnmachten. Erst als Napoleon ihren Eugen adoptierte, beruhigte sie sich etwas, obgleich auch dies ihr für die Dauer keine sichere Garantie zu sein schien. Sie wußte, daß Napoleon, seitdem er die Hoffnung aufgegeben hatte, von ihr Nachkommen zu erhalten, seine Blicke in dieser Hinsicht auf seine Brüder, auf Joseph und Lucien gerichtet hatte. Aber beide hatten bis jetzt nur Töchter. Wenn es schon ein Neffe sein mußte, der den Ruhm und den Namen Napoleons fortpflanzen sollte, warum konnte es dann nicht wenigstens ein Kind sein, in dessen Adern Blut von ihrem Blut floß? Hortense war Josephines Rettung. Sie verheiratete sie mit Louis Bonaparte, zum großen Unglück dieser beklagenswerten zukünftigen Königin.

Aber Hortense kam ihren Pflichten nach. Im ersten Jahre

Die Krönung Napoleons und Josephines in Notre-Dame.
(Nach einem Gemälde von J. L. David im Musée du Louvre.)

ihrer Ehe gebar sie einen Knaben, der die Namen Napoleon Charles erhielt. Dieses Kind ward der Liebling Napoleons; auf diesen Neffen setzte er seine ganze Hoffnung. Er spielte mit ihm wie ein Vater, lehrte ihn Fabeln, ließ ihn an seinem Frühstück teilnehmen und sah in ihm bereits seinen Nachfolger. Der kleine Napoleon nannte den großen Napoleon „oncle Bibiche" und liebte ihn über alles. Aber auch dieser Knabe sollte nicht Josephines Befreier aus aller Not werden. Augenblicklich jedoch trug er dazu bei, das Gespenst der Scheidung in immer weitere Fernen zu rücken.

IV.

Napoleon war auf dem Gipfel seiner Macht angelangt. Das Kaiserreich war erstanden. Glanz, Pracht, Ruhm, Macht und Ehren umstrahlten den jungen Thron, der sich auf den Trümmern der Revolution größer und imposanter errichtet hatte, als er vorher gewesen war. Der greise Papst Pius VII. kam persönlich von Rom nach Paris, um den außerordentlichen Mann zu krönen, der noch vor einem Jahrzehnt in derselben Stadt, die ihm jetzt als Kaiser huldigte, den Kampf ums Leben gekämpft hatte. Es muß wohl der schönste Tag im Leben Napoleons gewesen sein, an dem er im Purpur der alten Könige von Frankreich an der Seite Josephines in Notre-Dame zum Altar schritt, um aus den Händen des Oberhaupts der Kirche die Krone zu empfangen, die Karls des Großen Haupt geschmückt hatte. Er wartete nicht, bis der Papst ihm diese Krone aufsetzte, sondern er nahm sie und drückte sie sich eigenhändig auf die Stirn, worauf er auch seine Gefährtin krönte, die mit ihm von Stufe zu Stufe emporgeklommen war bis zu diesem Throne, den er sich mit der Spitze seines Degens erobert hatte. Und Josephine setzte sich mit Würde auf den Thron und behauptete ihn fünf Jahre lang wie eine wahrhafte, wie eine geborene Fürstin. Die Herrscher Europas brachten ihr ihre Huldigungen dar und erflehten ihren Schutz und ihre Fürsprache bei dem Manne, der Kronen austeilte und vernichtete.

Zwei Tage vor dieser feierlichen Zeremonie war noch eine andere zu erledigen gewesen. Der Papst hatte sich geweigert, Josephine zu krönen, weil ihre Ehe mit Napoleon nicht die kirchliche Weihe empfangen hatte. Am Nachmittag des 30. November 1804 wurde diese Förmlichkeit in der Kapelle der Tuilerien durch den Onkel Napoleons, den Kardinal Fesch vollzogen. Zeugen waren nicht zugegen, weder der Minister Talleyrand, noch der getreue Berthier, noch Portalis, noch Duroc fungierten als solche, wie das von manchen Historikern angegeben wird. Fürst Metternich behauptet zwar, Napoleon und Josephine seien nicht kirchlich getraut worden, sondern man habe es dem Papste nur glauben gemacht. Erst einige Tage nach der Krönung habe der Heilige Vater erfahren, daß man ihn hintergangen hatte. „Er war entschlossen, seinen Zorn darüber öffentlich kundzutun," sagt Metternich, „aber der Umstand, daß er sich einen allgemeinen Tadel zuziehen würde, wenn er das Publikum davon unterrichtete, daß er die Kaiserin gekrönt habe, ohne vorher genau zu wissen, welche Bande sie an Napoleon knüpften, und dadurch sozusagen ein Konkubinat gutgeheißen hatte, hielt ihn davon ab." Henry Welschinger, Frédéric Masson, Monseigneur Ricard, Paul Didon und andere hingegen bestätigen die Tatsache, daß die Ehe Napoleons und Josephines am 30. November den kirchlichen Segen empfangen habe. Der Kardinal Fesch, der vom Papste stets mit Wohlwollen behandelt wurde und ihm aufrichtig ergeben war, hätte sich auch sicher nicht zu einem solchen Betrug dem Papste gegenüber hergegeben. Übrigens erklärte er am 6. Januar 1810 vor dem Offizialrat des Pariser Kirchensprengels, daß die Trauung am

Papst Pius VII.
(Nach einem Gemälde von J. L. David im Musée du Louvre.)

30. November, nachmittags 4 Uhr ohne Zeugen vollzogen worden sei.

Josephine war nun Kaiserin. Sie hatte Napoleon bei seiner Erhebung nicht geschadet, sondern zu seiner Größe und seinem Ruhme dadurch beigetragen, daß sie seinem Siegerheldentum jenen Reiz von Sanftheit, Güte und Grazie ihrer Person verlieh, der ihr alle Herzen gewann. Ihr blieb nichts mehr zu wünschen übrig. Durch die kirchliche Trauung und ganz besonders durch die Krönung hatte sie neue Zuversicht bekommen. Würde Napoleon sie wohl zur Kaiserin haben krönen lassen, wenn er die Absicht hatte, sich von ihr zu trennen, um zum Wohle des Staates eine Ehe einzugehen, aus der ihm ein Thronerbe entsprösse? Würde er sich kirchlich haben trauen lassen, wenn er ernstlich eine Scheidung beabsichtigte? Die katholische Kirche trennte nicht wieder, was sie einmal zusammengefügt hatte! So kalkulierte Josephine. In Wirklichkeit hatte Napoleons Handlung nichts mit seinen politischen Absichten zu tun. Nur das Gefühl der Dankbarkeit, das Gefühl der Pflicht veranlaßten ihn, die Frau, die er über alles geliebt hatte, die sein guter Stern in seinen ersten Feldzügen gewesen war, der seine Jugend gehört hatte, zu jener Höhe zu erheben, auf der er selbst angelangt war. „Wenn ich sie zur Kaiserin mache", hatte er zu Roederer gesagt, „so geschieht es aus Gerechtigkeit. Ich bin vor allem ein gerechter Mann. Denn wenn man mich ins Gefängnis geworfen hätte anstatt auf den Thron zu erheben, so würde Josephine gleichfalls mein Unglück geteilt haben ... Es ist nur recht und billig, daß sie auch meine Größe teilt ... Ja, sie wird gekrönt werden, und sollte es mich 200 000 Mann kosten!"

Überdies hätte Napoleons abergläubischer Charakter es nicht fertig gebracht, sich von Josephine in einem Augenblick zu trennen, wo das Glück ihm alles in den Schoß warf. Er betrachtete sie stets als seine gute Fee. „Er war", sagte sie selbst, „überzeugt, daß ich ihm Glück brächte, so daß er um nichts in der Welt zur Armee abgereist wäre, ohne mich vorher geküßt zu haben. Allerdings schalt er mich, wenn er durch seine verwünschte Polizei erfahren hatte, daß Fräulein Lenormand*) bei mir gewesen war, aber obgleich er sie als Lügnerin hinstellte, obgleich er drohte, sie einsperren zu lassen, wenn sie noch länger auf meine Leichtgläubigkeit spekuliere, so verfehlte er doch nicht, mich genau über alles auszufragen, was die Lenormand mir aus den Karten geweissagt hatte. Und jedesmal lächelte er befriedigt, wenn sie für ihn neue Siege prophezeiht hatte." Napoleon war beinahe ebenso abergläubisch wie Josephine. Außerdem war sie immer noch die einzige Frau, der er wahrhaft zugetan war, zu der er immer wieder zurückkehrte, wenn seine Liebeleien ihn bisweilen von ihr entfernt hatten. Der leidenschaftlichen Liebe zu ihr hatte eine zarte Zuneigung Platz gemacht, und niemals ist dieses Gefühl für sie geschmälert worden. Wäre ihre unselige Eifersucht nicht gewesen, sie hätte sicher von Napoleon nie ein rauhes Wort zu hören bekommen. Aber ihre fortwährenden Szenen reizten ihn manchmal zu Zornes- und Wutausbrüchen, in denen er alle Schonung gegen sie vergaß.

Ganz ohne Grund war Josephines Eifersucht gewiß nicht. Überall traten ihr die Rivalinnen entgegen: am Hofe, im Theater, unter den Damen der Hofgesellschaft und den Offiziersfrauen. Ihre eifersüchtigen Befürchtungen gingen so weit, daß sie glaubte, ihre Gegner könnten sie eines Tages vergiften, um Napoleon von ihr zu befreien und sie durch eine andere Frau zu ersetzen. „Denkt Euch", sagte Napoleon zu seinem Bruder Lucien, „diese Frau weint jedesmal, wenn sie eine Verdauungsstörung hat, denn

---

*) Marie Anne Lenormand, berühmte Pariser Kartenschlägerin. Sie veröffentlichte im Jahre 1820 die „Mémoires historiques et secrets de l'Impératrice Josephine."

Kaiserin Josephine.
(Nach einem Gemälde von Baron F. P. S. Gérard im Musée de Versailles.)

sie meint, von denen vergiftet worden zu sein, die möchten, daß ich mich mit einer andern verheirate." In diesen Worten lag gleichzeitig eine Bosheit für Lucien und die übrige Familie Bonaparte, denn sie drängten vor allen Dingen zu einer Scheidung von Josephine.

Bittere Tränen, durchwachte Nächte, qualvolle Stunden der Ungewißheit, nichts blieb ihr jetzt erspart, ihr, die einst so oberflächlich mit einem Herzen gespielt hatte, das um sie litt. Wenn Napoleon, fern von ihr, in fremden Ländern Sieg um Sieg errang, dann quälte sich Josephine in Paris unsäglich mit dem Gedanken, eine andere Frau könne seine Liebe gewinnen. Einige Male begleitete sie ihn eine Strecke weit, aber nur zu bald verboten ihr Schlachtenlärm und Kriegsgetümmel, dem Gatten in die Gefahren eines Feldzugs, die sie jetzt gern mit ihm geteilt hätte, zu folgen.

Als Napoleon 1807 in Polen weilte, da hätte sie alles darum gegeben, wenn sie bei ihm hätte sein dürfen. Ihr Fraueninstinkt witterte Gefahr für ihre Liebe. Die Polinnen waren schön und verführerisch. Man hatte ihr erzählt, daß sie ebensoviel Reiz besäßen als die Französinnen. Vielleicht hatte man ihr auch besonders von einer jungen blonden Polin, von der Gräfin Walewska erzählt, deren Vorzüge auf den Kaiser tiefen Eindruck gemacht hatten. Josephine wollte unbedingt zu ihm nach Warschau. Sie wollte ihn den Armen jener Sirene entreißen. Madame Rémusat behauptet zwar, Josephine habe Napoleon nach Warschau folgen wollen, „weil sie eine zarte Neigung zu einem jungen Stallmeister hegte, der sich im Gefolge des Kaisers befand." Aber in keinem andern zeitgenössischen Werke wird diese Tatsache bestätigt. Und da Frau Rémusat keinen Namen nennt, muß man ihre Aussage skeptisch aufnehmen.

Napoleon wußte Josephine immer wieder zu vertrösten und ihre Ankunft in Warschau immer weiter hinauszuschieben. Endlich, am 8. Januar 1807 schreibt er ihr: „Die Jahreszeit ist zu schlecht; die Wege sind nicht sicher und abscheulich, die Entfernungen zu bedeutend, als daß ich Dir erlauben könnte, bis hierher zu kommen, wo meine Geschäfte mich noch zurückhalten. Du brauchtest mindestens einen Monat, um bis hierher zu reisen und würdest todkrank anlangen. Vielleicht müßtest Du deshalb gleich wieder umkehren. Es wäre also Wahnsinn... Ich bin darüber weit unzufriedener als Du, denn ich würde gern die langen Winternächte mit Dir verbracht haben. Aber man muß sich den Umständen fügen."

Jawohl, Josephine mußte sich fügen. Daß Napoleon die langen Winternächte nicht immer allein verbrachte, das war ihr gewiß. O, wie sie dieser Gedanke quälte! Aber ein neuer Schlag stand ihr bevor, der ihr die letzte Hoffnung raubte. Das Kind, auf das sie ihre ganze Zuversicht gesetzt hatte, der Sohn Hortenses und Louis', starb ganz plötzlich an der Bräune am 5. Mai 1807. Die furchtbare Möglichkeit der Scheidung rückte wieder näher. Die Angst vor dieser Gefahr und der Schmerz um das geliebte Kind waren fast gleichbedeutend für Josephine. Napoleon wurde bei der Nachricht vom Tode seines Neffen, den er wie seinen eigenen Sohn liebte, dessen junges Leben er mit glänzenden Zukunftsbildern geschmückt hatte, den er bereits auf dem Throne, auf seinem Throne hatte sitzen sehen, kurz, in dem er den Fortpflanzer seiner Dynastie erblickte, von tiefem Herzeleid ergriffen. „Du wirst", schreibt er an seine Frau von Warschau aus, „den Schmerz begreifen, den ich empfinde. Ich möchte bei Dir sein, damit Du Dich etwas beruhigst. Du hast das Glück gehabt, niemals ein Kind durch den Tod zu verlieren, und dennoch ist es unser aller Bestimmung, diesen Schmerz einmal zu erfahren. Ich hoffe bald zu hören, daß Du ruhiger geworden bist, und daß es Dir gut geht. Willst auch Du noch zu meinem Schmerze beitragen?"

Von diesem Augenblick an stand jedoch Napoleons Absicht fest, sich von Josephine scheiden zu lassen. Er wollte dadurch aber weder seiner Frau Qualen bereiten, noch lag in seiner Handlungsweise Brutalität, sondern sie war einfach die Folge der ihr vorausgegangenen politischen Ereignisse, die die persönliche Macht in Frankreich wieder hergestellt

Napoleon I.
(Gezeichnet und gestochen von Longhi, nach einem Gemälde von J. B. Isabey.)

hatten. Er mußte sich eine Dynastie gründen. Er mußte einen Erben haben, der seinen Namen, seinen Ruhm und seine Größe fortpflanzte. Seine außerehelichen Kinder bewiesen ihm, daß nicht er, sondern Josephine die Ursache war, daß sie keine Kinder hatten. Im Jahre 1806 hatte Eleonore Denuelle ihm einen Sohn, den späteren Grafen Léon, geboren; auch dadurch war Napoleons Entschluß befestigt worden.

Wohl war ihm die Idee einer Scheidung bereits in Ägypten gekommen, als Josephine ihn so leichtsinnig betrog, aber er hatte ihr vergeben. Von da an arbeitete jedoch seine Umgebung fortwährend darauf hin, ihn mit einer Prinzessin von Geblüt zu verheiraten. Lucien hatte während seines Aufenthaltes in Spanien bereits Unterhandlungen wegen einer Vermählung Napoleons mit der Infantin Isabella angeknüpft. Von allen Seiten wurde Napoleon bestürmt, sich von Josephine scheiden zu lassen, um sich eine Dynastie zu gründen. Aber er war immer davon abgekommen. Zum Staatsrat Roederer sagte er im Jahre 1804: „Wie kann ich diese gute Frau verstoßen, nur damit ich noch größer werde? Nein, das übersteigt meine Kräfte. Ich habe auch ein Herz im Leibe; mich hat doch keine Tigerin geboren!... Ich will Josephine nicht unglücklich machen..."

Aber im Jahre 1807 war das menschliche Gefühl in ihm doch der Staatsraison gewichen. Ein Kind! ein Kind! „Ein Sohn von Josephine wäre mir nötig gewesen", sagte Napoleon später; „er hätte mich nicht allein in bezug auf die Politik, sondern auch auf mein häusliches Glück zufriedengestellt." Die Frau ist dem Manne gegeben, damit sie ihm Kinder gebäre! Nach diesem Grundsatze handelte Napoleon. Sobald sein Entschluß feststand, zeigte er sich kälter gegen Josephine und sorgte dafür, daß sie seine Absicht durch dritte Personen erfuhr, während er selbst das Wort Scheidung nie aussprach. Besonders ließ es sich der Polizeiminister Fouché angelegen sein, die arme Kaiserin auf ihr Geschick vorzubereiten.

Es waren zwei unsäglich bittere Jahre, die nun folgten, sowohl für Josephine als auch für Napoleon. Zwei Jahre reich an Tränen, Klagen, Widerstand, flehentlichen Bitten ihrerseits, an Zärtlichkeiten, Beteuerungen, mitleidigen Trostesworten und auch ungeduldigen Zornesausbrüchen seinerseits. Napoleons Argumente waren: Staatspolitik, das

Mon cher mouroipu

l'amitié que vous m'avez marqué
m'enhardit a vous faire une petite
demande — Louis m'a assuré
que vous pourriez l'accorder. je
crois dans une 15ᵃⁱⁿᵉ de jours aller
a paris. Si vous [biffé] pouviez
me prêter et m'envoyer un cheval
je vous aurois une grande obligation
si vous daignez me faire réponse
je vous ferois dire le jour.
             Eugene Beauharnois
Si cela vous génoit de me l'envoyer
je le ferois prendre par quelqu'un
de Sure...

Faksimile eines Briefes Eugen de Beauharnais'.

Wohl der Nation! Sah er Josephine aber schmerzgebrochen weinen, dann flossen seine Tränen mit den ihrigen zusammen. Es war ein ununterbrochener Kampf, den Napoleon zu bestehen hatte, um sich von ihr ernstlich zu trennen. Sie war die einzige Frau, die er geliebt hatte, die er noch liebte, die ihn wie keine andere zu nehmen verstand, die sanft und geduldig alle seine Eigenheiten hinnahm, kurz, die ihm das höchste Glück gegeben hatte. „Wenn ich mich von meiner Frau trenne", sagte er einmal zu Talleyrand, „so heißt das auf allen Zauber verzichten, den sie auf mein ganzes Familienleben ausübt. Ich müßte die Neigungen und Gewohnheiten einer andern und jungen Frau erst studieren. Josephine schickt sich in alles und versteht mich vollkommen. Und außerdem würde ich dadurch sehr undankbar für all das Gute sein, das sie mir getan."

Und dennoch rückte der schreckliche Zeitpunkt, an dem Napoleon seine Absicht verwirklichen mußte, immer näher. Das Schwert des Damokles hing drohend über Josephines kummervollem Haupte. Napoleon hielt Umschau unter den Fürstinnen Europas. Am Ende des Feldzugs in Preußen war die Rede davon gewesen, daß er sich mit der Tochter des Königs von Sachsen, seines Freundes und Verbündeten, vermählen wolle. Diese Verbindung schien ihm jedoch in keiner Weise für seine Politik vorteilhaft zu sein, und außerdem war die Prinzessin Marie Auguste nicht mehr jung. Sie war dreißig Jahre alt und hätte ihm vielleicht ebensowenig wie Josephine ein Kind geboren. Nach Tilsit hatte Napoleon seine Augen auf eine Schwester des Kaisers Alexander von Rußland geworfen, aber es waren keine ernstlichen Unterhandlungen angeknüpft worden. Erst in Erfurt, wo Napoleon sich eng an Alexander anschloß, wurden sie aufgenommen. Er wünschte nichts mehr, als der Schwager des liebenswürdigen russischen Kaisers zu werden. Die Großfürstin Anna war zwar erst vierzehn Jahre alt, aber Napoleon hätte gern noch zwei Jahre gewartet, ehe er sie heimführte. Die Zarin Mutter jedoch, eine geschworene Feindin des französischen Kaisers, wollte es anders: sie verweigerte ihre Einwilligung zu dieser Heirat. So hielt Napoleon an anderen Höfen Umschau.

Inzwischen hatte der Krieg mit Österreich stattgefunden. Napoleon hatte dem Kaiser Franz Friedensbedingungen diktiert, und in Wien hielt man eine Verbindung mit dem Gewaltigen für die Politik des Staates von großem Vorteil. Als daher Napoleon um die Hand der Erzherzogin Marie Luise anhielt, wurde sie ihm bereitwilligst zugesagt.

Josephines Geschick war entschieden! Sie mußte der Kaisertochter Platz machen. Sie ging. Ihre Tränen um das

verlorene Glück waren ihr einziger Trost. Aber sie hatte wenigstens die Genugtuung, daß sie Frankreich ein Opfer brachte. Sie war überzeugt, daß Napoleon sich nie von ihr getrennt haben würde, wenn seine Politik ihn nicht dazu gezwungen hätte. Seit Jahren war sie mit dem Gedanken einer Scheidung vertraut, als aber Napoleon ihr am 30. November mitteilte, daß die Scheidungsakte am 15. Dezember unterzeichnet werden sollte, da war es mit Josephines Kraft zu Ende. Eine aufregende Szene war die Folge. Sie hatten beide gemeinsam den Kaffee im Salon des Kaisers eingenommen, und Napoleon hatte den Anwesenden zu verstehen gegeben, daß er mit der Kaiserin allein sein wollte. Man zog sich zurück, die Türen schlossen sich. Plötzlich drang ein markerschütternder Schrei aus den Gemächern des Kaisers. Die in den Nebenzimmern Harrenden sahen sich angstvoll an, aber niemand wagte zum Kaiser hineinzugehen. Da trat Napoleon selbst bleich und besorgt aus der Tür des Salons. Er rief einen der Palastpräfekten, den Grafen Bausset, der in der Nähe stand, zu sich herein. Josephine lag auf dem Teppich, wilde Klagen und Schreie ausstoßend, bis sie die Besinnung verlor. Bausset mußte sie in ihre Gemächer tragen, und Napoleon selbst gab ihm mit einem brennenden Armleuchter das Geleite. Da jedoch die Treppe zu schmal war, so daß Bausset Schwierigkeiten hatte, die Kaiserin allein hinaufzutragen, rief Napoleon seinen Kabinettsaufseher, damit er die Kerze trage, während er selbst Bausset half, die Ohnmächtige fortzubringen. Er wandte dabei die größte Fürsorge und Behutsamkeit an und konnte kaum seine Aufregung und Gemütsbewegung bemeistern. Als sie Josephine auf ihr Bett gelegt hatten, ließ er sofort den Doktor Corvisart, die Königin Hortense, Cambacérès und Fouché zu der Kranken rufen und überzeugte sich selbst öfter von dem Zustande seiner Frau, die nach und nach ihre Fassung wiedererlangte. In Wahrheit hatte sie Napoleon nur eine Szene gemacht, denn ihre Ohnmacht war nicht echt. Während Bausset sie trug, hatte sie ihm nämlich zugeflüstert, daß er sie zu derb anfasse und ihr weh täte.

Als jedoch in der Nacht vom 15. Dezember 1809 im Thronsaal vor versammeltem Familienrate Josephines Urteil gesprochen ward, hatte sie wohl rotgeweinte Augen, und ihre Züge drückten die tiefste Traurigkeit aus, aber ihre Haltung und ihr Benehmen waren in diesem kritischen Augenblick wahrhaft die einer Kaiserin. Sie war gefaßt und vernünftig, obgleich ihr Herz blutete. Napoleon war tief bewegt. Er wollte sich nicht von Josephine trennen, ohne ihr noch einmal öffentlich vor aller Welt für das Glück zu danken, das sie ihm in den Jahren ihrer Ehe gespendet hatte. Mit Trä-

Vor der Scheidung.
(Gezeichnet von Chasselat, gestochen von Bosselman.)

nen im Auge sprach er zum Großkanzler Cambacérès gewendet:

„Gott allein weiß, wie schwer meinem Herzen dieser Entschluß gefallen ist. Aber kein Opfer ist mir zu groß, wenn ich die Überzeugung habe, daß es für das Wohl Frankreichs nötig ist. Es drängt mich, hinzuzufügen, daß ich, weit entfernt mich zu beklagen, nur Grund habe, die Zuneigung und Zärtlichkeit meiner vielgeliebten Gemahlin zu loben. Sie hat fünfzehn Jahre meines Lebens verschönt. Stets wird die Erinnerung daran tief in meinem Herzen eingegraben sein. Sie ist von meiner Hand gekrönt worden. Ich will, daß sie den Rang und den Titel einer gekrönten Kaiserin beibehält, vor allem aber soll sie niemals an meinen Gefühlen zweifeln und mich stets als ihren besten und treuesten Freund betrachten."

Dann sollte Josephine sprechen. Schmerz und Tränen erstickten ihre Stimme. Schon nach den ersten Worten mußte sie einhalten. Zitternd reichte sie das Blatt, auf welchem ihre Rede stand, dem Staatssekretär Regnauld de Saint-Jean d'Angely hin, der für sie die Worte vorlas:

„Mit der Erlaubnis meines lieben Gemahls erkläre ich, daß ich, da mir keine Hoffnung bleibt, Kinder zu bekommen, die seine Politik und die Interessen Frankreichs zufriedenstellen können, bereit bin, ihm den größten Beweis von Zuneigung und Aufopferung zu geben, der jemals auf Erden gegeben worden ist. Ich verdanke alles seiner Güte. Seine Hand hat mich gekrönt, und auf diesem Throne habe ich stets nur Beweise von Liebe und Zuneigung des französischen Volkes erhalten. Ich glaube alle diese Gefühle dadurch zu vergelten, daß ich in die Auflösung einer Ehe willige, die dem Wohle Frankreichs zukünftig ein Hindernis ist, die es des Glücks beraubt, eines Tages von den Nachkommen des großen Mannes regiert zu werden, den die Vorsehung ausersehen hatte, die Leiden einer schrecklichen

Revolution zu verwischen und Altar, Thron und Ordnung wiederherzustellen. Aber die Auflösung meiner Ehe wird nichts an den Gefühlen meines Herzens ändern. Der Kaiser wird stets in mir seine beste Freundin finden. Ich weiß, wie weh dieser von der Politik eingegebene Entschluß seinem Herzen getan hat, aber wir sind beide stolz auf das Opfer, das wir dem Wohle des Vaterlandes bringen."

Während der Lektüre schluchzte Josephine leise in ihren Sessel gedrückt. Aber sie wollte, sie mußte bei dieser peinlichen Szene Würde zeigen. Und es gelang ihr. Alle bewunderten ihren Mut, ihre Entsagung und ihre Charakterstärke. Wer sie von den Anwesenden bis dahin nicht geliebt hatte, der hatte in diesem Augenblick wenigstens Mitleid

Letizia Buonaparte

mit ihr. Nachdem Napoleon und Josephine ihre Unterschriften unter das vom Erzkanzler verfaßte Protokoll gesetzt hatten, unterzeichneten es auch die Prinzen und Prinzessinnen des kaiserlichen Hauses. Napoleons Scheidung von Josephine de Beauharnais war vollzogen! Bedrückt und tief bewegt zogen sich die meisten Teilnehmer aus dieser Versammlung zurück. Nur die Mitglieder der Familie Bonaparte waren froh, daß Napoleon nun endlich „die Alte" los war.

Dieses öffentliche Drama sollte noch ein intimes Nachspiel in den Gemächern des Kaisers haben. Napoleon war sogleich in sein Schlafzimmer gegangen und hatte sich niedergelegt. Die Aufregung der letzten Stunden ließ ihn jedoch keinen Schlaf finden. Seine Gedanken weilten bei der, die nun nicht mehr sein Weib war. Im Geiste sah er sie in ihrem Zimmer, wie sie mit ihrem Schmerze und ihren Tränen rang, und dieser Gedanke stimmte ihn traurig. Er hatte es nie mit ansehen können, wenn Josephine weinte. Da wurde die Tür seines Gemachs aufgerissen: Josephine stand vor ihm! Ihr schönes langes Haar fiel aufgelöst über ihre Schultern, ihr Gesicht war bleich und schmerzentstellt, die

Cambacérès.
(Gemälde von Devouge. Nach einem Stiche von Levachez.)

Augen waren voller Tränen. Schluchzend fiel sie vor Napoleons Bette nieder, seine Hände mit ihren Tränen benetzend. Sie liebte in mehr als ihr Leben, mehr als den Thron, mehr als allen Glanz und Ruhm. Noch ein letztes Mal wollte sie ihn umarmen, den letzten Kuß von seinen Lippen trinken, ehe sie ganz voneinander schieden. Napoleon weinte mit ihr, aber er konnte ihr keinen andern Trost spenden als die Versicherung seiner innigsten Freundschaft.

Am folgenden Tag, am 16. Dezember 1809, verließ Josephine die Tuilerien. Der Kaiser hatte die letzten Stunden mit ihr verbracht und sie beim Abschied mehrmals zärtlich geküßt. Sie war in Ohnmacht gefallen. Ihren besinnungslosen Zustand benutzend, hatte er sich rasch zurückgezogen, um der für ihn ebenso schmerzlichen wie peinlichen Szene ein Ende zu machen. Er hatte sie der Fürsorge des getreuen Méneval überlassen, der die Ohnmächtige in seinen Armen auffing. Sobald der Kaiser fort war, erlangte Josephine ihre Besinnung wieder und verdoppelte ihre Klagen. Sie beschwor Méneval, oft mit dem Kaiser von ihr zu sprechen und dafür zu sorgen, daß Napoleon sie nicht vergäße. Und erst als der ergebene Diener ihr dieses Versprechen gegeben, stieg sie in ihren Wagen, um in Malmaison eine Zufluchtsstätte zu suchen.

Auch Napoleon zog sich für einige Tage zurück, um mit seinem Schmerze allein zu sein. Er ging für vierzehn Tage nach Trianon. Dieser Mann, der im Felde hart wie Eisen war, dem die herzzerreißendsten Szenen des Krieges zur Gewohnheit geworden waren, er weinte um sie, die ihm einst alles gewesen. Er, der nie eine Minute unbenutzt ließ, verbrachte jetzt drei Tage in Untätigkeit. Drei Tage lang war seine ganze Arbeit unterbrochen: er empfing weder seine Minister noch seine Sekretäre, er diktierte weder Briefe noch las er solche. Napoleons Schmerz war tief und aufrichtig. Die Briefe, die er nach der Scheidung an Josephine schrieb, sind die glänzendsten Zeugnisse dafür, daß er sie immer geliebt hat, immer lieben mußte und der geschiedenen Frau ein treuer Freund geblieben war. Er war noch nicht lange in Trianon, so überwältigte ihn die Sehnsucht nach ihr. Er mußte sie besuchen. Und als er aus Malmaison zurückkam, schrieb er ihr:

„Ich habe Dich heute schwächer gefunden, als Du sein solltest, meine Freundin. Du hast Mut bewiesen und mußt

Mut finden, um Dich aufrechtzuerhalten. Du darfst Dich keiner verhängnisvollen Melancholie hingeben. Du mußt Dich beruhigen und besonders Deine Gesundheit pflegen, die mir so sehr am Herzen liegt. Wenn Du mir zugetan bist, wenn Du mich liebst, mußt Du Dich stark zeigen und zufrieden sein. Du kannst an meiner beständigen, zärtlichen Freundschaft nicht zweifeln und würdest die Gefühle, die ich für dich hege, sehr schlecht kennen, wenn Du glaubtest, ich wäre glücklich, wenn Du unglücklich bist, und zufrieden, wenn Du Dich nicht beruhigst. Leb' wohl, meine Freundin, schlafe gut und denke, daß ich es wünsche."

Jeden Tag während der ersten Wochen ihrer Trennung erkundigte sich Napoleon nach Josephines Wohlbefinden. Ihr Schmerz tat ihm unendlich weh. „Ich habe Deinen Brief erhalten, liebe Freundin", schreibt er ihr wenige Tage später. „Savary sagt mir, daß Du immer weinst. Das ist nicht recht... Wenn Du mir sagst, daß Du vernünftig bist, und daß Dein Mut die Oberhand gewonnen hat, dann will ich Dich besuchen... Adieu, meine Freundin! Auch ich bin traurig. Ich muß Dich zufrieden wissen und hören, daß Du wieder Zuversicht hast."

Als er von Trianon nach den Tuilerien zurückkehrte, da spürte er die Leere, die in dem großen Schlosse herrschte, seit Josephine nicht mehr darin wohnte. „Ich war sehr traurig, als ich die Tuilerien wiedersah", heißt es in einem Briefe an sie. „Das große Schloß schien mir so leer, und ich fühlte mich so einsam." Er fühlte sich wirklich wie verlassen; die Gesellschaft Josephines fehlte ihm. Einmal hatte sie ihn mit Hortense und Eugen besucht, und schon am nächsten Tage schrieb Napoleon ihr: „Ich war sehr froh, daß ich Dich gestern bei mir gesehen habe. Ich fühle, welchen Zauber Deine Gesellschaft auf mich ausübt." In demselben Briefe spricht er davon, daß er ihre Rechnungen beglichen habe. Er sorgte für Josephine genau so wie zuvor. Er kümmerte sich um ihre Ausgaben, um ihre Haushaltung und bezahlte ihre Schulden, wenn sie mit den 3 Millionen, die ihr jährlich als ehemaliger Kaiserin zuflossen, nicht auskam.*) „Ich habe 100 000 Franken als außerordentliche Summe für Malmaison auf das Jahr 1810 bewilligt. Du kannst also anpflanzen lassen was Du willst. Verteile diese Summe wie Du es für geeignet hältst. Ich habe Estève**) beauftragt, daß er 200 000 Franken auszahlt, sobald der Kontrakt über das Juliensche Haus abgeschlossen ist. Ich habe auch befohlen, daß Dein Rubinschmuck bezahlt werde. Die Intendantur soll ihn abschätzen, denn ich will nicht von den Juwelieren betrogen werden. Er wird mich wohl 400 000 Franken kosten.

„Ich habe außerdem befohlen, daß die Million, welche die Zivilliste Dir schuldet, Deinem Geschäftsleiter zur Verfügung gestellt werde, damit er davon Deine Schulden begleiche. In dem Schranke von Malmaison mußt Du 5—600 000 Franken finden. Die kannst Du nehmen, um Dein Silberzeug und Deine Wäsche zu ergänzen.

„Ich habe befohlen, daß man Dir ein sehr schönes Porzellanservice bestelle. Aber man wird erst Deine Wünsche darüber einholen, damit es auch wirklich schön ausfalle."

So sorgte Napoleon fortwährend für Josephine, der selbst

---

*) Josephine erhielt als ehemalige Kaiserin, 2 Millionen aus dem Staatsschatz und 1 Million als Extragratifikation des Kaisers aus dem Kronschatz. Außerdem hatte er ihr Malmaison, den Elyséepalast mit der ganzen Einrichtung und später Navarra überlassen.
**) Der Intendant Josephines.

ALEXANDRE I. EMPEREUR
DE TOUTES LES RUSSIES.

Kaiser Alexander I.
(Gezeichnet von A. Desnoyers, gestochen von Bourgeois de La Richardière.)

die Wunderlampe Aladins nicht genügt haben würde, um die ungeheuren Schätze hervorzuzaubern, mit denen sie ihrer Verschwendungssucht Genüge tun konnte.

Die Vorbereitungen zu seiner zweiten Vermählung brachten den Kaiser zwar ein wenig von Josephine ab, aber vergessen hat er sie auch in dieser Zeit nicht, ebenso wenig während seiner Ehe mit Marie Luise. Als er von Elba zurückgekehrt war, sagte er zum Kabinettssekretär Fleury de Chaboulon: „Josephine war eine ausgezeichnete Frau mit vielem Verstand. Ich habe ihren Verlust sehr beklagt. Der Tag, an dem ich ihren Tod erfuhr, ist der unglücklichste meines Lebens gewesen."

Ja, Josephine hätte ihn an Marie Luises Stelle nicht verlassen. Sie würde gewiß alles getan haben, um zu dem Einsamen zu gelangen, ihm Trost in seinem Leid zu spenden, ihm die letzten Tage seines Lebens zu verschönen. Hätte sie gelebt, und hätten es die Engländer zugegeben, vielleicht würde Josephine auch als geschiedene Kaiserin nach der Insel Sankt Helena gesegelt sein, um Napoleons Erniedrigung und Schmach mit ihm zu teilen, wie sie seinen Ruhm und seinen Glanz mit ihm geteilt hatte. Die Politik wäre ja zwischen ihnen kein Hindernis mehr gewesen. Beide waren wieder ins Privatleben zurückgekehrt; sie hätten keinerlei Rücksichten auf Staatsinteressen zu nehmen brauchen. Hatte Josephine nicht 1814 verzweifelt ausgerufen: „Warum habe ich in jene Scheidung gewilligt? Warum! Napoleon ist unglücklich, und ich kann nicht bei ihm sein! Man beschuldigt ihn ungerechterweise. Wer kann das besser beurteilen als ich?"

Aber der Tod hatte Josephine kurz nach der Überführung Napoleons nach Elba, am 29. Mai 1814, dahingerafft. Eine Erkältung während eines Spaziergangs, den sie abends mit dem Kaiser Alexander von Rußland im Garten von Malmaison unternommen hatte, und wohl auch die Aufregung der letzten Tage um das Geschick Napoleons mögen die Ursache ihres plötzlichen Ablebens gewesen sein. Ihre letzten Worte waren: Elba! Napoleon! Marie Luise!

Josephine blieb bis zu ihrem Tode die liebenswürdige, gute, sanfte, schwache und auch verschwenderische Frau, denn sie hinterließ 3 Millionen Schulden, anstatt, wie der Kaiser auf Sankt Helena sagte, ihren Erben, ihrem ungeheuren Einkommen gemäß, ein großes Vermögen zu hinterlassen. In der Erinnerung der Nachwelt aber bleibt Josephine stets die Gattin Napoleons. Die Scheidung von dem großen Manne hat anstatt ihr zu schaden nur noch mehr zu ihrer Beliebtheit beigetragen. Neben der Kaiserkrone, die sie getragen, wand ihr das Volk die Dornenkrone um die weiße Stirn!

DIE MAITRESSEN

SIEBENTES KAPITEL

PAULINE FOURÈS, DIE KÖNIGIN DES ORIENTS

Das Bild Josephines im Herzen war Napoleon nach Italien geeilt, um sich dort unsterblichen Ruhm zu erwerben. Für sie gewann er Schlachten, für sie stürmte er von Sieg zu Sieg, für sie begeisterte er seine Soldaten, alles nur für sie, die Angebetete, die einzige. Keine andere Frau vermochte sie aus seinem Herzen zu verdrängen. „Ich küsse Deine Lippen — ich küsse Dein Herz", hatte er der Abwesenden geschrieben; ohne sie war ihm die Welt ein Nichts. Vergebens verschwendeten die schönen Italienerinnen ihre feurigsten Blicke, ihre schmeichelhaftesten Huldigungen an dem jungen Sieger, der bereits eine Welt mit seinem Ruhme erfüllte. Eine junge Mailänderin, „schön wie der Tag" sei sie gewesen, sagt Chateaubriand in den „Mémoires d'outre-tombe", brachte ihm in leidenschaftlichem Selbstvergessen ihre sechzehn Lenze, ihre holde Schönheit und ihre junge Liebe dar. Der General Bonaparte verschmähte sie. Rücksichtslos schickte er sie mitten in der Nacht weg. Es war ja nicht Josephine, die Unvergleichliche, die ihm mit ihrer süßen Stimme, ihrem geschmeidigen kreolischen Körper, den halbverschleierten, träumerischen Augen alle Sinne bestrickt hatte! Josephine, an die er Tag und Nacht dachte, die er herbeisehnte, und die doch nicht kam, so sehr er auch flehte. Die Grausame!

So liebte der Sieger von Arcole. Anders dachte und handelte der Oberbefehlshaber der ägyptischen Armee in den Sandwüsten Afrikas. Jetzt wußte er, daß die Treue doch nur ein leerer Wahn sei — Josephine hatte es ihn gelehrt. Wohl liebte er sie noch, aber die einst so wildlodernde Flamme in seinem Herzen war erloschen. Jetzt entschädigte Napoleon sich für all das Leid, das sie ihm zugefügt. Eine Untreue war jetzt in seinen Augen nichts weiter als die natürliche Schwäche des Mannes. Er war neunundzwanzig Jahre alt, der Oberbefehlshaber einer tapferen Armee, die ihn abgöttisch liebte und ihm jeden Fehler verziehen hätte. Er brauchte nur zuzugreifen.

Eine reizende Frau, die erste nach Josephine, hatte es verstanden, ihm bisweilen die großen Gedanken, die sein Genie gebar, und auch die Eifersuchtssorgen von der Stirn zu küssen. Pauline war noch nicht lange die Gattin des Leutnants Fourès. Sie hatte das zweite Jahrzehnt ihres Lebens noch nicht hinter sich und war aus Carcassonne gebürtig, aus derselben Stadt, in der einer der ergebensten Diener des Kaisers, der Kronschatzmeister Peyrusse das Licht der Welt erblickte. Sie war die außereheliche Tochter einer Köchin namens Bellisle. Der Vater war unbekannt. Marguerite-Pauline mußte sich schon frühzeitig ihren Unterhalt verdienen. Sie kam zu einer Putzmacherin in Carcassonne in die Lehre. Ihr heiteres Temperament aber half ihr über alle Unbill des Lebens hinweg, und trotz ihrer Armut war Pauline das glücklichste Geschöpf auf der Welt. Wie eine andere Mimi Pinson sang sie von morgens bis abends, unbekümmert darum, was der nächste Tag ihr bringen würde. Frauen wie Männer mochten sie gern, und man nannte sie Bellilote, eine Art Diminutiv des Namens ihrer Mutter. Im Hause ihrer Lehrmeisterin lernte Bellilote deren Neffen, den Leutnant Fourès vom 22. reitenden Jägerregiment kennen, der sie zu seiner Frau machte. Als kurz darauf die Armee zur Expedition nach Ägypten aufbrach, da wollten sich beide nicht voneinander trennen, trotz des strengen Verbotes, das der Oberbefehlshaber erlassen hatte, und das befahl, die Frauen zu Hause zu lassen. Bellilote mußte eine Jägeruniform anziehen, und in dieser Verkleidung gelangte sie, wie manche andere, glücklich mit ihrem Mann nach Alexandrien.

Pauline Fourès war blondhaarig und blauäugig wie die Frauen des Nordens. Der General Paulin sagt, ihr herrliches Haar habe sie wie ein goldener Mantel umflossen und

Bonaparte im militärischen Divan.
(Nach einer Zeichnung vom Baron D. V. Denon.)

sie ganz umschließen können, wenn sie es offen getragen hätte. Und er mußte es wissen, denn er war später ihr Geliebter. Ihre Augen vom tiefsten Blau hatten den süßen Blick, der an etwas außerordentlich Weiches, an etwas Samtenes erinnert. Sie waren von langen dunklen Wimpern beschattet. Schmale dunkle Brauen, wie von Künstlerhand gezeichnet, kontrastierten mit dem Blond der Haare.

Im Hauptquartier von Kairo spielte die schöne Leutnantsfrau eine große Rolle. Es gab wenige Französinnen in diesem Hauptquartier; nur einige waren ihren Männern ins Feld gefolgt. Bellilote war die hübscheste, die lustigste von allen. Sie war überall: bei jedem Diner, auf jedem Ball, in jedem Konzert, die die Offiziere veranstalteten. Und so erregte sie auch eines Tages die Aufmerksamkeit des Oberbefehlshabers. Die arabischen Frauen waren nicht nach seinem Geschmack; ihre Beleibtheit, ein besonderer Vorzug bei den Orientalen, und ihr eigentümlicher Geruch stießen ihn ab. Weniger anspruchsvoll in dieser Hinsicht scheint Bonapartes Adjutant Junot, der spätere Herzog von Abrantes, gewesen zu sein. Er knüpfte mit einer der dunklen Schönheiten ein zartes Verhältnis an, nannte sie Xraxarane und das Kind, das sie ihm gebar, Othello.

Trotz des Mangels an Europäerinnen fehlte es nicht an Zerstreuungen bei der Ägyptischen Armee. In Kairo gab es wie in Paris ein „Tivoli égyptien", eine Art Vergnügungspark, wo sich Soldaten und Offiziere auf ihre Weise unterhielten. Vielleicht war er weniger elegant, vielleicht bot er weniger Abwechselung als der in Paris, aber im Felde ist man auch weniger anspruchsvoll.

In diesem Vergnügungspark sah der General Bonaparte Madame Fourès zum ersten Male. Sie war in Begleitung ihres Mannes und einiger anderer Offiziere. Ihre blonden Haare leuchteten wie pures Gold, und ihre frischen roten Lippen wußten so verführerisch zu lächeln. Napoleon zog seine Gefühle nicht lange in Erwägung; das Sexuelle in ihm überwog. Sein Wunsch war so gut wie der Befehl eines Souveräns. Und schon hier bekommt man einen Vorgeschmack von dem Herrscher, der sich durch seine Kammerdiener die Frauen holen läßt, nach denen er Verlangen hat.

RUSTAN

der Leib Mameluck des Kaisers Napoleon

(Aus der Sammlung H. Fleischmanns.)

Am nächsten Tage erhielt Bellilote eine Einladung zu einem Diner beim General Dupuy, dem Militärkommandanten von Kairo. Merkwürdigerweise war Fourès selbst nicht mit eingeladen. War es eine Ungnade des Vorgesetzten? Fourès war sich keines Vergehens bewußt. Jedenfalls konnte er seine Frau diesmal nicht begleiten. Bellilote ging allein. Sie war an diesem Abend die Hauptperson der Gesellschaft; alle Aufmerksamkeiten galten ihr. Sie hatte ein weißes indisches Mullkleid an und sah reizend aus. Ihr Tischnachbar war der Oberst Junot. Eben war man im Begriff, den Kaffee zu servieren, als im Hausflur Schritte hörbar wurden. Sporen klirrten, Säbel rasselten, die Türen wurden energisch aufgerissen, und der Oberbefehlshaber trat wie durch Zufall in Begleitung einiger Offiziere unter die lustige Tischgesellschaft. Dupuy spielte den freudig Überraschten, und alle andern taten das gleiche. Dankend nahm Bonaparte die ihm dargebotene Schale Mokka an und aß langsam eine Orange. Er sprach kein Wort, sondern sah unverwandt die hübsche Bellilote an, die schließlich verwirrt die Augen niederschlug. Als er seinen Kaffee ausgetrunken hatte, erhob er sich, warf noch einen letzten langen Blick auf Madame Fourès, und ging.

Sie hatte sich von ihrer Verwirrung noch nicht ganz erholt, als Junot ihr galant eine Tasse Kaffee anbot. Seine Hand zitterte merkwürdig, und ehe er es noch hindern konnte, ergoß sich das braune Getränk auf das weiße Kleid Bellilotes. Große Ratlosigkeit der Dame und eilfertige Geschäftigkeit der Offiziere! Junot schlug ihr vor, in ein Zimmer einzutreten, das ein Stockwerk höher gelegen war. Dort würde sie einen Krug Wasser finden, um den Fleck auszuwaschen, und auch das Kleid trocknen können. Als er dies sagte, spielte um die Lippen mancher Offiziere ein ironisches Lächeln. Bellilote aber merkte es nicht.

Leichtfüßig und schon nicht mehr verwirrt stieg sie die

Stufen zu dem Zimmer hinan. Welche Überraschung! Sie fand dort nicht nur einen Krug Wasser, sondern auch — den General Bonaparte ... Von dieser Stunde an war Pauline Fourès die Geliebte des Oberbefehlshabers, und ihre Verbindung währte den ganzen ägyptischen Feldzug hindurch. Bonaparte fand Gefallen an der blonden Bellilote. Ihre Anmut, ihre Lebhaftigkeit, das leicht erregbare Temperament der Südländerin waren nach seinem Geschmack.

Ohne Frage aber war in diesem Roman eine Person zu viel: der Gatte. Ein Mittel, um den unbequemen Ehemann zu entfernen, war nicht schwer zu finden. Bonaparte schickte ihn einfach mit Depeschen nach Frankreich, in der stillen Hoffnung, daß die Engländer den Leutnant Fourès gefangen nähmen, und er nie wieder nach Ägypten zurückkehren werde. Der Generalstabschef Berthier sollte ihn mit dieser Sendung beauftragen. Er ließ den Leutnant zu sich rufen und sagte: „Mein lieber Fourès, Sie sind glücklicher als wir alle. Sie werden Frankreich wiedersehen. Der Oberbefehlshaber setzt in Sie sein ganzes Vertrauen und beauftragt Sie, dem Direktorium geheime Depeschen zu überbringen." Fourès war über eine solche Auszeichnung hoch beglückt. In Paris sollte er Lucien und Joseph Bonaparte aufsuchen und dann sogleich nach Damiette zurückkehren. Natürlich glaubte er, sich nicht von seiner jungen Frau trennen zu müssen. Aber man belehrte ihn bald eines andern. Man stellte ihm die Gefahren vor, denen eine Frau auf dem mit englischen Schiffen übersäten Meere in einem kleinen Fahrzeug ausgesetzt sei. Und so segelte der Leutnant Fourès am 28. Dezember 1798 in der Schebecke „Le Chasseur" ins Meer hinaus, gerade den Engländern entgegen.

Bellilote war inzwischen Sultanin. Der General Bonaparte hatte ihr neben dem von ihm bewohnten Palaste Elfi Beys ein entzückendes Haus ganz in orientalischem

Pauline Bonaparte.
(Nach einer Zeichnung von A. Sandoz. Gestochen von Pannier.)

Stile einrichten lassen. Hier machte sie mit reizender Anmut die Honneurs, wenn der General und sein Sekretär Bourrienne und manche andere Offiziere bei ihr speisten. Und Bonaparte kam sehr oft. Nach dem Diner fuhr man in die herrliche Kühle der ägyptischen Mondnacht hinaus. Der junge Eugène Beauharnais, der Sohn Josephines, ritt mit dem ebenfalls noch jungen Adjutanten Merlin neben dem Wagenschlag her. Bellilote kam sich wie eine Fürstin vor. Und sie war es auch beinahe. Zum mindesten war sie die anerkannte Maitresse des Generals Bonaparte, des Sultans Kebir, wie ihn die Eingeborenen nannten. Es war ein fait accompli, woran kein Mensch Anstoß nahm. Die Soldaten kannten sie alle und gaben ihr den Namen Kleopatra. Die Offiziere aber nannten sie Notre-Dame de l'Orient.

In dieses sorglose Liebesidyll fiel plötzlich wie aus heiterm Himmel der auf so schlaue Weise entfernte Gatte Bellilotes. Fourès war richtig, wie Bonaparte und seine Offiziere und wie vielleicht auch Pauline im stillen gehofft hatten, den Engländern in die Hände geraten. Schon am nächsten Tag, den 29. Dezember, war der „Chasseur" von dem englischen Schiff „The Lion" gekapert worden. Sei es, daß die Engländer um die Intrige wußten, sei es, daß sie den Gefangenen nicht gebrauchen konnten, kurz, sie setzten ihn, nachdem sie ihm die Depeschen abgenommen hatten, wieder an der ägyptischen Küste an's Land und überließen ihn sich selbst. Er hatte das Ehrenwort geben müssen, nie wieder gegen die Engländer zu kämpfen. Ein

Engländer erzählt, die Depeschen, deren Träger Fourès war, seien insofern wertlos gewesen, als ihr Inhalt schon vorher dem Direktorium mitgeteilt worden war. In der Tat waren sie kurz vorher in einer offiziellen Zeitung in Paris veröffentlicht worden. Also war es nur ein Vorwand!

Der Leutnant Fourès hatte selbstverständlich nichts Eiligeres zu tun, als ins Hauptquartier der Ägyptischen Armee und zu seiner Frau zurückzukehren. Von ihren Seitensprüngen ahnte er nichts. Erst unterwegs erfuhr er davon.

Die Wiedersehensfreude war getrübt. Fourès verstand jetzt seine „Auszeichnung". Zwischen den beiden Eheleuten spielte sich eine Szene ab, bei der der Leutnant seine kräftige Reiterfaust nicht geschont haben soll. Bellilote aber blieb Siegerin und Herrin in dem von ihrem Geliebten eingerichteten Heim. Kurze Zeit darauf ward die Scheidung durch den Kommissar-Zahlungsanweiser Sartelon ausgesprochen. Fourès hatte auf der Scheidung bestanden. Als er sich später in Frankreich wieder verheiraten wollte, machte man Schwierigkeiten und erklärte ihm, daß seine Scheidung in Ägypten ganz unrechtmäßig vollzogen worden und daher nichtig sei. Seiner Frau hingegen machte man nicht die geringsten Schwierigkeiten, als sie sich zum zweitenmal verheiratete.

Bonapartes Neigung zu Bellilote war nicht so vorübergehend, als es anfangs geschienen haben mag. Er vergaß darüber sogar die angebetete Josephine und dachte daran, sich von ihr scheiden zu lassen, um so mehr, da er aufs neue von ihrer Untreue unterrichtet worden war. Außerdem war es ihm zur Gewißheit geworden, daß ihm Josephine keine Nachkommen mehr schenken würde. Pauline aber war jung, ihr Körper noch frisch und unverbraucht. Von ihr hoffte er ein Kind, einen Knaben, den Erben seines Namens und Ruhmes zu bekommen. Und doch sollten seine Hoffnungen in dieser Hinsicht auch an ihr zuschanden werden.

„Die kleine Dumme", sagte er eines Tages zu Bourrienne, „versteht sich nicht auf Kinder." Als man aber Bellilote die Worte Bonapartes hinterbrachte, soll sie geantwortet haben: „Du lieber Himmel, meine Schuld ist es doch nicht."

General Kleber.

Acht Monate lang währte der Roman, der des Pikanten nicht entbehrt. Während der General Bonaparte seinen Zug durch die Syrische Wüste unternahm, blieb Bellilote in Kairo. Er schrieb ihr die zärtlichsten Briefe, die sie leider später vernichtete. Sie verbrannte die Zeugen dieser Liebe, bei der Napoleon von dem einzigen Gedanken geleitet wurde: ein Kind zu haben!

Bald riefen die Ereignisse den Geliebten von der Seite Bellilotes. Er machte ihr klar, daß er sie nicht mitnehmen könne, und sie fügte sich unter Tränen. Das Kommando der Ägyptischen Armee übergab er dem General Kléber. Es scheint, daß dieser damit auch gleichzeitig die Favoritin übernahm. Bestimmtes weiß man zwar darüber nicht, aber gewiß ist, daß er Pauline, die er auf den Wunsch Bonapartes zu einer gewissen Zeit, wenn das Meer sicherer geworden sei, nach Frankreich schicken sollte, anfangs die Pässe verweigerte. Zu ihrer Überfahrt hatte Napoleon ihr 1000 Louisdor zurückgelassen.

Auch diesmal wie bei Josephine war Junot der erste, der, als er wieder nach Frankreich kam, im Herzen seines Generals Zweifel über die Treue Bellilotes erweckte. Der Gedanke, daß Kléber nicht allein sein Nachfolger im Kommando, sondern auch bei seiner Geliebten geworden sei, entfachte in Napoleon eine Eifersucht, wie er sie nur einmal in seinem Leben, in Italien, empfunden hatte, als Josephine ihn betrog.

Endlich aber landete Madame Fourès, die nun wieder Pauline Bellisle geworden war, doch auf französischem Boden, nachdem sie und einige Gelehrte der Expedition auf dem Schiffe „l'Amérique" von den Engländern gefangen genommen worden waren. Kléber hatte ihr bei der Aushändigung ihrer Pässe folgende Zeilen geschrieben, die allerdings darauf deuten, daß Pauline ihm mehr als die Maitresse des Oberbefehlshabers Bonaparte gewesen war. Er schrieb: „Meine liebe Freundin, Sie haben hier nichts mehr zu suchen. Kehren Sie nach Frankreich zurück. Dort haben Sie einen Freund, der nicht verfehlen wird, sich für Ihre Zukunft zu interessieren. Seien Sie glücklich, und wenn es Ihnen gut geht, dann denken Sie einmal an den, den Sie hier zurücklassen. Er war manchmal grob*), aber die Nachwelt wird stets von ihm sagen, daß er ein guter Kerl war."

---

*) In einem Artikel der „Grande Revue" vom 1. November 1899, sagt E. Guillon, Kléber habe sich gegen Pauline Bellisle eines Tages so roh benommen, daß er sie aus seinem Fenster in den Garten geworfen habe. Dafür aber sind keinerlei glaubwürdige historische Dokumente vorhanden.

Zwischen der Abreise Bonapartes und der Abreise Bellilotes von Ägypten waren ungefähr anderthalb Monat verflossen und nicht neun, wie manche Biographen behaupten. Pauline war nicht mehr in Ägypten, als Kléber durch die Hand Suleiman El Halebis' fiel*). Sie kam nach Paris, wo

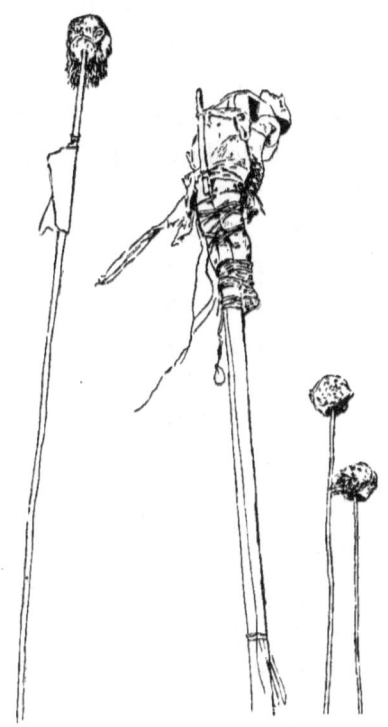

Suleiman El Halebis am Marterpfahle.
(Nach einer Zeichnung von Dutertre.)

*) Der General Kléber sollte auf äußerst dramatische Weise den Tod finden, der mehr als alles andere den Fanatismus der Muselmanen kennzeichnet. Selim III. hatte ein Manifest an seine Untertanen erlassen, in welchem der große Feldherr als Ungläubiger, als Zerstörer ihrer Religion hingestellt war. Er versprach demjenigen alle Schätze der Erde und seinen Schutz, der den Oberbefehlshaber der Franzosen in Ägypten töten würde. Am 14. Juni 1800 kehrte Kléber, der eine Zeitlang in Giseh gewesen war, nach Kairo zurück. Als er sich in Begleitung des Architekten Protain nach dem Hauptquartier begab, näherte sich ihm ein in Lumpen gehüllter Mann. Er fiel vor dem General auf die Kniee nieder und schien eine Gnade sich inzwischen große Ereignisse vorbereiteten. Der 18. Brumaire stand vor der Tür, der aus dem General Bonaparte den ersten Mann von Frankreich machen sollte. Er hatte jetzt keine Zeit, sich mit seinen Liebesangelegenheiten zu beschäftigen. Außerdem hatte Josephine wieder ihre ganze Macht über ihn gewonnen; er hatte ihr zum zweitenmal vergeben. Und statt eines ungeduldig harrenden Geliebten fand Bellilote ein mit allem Luxus ausgestattetes Haus in der Nähe von Paris, in Belleville, und viel, viel Geld, mehr als sie sich je hätte träumen lassen. Sie war für ihr ganzes Leben versorgt.

Auch einen Gatten suchte der einstige Geliebte für sie aus. Henri de Ranchoup, ein ehemaliger Infanterieoffizier mit einer stürmischen Vergangenheit, wurde im Jahre 1800 ihr Mann. Napoleon sorgte überhaupt in jeder Hinsicht für die Zukunft Bellilotes. Im Jahre 1801 ernannte er Ranchoup zum Unterkommissar der Handelsangelegenheiten in Santander und später zum Konsul. 1810 gab er ihm das Konsulat von Gothenburg in Schweden. Er unterstützte das Ehepaar mit fürstlichen Geldspenden. Noch im Jahre 1811 erhielt Bellilote 60 000 Franken aus dem Fonds der Theaterkasse. Diese Freigebigkeit kam natürlich bald an die Öffentlichkeit, so geheim sie auch von seiten Napoleons gehalten wurde. Vor dem 18. Brumaire sprach die „Quinzaine du Grand Alcandre", eine der kühnsten Flugschriften jener Zeit, sich in scharfen

---

von ihm erbitten zu wollen. Von Mitleid ergriffen, wollte Kléber ihn aufheben; da fühlte er auch schon den Dolch in seiner Brust. „Man hat mich ermordet" rief er, schwankte und stürzte zu Boden. Sein Begleiter eilte ihm zu Hilfe, aber Suleiman versetzte ihm sechs mörderische Stiche. Dann wandte er sich wieder seinem ersten Opfer zu und stieß dem General noch dreimal die furchtbare Waffe in die Brust. Schon der erste Stoß war tödlich gewesen. Den Mörder ereilte eine furchtbare Strafe. Die rechte Hand wurde ihm abgebrannt, dann wurde er aufgespießt. Er aber ertrug die entsetzlichen Qualen, ohne daß seiner Brust ein Schmerzensschrei entschlüpfte. Er starb mit den Worten auf den Lippen: „lâ ilâha illâ 'llâhu. (Es gibt keinen andern Gott außer Allah!)

Ansicht von Fréjus.
(Nach einem Stiche aus der Sammlung Kirchheisen.)

Worten darüber aus, daß „der Sieger von Lodi Frankreich durch seine Maitressen ruiniere". Sie nahm den Mund voll: Bonaparte hatte zu jener Zeit nur die eine.

Die schönen Tage von Ägypten aber waren für Bellilote für immer vorbei, als Napoleon Konsul geworden war. Trotz aller Bitten ihrerseits weigerte er sich, sie wiederzusehen. Da verfiel sie auf dasselbe Mittel wie Notre-Dame de Thermidor. Sie war auf allen Bällen, bei jeder Opern- oder Theateraufführung zugegen, wo sie wußte, daß er anwesend sein würde, nur um einen Blick von ihm zu erhaschen. Nur einmal als er bereits Kaiser war, gelang es ihr, mit ihm auf einem Maskenballe bei Champagny, dem Minister des Auswärtigen, zu sprechen. Sie hatte ihn unter seinem Domino erkannt und war überglücklich. „Den Taumel von Glückseligkeit zu beschreiben, in dem Madame de Ranchoup sich am Tage nach diesem Zusammentreffen befand, steht nicht in meiner Macht", schreibt der General Paulin in seinen Erinnerungen.

Und doch tröstete sie sich schnell über den Verlust des Geliebten. Als Gräfin de Ranchoup, wie sie sich nannte, führte sie ein glänzendes Haus. Jung, hübsch, lebenslustig, über alle Maßen genußsüchtig, verschwenderisch und den Wert des Geldes nicht kennend, gestattete sie sich jede Laune und jedes Vergnügen. Die vornehmen russischen Lebemänner, Graf Narischkin, Graf Tschernitscheff und der ungeheuer reiche Demidoff waren ständige Besucher ihres Salons. Der spätere General Paulin, Adjutant Bertrands, und der Bruder des Kronschatzmeisters Peyrusse teilten sich gleichzeitig in Bellilotes Liebe. Nach ihnen waren der Italiener Baron Reveroni Saint-Cyr, der Korse Lepidi, Adjutant des Herzogs von Padua (Arrighi), und der Gardeoffizier Bellard ihre Liebhaber. Sie war eine große Kunstfreundin, kaufte wertvolle Gemälde und malte selbst auch einige ganz hübsche Bilder. Sie sang, schlug die Laute, spielte Harfe, kurz sie verfügte über manche Talente. Auch Romane schrieb sie. Der eine, betitelt „Lord Wenworth", erschien 1813 bei Delaunay, der andere, „Une Châtelaine du XIIe siècle", einundzwanzig Jahre später bei Aillaud in Paris.

Ihre Ehe mit Ranchoup war nicht glücklicher als die mit Fourès; Bellilote ging bald nach der Verheiratung ihre eigenen Wege. Dann aber stellten sich auch bei ihr Elend und Sorgen ein. Sie mußte ihre elegante Einrichtung verkaufen und sich eine bescheidenere Wohnung nehmen. Der für sie einst so reichlich gesorgt, hatte selbst sein Glück und seinen Ruhm in Trümmer fallen gesehen und war fern im Weltmeer auf einer einsamen Insel gestorben. Pauline Fourès fühlte keinerlei Dankbarkeit gegen ihren ersten Geliebten: Napoleon galt ihr nicht mehr als irgendeiner.

Die Herzogin von Abrantes möchte dieser Liebe zwar noch ein sentimentales Nachspiel geben und sagt, daß Bellilote den Kaiser nie habe vergessen können. Und als er sich auf Sankt Helena befand, habe sie versucht, die Fesseln des gefangenen Löwen zu sprengen. Aber der beste Kenner des intimen Lebens des Kaisers, Frédéric Masson, gießt kaltes Wasser auf diese Verherrlichung. Er schreibt:

„In Paris geht das Gerücht um, daß sie (Pauline) die Absicht habe, mit Sankt Helena Beziehungen anzuknüpfen, um Napoleon entweichen zu lassen. Sie denkt nicht daran, denn sie haßt jetzt den Kaiser und trägt rein royalistische Gesinnungen zur Schau. Als die Herzogin von Abrantes neben einer Menge anderer Schmeicheleien dieses Gerücht in ihren Mémoiren wiederholt, widerspricht Madame de Ranchoup sehr energisch. Denn das könnte ihr Unannehmlichkeiten mit der Polizei bereiten, die sie als ‚ehemalige Freundin Bonapartes' scharf beobachtet."

Die Ursache zu diesem Gerücht war eine Reise nach Brasilien, die Frau von Ranchoup mit ihrem Geliebten Jean Auguste Bellard 1816 unternahm. Diese Reise hatte jedoch einen rein geschäftlichen Zweck. Ihre Unterhaltsmittel waren nahezu erschöpft, und so suchte sie in Brasilien neue Hilfsquellen für ihre Existenz. Sie tauschte dort in Paris gekaufte Waren gegen Eben- und Mahagoniholz ein, das sie in Frankreich wieder in klingende Münze umsetzte.

Frau von Ranchoup überlebte den Kaiser um beinahe 50 Jahre. Alt, vertrocknet und kindisch starb sie mitten unter ihren Lieblingen, den Affen und bunten Vögeln, die sie aus Südamerika mitgebracht hatte, am 18. März 1869, ein Jahr bevor auch das zweite Kaiserreich der Napoleoniden in Trümmer fiel.

Giuseppina Grassini.
(Nach einem Gemälde im Musée de Rouen.)

ACHTES KAPITEL

DIE MAILÄNDISCHE SÄNGERIN GIUSEPPINA GRASSINI

Der Sieger von Lodi war in Mailand eingezogen. Wie ein römischer Triumphator hatte er die Huldigungen der Lombarden entgegengenommen, die in ihm den Befreier vom österreichischen Joch erblickten. Seine ganze Familie war gekommen, um an seinem Ruhme teilzunehmen und sich in seinem Glanze zu sonnen. Letizia war aus Marseille mit den jüngsten Geschwistern Napoleons, Pauline, Karoline und Jérôme herbeigeeilt, um ihren „grande generale" zu bewundern und ihn gleichzeitig um die Erlaubnis zur Heirat Paulettes mit dem General Leclerc zu bitten. Elisa, die älteste der Schwestern, war mit Baciocchi vorausgereist, und endlich hatte sich auch die ungetreue Josephine entschlossen, das rauschende Paris und seine Festlichkeiten zu verlassen. Ein glänzender Stab tapferer Offiziere umgab den jungen General. Berthier, der mit seinen fünfundvierzig Jahren fast ein Greis gegen Bonaparte war, Junot, Augereau, Massena, Marmont, Duroc, Louis Bonaparte, Sulkowski, Lemarois, Lavalette usw., sie alle sahen mit Bewunderung und Verehrung zu ihm auf. Die Mailänder eilten herbei, um den jungen Mann zu schauen, der in einem Feldzug von zwei Monaten sich an die Seite der größten Feldherrn der Geschichte gestellt hatte.

Seine kleine Gestalt, seine außerordentliche Magerkeit und das blasse, krankhafte Gesicht, das wie vom Feuer des Genies verzehrt zu sein schien, widersprachen den glänzenden Taten, die er vollbracht hatte. Man traute diesem schwächlichen Manne das Ertragen von unendlichen Strapazen und Entbehrungen nicht zu. Und doch war sein Körper wie von Eisen. Seine Energie, die strenge Überwachung seiner selbst, die Einfachheit in seinen Sitten und Gewohnheiten inmitten der zügellosen Freiheit und Ausschweifung, die er in seiner Armee duldete, riefen die größte Bewunderung und Anerkennung hervor. Man wollte den Helden von Angesicht zu Angesicht schauen. Die schönsten Frauen Italiens lechzten nach einem Blick aus den ernsten grauen Augen des Siegers, aber vergebens. „Sein Charakter", sagt das Mémorial de Sainte-Hélène, „war zu stark, als daß er in die Falle gegangen wäre: unter den Blumen ahnte er den Abgrund. Seine Stellung war äußerst heikel; er befehligte alten Generalen, und seine Aufgabe war schwierig. Neidische Blicke hefteten sich an alle seine Bewegungen. Er war vorsichtig. Sein Glück hing von seiner Klugheit ab. Er hätte sich eine Stunde vergessen können — und wieviele seiner Siege hingen nicht von weniger als einer Stunde ab?"

Im Schlosse von Mombello, unweit von Mailand, hielt der junge Sieger im Jahre V (Frühjahr 1797) wie ein Herrscher Hof. Dreihundert polnische Legionäre bildeten seine Leibgarde. Hier empfing er die fremden Unterhändler, hier schloß er Verträge ab, die die Welt in Erstaunen versetzten. Hierher berief er die bedeutendsten Künstler und Gelehrten und verschaffte sich dadurch eine Popularität, die seinem Ruhme gleichkam. Alles was Italien an Berühmtheiten, an Ehrgeizigen, Intriganten und Begeisterten besaß, eilte herbei, um dem großen Manne zu huldigen. Bonaparte selbst war heiter und liebenswürdig und zeigte sich von der vorteilhaftesten Seite inmitten seines jungen Hofstaates. „Zu jener glücklichen Zeit", berichtet Marmont, „verbreitete er einen Zauber um sich, dem niemand widerstehen konnte ... er zeigte ein wahrhaft dankbares und wohlwollendes, ja ich möchte sagen, empfindsames Herz." Wenn er, der Geschäfte, Feste und Empfänge müde, sich auf eine der stillen Inseln des „Lago di Como" oder des „Lago Maggiore" zurückzog, dann geschah es, um sich ganz dem Zauber der italienischen

Elisa Bonaparte.
Nach einer Miniatur aus dem Jahre 1810.
(Aus: Paul Marmottan, Elisa Bonaparte.)

Musik, besonders des italienischen Gesanges, hinzugeben. „Die Italiener", sagte er, „sind das einzige Volk, das Opern komponieren kann."

Die schönste der Borromäischen Inseln, Isola Bella, war in solchen Augenblicken sein Lieblingsaufenthalt. Von Josephine und einigen Getreuen, oder auch von seinem ganzen Stabe und seiner Familie umgeben, lauschte er dort unter Zypressen und Pinien, deren düsteres Grün mit den leuchtenden Farben der blühenden Rosen- und Lorbeersträucher abwechselte, dem göttlichen Gesang der

Grassini vom Scalatheater in Mailand. Sie legte alle Liebesglut, alle Hingebung in ihre herrliche Kontraaltstimme, die bald leidenschaftlich, bald schmerzlich um einen Blick aus den Augen des Generals Bonaparte zu flehen schien. Aber seine Blicke waren für keine andere vorhanden, als für die Zauberin Josephine.

Giuseppina Grassini, deren Schönheit und Kunst ganz Italien zu Füßen lag, die junge Sängerin, die wie keine andere in der Rolle der Giulietta*) das Ideal erreichte, das die höchsten Ansprüche an ihre eigene Natur stellte, sie, die wie keine andere in dem herrlichen Duo mit Romeo singen konnte:

Dunque, mio bene,
Tu mia sarai?

war neben dem General Bonaparte die gefeiertste Persönlichkeit in Mailand. Fremde und einheimische Fürsten bewarben sich um ihre Gunst. Prinz August von England, der spätere Herzog von Sussex, schätzte sich glücklich, der Sklave der ‚primadonna assoluta' zu sein, der es gefiel, ihn an ihren Triumphwagen zu spannen und ihn durch einen Blick ihrer schönen Augen zu meistern. Nur auf ihn, den Einzigen, den General Bonaparte, machte ihre Frauenschönheit keinen Eindruck. Er sah nur ihre theatralische Schönheit und hörte nur ihre prächtige Stimme. Gerade für ihn aber wollte Giuseppina nicht Künstlerin, sondern Weib sein. Sie war vierundzwanzig Jahre alt**), groß und schlank, schwarzhaarig und glutäugig, eine Tochter lombardischer Bauersleute und der reinste Typus einer schönen Italienerin ***). Die starken, schön gezeichneten Augenbrauen hoben sich scharf von dem Elfen-

---

*) Der berühmte Zingarelli hatte die Oper in 24 Stunden eigens für die Grassini und den Sänger Crescentini komponiert.
**) Giuseppina Grassini wurde 1773 in Varese, einem mailändischen Dorfe geboren.
***) Der General Fürst Belgiojoso war ihr erster Geliebter gewesen und hatte sie zur Sängerin ausbilden lassen.

Louis Bonaparte.
(Gemälde von J. L. David. Nach einem Stiche aus der Sammlung Kircheisen.)

beinweiß ihres Gesichts ab. In ihrem Blick lag eine Fülle von Liebe und Hingebung, und ihre Bewegungen atmeten Anmut und Majestät zugleich. Das alles sah der General Bonaparte nicht. Er sah nur Josephine, die mit unnachahmlicher kreolischer Grazie an seiner Seite saß.

Drei Jahre später, als seine Liebe zu Josephine einen Riß bekommen hatte, als er zum zweiten Male lorbeergekrönt in Mailand einzog, erst da bemerkte Napoleon auch die Schönheit der Sängerin. Damals aber war Giuseppina Grassini schon nicht mehr das, was sie gewesen. Sie näherte sich dem für alle Südländerinnen verhängnisvollen Alter der dreißig. Halb wehmütig, halb bitter sagte sie selbst zu Bonaparte: „Damals (1797) stand ich im vollen Glanz meiner Schönheit und meines Talentes. Es war nur die Rede von mir. Ich blendete alle Augen, ich entflammte alle Herzen. Nur der junge General blieb kalt, und nur mit ihm allein beschäftigten sich alle meine Gedanken. Wie sonderbar! Als ich noch etwas wert war, als ganz Italien mir zu Füßen lag, als ich alle Huldigungen heldenhaft von mir wies für einen einzigen Blick aus Ihren Augen, da konnte ich diesen Blick nicht erhalten. Und jetzt, jetzt lassen Sie ihn auf mir ruhen, heute, wo es nicht mehr der Mühe wert ist, wo ich Ihrer nicht mehr würdig bin."

Napoleon verlegt das Datum des Tages, an dem er zum erstenmal nähere Bekanntschaft mit der Sängerin machte, in das Jahr 1805, als er sich in Italien zum Könige krönen ließ. Aber auch diesmal wie in Hinsicht auf Madame Turreau hat den Gefangenen auf Sankt Helena das Gedächtnis im Stich gelassen. Aus welchem Grunde sollte der Sieger von Marengo Giuseppina, die mit dem Sänger Marchesi in Mailand seine Siege durch ihre Lieder verklärte, im Frühling des Jahres 1800 verschmäht haben? Josephine war nicht mehr die einzige Besitzerin seines Herzens; Madame Fourès hatte ihn in Ägypten vom Baume des Lebens kosten lassen.

Der Siegerruhm versetzte ihn nicht mehr in jenen Rausch des Allesvergessens wie zu den Zeiten, als er zu seinen in Lumpen gehüllten Soldaten sprach: „Ihr seid nackt und halb verhungert! ... Bewunderungswürdig ist eure Geduld, euer Mut ... doch dies verschafft euch keinen Ruhm! Kein Glanz strahlt auf euch hernieder. Ich aber will euch in das fruchtbarste Land führen. Reiche Provinzen, mächtige Städte sollen in eure Gewalt gegeben werden! Dort sollt ihr Ruhm und reiche Beute finden!"

Es war alles so gekommen, wie er versprochen hatte. Ruhm und reiche Beute waren ihm und seinen Soldaten zugefallen. Glanz und Ehre hatten den jungen Sieger umstrahlt, und sein Ehrgeiz hatte keinen andern Kult gekannt als diesen Ruhm.

Nach Marengo aber war es anders. Das Siegertum war für Napoleon nichts Neues mehr und beschäftigte ihn nicht einzig und allein. Er war auch nicht mehr der junge Träumer mit dem liebebedürftigen Herzen, sondern der vielbeschäftigte Mann, das Staatsoberhaupt, das den Zerstreuungen der Liebe nur flüchtige Augenblicke widmen konnte. Die Frauen vom Theater waren die am schnellsten zugänglichen. Er brauchte nur zu befehlen, und sie standen ihm zur Verfügung. Giuseppina Grassini wartete nur auf diesen Befehl, um sich ihm mit aller Leidenschaftlichkeit ihres südlichen Temperamentes in die Arme zu werfen. Dazu war sie eine Sängerin, und Napoleon liebte die Musik mehr als jede andere Kunst, wenn er auch selbst höchst unmusikalisch war. Er hörte damals mit Begeisterung den Gesang der Künstlerin und war so von ihr entzückt, daß er sie nach dem Konzert zu sich rufen ließ. Giuseppina war nicht grausam. Ihr sehnlichster Wunsch war erfüllt: sie war die Geliebte Bonapartes, des größten Mannes der Zeit! Endlich hatte er geruht, ihr auch als Weib die ihr gebührende Huldigung darzubringen.

Am nächsten Morgen frühstückte Giuseppina Grassini mit dem Ersten Konsul und dem getreuen Berthier im Zimmer Napoleons. Er war bereits entschlossen, die Geliebte mit nach Paris zu nehmen. Um Josephines wach-

(Nach einer Lithographie von Delpech.)
(Sammlung Kircheisen.)

same Eifersucht gleich im Keime zu ersticken, ward ein Vorwand erfunden. Bourrienne mußte in das offizielle 4. Bulletin den Satz mit einflechten, daß der General Bonaparte wahrscheinlich die berühmten Sänger und Sängerinnen, Blangini, Marchesi, Madame Billington und Mademoiselle Grassini für die Feste des kommenden 14. Juli nach Paris berufen werde. Der Schein war gewahrt, und Josephine, für die allein dieser Satz bestimmt war, ließ sich dadurch täuschen. Der zuerst genannte Name der Madame Billington war der Deckmantel für die Grassini. Niemand vermutete, daß es die Maitresse des Ersten Konsuls war, die am 25. Messidor des Jahres VIII (14. Juli 1800) im Invalidendome eine Hymne auf die Befreiung Italiens sang. Sie war auf Befehl Bonapartes von dem Dichter Fontanes geschrieben und von Méhul in Musik gesetzt worden.

Trotzdem der General Bonaparte damals der Gegenstand der allgemeinen Begeisterung in Paris war, erregte doch die schöne Sängerin fast ebenso große Aufmerksamkeit wie er selbst. Eine Zeitlang feierte die italienische Musik wahrhafte Triumphe in der französischen Hauptstadt. Man wollte nur das italienische Opernensemble hören und stritt sich vor allem um die Grassini. Sie sang während der Soireen in Malmaison, die jede Dekade veranstaltet wurden, und keine von den Ministern und Würdenträgern des Konsularhofes veranstaltete Gesellschaft ging ohne ihre künstlerische Beteiligung vorüber. So sang sie auch bei dem Feste, das der General Berthier aus Anlaß des Jahrestages von Marengo im Jahre 1801 im Kriegsministerium veranstaltete.

Ihre Rolle als Geliebte eines Staatsoberhauptes aber hatte Giuseppina sich ganz anders vorgestellt. Sie hatte von einem Einfluß à la Pompadour geträumt. Sie sah sich bereits im Geiste von einer Schar Schmeichler umringt, die aus ihrem Einfluß auf den Ersten Konsul Nutzen zu ziehen suchten, und von denen sie huldvollst die Gesuche und Bittschriften entgegennahm, um sie ihrem hohen Geliebten zu übermitteln. Und nun sollte sie in der Rue Chantereine in einem stillen Hause ihr Glück einsam für sich genießen, anstatt, wie sie es als echtes Kind ihres Volkes lieber gesehen hätte,

Der Erste Konsul.
(Nach einem Gemälde von Appiani. Nach einem Stiche aus der Sammlung Kircheisen.)

mit einer solchen Gunst öffentlich zu prahlen! Ihr Geliebter versorgte sie zwar reichlich mit allen irdischen Schätzen, er setzte ihr eine Rente von 15 000 Franken monatlich aus, so daß sie es an Verschwendung und Prachtaufwand den offiziellen Maitressen der Herrscher gleichtun konnte, aber er hatte ihr ein für allemal verboten, irgendwelches Aufsehen mit ihrem Verhältnis zu machen. Er wußte, daß er dem Frankreich, das er verdorben und im Innersten verfault vorgefunden hatte, mit gutem Beispiel vorangehen mußte. Er wußte, daß viele Herrscher, die vor ihm an der Spitze des Reichs gestanden hatten, den Staat durch ihre Maitressenwirtschaft zugrunde gerichtet und sich selbst ins Verderben gestürzt hatten. Er wußte auch, daß es nicht ehrenhaft war, die Frauen wie die Kleider zu wechseln. Wenn er dennoch nicht stark genug war, jene Prinzipien zu befolgen, wenn er ebenso wie Ludwig XIV. und XV., wie Heinrich IV. und Franz I. sich keinen Sinnengenuß entgehen ließ, so wollte er wenigstens nicht seine Schwächen der Öffentlichkeit preisgeben. Man hätte sie einem Napoleon nicht verziehen. „Sein Glück lag in seiner Klugheit!"

Das war aber nicht nach dem Geschmack der Italienerin. Des Ersten Konsuls flüchtige, heimliche Besuche in der Rue Chantereine, seine Liebe „sans soins et sans charmes" genügten ihrem heißen, stolzen Herzen nicht. War sie doch aus jenem Lande, wo die Frauen um der Liebe willen lieben. Sie war von den Männern verwöhnt worden. Sie hatten ihr zu Füßen gelegen, gefleht und gewartet, bis die Göttin geruhte, ihnen einen Brosamen ihrer Huld zuteil werden zu lassen. Mit Napoleon aber war es anders. Die Präliminarien durften nicht viel Zeit in Anspruch nehmen; vielleicht hatte er auf dem Wege zu Giuseppina gerade einen seiner Riesenpläne in seinem Kopfe entwickelt, und es drängte ihn, denselben so schnell wie möglich zu Hause in seinem Kabinett zu Papier bringen zu lassen. Napoleon wartete nicht, bis man ihm gab; er nahm, was er für sein Recht hielt, und belohnte dann königlich in klingender Münze.

Giuseppina tröstete sich bald. Der berühmte junge Geiger Rode*) aus Bordeaux verstand es wohl besser als der Erste Konsul die Saiten der Leidenschaft zu spannen. Eines Tages ging sie mit ihm auf und davon und nahm nur die Erinnerung an die gelegentlichen Augenblicke der Liebe eines Helden mit sich. Sie reiste mit Rode nach Deutschland, England, Holland und Italien und feierte überall die größten Triumphe. Napoleon nahm ihr diese Flucht nicht übel. Als sie mit ihrem Geliebten wieder nach Frankreich kam, wurde sie mit offenen Armen empfangen. Der Kaiser ernannte sie 1808 zur ersten Sängerin des „Théâtre de l'Impératrice" mit einem Jahrgehalt von 36 000 Franken, ungerechnet die reichlichen Geldspenden, mit denen er Giuseppina überhäufte. Auch Rode wurde nicht vergessen. Er gab Konzerte in Paris, zu denen Napoleon seine Loge mit 1200 Franken bezahlte. Wie einst am Konsularhofe, so sang die Grassini jetzt am Kaiserhofe. Ihr Einkommen aus der kaiserlichen Kassette belief sich in den Jahren von 1807 bis 1814 auf 70000 Franken jährlich. Außerdem durfte sie Konzerte abhalten, deren Einnahme voll und ganz in ihre Tasche floß. Im Jahre 1809 begleitete sie mit ihren Kollegen den Kaiser nach Deutschland und erhielt für diese Reise 10000 Franken Gratifikation; selbst für die kleine Reise von Paris nach Fontainebleau wurden ihr im Jahre 1810 1356 Franken Spesen, ungerechnet ein großes Geldgeschenk, ausgezahlt.

Gesellschaftlich wie künstlerisch hatte Giuseppina Grassini den größten Erfolg. Die Salons der auswärtigen wie einheimischen Aristokratie standen ihr jederzeit offen, obwohl sie trotz ihres vornehmen, majestätischen Äußern ein sehr vulgäres Benehmen hatte. Dazu kam der wenig distinguierte italienische Akzent, mit dem sie beide Sprachen, das Fran-

---

*) Er war am 17. Februar 1779 geboren und starb am 25. November 1830.

zösische und das Englische, aussprach. Sie war nicht geistreich, besaß aber einen Mutterwitz, der oft die größte Heiterkeit hervorrief. „Überall empfangen, überall gern gesehen," schrieb Madame Ancelot, „mit einem gutgearteten, lebhaften, wahren und originellen Naturell begabt, einen Jargon von einem Gemisch des Französischen und Italienischen sprechend, der nur ihr eigen war, der ihr gestattete, alles zu sagen,

Die Künste bringen dem Ersten Konsul ihre Huldigung dar.
(Nach einer Zeichnung von Desrais. Gestochen von Mariage. Aus der Sammlung Kircheisen.)

und den sie benutzte, um die drolligsten Bemerkungen und Geständnisse zu machen, schob Mademoiselle Grassini ihre Taktfehler auf ihre Unkenntnis der Sprache, wenn jemand an ihnen etwas Anstößiges oder Verletzendes fand."

In einer Pariser Gesellschaft vom Jahre 1838, in der sich auch Giuseppina Grassini befand, wurde das Gespräch auf Napoleon und Ludwig XVIII. gebracht. Man scherzte und vergegenwärtigte sich, was wohl die beiden Herrscher sagen würden, wenn sie sich in den Champs-Elysées begegneten. Jeder äußerte seine Meinung. Plötzlich sagte die Grassini mit kindlicher Naivetät: „Ich bin sicher, Napoleon würde Ludwig XVIII. fragen: Warum hast du meiner lieben Grassini die Pension nicht weiter bezahlt?" Ihre Offenheit, mit der sie die heikelsten Dinge zur Sprache brachte, war verblüffend. Am bekanntesten ist ihr etwas derbes Scherzwort gelegentlich der Auszeichnung des Sängers Crescentini, dem Napoleon den Orden der Ehrenlegion verliehen hatte. Über ihr Verhältnis zu Napoleon und zum Herzog von Wellington sprach sie mit der größten Ungeniertheit und ohne das geringste Feingefühl. Sie hat überhaupt nie Gewissensbisse empfunden, sich ihre Liebhaber unter den Feinden des Kaisers auszusuchen. Lord Londonderry und dessen Vater, Sir C. Stewart, englischer Gesandter in Paris, Lord Mount-Edgcumbe und Lord Castlereagh, der erste Agent der Koalition gegen Napoleon, gehörten zu ihren intimsten Freunden.

Hinsichtlich der Leistungen Giuseppinas als Künstlerin gehen die Meinungen der Kritiker auseinander. Die einen halten sie für die gottbegnadetste Sängerin ihrer Zeit, die andern, wie das „Dictionary of Music by Grove", nur für eine mittelmäßige Dilettantin. Alle aber sind sich über die wunderbare Beweglichkeit einig, mit der sie ihren Kontraalt in einen hellen weichen Sopran umwandeln konnte. De Quincy schwärmt geradezu von der Wirkung ihres Gesanges. „Ihre Stimme", sagt er, „war für mich die lieblichste, die ich je gehört, ja, die ich je hören werde. Ich erschauerte vor Glück, wenn ich diese engelhafte Grassini hörte. Es ging ein Frösteln durch meine Glieder, wenn der Augenblick nahte, wo ihre goldene Gestalt auf der Bühne erschien. Zitternd erhob ich mich von meinem Stuhl, unfähig, länger ruhig sitzen zu bleiben, wenn diese himmlische, harfenartige Stimme ihren eigenen Willkommenstriumph anstimmte." Sicher ist, daß sie die Natur mit einer

Ludwig XVIII.
Nach einem Stiche von Fleischmann.
(Aus der Sammlung Kircheisen.)

herrlichen Gabe ausgestattet hatte. Keine verstand so wie sie, mit ihrem Gesang zum Herzen zu sprechen. Was ihr an Schulung und Technik fehlte, ersetzte sie durch die Wärme und Leidenschaft des Vortrags.

Bis zur ersten Abdankung Napoleons entzückte Giuseppina die Pariser durch ihren Gesang. Nachher ging sie auf Reisen und kehrte erst nach dem Sturze des Kaisers nach Frankreich zurück, um die Geliebte Lord Wellingtons zu werden. Etwas von napoleonischem Glanze war an der Sängerin haften geblieben. Es schwebte ein eigener Zauber um ihre Person, der noch größer war als das Interesse, das man ihr als Künstlerin und Frau entgegenbrachte. Lady Burghersh, die Nichte Wellingtons, hörte Giuseppina Grassini beim englischen Gesandten in Paris singen und konnte das Aufsehen, das die Sängerin als ehemalige Geliebte des gestürzten Napoleon erregte, nicht genug beschreiben. Der irische Herzog bemächtigte sich der Maitresse seines Gegners ebenso wie manches andern Gegenstandes, der einst dem großen Kaiser gehört hatte. Kleopatra sang jetzt zu ihm wie einst zu Cäsar in den Tuilerien:

Adora i cenni tuoi, questo mio cor fedele."

Und Wellington, „ce cher Villainton", wie ihn Giuseppina nannte, ließ sich nicht zweimal um einen ‚sguardo sereno d'amor' bitten. Nur war er nicht so freigebig wie Napoleon. Die verwöhnte Frau mußte sich jetzt mit bescheideneren Koketterien begnügen als zu jener Zeit, da sie noch aus der kaiserlichen Kassette schöpfte. Ihre Rechnungen bei dem Hofmodewarenhändler Leroy legen Zeugnis ab, daß die verschwenderische Grassini, die einst Millionen durch ihre Hände hatte fließen sehen, bescheiden wie eine Bürgersfrau in ihren Ausgaben sein mußte. Im Dezember 1815 stellte Leroy ihr folgende unscheinbare Rechnung aus:

Fasson und Zutaten für ein schwarzes Samtkleid,
   mit Seide, Rüschen und Tüll besetzt . . . 239,— fr.
Fasson eines graulila Levantinkleides mit Seiden-
   fransen . . . . 18,— „
7³/₄ Ellen Levantin zu 9,75 fr. . . . . 75,56 „
3 Ellen Fransen zu 30 fr. . . . . 93,75 „
Lila Atlas unter die Fransen und den Gürtel;
   Steifleinen für den Kragen . . . . 44,— „
6³/₄ Ellen Tüll zu 6 fr. . . . . 40,50 „
1½ Ellen Blonden zu 8,50 fr. . . . . 12,75 „
1³/₄ Ellen Blonden für die Ärmel zu 5 fr. . . . 6,89 „
                                     Total: 530,45 fr.

Diese 530 Francs 45 Centimes bezahlte großmütig der Herzog von Wellington, der gegen seine Geliebte ebenso genau war wie gegen seine Frau. Der Kuriosität halber hier ein Beispiel. Im November 1814 lieferte Leroy für Lady Wellington:

Fasson eines weißen Atlasmantels mit Rüschen
   und Florentinerfutter. . . . . 32,— fr.
Garnitur aus geschnittenem Krepp für Mantel
   und Kleid; Gürtel, Agraffen . . . . 62,— „
Fasson für eine Bluse und Ärmel für Unterklei-
   der. . . . . 10,— „
Taillenfutter; Schnürbänder . . . . 3,— „
Atlas für Ärmel, Taille und Garnitur . . . . 28,— „
Fasson und Zutaten für einen weißen Atlasschal 20,— „
Einen kleinen schwarzen Atlasmuff mit rosa
   Florentinerfutter. . . . . 15,— „
Ein Eiderdaunenkissen aus schwarzer Floren-
   tiner Seide mit Bandeinfassung . . . . . . 66,— „
Einen schwarzen Samthut mit lila Atlas, Tüll-
   rüschen und fünf schwarzen und lila Federn 144,— „
                                       Total: 380,— fr.

   Giuseppina Grassini zog sich nach 1815 von der Bühne

Herzog von Wellington.
(Gezeichnet und gestochen von T. Woolnoth. Nach einem Stiche aus der Sammlung Kircheisen.)

zurück. Sie war so weise, ihre glänzende Karriere durch ein freiwilliges Schweigen zu schließen, ehe die Stimme ihr ganz versagte. Sie lebte teils in Paris, teils in Mailand, bis zuletzt Reste jener Schönheit bewahrend, die den Helden von Marengo bestrickt hatte. Trotz ihrer Verschwendungssucht verkam sie nicht wie viele ihrer Kolleginnen im Elend. Es lag in dieser Künstlernatur etwas von vorsichtiger Sparsamkeit, die sie vor Not und Entbehrungen schützte. Sie hatte es verstanden, in ihren guten Tagen ein Vermögen zurückzulegen und starb als wohlhabende Frau im Januar 1850 in Mailand; ihren Erben hinterließ sie ein Vermögen von 500 000 Lire. Ihr Leben war wie ein langer Traum des Glücks und der Freude gewesen. Die Großen der Erde hatten sich mit ihrem Golde um einen Blick aus ihren Augen, um ein Lächeln von ihren Lippen gestritten, und ihre Eroberungen in der Liebe waren beinahe ebenso zahlreich gewesen wie die Siege des Helden, dessen Gunst sie besessen hatte.

NEUNTES KAPITEL

GEORGINA

Zwei hervorragende Schauspielerinnen hatten fast zu gleicher Zeit ihren Stern an der Comédie Française aufgehen sehen. Die eine war außerordentlich häßlich, aber mit einem großen Talente begabt, die andere, obgleich noch fast ein Kind an Jahren, von wahrhaft plastischer Schönheit, als Künstlerin jedoch weniger talentiert. Die erste war Katherine Josephine Duchesnois, die andere Marguerite Josephine George. Beide erregten die Aufmerksamkeit des Ersten Konsuls, der eine besondere Vorliebe für die Tragödie besaß und sie öfters besuchte als die Oper oder das Lustspiel. Diesmal jedoch trug die Schönheit den Sieg über die Kunst davon.

In der Tat besaß Mademoiselle George die Gunst Napoleons länger als manche andere. Es ging ihr weder wie der armen Duchesnois, noch wie der häßlichen, aber ausgezeichneten Opernsängerin Madame Branchu, die der Erste Konsul nur einmal zu sich rufen ließ, um nie wieder nach ihnen zu verlangen. Sein Verhältnis zu der schönen Tragödin währte zwei Jahre lang, aber keins wurde so geheim gehalten wie gerade dieses. „Mademoiselle George", erzählt Napoleons Bruder Lucien*) in seinen Memoiren, „galt zwar allgemein

---

*) Allem Anschein nach war Lucien Bonaparte der erste Geliebte des Fräulein George gewesen. Er hatte ihre Schönheit bemerkt und war dagegen nicht unempfindlich geblieben. Um sich ihrer Gunst zu vergewissern, hatte er sich hinter ihre Protektorin und Lehrmeisterin Mademoiselle Raucourt gesteckt und sie beide zu einem glänzenden Souper ein-

für den Schützling des Ersten Konsuls. Er hing diese Protektion jedoch nicht an die große Glocke, obwohl man allenthalben davon sprach."

Als Napoleon die junge Schauspielerin zum erstenmal in Saint-Cloud empfing, hatte er sie am Tage vorher in Iphigenie in Aulis als Klytämnestra gesehen. Sie war damals fünfzehn Jahre alt und wunderbar schön. Ihre Arme, ihr Nacken, die Linien ihres Kopfes waren von klassischer Ebenmäßigkeit. Nur die Füße waren groß und häßlich. Sie hatten zu lange in groben Schuhen gesteckt, als daß sie zart und schöngeformt hätten bleiben können.

Mademoiselle George, deren eigentlicher Name Marguerite Josephine Wemmer oder Weimer war, hatte in ihrer Kindheit Armut und Elend kennen gelernt. Sie war die Tochter eines kleinen Theaterunternehmers, George Weimer, der mit seiner Operettentruppe herumziehend sich mühsam im glänzenden Elend des Rampenlichtes durchs Leben schlug. Er war Theaterdirektor, Orchesterdirigent und Regisseur in einer Person. Als seine Tochter Marguerite Josephine am 23. Februar 1787 geboren wurde, hielt er sich mit seiner Truppe in Bayeux einer kleinen Provinzstadt Frankreichs auf. Ihre Mutter gehörte gleichfalls der Zunft an. Als Operettensängerin in der Weimerschen Truppe war sie eine von jenen unbekannten Größen, die ihre Jugend in Kunsttempeln zum Opfer bringen, in denen weder Kunst noch Weihrauch zu finden ist. Einst war sie der Glanzpunkt der Weimerschen Bühne gewesen. Als sie aber frühzeitig alt und runzlig wurde, mußte für einen neuen Stern gesorgt werden. Weimer hatte seine Tochter Marguerite Josephine im Auge, die schon als Kind versprach, eine Schönheit zu geladen. Die junge George besuchte ihn auch einmal, und er schickte ihr, als sie in der Comédie debutierte, ein vergoldetes Teeservice mit 100 Louisdor in der Teekanne. Warum er die Beziehungen zu der Schauspielerin nicht fortsetzte, ist uns nicht bekannt. War es Madame Jouberthon, die ihn von ihr entfernte, oder waren es der Fürst Sapieha, oder der eigene Bruder, die ihn verdrängten?

werden. Ob sie Talent hatte, danach wurde weniger gefragt. Einem Komödiantenkind, meinte er, läge der Beruf seiner Eltern im Blute, und so mußte die junge Josephine bereits mit fünf Jahren die Bretter, die die Welt bedeuten, betreten. In kleinen Kinderrollen mußte sie dem Vater verdienen helfen.

Ihr eigentliches Debut aber feierte sie mit zwölf Jahren in Amiens, wo Weimer seine Bühne aufgeschlagen hatte.

Mademoiselle George.
(Nach einem Porträt vom Baron F. P. S. Gérard. Aus der Sammlung der Gräfin Pourtalès.)

Sie trat als Virginie in „Paul et Virginie" auf und hatte einen großen Erfolg zu verzeichnen. Weitere Glanznummern für die jugendliche Schauspielerin waren „Les deux petits Savoyards" und „Le jugement de Paris". Und dann wurde sie ‚entdeckt'. Die berühmte Tragödin Sophie Raucourt*) von der Comédie Française gab Ende des Jahres

*) Françoise Marie Antoinette Sophie Raucourt war eine der berühmtesten und talentiertesten Schauspielerinnen ihrer Zeit. Sie wurde als Tochter des Provinzschauspielers Raucourt 1756 in Nancy geboren und

1801 in Amiens ein Gastspiel als Dido. Sie sah Josephine Weimer, deren außerordentlich tragische Leidenschaft im Spiel ihr auffiel, und nahm sie mit nach Paris, um sie dort auf ihre Kosten ausbilden zu lassen. Der Vater hatte zwar die Absicht gehabt, aus seiner Tochter eine Sängerin zu machen, aber die Raucourt bestimmte es anders. Im Grunde genommen war er froh, die Sorge um die Ausbildung seiner Tochter los zu sein. „Wir waren arm, sehr arm", erzählt Mademoiselle George selbst in ihren Memoiren. Der Vater nahm daher den Vorschlag der berühmten Künstlerin mit Freuden an, und Marguerite Josephine ging mit ihr nach Paris. Eine bessere Lehrmeisterin als Sophie Raucourt konnte das junge Mädchen sicher nicht finden, aber ein Vorbild an guten Sitten war sie ihm nicht. Sie führte ein sehr freies, ungezügeltes Leben, und es ging das Gerücht um, daß sie für das gleiche Geschlecht weit mehr Neigung hege als für das männliche.

Zur Ausbildung der jungen Tragödin bedurfte es nur kurzer Zeit. Als kaum ein Jahr vergangen war, am 8. Frimaire des Jahres XI (29. November 1802), hielt Marguerite Josephine Weimer, die jetzt den Taufnamen ihres Vaters, George*), als Bühnennamen angenommen hatte, ihr Engagementsdebut in der Comédie Française. Sie spielte Klytämnestra in Iphigenie in Aulis. Racines Klytämnestra von einem fünfzehnjährigen Kinde gespielt zu sehen, das noch kurz vorher sich das Vergnügen gemacht hatte, an allen Pariser Haustüren, an denen es vorüberkam, zu läuten und dann wegzulaufen, schien jedermann unmöglich. Und doch

---

kam wie Mademoiselle George mit 12 Jahren zur Bühne. Eine Zeitlang führte sie ein so ausschweifendes Leben, daß ihre Kunst darunter litt, und sie plötzlich 1776 vom Theater verschwand. Erst drei Jahre später tauchte sie wieder auf. Während der Revolution saß sie ihrer bourbonischen Gesinnung wegen 6 Monate im Gefängnis und verdankte ihre Befreiung nur einflußreichen Freunden. Der Erste Konsul schätzte sie um ihrer Kunst willen sehr, aber sie vergaß die von ihm genossenen Wohltaten und ging 1814 wieder zu den Bourbonen über. Sie starb am 15. Januar 1815.
*) Sie selbst schrieb sich stets George und nicht Georges.

Der Erste Konsul hält Parade über die Garde ab.
(Nach einem Gemälde von J. Masquerier, gestochen von C. Turner.)

war der Sieg ein vollkommener. „Ihre Schönheit, ihre hohe, vornehme Gestalt, der wundervoll auf den Schultern sitzende Kopf, das schöne, regelmäßige und doch angenehme Gesicht", wie es im Bericht des „Mercure de France" vom Frimaire des Jahres XI heißt, „eroberten die Pariser im Sturme."

Ihr Talent als Künstlerin hatte nicht denselben Triumph zu verzeichnen. Mademoiselle George hatte kein angenehmes Organ; sie hatte zu große Vorgängerinnen gehabt und eine zu bedeutende Rivalin in der außerordentlich begabten Mademoiselle Duchesnois zu bekämpfen. Aber die Pariser gaben sich schon mit ihrem herrlichen Äußern zufrieden. Der ihr anfangs wenig gewogene Kritiker Geoffroy spendete ihrer Schönheit das größte Lob. Er verglich sie mit der Schwester Apollos. „Aber", fügte er hinzu, „als man die ersten Worte aus ihrem Munde hörte, war das Ohr weniger entzückt als das Auge. Die unvermeidliche Aufregung eines solchen Augenblicks hatte ihr sonst volltönendes, weittragendes Organ rauh und ungefügig gemacht. Ein sechzehnjähriges (fünfzehnjähriges) Mädchen indes, das zum erstenmal vor einem so glänzenden Publikum auf der Bühne erschien, konnte unmöglich schon in der Lage sein, alle ihre Fähigkeiten ins richtige Licht zu setzen."

Das war Josephine Weimers erstes Auftreten in Paris. Später war die Presse weniger nachsichtig, und es entspann sich ein erbitterter Kampf um sie und die Duchesnois. Trotzdem wurde Mademoiselle George am 4. August 1803 für die Comédie Française mit einer Gage von 4000 Francs jährlich fest engagiert und ein Jahr später gemeinsam mit ihrer Rivalin als „Sociétaire" des Theaters aufgenommen.

Wenige Wochen nach ihrem ersten Auftreten feierte sie in den Räumen über der Orangerie im Schlosse von Saint-Cloud ein anderes Debut. Sie behauptet zwar ein zweites- und ein drittesmal in die geheimen Gemächer des Ersten Konsuls gekommen zu sein, ehe sie seinen Wünschen nachgegeben habe, aber den Aufzeichnungen einer alten Frau, einer Schauspielerin, muß man in dieser Hinsicht skeptisch gegenüberstehen*). Außerdem hatte Napoleon, trotz der großen Jugend Josephine Marguerites, nicht allein einen Vorgänger in seinem Bruder Lucien, sondern auch in dem reichen polnischen Fürsten Sapieha gehabt. Sie möchte uns glauben machen, daß sie sich keusch in die Arme des Cäsar begeben habe. Und doch kam sie bereits wie

---

*) Mademoiselle George schrieb ihre Memoiren als siebenzigjährige Frau nieder. Da sie mit der Syntax und der Orthographie auf schlechtem Fuße stand, vertraute sie die Redaktion dieser Aufzeichnungen ihrer Kollegin Marcelline Desbordes-Valmore an. Das Manuskript umfaßte 170 Seiten. Die Valmore aber vergaß über ihren eigenen Publikationen die Memoiren ihrer Freundin. Erst der Verkauf einer Dokumentensammlung am 31. Januar 1903 im Hotel Drouot zu Paris, die einem Sohne des ehemaligen Theaterdirektors Tom Harel gehörte, brachte diese Handschrift ans Tageslicht. Sie enthielt die Beschreibung von vier Nächten, welche Mademoiselle George in Saint-Cloud verbracht hatte. Über die Wahrheit der in diesen Aufzeichnungen niedergelegten Bekenntnisse schrieb Pierre Berton am 13. Juli 1908 an Camille Le Senne folgenden Brief, den ich hier mit gütiger Erlaubnis des Herrn Hector Fleischmann in Paris im Auszug zur Kenntnis bringe:

„Nein, mein lieber Herr Le Senne, nein, Mademoiselle George war keine Lügnerin. Sie war aufrichtig, und zwar aufrichtig bis zum Zynismus, ohne jedoch roh zu sein. Ich meine den liebenswürdigen Zynismus der vornehmen Damen ihrer Zeit, denn sie hatte sehr vornehme Manieren. Aber sie suchte nicht, sich mit Tugenden zu schmücken, die sie nicht besaß, und sie sprach von sich selbst mit einer Freiheit, mit der man gewöhnlich nur über andere spricht. Und doch hat Sie Ihr stets so sicherer kritischer Sinn nicht getäuscht: die Stellen, die sich in den Memoiren auf die Liebe zum Ersten Konsul beziehen, sind etwas sophistisch dargestellt worden. Aber dies ist ganz ohne ihre Absicht geschehen.

Ich habe sie diese Memoiren auf große Bogen mit blauer Tinte in ihrer steilen Schrift mit jener Hand niederschreiben sehen, die bis zum letzten Augenblick ihres Lebens wunderbar schön war. Ich war der erste, der sie zu lesen bekam. Sie würde alles gesagt haben, alles! Und zwar mit einer naiven Einfalt und Schamlosigkeit, denen es nicht an Größe mangelte. Aber sie bezog eine Pension aus der Schatulle der Tuilerien, die ihr der alte König Jérôme von Westfalen verschafft hatte ... Ihre Umgebung fürchtete, daß man ihr dieses Unterhaltsmittel, ihre einzige Hilfsquelle, entzöge, und man sagte ihr, es sei wohl nötig gewesen, sich mit achtzehn Jahren zu entblößen, um die kaiserliche Gunst zu erlangen, aber mit siebenzig wäre es besser, etwas zugeknöpfter zu erscheinen. So intime Enthüllungen würden höheren Orts schlecht aufgenommen werden ..."

Napoleons Schlafzimmer in Fontainebleau.
(Jetziger Zustand.)

eine kaiserliche Mätresse ausgestattet nach Saint-Cloud. Ihre Garderobe konnte der der reichsten und elegantesten Pariserin an die Seite gestellt werden. Hemden vom feinsten Batist mit kostbaren Stickereien und echten Valencienner Spitzen, indische Mulljupons, duftig und leicht wie ein Hauch, kostbare Nachtkleider aus weicher Seide oder so dünnem durchsichtigem Stoff, daß man sie durch einen Fingerring ziehen konnte, englische Spitzenschals, die Tausende von Franken kosteten, rote und weiße indische Kaschmirs, herrliche Pelze, die kostbarsten Toiletten waren gerade gut genug für eine so wahrhaft königliche Erscheinung wie die junge George. Für das alles kam der „uneigennützige" Fürst Sapieha auf. Er richtete ihr und ihrer Mutter, die später auch nach Paris gekommen war, in der Rue Saint-Honoré eine mit allem Luxus ausgestattete Wohnung ein, hielt ihr Wagen und Pferde und behielt sich für alle diese Wohltaten nur vor, — einen zweiten Schlüssel zu dieser Wohnung behalten zu dürfen. So berichten wenigstens naiverweise der Verteidiger ihrer Tugend, Alexander Dumas, und Fräulein George selbst.

Als Mademoiselle George im Dezember 1802 an der Seite des Kammerdieners Constant im Wagen des Ersten Konsuls zum erstenmal nach Saint-Cloud kam, fand sie nicht den „ungeheuren Mann", den ihre Phantasie sich vorgestellt hatte. Sie fand nicht den Mann mit dem unbeugsamen Willen, der auch in der Liebe despotisch befahl, den man ihr als brutal geschildert hatte, sondern einen „liebenswürdigen nachsichtigen Menschen". Er half ihr sich auskleiden, nahm ihr den Schleier und den Kaschmirschal ab, zeigte sich zartfühlend und rücksichtsvoll, verletzte sie nicht durch ein brutales Ungestüm, sondern fügte sich ihren „kindischen Launen". Er spielte sogar den Eifersüchtigen und zerriß den Schleier, ein Geschenk des Fürsten Sapieha, in tausend Stücke.

Sie mußte ihm ihre Lebensgeschichte erzählen, und er hörte geduldig zu. Er freute sich, daß sie ihn nicht belog, denn ihre Aussagen stimmten mit den Erkundigungen überein, die er vorher über sie eingezogen hatte. „Armes Kind, Sie waren nicht reich", sagte er mitleidig und gewann dadurch die ganze Sympathie der jungen Schauspielerin.

Im Anfang ihrer Unterhaltung hatte er sie nach ihrem Namen gefragt. Da aber der Name Josephine, wahrscheinlich aus begreiflichen Gründen, ihm für die Geliebte nicht zusagte, erbat er sich die Erlaubnis, sie Georgina nennen zu dürfen. Sie war es natürlich zufrieden. Sie war überhaupt mit allem, was er verlangte, einverstanden, und gab ihm auch das Versprechen, nie wieder etwas anzuziehen, was sie von andern Bewunderern geschenkt bekommen hatte. Besonders mußte der Fürst Sapieha aus ihrem Freundeskreis ausgeschieden werden. Georgina brachte dieses Opfer gern: wenn auch ein Fürst, so war Sapieha doch nicht der Erste Konsul!

Am nächsten Tag wußte ganz Paris, daß Mademoiselle George in Saint-Cloud gewesen war, daß sie den Herrn der Welt zu ihren Füßen gesehen hatte. Als einige Tage später der Erste Konsul bei der Aufführung des ‚Cinna' zugegen war und Fräulein George als Emilie die Worte sprach:

„Si j'ai séduit Cinna, j'en séduirai bien d'autres",

da brach ein Beifallssturm ohne Ende los. Alle Köpfe wandten sich nach der Loge des Ersten Konsuls, und dieser schien sich durch eine solche für ihn ganz neue Huldigung geschmeichelt zu fühlen.

Georgina war ganz nach dem Geschmack Napoleons. Das fünfzehnjährige Mädchen war bereits vollkommen entwickelt, lebhaften Geistes, sanften Charakters und ihm außerordentlich ergeben. Sie ging mit einer geradezu verblüffenden Willfährigkeit auf alle seine Wünsche ein und langweilte weder sich, noch den Ersten Konsul dabei. Der

Lucien Bonaparte.
(Nach einem Stiche aus der Sammlung Kircheisen.)

Kammerdiener Constant erzählt, er habe Napoleon oft herzlich lachen hören, wenn die George bei ihm war. Er lachte über die pikanten Anekdoten, die kleinen Skandälchen, die amüsanten Theatergeschichten, die sich hinter den Kulissen abspielten, und die sie ihm alle in ihrer ungenierten Weise erzählte. Sie verstand es, ihn bei seiner größten Schwäche, der Neugierde, zu fassen, und hat ihn vielleicht dadurch länger gefesselt, als es ihre Schönheit allein vermocht hätte. In Georginas Gesellschaft war er lustig wie ein Kind. Mit ihr konnte er besser spielen als einst mit seinen Kameraden in Brienne. Sie verteidigt ihn darum auch tapfer gegen die Beschuldigung, daß er gegen Frauen brutal gewesen sei. „Eines Tages", erzählt sie, „kam ich nach Saint-Cloud. Constant sagte mir: ‚Der Konsul ist oben und erwartet Sie'. Ich trat ein. Kein Mensch im Zimmer. Ich suchte überall in den Nebenräumen. Ich rief ihn. Keine Antwort. Darauf schellte ich Constant. ‚Constant, ist der Konsul wieder hinuntergegangen?' — ‚Nein, Madame; suchen Sie nur.' Und dabei zwinkerte er mit den Augen nach der Tür des kleinen Salons zu, wo ich noch nicht gesucht hatte. Dort lag der Konsul unter Kissen vergraben auf einem Sofa und lachte so herzlich wie ein Schulbube."

Ein andermal, als sie bei ihm war, wand er sich die weiße Rosenranke um den Kopf, die Georginas dunkle Locken geschmückt hatte.

„Bin ich nicht schön, Georgina?" fragte er lachend; „ich sehe aus wie eine Fliege in der Milch." Und darauf trällerte er mit ihr das Duo aus „La fausse magie". Kurz er fühlte sich wohl in ihrer Gesellschaft und stieg von seinem Piedestal herab, um ganz Mensch zu sein. In einem Briefe an ihre Freundin Madame Desbordes-Valmore, den Jules Claretie 1903 im „Journal" veröffentlichte, erzählt die Schauspielerin das letzte Zusammentreffen mit dem Geliebten vor seiner Abreise nach dem Lager von Boulogne.

„Man holte mich gegen acht Uhr abends ab", beginnt sie. Ich kam in Saint-Cloud an, und diesmal führte man mich in ein an das Schlafzimmer grenzendes Gemach. Ich sah dieses Zimmer zum erstenmal. Es war die Bibliothek. Der Konsul ließ nicht lange auf sich warten.

„Ich habe dich früher als sonst rufen lassen, liebe Georgina", sagte er. „Ich wollte dich noch vor meiner Abreise sehen."

„Mein Gott, Sie verreisen?"

„Ja, morgen früh um 5 Uhr; nach Boulogne. Niemand weiß es noch bis jetzt."

Wir hatten uns beide auf den am Boden liegenden Teppich gesetzt.

„Nun, und du bist gar nicht traurig darüber?" fragte er.

„Doch, ich bin traurig."

„Nein, es bereitet dir nicht den geringsten Schmerz, mich abreisen zu sehen." Bei diesen Worten legte er mir seine Hand aufs Herz und sagte halb ärgerlich, halb zärtlich: „Dieses Herz fühlt nichts für mich." (Mademoiselle George hebt diesen Ausspruch ganz besonders als Napoleons „eigene Worte" hervor.)

„Ich stand Qualen aus und hätte sonst etwas gegeben, wenn ich nur ein paar Tränen hätte vergießen können. Aber ich konnte nicht weinen.

Wir saßen ganz nahe am Feuer, denn es war geheizt. Meine Augen starrten in die Glut des Kamins und auf die glitzernden Feuerböcke. So verharrte ich eine Zeitlang starr wie eine Mumie. War es nun der Schein des Feuers oder der Abglanz meiner eigenen Empfindsamkeit, wenn Ihnen das besser gefällt, kurz, auf meine Brust fielen zwei dicke Tränen nieder. Mit unbeschreiblicher Zärtlichkeit küßte der Erste Konsul diese Tränen von meiner Brust, nein, er trank sie! Ach, wie soll ich mich ausdrücken, und dennoch ist es die Wahrheit! Ich war von einem derartigen

Mademoiselle George.
(Nach einem Gemälde im Foyer der Comédie Française.)

Beweis von Liebe so gerührt, daß ich nun aufrichtige Tränen vergoß und leise schluchzte.

Was soll ich Ihnen sagen. Er war trunken vor Glück und Freude. Wenn ich in diesem Augenblick die Tuilerien von ihm verlangt hätte, er würde sie mir gegeben haben. Er lachte, er spielte mit mir und lief im Zimmer umher, und ich mußte ihn fangen. Um zu vermeiden, daß ich ihn erhaschte, stieg er auf die Leiter, die dazu diente, die Bücher von den Regalen herunterzuholen. Da die Leiter auf Rädern ging, fuhr ich ihn nun im ganzen Zimmer herum. Und er lachte und schrie: „Du wirst dir weh tun! Hör auf, oder ich werde böse!"

Nach dieser von Georgina auf so drollige Weise dargestellten Szene nahm sie mit einem Pakete Banknoten im Werte von 40 000 Franken Abschied von Napoleon. Er wollte nicht, daß seine „liebe, gute Georgina" während seiner Abwesenheit ohne Geld sei.

Napoleon sah Mademoiselle George sehr oft und dehnte im ersten Jahr ihrer Bekanntschaft seinen Aufenthalt in Saint-Cloud länger als gewöhnlich aus. Sie behauptet, sie sei wöchentlich zweimal zu ihm beschieden worden und habe oft bis zum Morgengrauen in seiner Gesellschaft verweilt. Constant aber widerlegt dies und sagte, Mademoiselle George sei nie länger als zwei bis drei Stunden bei Napoleon gewesen. Stendhal beziffert ihre Besuche bei ihm auf sechzehn.

Jedenfalls setzten sich die Besuche Georginas fort, als Napoleon wieder nach Paris in die Tuilerien zurückgekehrt war. Dort empfing er sie in der Wohnung, die vorher sein Sekretär Bourrienne innegehabt hatte. Ihr Erscheinen im Schlosse erregte die größte Eifersucht Josephines, die trotz aller Vorsicht doch darum wußte. Napoleon hatte zu jener Zeit noch die Gewohnheit, das Schlafzimmer mit seiner Frau zu teilen. Die schlaue Diplomatin hatte ihn zu überzeugen gewußt, daß es zu seiner Sicherheit besser wäre, wenn er sich nachts nicht von ihr trennte, da sie einen sehr leichten Schlaf habe und jedes verdächtige Geräusch sofort hören würde. Als er jedoch Georgina länger kannte, hatte er Josephine allmählich daran gewöhnt, daß er ihr Schlafgemach erst zu sehr später Stunde betrat oder unter dem Vorwande übermäßiger Arbeit ganz fern blieb. Josephine aber ließ sich nicht täuschen. Sie ahnte die Wahrheit.

„Eines Tages", erzählt Frau von Rémusat, „befanden wir uns ganz allein in ihrem Salon. Es war 1 Uhr nachts. Die tiefste Ruhe herrschte in den Tuilerien. Plötzlich erhob sich Madame Bonaparte und sagte: ‚Ich halte es nicht länger hier aus. Mademoiselle George ist sicher da oben. Aber ich werde sie beide überraschen. Folgen Sie mir. Wir wollen zusammen hinaufgehen.'"

Die beiden Frauen stiegen die geheime Treppe zu den Gemächern des Ersten Konsuls hinan. Josephine, von ihrer eifersüchtigen Leidenschaft vollkommen beherrscht, schritt eilig voran. Etwas langsamer, mit einer brennenden Kerze in der Hand, folgte ihr Frau von Rémusat. Da hörten sie mitten auf dem Wege ein Geräusch. Frau von Rémusat erschrak dermaßen darüber, daß sie eiligst mit ihrer Kerze entfloh und die neugierige Josephine im Dunkeln auf der Treppe zurückließ. Es blieb dieser nun nichts anderes übrig, als ebenfalls umzukehren, und für diesmal war es mit der Überraschung nichts.

Ein andermal war ihr der Zufall günstiger. Vielleicht trug er sogar bei, die Beziehungen des Ersten Konsuls zu Mademoiselle George zu lockern. Napoleon hatte den ganzen Tag angestrengt gearbeitet, und eine mit Georgina verbrachte Nacht war nicht dazu angetan, beruhigend auf seine Nerven zu wirken. Mitten in der Nacht befiel ihn plötzlich eine Ohnmacht. Georgina war ratlos. Sie wußte sich nicht zu helfen. In ihrer Angst schrie sie, was sie nur

Faksimile eines Briefes der Schauspielerin George.
(Aus der Sammlung H. Lyonnets.)

Mademoiselle George.
(Nach einer Lithographie von Ducarne.)

schreien konnte — so überliefert uns wenigstens die Hofdame Durand diese Geschichte — und setzte alle Klingeln in Bewegung. Das ganze Schloß lief zusammen. Auch Josephine ward durch den Lärm wach. Ihre mißtrauische Eifersucht witterte sofort eine Untreue ihres Mannes. Wie der Wind war sie in seinen Gemächern. Dort war Napoleon gerade wieder zu sich gekommen und nicht wenig erstaunt, sich in Gegenwart Josephines in den Armen der mehr als entkleideten George zu finden. Sein Ärger darüber war groß. Die Schauspielerin ward schleunigst aus dem Schlosse entfernt, und der Erste Konsul soll ihr diese Unbedachtsamkeit nie verziehen haben.

Er selbst suchte Georgina nie in ihrer Wohnung auf. Er wollte sich wohl nicht der Gefahr aussetzen, mit ihren andern Liebhabern zusammenzutreffen. Denn obwohl sie behauptete, Napoleon während der zwei Jahre treu gewesen zu sein, so widerspricht dem doch die Tatsache, daß sie außer Coster de Saint Victor*) noch andere Freunde während dieser Zeit gehabt hat. Es kam Napoleon vor allem darauf an, kein Aufsehen durch seine Liebschaften zu erregen. Deshalb behandelte er Georgina auch nicht so, wie andere Herrscher gewöhnlich ihre Mätressen in der Öffentlichkeit zu behandeln pflegen. Seine Gunstbezeugungen für die schöne Schauspielerin taten sich nie durch öffentliche Beweise kund. Er protegierte sie nicht mehr als ihre Kolleginnen. Sie genoß weder Privilegien am Theater, noch erhielt sie eine höhere Gratifikation, wenn sie am Konsularhofe in Saint-Cloud spielte. Als sie einmal um sein Bild zu bitten wagte, hielt er ihr einen Napoleond'or mit den Worten hin: „Da nimm. Man sagt, es sähe mir ähnlich."

---

*) Sein eigentlicher Name war Jean Baptiste Coster. Er war eifriger Royalist und an dem Attentat der Höllenmaschine vom 3. Nivose des Jahres IX beteiligt. Er entfloh jedoch nach England und kam erst 1803 mit Georges Cadoudal nach Frankreich zurück. In den Prozeß dieses Verschwörers verwickelt, wurde er am 10. Juni 1804 zum Tode verurteilt und 14 Tage später, am 25., hingerichtet.

Und dennoch kam Georgina nicht zu kurz. Napoleon war nicht geizig. Aber seine Geschenke für sie hatten einen ganz privaten Charakter. „Niemals", sagt sie selbst, „ließ mir der Kaiser durch eine andere Person Geld zukommen. Er gab es mir immer selbst." Nur ein einziges Mal wurde ihr Name offiziell in dem Verzeichnis der kleinen Privatschatulle genannt. Und das war im Jahre 1807, als Georgina bereits nicht mehr Favoritin war. Sie erhielt damals 10000 Franken als Geschenk.

Als Napoleon sich die Krone aufs Haupt setzte, verblaßte seine Liebe zu Georgina. Er war nicht mehr derselbe, wenn er mit ihr zusammentraf. Seine Unbefangenheit hatte einem steiferen Zeremoniell Platz gemacht. Er war Kaiser und ließ der Geliebten die Majestät unwillkürlich fühlen. „Ich weiß nicht," schreibt die George, „warum der Kaiser meinen Ersten Konsul verjagt hat? Alles ist größer, imposanter; das Glück kann hier nicht wohnen. Suchen wir es anderswo, wenn es überhaupt vorhanden ist." Und als Alexander Dumas sie einst fragte, warum Napoleon sie verlassen habe, antwortete sie in wahrhaft theatralischem Tone: „Er ging von mir, um Kaiser zu sein."

In der Tat suchte Georgina ihr Glück anderswo. Im Jahre 1808 ließ ihr Geliebter, der Graf von Benckendorff, sie nach Rußland kommen. Am 11. Mai reiste sie ganz plötzlich mit dem Tänzer Duport von der Oper ab, ohne ihren Kontrakt mit der Comédié gelöst zu haben. Sie machte sich dadurch eines Kontraktbruches schuldig, auf dem nicht allein hohe Strafe stand, sondern der sie auch aller Rechte als Mitglied der Comédie Française beraubte. Sie wurde zu 3000 Franken Geldstrafe verurteilt, ihr Anteil als „Sociétaire" wurde beschlagnahmt und sie aus der Liste der Mitglieder gestrichen. Sie verschwand und ließ nichts als die Erinnerung an ihre Liebe zu Napoleon und ihre Schulden in Paris zurück.

Die Petersburger Hofgesellschaft setzte große Hoffnung

auf die Ankunft der Pariser Schauspielerin. Sie sollte nämlich den Zaren aus den Armen der schönen, geistreichen und außerordentlich koketten Fürstin Narischkin, der Gemahlin des Großjägermeisters, reißen, die ihn allzu fest umschlungen hielten. Eine vorübergehende Verbindung mit der ehemaligen Geliebten Napoleons hielt man für weniger gefährlich.

Alexander jedoch fand nicht viel Gefallen an der etwas kolossalen Schönheit Georginas. Er empfing sie zwar liebenswürdig, machte ihr auch eine kostbare Diamantspange zum Geschenk und ließ sie einmal nach Peterhof kommen, aber ein zweitesmal hat er sie nicht wieder sehen wollen. Bei der übrigen Aristokratie von Petersburg hatte sie größeren Erfolg. Die Kaiserin Mutter fand, daß sie „les doigts de l'aurore" hatte. Sie überschüttete sie mit Liebenswürdigkeiten und Geschenken und ließ sie so oft wie möglich in ihren Privatgemächern spielen. Als Künstlerin wie als Frau wurden ihr die höchsten Ehren und Auszeichnungen zuteil, und sie feierte vier Jahre lang Triumphe über Triumphe, bis der Krieg von 1812 sie aus Rußland vertrieb.

Als die Nachricht von dem Unglück der Großen Armee in Petersburg eintraf und man aus Freude über diesen Sieg alle Häuser mit Fahnen und Lämpchen schmückte, da war Georgina nicht zu bewegen, ein Gleiches mit ihrer Wohnung zu tun. Man hinterbrachte ihre Weigerung dem Kaiser Alexander, er aber antwortete: „Quält sie nicht ... Sie tut nichts Unrechtes ... Sie ist eine gute Französin." Reich beschenkt kehrte sie nach Frankreich zurück. Der Oberst Combe sagt in seinen Memoiren, sie habe ein Fläschchen besessen, das aus einem ausgehöhlten Diamanten bestand und allein einen Wert von 300 000 Franken repräsentierte.

Napoleon sah die ehemalige Geliebte 1813 in Dresden wieder. Er verzieh ihr die Flucht von der Pariser Bühne und setzte sie nicht allein wieder in ihre frühere Stellung als Hofschauspielerin ein, sondern es wurden ihr auch die Jahre ihrer Abwesenheit als Mitglied der Comédie nicht angerechnet. Am 1. Juli desselben Jahres erschien sie als Phädra auf der Dresdner Hofbühne vor Napoleon. Aber ihren alten Platz im Herzen des Kaisers gewann Georgina nicht wieder. Es war für immer damit vorbei.

Dennoch bewahrte sie ihm stets ein treues Andenken. Sie hatte ihn geliebt, als er Konsul war, und blickte in verehrungsvoller Bewunderung zu ihm auf als er Kaiser geworden. Als das Unglück über ihn hereinbrach, ging sie nicht wie so viele andere, die Napoleon zu Dank verpflichtet waren, zu den Bourbonen über, sondern hielt standhaft zur Sache der Napoleoniden, obgleich ihre Stellung dadurch fast unhaltbar wurde. Während der Hundert Tage leistete sie dem einstigen Geliebten einen letzten Dienst politischer Art. Sie teilte ihm mit, daß sie ihm Papiere zu übergeben habe, die vieles über den ehemaligen Polizeiminister Fouché enthüllen würden. Napoleon sandte einen ergebenen Diener zu ihr, und als dieser mit den betreffenden Papieren zurückkam, fragte ihn der Kaiser, der wußte, daß es mit Georginas Geldverhältnissen nicht gut stand, ob sie ihm nichts in dieser Beziehung aufgetragen habe. „Nein, Sire", war die Antwort. — „Ich weiß aber durch Caulaincourt," erwiderte Napoleon, „daß es ihr schlecht geht. Lassen Sie ihr 20 000 Franken aus meiner Privatschatulle zukommen."

Zum zweitenmal setzte der Kaiser den wiedereroberten Thron aufs Spiel. Waterloo war der letzte Akt des napoleonischen Dramas. Napoleons Heldenrolle war ausgespielt. Ein einziger Tag hatte genügt, um das Kaiserreich zu stürzen. Frankreich warf sich einem neuen Herrscher in die Arme. Für Mademoiselle George aber gab es nur einen Monarchen: Napoleon. Antwortete sie nicht dem Herzog von Berry eines Tages, als er sie „schöne Bonapartistin" nannte, „ja, Prinz, zu dieser Fahne werde ich ewig schwören!"

Ihre Stellung an der Comédie Française war nunmehr unmöglich. Sie mußte im Auslande und in der Provinz den Ruhm suchen, den die Pariser ihr verweigerten. Und sie fand ihn. Als sie aber alt und unansehnlich geworden war, als man unter dem verfallenen Körper der Matrone nichts mehr von jener triumphierenden Schönheit vermuten konnte, da dachte sie noch oft an Napoleon. Aber es war nicht mehr der Geliebte, von dem sie sprach, der Geliebte, der sie schön gefunden, der sie Georgina genannt und in plötzlicher Eifersuchtsaufwallung den Schleier des Fürsten Sapieha zerrissen hatte. Nein, es war der Kaiser, zu dem sie in beinahe scheuer Verehrung hinaufblickte wie zu einem Gotte. Ihre Stimme zitterte, wenn sie ihren Freunden von ihm erzählte, und die einst so frivole Frau, die jedem, der es hören wollte, alle Einzelheiten ihrer verschiedenen Liebschaften erzählte, wurde von heiliger Scheu ergriffen, ihre Liebe zu Napoleon mit profanen Worten und Auseinandersetzungen zu beschmutzen.

Mademoiselle George hatte viele Männer gekannt, aber außer einem nur den Ersten Konsul wahrhaft geliebt. Dieser eine war der ehemalige Präfekt und spätere Theaterdirektor Tom Harel, ebenfalls wie sie von den Bourbonen seines Vaterlandes verwiesen. Sie lebten beide achtundzwanzig Jahre miteinander. Erst der Tod des in seinen letzten Lebensjahren dem Wahnsinn verfallenen Mannes, der 1846 erfolgte, trennte sie. Sie selbst folgte ihm achtzehn Jahre später, achtundsiebenzigjährig, ins Grab.

Arm und vergessen*) war Napoleons „liebe und gute" Georgina gestorben. Ihr goldenes Herz hatte nicht aufgehört, bis an ihr Lebensende für ihn zu schlagen. Wer sie

---

*) Sie genoß zuerst eine Rente von 1000, später von 2000 Franken, die der König Jérôme ihr unter dem zweiten Kaiserreich verschafft hatte. Außerdem bezog sie ihre Pension als ehemaliges Mitglied der Comédie Française; freilich ein kümmerliches Einkommen für eine Frau, die einst Tausende und aber Tausende verschwendet hatte.

nicht kannte, wandte sich entsetzt von der alten Frau ab, die derartig dick geworden war, daß sie Abscheu erregte. Jules Claretie, die Seele des Théâtre Français von heute, erzählt in seinen „Profils de théâtre" eine jener peinlichen Vorstellungen, welche die massige George noch im Alter gezwungen war zu geben. Er sah sie als Knabe in Limoges in der Rolle der Marie Tudor. „Ich fand," sagt er, „daß diese Dame, die in einem roten Samtkleid auf der Bühne erschien, wirklich etwas zu dick war. In Wirklichkeit war sie enorm." Als dann die Szene kam, in der Marie Tudor auf die Knie niederfällt, konnte Fräulein George sich nicht wieder erheben. „Sie stützte sich mit den Händen auf den Boden auf — ich sehe sie noch — und blieb schweratmend mit hervorgetretenen Augen wie ein abgestochener Stier liegen, bis ihre Kollegen ihr wieder auf die Beine halfen." Der Knabe konnte bei diesem Anblick sich des Lachens nicht enthalten. „Spotte nicht", raunte ihm sein Vater zu; „es ist Mademoiselle George." Und die Mutter sagte, indem sie die Schauspielerin durch ihr Opernglas betrachtete: „Arme Frau! — Sie weint!"

Aber ihre Freunde wußten, welcher Charakter in diesem häßlichen Äußern wohnte. Ohne Frage ist sie eine der sympathischsten Frauengestalten, die Napoleons Weg gekreuzt haben. Wir brauchen nur einen Blick in ihre Memoiren zu werfen, um den ganzen naiven, kindlichen Charakter Georginas wie ein aufgeschlagenes Buch vor uns zu sehen. Wenn sie auch manche Stellen, die Napoleon betreffen, idealisiert haben mag, so bleibt uns doch noch genug in ihren Aufzeichnungen, um ihre wahrhaft edle Gesinnung zu beurteilen. Sie war wie eine Königin gefeiert worden, alle Schätze und Huldigungen hatten ihr zu Füßen gelegen, sie hatte als Merope, als Maria Tudor, Klytämnestra, Emilie, und so weiter Triumphe wie keine zweite gefeiert, aber auch Schmähungen waren ihr nicht erspart geblieben. Und doch

Fräulein George im Théâtre Odéon.

dachte sie nicht mit Bitternis an ihre Feinde. Ihre stolzeste Genugtuung aber war, daß sie sagen konnte: „Alle jene Erinnerungen sind mir lieb und teuer, und ich habe den süßen Trost, zu wissen, daß meine Gefühle stets die gleichen geblieben sind. Ich bin arm, aber was schadet das? Mein Herz ist reich an Erinnerungen und vor allem reich an Ergebenheit für jene große Familie, die meine Jugend durch ihre Freundschaft beglückte. Es ist für mich die größte Ehre, meine Gefühle mit ins Grab zu nehmen. Vielleicht bleiben mir einmal nicht die Mittel, mich begraben zu lassen. Das ist sehr wohl möglich. Ich bin nicht zum Reichtum geboren. Aber meine Freunde werden eine Handvoll Erde auf mein Grab werfen und es mit Blumen schmücken; was will ich noch mehr?"

Und so war es auch. Der Neffe des großen Kaisers erinnerte sich der Geliebten seines Onkels und brachte ihr in dessen Namen die letzte Huldigung dar: er bezahlte das Begräbnis Georginas.

ZEHNTES KAPITEL

JOSEPHINE DUCHESNOIS

Fast gleichzeitig mit der schönen George war ein anderer Stern an der Comédie Française aufgegangen. Er stellte zwar das Talent, nicht aber die Schönheit Georginas in den Schatten. Catherine Josephine Duchesnois oder Rafuin, wie sie mit ihrem Vatersnamen hieß, den man später in Rafin umwandelte, hatte gegen die äußeren Vorzüge ihrer blutjungen Rivalin nichts als ihre herrliche Kunst in die Wagschale zu werfen. Bald bildeten sich in der Presse wie im Publikum zwei Lager, die die Vorzüge und Nachteile ihrer Heldinnen mit scharfen Worten bekämpften. „Fräulein Duchesnois brachte", schreibt ein Zeitgenosse, „keinen der in den Jahren vor der Revolution so sehr gesuchten physischen Reize mit auf die Bühne. Ihre Gestalt war vorteilhaft, aber nicht außergewöhnlich. Sie war wohlproportioniert, aber ihre Formen hatten nichts Verführerisches. Ihr Gesicht mußte durch den Ausdruck der Leidenschaft belebt werden, um, wenn auch nicht schön, so doch erträglich während des Spiels zu erscheinen." Über ihre Häßlichkeit waren sich übrigens alle Zeitgenossen einig. Alexander Dumas verglich sie mit einem jener Fayencelöwen, die man auf Balustraden aufgestellt findet, und Alphonse de Lamartine sah in ihr eine große magere, blasse, sehr häßliche Frau mit langen schwarzen Haaren, die ihre Stirn wie ein Diadem schmückten. Nur Stendhal fand sie weniger häßlich, als er sie sich vorgestellt hatte, und nannte sie das non plus ultra der Kunst. Aber Fräulein Duchesnois war zehn Jahre älter als Fräulein George. Sie hatte also nichts der Rivalin entgegenzustellen als ihr Spiel und ihr herrliches Organ, das in den Augenblicken höchster Leidenschaft und tiefsten Empfindens bis ins Innerste erschüttern konnte. Außerdem besaß sie eine hohe Intelligenz, die der „Courrier de Spectacle" ganz besonders hervorhebt. Der berühmte Talma war davon bei ihrem Debut, am 16. Thermidor des Jahres X (3. August 1802), wie elektrisiert und übertraf sich selbst in seiner Rolle mit einer solchen Phädra; niemals sah das französische Theater einen furchtbareren Orestes. Das Spiel veränderte Mademoiselle Duchesnois dermaßen, daß man in diesen Zügen, die das Auge zuerst fast beleidigten, Anmut und Vornehmheit entdeckte.

Fünf Monate lang dauerten die Debuts der Josephine Duchesnois an der Comédie Française in den verschiedenen Rollen. Stets aber empfing das Publikum sie mit der gleichen Begeisterung. Am 8. November 1802 wurde sie mit einer stürmischen Ovation begrüßt, und der Schauspieler Naudet, der den Theseus gab, mußte sein Spiel unterbrechen, um Fräulein Duchesnois einen Lorbeerkranz aufs Haupt zu setzen. Die Kritik war gerecht genug, ihrem Spiel die gebührende Anerkennung zu zollen, und hätte es auch nicht wagen dürfen, das Können dieses Lieblings des Publikums zu schmähen. Als einst Geoffroy sich zu sagen erlaubte, daß Mademoiselle George weit über Mademoiselle Duchesnois stände, da war die Entrüstung allgemein. Die Gräfin Pauline de Beaumont schrieb damals fast beleidigt an den Polizeipräfekten Pasquier:

„Ich habe mit Fräulein Duchesnois gefrühstückt und bin buchstäblich von ihr entzückt. Ich kann es denen nicht verzeihen, die sie dumm finden. Sie ist einfach, naiv und zerstreut. Wenn es Ihnen aber gelingt, ihre Aufmerksamkeit zu erregen, so erhellen sich sofort ihre Augen, und ihr Gesicht verschönt sich. Dann spricht sie gut und in wenigen Worten. Sie versteht alles sehr wohl, was man ihr zu verstehen geben will. Nur muß man den empfindsamen Punkt in ihr zu berühren wissen. Im Verkehr mit Männern ist sie

Talma.
(Nach G. Belliard.)

sehr würdevoll und gegen Frauen zuvorkommend. Dieses Benehmen ist sicher nicht das einer dummen Frau."

Stendhal, der ihr am 4. Floréal des Jahres IV nach der Vorstellung von Agammemnon vorgestellt wurde, fand sie reizend in ihrem Wesen. Später schwärmt er von ihren herrlichen Augen, von deren „überirdischen Schönheit" er ganz hingerissen war.

Das war die Schauspielerin, deren Kunst ganz Paris in Begeisterung versetzte. Ihr Ruhm drang bis in die Tuilerien, bis in die geheimen Gemächer des Ersten Konsuls, die die klassische Schönheit Georginas so oft empfangen hatten. Eines Abends, es war ungefähr zwei Jahre nach dem ersten Auftreten der Künstlerin, war Napoleon in der Comédie gewesen und hatte das Spiel der Duchesnois bewundert. Nach der Vorstellung hatte er ihr viel Schmeichelhaftes sagen lassen und gewünscht, daß sie in den nächsten Tagen Nikomedes vor ihm spiele. Noch unter dem Eindruck der tragischen Schönheit der Schauspielerin stehend, ließ er sie an demselben Abend in die Tuilerien rufen. Sie war für ihn nicht Fräulein Duchesnois, sondern die Heldin, die sie dargestellt hatte. Seine Phantasie schmückte sie mit allen Vorzügen aus, welche die Dichtung ihr in ihrer Rolle verliehen hatte.

Der Wunsch des großen Mannes war Befehl. Die Tragödin war zur Stelle, um die Huldigung Cäsars zu empfangen. Dieser aber hatte sich inzwischen wieder an die Arbeit gesetzt und sich ganz in seine Geschäfte vertieft. Als man ihm die Ankunft der Schauspielerin meldete, hatte er bereits vergessen, daß er sie bestellt hatte. Der Rausch war vorüber. Er ließ ihr sagen, daß er noch einige Augenblicke beschäftigt sei, aber bald kommen werde; sie möge sich einstweilen auskleiden.

Das war ohne Frage kein enthusiastischer Empfang für Fräulein Duchesnois, der ganz Paris wie einer Fürstin huldigte. Der Mann, der da ernst beschäftigt an seinem Schreibtisch saß, behandelte sie nicht besser wie eine Straßendirne und gab sich nicht die geringste Mühe, ihr wenigstens im Anfang zu verbergen, zu welchem Zwecke er sie habe rufen lassen. Josephine Duchesnois fand diese Art Galanterie ein wenig seltsam, ein wenig brutal, ein wenig zu sehr nach dem Geschmack des Feldlagers, aber die Aufforderung kam ja vom Ersten Konsul! Ihm mußte man gehorchen, seinem Willen mußte man sich beugen, wenn man auch zehnmal die Königin der Kulissen war. Und Fräulein Duchesnois gehorchte. Mechanisch legte sie Stück für Stück ihrer Kleidung ab, bis sie nur mit dem Unentbehrlichsten angetan, inmitten des großen ungeheizten Schlafzimmers mit dem

Mademoiselle Duchesnois.
(Nach einem Stich von Momal.)

Himmelbett und dem breiten Diwan, den Spiegeln und Kronleuchtern, die Mademoiselle George so große Scheu eingeflößt hatten, dastand. Sie fror in der kalten Septembernacht, aber sie wartete. Stunde um Stunde verrann. Der Erste Konsul kam nicht. Mitten in seiner Arbeit schien er sie vollkommen vergessen zu haben.

Endlich faßte die Ärmste sich ein Herz und bat den Kammerdiener Constant, er möchte doch den Ersten Konsul daran erinnern, daß sie noch da sei. Constant entledigte sich seines Auftrags, aber eifrig beschäftigt, antwortete Napoleon ärgerlich: „Mag sie sich wieder anziehen und gehen!"

Die Arbeit war sein Element; alles andere mußte ihr weichen. Und der Mann, von dem derselbe Constant sagte, er habe allem, was Bezug auf die Sinnlichkeit hatte, poetische Färbung und Namen verliehen, schien jetzt in seinen Worten und Handeln brutal und zynisch. Und doch war Napoleon nichts weniger als zynisch. Sein Charakter neigte vielmehr zur Sentimentalität hin. Aber wehe dem, der ihn bei seiner Arbeit störte! Vielleicht hatte er sich auch, freilich etwas spät, der Worte erinnert, die er einst zu Lucien

Duchesnoy

sagte: „Glaube mir, unsere Frauen brauchen nicht schön zu sein. Unsere Mätressen, das ist etwas anderes! Eine häßliche Mätresse ist etwas Entsetzliches. Sie würde vollkommen ihre erste, nein, sagen wir lieber, ihre einzige Pflicht verfehlen."

Aufs tiefste in ihrem Stolze und in ihrer Eigenliebe verletzt, kleidete Fräulein Duchesnois sich wieder an und verließ empört die Tuilerien, in denen ihr erstes Auftreten so kläglich gescheitert war. Sie schwor, nie wieder den Fuß in die geheimen Gemächer zu setzen, selbst wenn man ihr alle Schätze der Erde bieten würde. Der Schwur war unnötig: Napoleon verlangte nie wieder nach ihr. Er schätzte stets ihr großes Talent, brachte ihr aber als Frau keinerlei Interesse entgegen. Dagegen fand sie in der guten Josephine eine treue Beschützerin. Sie schenkte ihr nicht allein den Königsmantel, den Mademoiselle Duchesnois als Phädra trug, sondern ihrer Vermittlung hatte es die Schauspielerin zu danken, daß sie gleichzeitig mit Mademoiselle George am 17. März 1804 zum Mitglied der Comédie Française ernannt wurde. Aber erst nach der Flucht Georginas im Jahre 1808 erreichte sie die Stellung, die ihrem herrlichen Talente zukam.

So groß Josephine Duchesnois als Künstlerin war, so groß war sie auch als Mensch. Ausgestattet mit einem reichen,

Josephine Duchesnois.

wohltätigen Herzen, selbst armer Abstammung, erinnerte sie sich, als sie im Glück war, derer, die Not litten. Sie gab Wohltätigkeitsvorstellungen zugunsten der Armen, und überall, wo sie auf ihren zahlreichen Kunstreisen Halt machte, gedachte sie ihrer. Sie war einfach und bescheiden in ihren Gewohnheiten, entfaltete weder Luxus noch Pracht, noch gefiel sie sich als Verschwenderin. Alles Aufsehenerregen war ihr verhaßt. Ein bedeutender französischer Historiker behauptete, sie sei, ehe sie die Bühnenlaufbahn eingeschlagen habe, eines jener unglücklichen Geschöpfe gewesen, die in öffentlichen Häusern ihr freudloses Leben als „fille de joie" fristen. Aber gerade diese Behauptung scheint etwas kühn, zumal sie sich nur auf eine einzige Aussage eines noch dazu ungenannten Zeitgenossen stützt. Henry Lyonnet erwähnt diese Einzelheit aus dem Leben der Duchesnois nicht.

Fräulein Duchesnois.
Nach einer Zeichnung von Devéria, gestochen von Bertonnier.
(Aus der Sammlung Kircheisen.)

Sie wurde am 5. Juni 1777 als Tochter armer Eltern in Saint-Saulves bei Valenciennes geboren. Ihr Vater war Viehhändler, und die Mutter hielt ein Wirtshaus im Dorfe Marquis bei Mons. Schulbildung hatte Josephine Rafuin nie genossen; eine alte Frau ihres Dorfes lehrte sie notdürftig lesen und schreiben. Frühzeitig mußte sie sich ihren Lebensunterhalt verdienen und vermietete sich als Dienstmädchen nach Valenciennes. Später lernte sie in derselben Stadt die Schneiderei und verdiente sich teils dort, teils in Paris ehrlich ihr Brot. Übrigens fiel es ihr bei ihrer außerordentlichen

Häßlichkeit nicht schwer, ehrbar zu bleiben. Als die Revolution ausbrach, lebte Josephine Rafuin bei ihrer Schwester in Paris. Nach dem 9. Thermidor kehrte sie nach Valenciennes zurück und scheint erst damals den Entschluß gefaßt zu haben, zur Bühne zu gehen. Wie und durch welche Ver-

Grabmal der Schauspielerin Duchesnois auf dem Père Lachaise in Paris.

anlassung dies geschah, darüber schwebt freilich ein bis jetzt noch nicht erhelltes Dunkel. Am 10. Januar 1797 trat sie zum ersten Male in einem Volkstheater auf und feierte ihre ersten Triumphe. Darauf nahm sie in Paris in der Theaterschule von Florence, dann bei dem Dichter Vigée und bei Legouvé dem Älteren Deklamationsunterricht. Beide Lehrer brachten ihr Talent zur vollen Entfaltung. Die Schwester des Dichters Vigée, die bekannte Malerin Vigée-Lebrun, läßt uns in ihren Erinnerungen einen Einblick in das Werden der jungen Künstlerin tun. „Mein Bruder", erzählt sie, „gab damals Fräulein Duchesnois Deklamationsunterricht. Er brachte sie eines Tages zu mir und ließ sie in meinem Salon einige Bruchstücke verschiedener Rollen rezitieren. Wir waren alle entzückt von einem so großen Talent und konnten nicht begreifen, daß man sie nicht an der Comédie engagieren wolle. Allerdings war Fräulein Duchesnois gar nicht hübsch, aber ich zweifelte nicht, daß das Publikum ihre Häßlichkeit vergessen werde, sobald es sie höre. Da ich damals selbst sehr wenig Einfluß hatte, wandte ich mich an Madame de Montesson, die bei Bonaparte in großer Gunst stand. Ich lobte ihr gegenüber meine junge Künstlerin so sehr, daß sie sie zu einer großen Abendunterhaltung einlud. Alle waren von ihrem Talente begeistert, und Herr von Valence*) tat sofort die nötigen Schritte, um Fräulein Duchesnois in die Comédie Française zu bringen. Endlich wurde unser Schützling aufgenommen."

Josephine Duchesnois trat zum erstenmal am 16. Thermidor des Jahres X als Phädra auf und gehörte der Comédie achtundzwanzig Jahre lang an. Eine chronische Krankheit zwang sie schließlich, von der Bühne zu scheiden. Sie starb fast im Elend am 8. Januar 1835 in Paris und hinterließ zwei Söhne und eine Tochter. Ihr ältester Sohn Henry Achille Rafin hatte den Adoptivsohn der berühmten Madame de Genlis, Casimir Baecker, zum Vater und der jüngere, Anatole Charles Cyrus Rafin, war aller Wahrscheinlichkeit nach der Sohn Alexis' de Lawoestine, Enkels derselben Dame. Die Tochter endlich, Rosamunde Josephine, war aus einer Verbindung mit dem Infanteriemajor Charles Gelinet hervorgegangen.

---

*) Cyrus Marie Alexandre de Timbrune-Thimbronne, Graf von Valence, Schwiegersohn der Frau von Genlis.

DIE HOFDAMEN UND VORLESERINNEN

Die Schauspielerin Mars.

ELFTES KAPITEL

DAS GEHEIMNIS VON SAINT-CLOUD

Mit Signorina Grassini, den Schauspielerinnen George und Duchesnois hatte sich die Neigung Napoleons für die Damen vom Theater erschöpft. Flüchtige Begegnungen wie mit der häßlichen aber begabten Sängerin Madame Branchu, mit Fräulein Bourgoin, der lebenslustigen Geliebten des Ministers Chaptal und später mit Mademoiselle Mars, von der der Kaiser zum General Gourgaud sagte, daß sie ihm von allen Schauspielerinnen am besten gefallen haben würde, haben in Napoleons Leben eine zu kurze Spanne Zeit ausgefüllt, als daß sie hier eingehender Betrachtung gewürdigt werden könnten. Auch die schöne und berühmte Ida de Saint-Elme soll, ihren eigenen Aussagen nach, mit Napoleon in Beziehungen gestanden haben. Diesen Odalisken blieb während ihres Besuchs im Serail gerade soviel Zeit, ihren Gürtel zu lösen und den Kuß des Paschas zu empfangen, um dann ebenso unbemerkt zu verschwinden, wie sie gekommen waren.

Napoleon, der Kaiser, hatte es nicht mehr nötig, sich seine Mätressen unter den Heldinnen der Bühne auszuwählen. An seinem Hofe gab es, wenn auch keine Iphigenie, keine Klytämnestra, keine Lucrezia und keine Julia, so doch viele junge und schöne, temperamentvolle und auch gefällige Frauen, die ein Blick aus dem Auge des großen, des seltsamen Mannes erschauern ließ und mit Stolz und

Glück erfüllte. Und wenn auch viele den Kaiser fürchteten, so gab es doch andere, die ihn bewunderten. Die einen trieb der Ehrgeiz oder die Intrige in die Arme Napoleons, die anderen die Neugier, zu wissen, wie dieser Staaten- und Schlachtenlenker, der Mann mit der unbeugsamen Willenskraft, dem Zauber einer sanften Stimme, den Liebkosungen einer weichen Frauenhand widerstehen würde und selbst zu liebkosen verstünde. Und so wählte Napoleon unter den Hof-, Ehren- und Anmeldedamen und den Vorleserinnen der Kaiserin Josephine und seiner Schwestern.

Als erste aus dieser Kategorie nannte man die Palastdame Madame de Barberot de Vellexon de Vaudey. Sie gehörte dem alten Adel des Faubourg Saint-Germain an und war eine der schönsten Frauen des jungen Kaiserhofes. Aber sie war eine launische, außerordentlich anspruchsvolle und verschwenderische Frau. Sie liebte das Spiel über alles, hatte jedoch das Unglück, dabei ungeheure Summen zu verlieren. Infolgedessen war sie stets in Geldverlegenheit. Ihr kaiserlicher Geliebter mußte fortwährend aushelfen. Napoleon war gewiß freigebig gegen seine Mätressen, aber er liebte es nicht, wenn sie ihn direkt um Geld angingen. Frau von Vaudeys Geldbedürfnisse waren selbst für die Kasse eines Kaisers zu groß. „Ich bin nicht reich genug," sagte er, „um mir eine so teure Geliebte zu halten." Ihre Herrschaft als Favoritin war daher auch von kurzer Dauer. Als sie ihn eines Tages wieder einmal um 50 000 Franken gebeten hatte, die sie im Spiel verloren, und ihrer Bitte hinzufügte, daß sie sich erschießen würde, wenn Napoleon sie ihr verweigerte, gab er ihr den Laufpaß. Sie erhielt wohl die 50 000 Franken, aber sie mußte sofort ihren Abschied als Palastdame einreichen und durfte die geheimen Gemächer niemals wieder betreten. Sie rächte sich, indem sie wieder Royalistin wurde[*].

---

[*] Madame de Vaudey hat unter dem Titel: „Souvenirs du Directoire et de l'Empire, par Madame la Baronne de V. ...., Paris 1848, Erinnerungen

Fräulein Lacoste, eine reizende Blondine, von der die Avrillon sagt, sie habe mit einer verführerischen Fröhlichkeit viel Geist verbunden, sowie einige andere Vorleserinnen, wie Fräulein Guillebeau, Fräulein de Mathis und Fräulein de Barral — letztere beiden Vorleserinnen bei der Prinzessin Pauline — waren nicht glücklicher in der Dauer ihrer Verbindung mit Napoleon wie Madame de Vaudey. Jo-

Pauline Bonaparte, Prinzessin Borghese.

sephine machte dem Idyll mit Fräulein Lacoste dadurch ein Ende, daß sie unter Tränen darauf bestand, daß das junge Mädchen zu ihren Verwandten zurückgeschickt werde. Ein ähnliches Los traf Mademoiselle Guillebeau.

Von längerem Bestand war Napoleons Verhältnis zu Madame Duchâtel; ja, es soll mehr als eine bloß vorübergehende Neigung gewesen sein. Sie war noch nicht lange

hinterlassen, in denen sie alles mögliche Schlechte vom Kaiser und seiner Umgebung sagt. Das war ihre Rache.

mit dem alten Staatsrat Duchâtel verheiratet, der, wie die Herzogin von Abrantes sagt, der Vater seiner Gattin hätte sein können. Diese war Hofdame bei Josephine. Lange Zeit wurde ihr Name von den zeitgenössischen Memoirenschreibern geheimgehalten. Madame Junot erwähnt sie als Madame D ∗ ∗ ∗, ebenso der Kammerdiener Constant. Frau von Rémusat ersetzt ihren Namen durch drei Sternchen, etwas später hingegen spricht sie von einer Madame X, die wir geneigt sind, mit Madame ∗ ∗ ∗ zu identifizieren. Nur Lewis Goldsmith nennt den vollen Namen der Madame Duchâtel in seiner ,,Histoire secrète du cabinet de Napoléon". Gleichzeitig erwähnt er darin eine skandalöse Szene, die sich am Tage nach der Verbindung zwischen den beiden Liebenden abgespielt haben soll, die jedoch in ihrer rohen Lügenhaftigkeit die gehässige Gesinnung dieses skrupellosen Pamphletisten zur Genüge kennzeichnet.

Napoleon selbst umgab dieses Verhältnis mit dem größten Geheimnis. Teils wollte er Madame Duchâtel, die mit ihrem Manne in gutem Einvernehmen lebte, keine Unannehmlichkeiten in ihrer Ehe bereiten, teils Josephines maßlose Eifersucht nicht erwecken. Er trieb seine Vorsicht so weit, daß er die Besuche, die er der Hofdame in Saint-Cloud abstattete, in Strümpfen und wie ein Dieb auf den Fußspitzen schleichend zu nächtlicher Stunde, wenn alles im Schlosse fest schlief, unternahm. Nicht einmal Constant durfte ihm mit der Kerze leuchten; er trug sie stets selbst, um sie sofort auslöschen zu können, wenn er etwas Verdächtiges bemerkte. Da Josephines Spione aber äußerst wachsam waren, lief er leicht Gefahr, überrascht zu werden. ,,Eines Tages", erzählt Constant, ,,war es bereits heller Tag, und der Konsul war noch nicht in seine Gemächer wieder zurückgekehrt. Da ich einen Skandal befürchtete, benachrichtigte ich, wie er mir selbst in einem solchen Falle befohlen hatte, die Kammerfrau der Madame D ..., damit sie ihrer Herrin sage, wieviel Uhr es sei. Kaum waren fünf Minuten vergangen, nachdem sie sich dieses Auftrags entledigt hatte, als ich den Konsul sehr aufgeregt zurückkommen sah. Bald sollte ich die Ursache dieser Aufregung erfahren. Er hatte auf seinem Wege eine der Frauen Josephi-

Der Erste Konsul.
(Nach einer Ölskizze von J. L. David.)

nes bemerkt, die ihn durch das Fenster eines nach dem Korridor zu gelegenen Kabinetts beobachtete. Nach einem heftigen Zornesausbruch gegen die Neugier des schönen Geschlechts schickte er mich zu der jungen Aufklärerin des feindlichen Lagers, um ihr den Befehl zu überbringen, daß sie schweige, wenn sie nicht weggeschickt werden wolle."

Diesmal kam Napoleon mit dem Schrecken davon, denn die junge Spionin war so klug, zu schweigen, sei es nun infolge eines Geldgeschenkes oder infolge der Drohung Napoleons.

Diese Wanderungen durch die Gänge des Schlosses schienen Napoleon jedoch mit der Zeit zu gefährlich, denn Constant mußte für Madame Duchâtel ein kleines Haus in der „Allée des Veuves" in den Champs-Elysées mieten, wo Napoleon sie bisweilen besuchte. Nichtsdestoweniger wurde Madame Duchâtel auch noch des öfteren in den geheimen Gemächern empfangen.

Die Beziehungen Napoleons zu der Hofdame knüpften sich bereits während des Konsulats Ende des Jahres 1803 an, gewannen jedoch erst größere Leidenschaft unter dem Kaiserreiche.

Die junge Frau besaß alle Eigenschaften, einem Manne zu gefallen. Sie war ungefähr 25 Jahre alt, mittelgroß, schlank, graziös, blond und zart. Ihren blauen Augen vermochte sie jeden Ausdruck zu verleihen, außer dem der Offenheit. Aufrichtigkeit lag freilich nicht in dem Charakter der schönen Hofdame. Sie war eine große Schauspielerin und konnte mit dem unschuldigsten Gesicht von der Welt den Salon Josephines betreten, nachdem sie soeben erst die geheimen Gemächer Napoleons verlassen hatte. Ihr Äußeres war eher kalt als hingebend. Das stolze Gesicht mit der ein ganz klein wenig zu langen, gebogenen Nase verriet keinerlei Leidenschaft und hatte sich stets in der Gewalt. Nichts brachte Madame Duchâtel aus der Fassung. Und doch war sie in ihrer stolzen unnahbaren Art auch kokett. Sie zeigte oft und gern ihre perlengleichen Zähne, denn sie wußte, daß ihr Mund ganz verführerisch schön war, wenn er lachte. Ihre Hände waren weiß und durchsichtig, ihre Füße klein und schmal. Sie tanzte entzückend, spielte die Laute und verfügte über eine weiche, harmonische Stimme. Geistig war sie weniger hervorragend, obwohl es ihr nicht an Schlauheit und Schlagfertigkeit fehlte.

Alle diese Vorzüge schienen nicht nur Napoleon bemerkt zu haben, sondern auch sein Stiefsohn, der junge Eugen Beauharnais. Er machte ihr auffallend den Hof, und die schlaue Diplomatin tat, als wenn sie seine Gefühle erwidere.

Siegel Napoleons.
(Vorderseite.)

In Wirklichkeit sollte er ihr nur dazu dienen, um Josephine auf eine andere Spur zu leiten. Die Arme wurde von den schrecklichsten Qualen der Eifersucht gepeinigt. Sie ahnte wohl, daß zwischen ihrem Gatten und ihrer Hofdame ein Einvernehmen bestand, aber es fehlten ihr die Beweise. Eine Zeitlang hatte sie sogar die Marschallin Ney in Verdacht.

Als Eugen merkte, daß Madame Duchâtel nur mit ihm spiele und ihn als Deckmantel benutzte, zog er sich tief verletzt von ihr zurück. Sie aber fand bald andere, freiwillige Verschwörer zu diesem Komplott. Karoline und Murat waren gern behilflich, die Zusammenkünfte mit dem Kaiser geheimzuhalten: Murat spielte den Verliebten, und Karoline sorgte für die Stelldicheins des Bruders mit Madame Duchâtel.

Für Josephine jedoch war kein Netz zu fein gesponnen. Ihr eifersüchtiges Ohr lauschte an allen Türen, ihr mißtrauisches Auge spähte umher, um die Schuldigen zu überführen. In Saint-Cloud hatte Napoleon im Anfang des Konsulats in dem Stockwerk, das über seinen eigenen Gemächern lag, eine Wohnung einrichten lassen, die mit der seinigen durch eine geheime Treppe verbunden war. „Wozu dieser geheimnisvolle Zufluchtsort diente, konnte Josephine sich wohl denken", sagt Frau von Rémusat. In der Tat, sie hatte mehr als einmal Napoleon und Georgina darin überrascht. Daß sie diese geheimen Gemächer mit Argusaugen überwachte, kann man sich wohl denken. Eines Tages war ihr der Zufall günstig. Von ihrem Verdacht auf die tugendhafte Madame Ney, an die Napoleon oft das Wort richtete, war sie längst abgekommen. Madame Duchâtel hingegen wurde sichtlich vom Kaiser ausgezeichnet. Seine Blicke und Worte für die schöne Hofdame führten Josephine bald auf die richtige Spur, zumal er sich immer weniger seiner Geliebten gegenüber beherrschen konnte. Bei Tisch verbot er ihr diese oder jene Speisen zu essen, da sie ihrer Gesundheit schädlich sein könnten. Im Salon stand er hinter ihrem Stuhl, war galant und liebenswürdig, sagte ihr Schmeicheleien, und wenn er auch Frau von Rémusat, Frau Junot oder der Marschallin Ney dieselben Aufmerksamkeiten erwies, so wußte Josephine doch genau, daß seine Sorge allein der Geliebten galt. Ihr Fraueninstinkt sagte es ihr, und sie verdoppelte ihre Wachsamkeit.

Allabendlich zog der Kaiser Madame Duchâtel mit Karoline Murat und Frau von Rémusat zu seinem Spiel hinzu. Anstatt aber zu spielen, knüpfte er mit den jungen Frauen eine sentimentale Unterhaltung über die Liebe, die Treue oder die Eifersucht an. Jedes Wort, jeder Satz war für die Geliebte bestimmt, die nur einsilbig antwortete, dafür aber eine desto beredtere Sprache mit den Augen redete. Diese

Siegel Napoleons.
(Rückseite.)

wiederum war nur für Napoleon bestimmt. Währenddessen saß Josephine in einer andern Ecke des Salons mit ihren Damen ebenfalls am Spieltisch. Aber auch sie hielt nur mechanisch die Karten in der Hand, ohne auf das Spiel zu achten. Mit brennenden Blicken, den Tod im Herzen, verschlang sie förmlich ihren Gatten und Madame Duchâtel. Dieser selbst konnte man in ihrem Benehmen gegen den Kaiser durchaus nichts vorwerfen. Sie war zurückhaltend und kalt, aber gerade in dieser Reserve lag eine gefährliche Koketterie. Ihre Blicke waren sanfter und verschleierter denn je, ihr Lächeln feiner, ihre Antworten vorsichtig und berechnet, und die Eleganz ihrer Kleidung war täglich gesuchter.

Da geschah es eines Tages, daß Madame Duchâtel plötzlich, ohne einen Grund anzugeben, den Salon der Kaiserin verließ. Josephine hatte ihr Fortgehen genau beobachtet. Ihr Argwohn ließ ihr keine Ruhe. Nach einer Weile, als Madame Duchâtel nicht wieder kam, erhob auch sie sich. Ihr erster Weg war nach dem Arbeitszimmer des Kaisers. Man sagte ihr, er sei nicht dort. Aufs höchste erregt, stieg sie die Wendeltreppe zu den oberen Gemächern hinan. Die Tür war verschlossen! Hinter ihr hörte sie die Stimme des Ungetreuen und ihrer Hofdame. Arme Josephine! Sie war außer sich. Verzweiflungsvoll pochte sie an die Tür und nannte mit tränenerstickter Stimme ihren Namen. Eine Weile war alles still. Dann wurde geöffnet, und Napoleon selbst erschien mit zornentstellten Zügen, hinter ihm Madame Duchâtel.

Napoleons Wut über die Indiskretion seiner Frau kannte keine Grenzen. Josephine flüchtete weinend in ihre Gemächer und zitterte vor der Szene, die sie heraufbeschworen hatte. In der Tat erschien Napoleon bald nach ihr in ihrem Boudoir. Sein Zorn hatte sich nicht gelegt und brach nun mit aller Macht über die schluchzende Frau herein. In seiner grenzenlosen Wut zertrümmerte er ein paar Gegenstände, die ihm gerade unter die Hand kamen. Der fortwährenden Überwachung müde, sprach er von Trennung. Er sei dies seiner Politik schuldig, er müsse eine Frau haben, die ihm Kinder schenke. Sie, Josephine, müsse sich an seine Zerstreuungen gewöhnen. Er sei nicht wie andre Menschen und lasse sich keine Bedingungen auferlegen. Josephines einzige Antwort auf diese Anklagen waren ihre Tränen.

Das eine Wort Scheidung ließ die arme Frau erzittern. Sie fügte sich. Von ihren Tränen gerührt, wurde Napoleon sanfter. Er tröstete sie und verließ sie fast beruhigt.

Nichtsdestoweniger fuhr er fort, Madame Duchâtel zu sehen und schien nach wie vor eifrig um sie beschäftigt. Aber auch ihre Stunde hatte geschlagen. Bellilote, Georgina und andere hatten sich in den Abschied fügen müssen; Madame Duchâtel erging es nicht besser.

In Malmaison, in jenem Schloß, in welchem Josephine ihn betrogen hatte, als er sie noch so heiß und innig liebte, sollte die Flamme verlöschen, sollte das Feuer erkalten, das für die stolze Madame Duchâtel in seinem Herzen geglüht. Eine Laune veranlaßte ihn im Winter, in der letzten Hälfte des Februar 1805 nach Malmaison zu übersiedeln. Dort zeigte er sich ganz ungeniert mit seiner Mätresse am Arm im Parke. Währenddessen drückte Josephine ihre rot geweinten Augen an die Scheiben ihres Boudoirs und verfolgte die Liebenden mit fieberhaften Blicken. Die grausame Madame Duchâtel schien ein besonderes Vergnügen daran zu finden, der armen Kaiserin Schmerz zu bereiten. Sie vernachlässigte sichtlich alle Regeln der Vorsicht und schien ihres Favoritentums stolz zu sein und es ganz öffentlich zur Schau zu tragen. Oder ahnte sie, daß ihre Herrschaft bald zu Ende war?

Es sollten die letzten Tage sein, welche die Geliebten miteinander verbrachten. Josephine sollte nicht lange mehr zu leiden haben. Napoleon hatte endlich Mitleid mit ihren Tränen. Vielleicht war er der Liebe zu Madame Duchâtel müde, vielleicht fürchtete er, sie werde eine zu große Herrschaft über ihn gewinnen. Und Frauen durften an seinem Hofe keine Rolle spielen! Als er eines Tages bei Josephine eintrat und sie weinen sah, beichtete er reuig alle Sünden. Und Josephine, die Gute, die Schwache, die Liebende, sie vergab. Sie war glücklich, daß diese Verbindung sie nicht ganz aus dem Herzen Napoleons verdrängt hatte. Sie war stolz, daß er sie zu seiner Vertrauten machte und versprach sogar, ihm bei der Auflösung des Verhältnisses behilflich zu sein. Arme Josephine! Dachte sie nicht daran, daß die Auflösung dieser Liaison die Anknüpfung einer andern bedeutete?

Aber sie hielt Wort. Am folgenden Tag ließ sie Madame Duchâtel zu sich rufen. In fast mütterlichen Worten stellte sie ihr die Unvorsichtigkeit ihrer Handlungsweise vor, sagte, wie leicht sie dadurch ihrem guten Rufe schaden könne, sie sei jung und unbedacht, und anderes mehr. Madame Duchâtel aber blieb kalt und ohne die geringste Erregung. Stolz und hochmütig leugnete sie alles, was die Kaiserin ihr vorwarf. Und obgleich sie wußte, daß der ganze Hof ihre Geschichte kannte, erschien sie doch weder befangen noch niedergeschlagen, im Gegenteil stolzer denn je. Der Kaiser hingegen schien die Geliebte vollkommen vergessen zu haben. Er richtete fast nie mehr das Wort an sie. Schämte er sich etwa, daß ihn diesmal die Liebe, die, wie er behauptete, nicht für ihn geschaffen sei, so lange gefangen gehalten hatte?

Mit der Zeit übrigens ward Josephine ruhiger. Napoleon hatte ihren Eugen adoptiert, und dies schien ihr eine sichere Garantie zur Bewahrung ihrer Stellung als Kaiserin. Die eifersüchtigen Befürchtungen, daß eine jüngere Frau ihm einen Erben schenken könnte, befielen sie weniger. Und als sie sich überzeugt hatte, daß ein Mann wie Napoleon weder Zeit hatte noch die Veranlagung besaß, sich einer ernsten Liebe hinzugeben, verzieh sie ihm alle vorübergehenden Verirrungen, in der Gewißheit, daß sie stets die Erste und Einzige in seinem Herzen war. Ja, sie schien sogar manche Beziehungen ihres Gatten zu ihren jungen Anmeldedamen und Vorleserinnen zu begünstigen oder wenigstens sich dadurch nicht mehr verletzt zu fühlen. Sie hatte

Ansicht von Saint-Cloud aus dem Jahre 1803.

Unten: „Rußlands und Schwedens Genius an der Grenzbrücke ihres Finnländischen Eigentums im Jahre 1803."
(Nach einem populären deutschen Holzschnitt aus der Sammlung Kirchelsen.)

sich darüber eine eigene Philosophie gebildet und sich schließlich in ihr Schicksal ergeben. Daß sie einst selbst Napoleon betrogen hatte, daran dachte sie nicht mehr. Gehen wir doch mit unsern eigenen Schwächen und Fehlern stets weniger streng ins Gericht.

Napoleon teilte ihr, je nachdem wie er gelaunt war, seine Liebeleien mit oder nicht, und niemals war sie unwillig darüber. Als er nach der Schlacht von Austerlitz Madame Duchâtel wiedersah, war Josephine nicht mehr eifersüchtig, zum mindesten beherrschte sie sich. Sie behandelte die Rivalin wie jede andere Dame ihres Hofes, liebenswürdig und freundlich. Übrigens waren die Beziehungen Napoleons zu Madame Duchâtel im Jahre 1806 nur sehr flüchtiger Art, kaum daß sie von der Umgebung der Kaiserin gemerkt wurden. Die Rolle der Favoritin war für immer ausgespielt. Die Frauen durften an Napoleons Hofe keine andere Herrschaft haben als die der Schönheit. Sobald sie meinten, dem großen Manne etwas mehr als nur Weib zu sein, wurden sie verabschiedet.

Trotz alledem blieb Madame Duchâtel eine der Getreuen des verwundeten Löwen. Während der Hundert Tage zierte sie seinen Hof durch ihre Schönheit, ihre Anmut und ihre Eleganz, und ihr Platz war unter den Trauernden, als der Kaiser gezwungen war, für immer von Frankreich Abschied zu nehmen.

ZWÖLFTES KAPITEL

DIE SCHÖNE GENUESERIN

Die Frauen Italiens haben, außer in der Zeit, während welcher der General Bonaparte Josephine so heiß und innig liebte, stets eine besondere Anziehungskraft auf Napoleon ausgeübt. Giuseppina Grassini, die mailändische Nachtigall, war nicht die einzige, die des Kaisers Blicke auf sich zog. Zwar hatte einst die hübsche Madame Visconti vergeblich alle ihre Koketterie aufgeboten, um den General vor ihren Siegeswagen zu spannen und sich schließlich mit der tiefen und aufrichtigen Liebe Berthiers trösten müssen; das war jedoch ebenfalls zu jener Zeit gewesen, als Napoleon nur Josephine liebte. Später brauchte er nur die Hand nach den schönen Töchtern Italiens auszustrecken, die, wenn er dort weilte, sich ihm förmlich zu Füßen warfen.

Als Napoleon sich im Jahre 1805 zum König von Italien krönen ließ, wetteiferten die italienischen Städte, die er auf seiner Reise berührte, untereinander, ihm ihre Huldigungen als Wiedererrichter italienischer Größe und Freiheit darzubringen. Feste auf Feste folgten, und überall, wo er hinkam, empfing man ihn als Triumphator. In Genua, wo er am 30. Juni anlangte, stieg er im Palazzo Durazzo ab und schlief in dem Bette Karls V. Am 2. Juli, als man das Fest der Vereinigung der Ligurischen Republik mit Frankreich feierte, schickte ihm Genua eine Deputation der schönsten und vornehmsten Frauen der Stadt entgegen. Es

Kaiser Napoleon.
(Nach einem Gemälde von R. Le Fevre, gezeichnet von Gregorius.)

sah in dieser Huldigung die größte Ehre für den Kaiser und König. Da man aber bei der Auswahl der schönen Genueserinnen nicht nur die vornehme Abstammung in Betracht gezogen hatte, so kam es, daß sich unter den Frauen, die Napoleon ihren Willkommengruß boten, auch Carlotta Gazzani, die Tochter einer Tänzerin, befand. Sie war trotz ihrer zweiunddreißig Jahre die Schönste der Schönen und hatte die drei Grazien zu Ahnen.

Carlotta war groß und schlank, vielleicht wie Madame Duchâtel ein wenig zu schlank, aber von herzbezwingender Anmut. Ihr von dunklen Locken umrahmter Kopf glich dem einer Römerin der Antike. „Ihre dunkle Hautfarbe war bisweilen ein wenig zu lebhaft von dem warmpulsierenden Blute in ihren Adern gefärbt, aber ihre Züge waren so entzückend, daß man an dem Ganzen nichts hätte ändern mögen. Die Augen waren wunderschön und drückten alles aus, was sie sagte und empfand. Nur die Hände waren nicht besonders hübsch; deshalb trug sie fast immer Handschuhe. Ihre Zähne waren sehr weiß ... der Fuß jedoch nicht schön gebildet." Das ist das Zeugnis der Georgette Ducrest, der Nichte von Madame de Genlis; auch Mademoiselle Avrillon ruft im höchsten Entzücken aus: „Man muß Madame Gazzani gesehen haben, um sich einen Begriff von ihrer wunderbaren Schönheit zu machen!" Und viele andere Frauen stimmen mit diesen Zeugnissen überein. Selbst Frau von Rémusat, die lieber tadelt als lobt, sagt von Carlotta Gazzani: „Sie war sehr sanft, mehr fügsam als selbstsüchtig ... Sie umgab ihre Erfolge beim Kaiser mit keinerlei Aufsehen und Ansprüchen ... Sie war die schönste Frau eines Hofes, dem es an vielen schönen Frauen nicht mangelte. Niemals habe ich schönere Augen, niemals feinere Züge, niemals eine reizendere Harmonie des ganzen Gesichts gesehen!"

Napoleon sah Madame Gazzani und forderte sie auf, — einige behaupten auf Talleyrands, andere auf Rémusats

Veranlassung hin, — mit ihm nach Paris zu kommen, wo er sie an Stelle des verabschiedeten Fräulein Lacoste*) zur Vorleserin Josephines ernannte. Der Titel „Vorleserin" der Kaiserin war für die schöne Genueserin phantastischer als für alle anderen, die vor, nach und mit ihr dieses Amt bekleideten. Abgesehen davon, daß diese Damen der Kaiserin nie vorzulesen brauchten, weil Josephine es nicht liebte, so wäre Madame Gazzani eine besonders schlechte Vorleserin gewesen, denn sie sprach das Französische nur gebrochen. Aber der Kaiser wollte ihr diesen Posten geben: er hatte stets eine spezielle Vorliebe für diese Art Damen gehabt und sich unter ihnen drei seiner Maitressen ausgewählt. Außerdem vertraute man Madame Gazzani offiziell die Aufsicht über die Diamanten der Kaiserin an. Inoffiziell freilich hatte die Kammerfrau und Vertraute Josephines, Fräulein Avrillon, die Schüssel zu dem Schmuckschrank ihrer Herrin in Verwahrung.

Carlotta nahm ihre Stellung am Hofe ohne Widerrede an, wie alles, was der Kaiser ihr anbot. Sie war einer von den stets unterwürfigen, immer bereitwilligen, bescheidenen Charakteren, die nie nein sagen können, wenn ein anderer etwas von ihnen verlangt. Sie war Napoleon vollkommen ergeben, ohne besondere Leidenschaft oder Liebe für ihn zu empfinden; ja sie besaß nicht einmal den Ehrgeiz, seine Geliebte zu sein, und suchte weder noch verstand sie aus ihrer Sonderstellung Nutzen zu ziehen. Ihr offizielles Amt brachte ihr keine Reichtümer ein: 500 Franken Monatsgehalt, das war alles. Das einzige, was sie erreichte, aber auch nur, weil es Napoleon selbst wollte, war eine gute Anstellung für ihren Mann, der im Departement Eure zum Generalzahlmeister ernannt wurde: ein Posten, der bei guter Bezahlung noch ein hübsches Nebeneinkommen sicherte. Gleichzeitig

---

*) Der Kaiser verheiratete die verabschiedete Vorleserin Josephines später an einen reichen Bankier.

Fürst Talleyrand.
Nach einem Gemälde von Baron F. P. S. Gérard, gezeichnet von Girardet.
(Sammlung Kircheisen.)

entfernte diese Stellung den überflüssigen Gatten vom Hofe, wo man nur seiner Frau bedurfte. Man verfuhr mit ihm beinahe so wie mit dem Hauptmann Fourès in Ägypten, nur mit mehr Erfolg.

Als Madame Gazzani nach der Rückkehr Napoleons aus Italien ihren Einzug in die Tuilerien hielt, wurde es ihr nicht leicht, festen Fuß in der Hofgesellschaft zu fassen. Ihre glänzende Schönheit, ihr liebenswürdiges, sanftes, natürliches Wesen stellten die andern Damen in den Schatten und erregten deren Eifersucht und Mißgunst. Wenn sie bei den öffentlichen Empfängen der Kaiserin Josephine, zu denen auf Napoleons Befehl auch die Vorleserinnen trotz ihrer bescheidenen Anstellung bei Hofe zugelassen wurden, an der Seite der alten und neuen Herzoginnen, Fürstinnen, Gräfinnen und Baroninnen Platz nahm, dann standen diese ostensiv auf, als wenn sie durch die Berührung mit der schönen Genueserin, der Tochter einer Tänzerin, unrein zu werden fürchteten. Frau de la Rochefoucauld war eines Tages ganz entrüstet, daß die Gazzani in der Kirche auf derselben Bank Platz genommen hatte wie sie.

Es währte jedoch nicht lange, so kam das Gerücht von ihrem Verhältnis zum Kaiser in Umlauf. Talleyrand, den Napoleon zu seinem Vertrauten gemacht hatte, sorgte dafür, daß die pikanten Geschichtchen verbreitet wurden, die er bisweilen von seinem Gebieter erzählt bekam. Mit einem Male riß man sich um die Gesellschaft Carlottas. Ihre Salons füllten sich plötzlich mit den angesehensten und vornehmsten Persönlichkeiten des Hofes. Es bildete sich ein Kreis Bewunderer um die schöne Frau, der sie selbst dann nicht verließ, wenn sie mit ihrem reizenden Viergespann im Bois de Boulogne oder in den Champs Elysées spazieren fuhr. Der spätere Marschall de Castellane, einer ihrer vertrautesten Freunde, erzählt, daß der Herzog von Sachsen-Koburg, der nachmalige König von Belgien, einer der eifrigsten

Besucher der Gesellschaft Carlotta Gazzanis war. Das hinderte jedoch die „Freunde" nicht, sie rücksichtslos aufzugeben, sobald sie nicht mehr in der Gunst des Kaisers stand.

Josephine wußte um dieses Verhältnis ihres Mannes ebenso wie um die andern. Jetzt drückte sie jedoch ein Auge zu und ließ sich nur in der ersten Zeit, als sie vielleicht befürchtete, Carlotta könnte einen größeren Einfluß über Napoleon gewinnen, zu kleinen Eifersüchteleien hinreißen. Gewöhnlich empfing der Kaiser die schöne Vorleserin, deren Wohnung so gelegen war, daß sie jederzeit Napoleon zu Diensten sein konnte, in den Gemächern, die früher der Sekretär Bourrienne innegehabt hatte. Sie waren mit dem Schlafzimmer Napoleons durch eine Treppe verbunden, so daß er unbemerkt und unauffällig zum Stelldichein gelangen konnte, während Madame Gazzani sich über die sogenannte „schwarze Treppe" dahin begab. Bisweilen besuchte Napoleon auch die Geliebte in ihrem Zimmer.

Diese Stelldicheins fanden übrigens in sehr langen Abständen statt, einesteils weil der Kaiser in der Zeit von 1805 bis 1807 meist im Felde war, andernteils weil seine Neigung für Carlotta trotz ihrer großen Schönheit nicht zu den starken gehörte. Er hat für sie nie eine so mächtige Leidenschaft wie für Madame Duchâtel oder Madame Walewska empfunden.

Eines Abends war Josephine, von Neugierde getrieben, in das Schlafzimmer ihres Mannes gekommen und hatte ihn dort nicht vorgefunden. Da sie immer argwöhnisch war, fragte sie Constant, wo der Kaiser wäre. Der Kammerdiener antwortete, Seine Majestät arbeite in seinem Kabinett mit einem Minister und habe sich jede Störung verbeten, selbst die Kaiserin solle nicht zu ihm eingelassen werden.

„Constant, ich muß hinein!" befahl Josephine eigensinnig.

Josephine.

„Das ist unmöglich. Ich habe ausdrücklichen Befehl erhalten, Seine Majestät nicht zu stören, nicht einmal für Ihre Majestät, die Kaiserin."

Josephine mußte sich also zufrieden geben. Sie ging, kam aber schon nach einer halben Stunde wieder und bestand von neuem darauf, zum Kaiser eingelassen zu werden. Diesmal war sie jedoch weniger glücklich als seinerzeit bei Madame Duchâtel. Um jeden Preis aber mußte sie Gewißheit haben. Deshalb nahm sie ihre Zuflucht zu einer List, die ihr nicht schwer fiel. Sie sagte nämlich ihrem Mann, Constant habe das Geheimnis verraten und ihr erzählt, wer der „Minister" gewesen sei, mit dem Napoleon gearbeitet habe. Der Kaiser aber kannte die Schlauheit seiner Josephine ebensogut wie die Verschwiegenheit seines Kammerdieners: er ging nicht in die Falle. Als er der Form halber Constant deswegen zur Rede setzte, und dieser sich verteidigte, sagte er: „Nein, ich habe es auch gar nicht geglaubt; ich kenne Sie genügend und bin Ihrer Verschwiegenheit sicher. Aber wehe, wenn ich die Schwätzer entdecke!"

Eine Zeitlang schmollte Josephine mit ihrer Vorleserin, doch diese hatte sich nicht lange über die Ungnade der Kaiserin zu beklagen. Josephine sah bald ein, daß in diesem Verhältnis für sie keine Gefahr lag, daß Carlotta Gazzani nicht die Frau war, die sie aus dem Herzen Napoleons verdrängen konnte. Er liebte sie nicht. Sein Interesse für sie war eine Eintagsliebe, bei der das Herz nicht mitsprach; vielleicht hatten auch nicht einmal die Sinne Anteil daran, sondern nur das Bedürfnis. Für diesen großen Verleugner der Liebe, der ihr dennoch mehr als ein anderer ergeben war, bedeutete Madame Gazzani nichts weiter als ein Aushilfsobjekt, das ihm jederzeit zur Verfügung stand, wenn er plötzlich nach ihm Verlangen hatte. Carlotta war ergeben, willfährig, kurz eine sehr bequeme, wenig anspruchsvolle Geliebte. Sie machte kein Aufhebens von ihrem Favoritentum, wie ihre Landsmännin Giuseppina Grassini, und ihr war es besonders zu danken, daß sein Verhältnis, obwohl es zwei Jahre lang währte, am Hofe fast nicht beachtet wurde. Übrigens schenkte er seiner Geliebten während der öffentlichen Empfänge nicht mehr Aufmerksamkeit als anderen Frauen seines Hofes.

Ende des Jahres 1807 war er Carlotta überdrüssig. Die polnische Gräfin Walewska hatte ihm eine andere, tiefere Leidenschaft eingeflößt, als es die schöne Genueserin vermocht hatte. Schon im Jahre 1806 hatte er ihr die junge Vorleserin seiner Schwester Karoline, Fräulein Dénuelle de la Plaigne, vorgezogen. Treue lag gewiß nicht im Charakter des Kaisers; er liebte die Abwechslung. Und vielleicht war dies der einzige Grund, warum er sein Verhältnis zu Madame Gazzani auflöste: er hatte sie einfach satt! Gewisse Frauen behandelte er wie Kleidungsstücke: gefielen sie ihm nicht mehr, oder waren sie abgenutzt, so warf er sie weg. Dann mußten sie aber auch für immer und vollständig aus seinen Augen verschwinden; sehr selten nahm er eine verstoßene Geliebte wieder in Gnaden an.

Beinahe hätte Madame Gazzani das gleiche Geschick ereilt wie Fräulein Lacoste und Fräulein Mathis, wenn die gute Josephine sich nicht zu ihrer Beschützerin gemacht hätte. Sie hatte Mitleid mit der Verstoßenen; denn sie wußte aus eigener Erfahrung, wie weh es tut, verschmäht zu werden. Gerade um diese Zeit nahmen die Gerüchte von der Scheidung immer mehr Wahrscheinlichkeit an. Als daher Napoleon eines Tages zu ihr ins Zimmer mit den Worten stürzte: „Ich will Madame Gazzani nicht mehr bei Ihnen sehen; sie soll augenblicklich nach Italien zurückkehren!" entgegnete die Kaiserin sanft, doch nicht ohne einen versteckten Vorwurf: „ Sie wissen doch, mein Freund, daß das beste Mittel, Sie von dem Anblick Madame Gazzanis zu befreien, das ist, sie bei mir zu lassen. Wir werden zusammen

Faksimile der Handschrift Napoleons.

weinen, denn wir verstehen uns beide." Darauf konnte Napoleon nichts erwidern, und Carlotta blieb.

Wenn jedoch Josephine glaubte, daß die schöne Genueserin unter dem Zusammenbruch ihres Verhältnisses zum Kaiser litt, so irrte sie sich. Sie empfand für Napoleon nichts weiter als eine ehrfurchtsvolle Ergebenheit. Für sie war er der Kaiser, der Herr, dem man nicht widersprechen durfte, wenn er befahl. Sie tröstete sich deshalb bald mit dem Schwarm ihrer Bewunderer, die einer schönen und liebenswürdigen Frau nie mangeln. Der junge Graf Pourtalès nahm bald den von Napoleon freigelassenen Platz bei ihr ein; um diesem Verhältnis ein Ende zu machen, verheiratete man ihn später mit dem Fräulein de Castellane.

Mit dem Tage aber, an dem Carlotta Gazzani aufhörte Favoritin zu sein, entvölkerte sich auch ihr Salon von all den glänzenden Offizieren und Diplomaten, den schönen Frauen und Schmeichlern, die, solange sie in Gunst stand, ihren Kreis gebildet hatten. Nur eine kleine Anzahl wahrhafter Freunde blieb ihr treu, darunter die Kaiserin Josephine. Sie überschüttete sie mit Wohltaten und Auszeichnungen. Nach der Scheidung folgte Madame Gazzani ihr nach Malmaison und Navarra. Charlotta nannte sich jetzt mit ebensowenig Berechtigung, wie einst Bellilote, Baronin Brentano-Gazzani und hatte plötzlich ein Familienwappen, prächtiger als das Napoleons selbst.

Aber das Kaiserreich stand auf unsicheren Füßen. Der Thron, den Napoleon sich mit der Spitze seines Degens aus den Trümmern der Revolution gerettet hatte, begann zu schwanken und erhielt im Jahre 1814 den Todesstoß. Napoleon mußte das große schöne Frankreich mit der kleinen Insel Elba vertauschen! Dann kamen noch einmal begeisternde Tage voll Jubel und Wiedersehensfreude. Wie ein gewaltiges Rauschen ging es plötzlich über Europa: der Adler hatte noch einmal seine mächtigen Flügel erhoben, um sich von neuem auf dem Throne der Bourbonen niederzulassen!

Die Erinnerungen, die Carlotta Gazzani an die glänzenden Tage des Kaiserhofes bewahrt hatte, erwachten wieder in ihrem Herzen. Josephine deckte seit beinahe einem Jahre das Leichentuch, und Marie Luise war mit ihrem kleinen Sohne weit, weit entfernt; vielleicht brauchte Napoleon Trost, vielleicht war ihm jetzt eine weiche Hand willkommen, die ihm die Sorgen von der Stirn strich. Nach dem Beispiel Madame Pellaprats*) eilte Carlotta dem heimkehrenden Kaiser von Evreux aus entgegen. Aber von ihrer einstigen Schönheit war nicht viel mehr zu sehen. Sie war zweiundvierzig Jahre alt! Ihr Gesicht hatte Falten, die trotz der Schminke und des Puders nicht unsichtbar zu machen waren. Ihr Herz aber, das war noch jung; es schlug jetzt vielleicht lebhafter für den Kaiser als vor zehn Jahren.

Napoleon sah sie, und sie sah ihn, er aber nahm kaum Notiz von ihr. Er dachte in diesem Augenblick nicht an Liebeshändel. Frankreich und der Thron, den er von neuem zu erobern gedachte, waren seine einzigen Gedanken! Und dann — „eine Frau muß schön sein, um mir zu gefallen" — war sein Grundsatz. Carlotta Gazzani aber war nicht mehr schön; ihre Zeit war vorbei. Dennoch blieb sie an dem Hofe des einstigen Geliebten, bis Waterloo allen Glanz, alle Macht napoleonischer Größe und napoleonischen Genies unter seinen Trümmern begrub.

*) Madame Pellaprat war die Gemahlin des Generalschatzmeisters von Calvados. Napoleon hatte sie auf seiner Reise nach Caen kennen gelernt und sie ausgezeichnet.

DREIZEHNTES KAPITEL

ELÉONORE DÉNUELLE DE LA PLAIGNE

Der unauslöschliche Haß der Bonapartes gegen die Beauharnais, der seit der Heirat Napoleons und Josephines bestand, gab besonders den Schwestern des Kaisers Veranlassung zu Ränken, die ihnen wenig Ehre machten. Elisa, Pauline und Karoline waren immer gern bereit, des Bruders Liebesabenteuer zu begünstigen, oder ihm selbst junge gefällige Frauen aus ihrer Umgebung zuzuführen. Sie hofften, ihn auf diese Weise um so schneller und für immer von „la vieille" zu entfernen und zur Scheidung zu bestimmen. Auch Murat war mit im Bunde und vertrat gelegentlich die Stelle des Postillon d'amour. Im Felde sorgte er gewöhnlich, soweit er nicht selbst Ansprüche machte, für die „Zerstreuungen" des Kaisers. Talleyrand ist also nicht der einzige gewesen, der stets „die Taschen voller Liebeleien" für seinen Gebieter zur Verfügung hatte. In Boulogne beklagte sich Napoleon eines Tages, daß er nur Schnauzbärte zu Gesicht bekäme, und sofort hatte sein toller Schwager eine hübsche Italienerin in Bereitschaft, die nur auf den Augenblick zu warten schien, dem Kaiser zugeführt zu werden. In Paris war es ebenso. Murat begleitete Napoleon fast immer auf den nächtlichen Spazierfahrten, die er in einem Wagen ohne das kaiserliche Wappen, im einfachen schwarzen Rock und runden Hut unternahm. Und wie Murat sich nach außenhin mit den intimen Angelegenheiten des Kaisers beschäftigte,

Karoline Murat.
(Nach einem Stiche von Delpech aus der Sammlung Kircheisen.)

so ließ Karoline es sich im Innern ihres Schlosses angelegen sein, den Wünschen des Bruders entgegenzukommen. Und manche von ihren Damen wurden wie Semele von den sengenden Strahlen Jupiters getroffen.

Als der Sieger von Austerlitz Anfang des Jahres 1806 wieder nach Paris zurückgekehrt war, hatte er bei seiner Schwester im Elysée eine neue, sehr hübsche Vorleserin angetroffen, die man, wie es schien, ihm, so oft er kam, absichtlich in den Weg führte. Da sie keine gewöhnliche Erscheinung und äußerst kokett war, mußte sie ihm auffallen. Sie war noch sehr jung, kaum achtzehnjährig*), aber bereits mit allen Listen der Koketterie vertraut. Sie wußte ihre hohe biegsame Gestalt stets in die vorteilhaftesten Stellungen zu bringen, ihr schönes dunkelbraunes Haar geschmackvoll zu frisieren, und trieb mit ihren großen schwarzen Augen ein gefährliches Spiel, dem selbst der blasierteste Mann nicht widerstanden haben würde. Napoleon aber war weder blasiert noch ein Neuling in der Entzifferung dieser Sprache ohne Worte. Die Antwort ließ nicht lange auf sich warten. Er ließ sie ihr durch Vermittlung seiner Schwester Karoline zukommen, die längst mit heimlicher Freude das Interesse ihres Bruders für die junge Vorleserin beobachtet hatte. Und so widerspenstig die Schwestern Napoleons sich oft seinen Befehlen gegenüber zeigten: wenn es galt, einen Liebeshandel für ihn einzufädeln, da waren sie es gewiß nicht! In diesem speziellen Falle aber fühlte Karoline sich gewissermaßen verpflichtet, die Zukunft ihrer Vorleserin sicher zu stellen, denn sie war ihre Schutzbefohlene. Wie anders hätte sie ihr größeren pekuniären Vorteil verschaffen können als dadurch, daß sie ihr den Kaiser zum Geliebten gab?

Louise Catherine Eléonore Dénuelle de la Plaigne — das war der Name der Vorleserin — hatte trotz ihrer großen

---
*) Sie war am 13. September 1787 in Paris geboren.

Jugend so etwas wie eine Vergangenheit. Sie war die Tochter eines angeblichen Rentners, von dem man jedoch nicht wußte, mit welcher Art von Renten er das kostspielige Leben seiner anspruchsvollen Familie bestritt. Eleonores Mutter war schön und verhältnismäßig noch jung; man sagt, ihre Schönheit habe zum Wohlstand der Ihrigen nicht wenig beigetragen. Obwohl die Familie Dénuelle nicht in der vornehmen Pariser Gesellschaft verkehrte, oder besser keinen Zutritt hatte, erhielt Eleonore eine Zeitlang in dem aristokratischen Institut der Frau Campan die gleiche Erziehung wie Hortense, Karoline und andere junge Mädchen, die später eine Fürsten- oder Königskrone trugen. Vielleicht hofften die Eltern, daß Eleonore bei Madame Campan eine der vorteilhaften Partien machen werde, wie sie zur Zeit Hortenses in Mode waren. Hatten nicht Fräulein Tascher de la Pagerie, Fräulein Emilie und Stephanie de Beauharnais, die Nichten Josephines, die Erziehungsanstalt verlassen, um die Frauen von Prinzen und Würdenträgern zu werden?

Aber Eleonore verließ Saint-Germain-en-Laye ohne die gewünschte Partie gefunden zu haben. Sie war damals siebzehn Jahre alt und sehr anziehend. Eines Abends saß sie mit ihrer Mutter im Theater. Auf dem leeren Stuhl hinter ihr in der Loge hatte ein junger eleganter Offizier Platz genommen, den Eleonore mehr als das Spiel auf der Bühne zu interessieren schien. Und so machte man während der Pause Bekanntschaft miteinander. Der junge Mann, der sich als Hauptmann Jean François Honoré Revel vom 15. Dragonerregiment vorstellte, schien ganz und gar von der Schönheit des jungen Mädchens hingerissen zu sein. Die Mutter war über den Erfolg ihrer Tochter entzückt und lud Revel nach dem Theater zu sich zum Souper ein. Seine Besuche wiederholten sich, und kurze Zeit darauf, am 15. Januar 1805, feierte man die Hochzeit Eleonores mit dem Hauptmann Revel.

Joachim Murat.
(Nach einem Gemälde vom Baron F. P. S. Gérard.)

Fräulein Dénuelle war einem Abenteurer, einem gewissenlosen Menschen in die Hände gefallen, der aus der Schönheit seiner Frau größeren Nutzen zu ziehen hoffte als aus seinem Beruf, denn er hatte überhaupt keinen. Kurz vor seiner Verheiratung war er aus der Armee ausgeschieden, um, wie er vorgab, sich mit Armeelieferungen zu befassen. In Wahrheit hatte er es nie bis zum Hauptmann gebracht, sondern war einfacher Sergeant gewesen. Nach zweimonatiger Ehe wurde er im März 1805 wegen Unterschlagungen und Urkundenfälschung verhaftet und zu zwei Jahren Gefängnis verurteilt. Er war übrigens schon einmal verheiratet gewesen und hatte zwei Kinder.

Eleonore hatte bald seinen wahren Charakter erkannt und sich von ihm entfernt. Sie war zu Madame Campan, ihrer ehemaligen Erzieherin, gelaufen, um sie um ihren einflußreichen Schutz zu bitten. Da Madame Campan sich teilweise schuldig an dieser unglücklichen Heirat fühlte, denn sie hatte Revel, der sich zum Scheine über seine zukünftige Frau bei ihr erkundigte, sehr geraten, Eleonore zu heiraten, so war sie gern bereit, die junge Frau aus ihrer unangenehmen Lage zu befreien. Mit Hilfe ihrer Vermittlung und Fürsprache erhielt Eleonore eine Anstellung als Anmeldedame bei Ihrer Kaiserlichen Hoheit der Prinzessin Karoline, und es währte nicht lange, so rückte sie zur Vorleserin hinauf.

In diesem Amte lernte Napoleon sie Anfang April 1806 kennen. Weder ihre Erziehung im Elternhause noch die kurze Zeit ihrer Ehe mit Revel waren für das moralische Empfinden der jungen Frau von Vorteil gewesen. Als daher der Kaiser, der wie bekannt, seine Liebeleien in kürzester Frist erledigt wissen wollte, ihr durch Karoline seine Vorschläge unterbreiten ließ, war Eleonore entzückt, die geheimen Gemächer der Tuilerien betreten zu dürfen, und begab sich ohne Sträuben dahin. Ihre Besuche beim Kaiser jedoch waren selten und kurz. Sie selbst war darauf bedacht, die denkbar wenigste Zeit auf die Schäferstunden mit Napoleon zu verwenden, da sie kein anderes Gefühl, als die Eitelkeit leitete, die Geliebte des größten Mannes seiner Zeit zu sein. Sie empfand vielleicht noch weniger Interesse für ihn als Madame Gazzani, denn diese war dem Kaiser wenigstens ergeben.

Bereits nach den ersten Besuchen in den Tuilerien fühlte Eleonore sich Mutter. Die Prinzessin Karoline war bei dieser Nachricht von dem Zustande ihrer Vorleserin außer sich vor Freude. Die Tatsache, ein Kind, vielleicht einen Sohn zu haben, würde Napoleon doch endlich seinen Entschluß zur Ausführung bringen lassen, sich von Josephine zu trennen. Karoline war die erste, die ihm diese freudige Botschaft überbrachte.

Napoleon beauftragte sofort den Palastmarschall Duroc, für seine Geliebte ein Haus einzurichten, wohin sie sich während der Zeit ihres interessanten Zustandes zurückzog. Dieses Haus stand auf der Rue de la Victoire, der ehemaligen Rue Chantereine, derselben Straße, wo er zum erstenmal die heiße Flamme der Liebe zu Josephine gespürt hatte. Er schien diese Straße für den Wohnort seiner Freundinnen besonders zu bevorzugen, denn auch die Gräfin Walewska hatte später dort ihr Heim. Seitdem Napoleon jedoch gewiß war, ein Kind von Eleonore zu haben, besuchte er sie seltener. Sie hatte sich inzwischen von ihrem Manne scheiden lassen und wieder ihren Mädchennamen angenommen*). Ihr würdiger Gatte, der, nachdem er das Gefängnis verlassen hatte, sein abenteuerliches Leben weiterführte, veröffentlichte später aus Rache die schändlichsten Flugschriften über sie, Napoleon, Murat und Karoline**).

---

*) Die Scheidung war am 29. April 1806 ausgesprochen worden.

**) Die bedeutendste dieser Flugschriften ist betitelt: Bonaparte et Murat, ravisseurs d'une jeune femme et quelques-uns de leurs agents complices de ce rapt, devant le tribunal de première instance du département de la Seine; mémoire historique, écrit par le mari outragé, J. H. Revel. Paris, 1815.

Pauline Bonaparte.
(Nach einem Gemälde von R. Le Febvre im Musée de Versailles.)

Während der Kaiser in Posen sein Bündnis mit Sachsen befestigte, schenkte Eleonore am 13. Dezember 1806 in dem erwähnten Hause einem Knaben das Leben. Man gab ihm nicht den ganzen glorreichen Namen seines Vaters sondern nur ein Stück davon und nannte ihn Léon*). Das kuriose Geburtszeugnis dieses Kaisersohnes lautete:

Montag, den 15. Dezember 1806. Geburtsurkunde von: Léon, männlichen Geschlechts, geboren am 13. dieses Monats, 2 Uhr morgens in der Rue de la Victoire Nr. 29, Division Mont Blanc, Sohn des Fräulein Eleonore Denuel, Rentnerin, 20 Jahre alt; Vater abwesend. Als Zeugen waren zugegen die Herren Jacques-René Marie Aymé, Schatzmeister der Ehrenlegion, wohnhaft Rue Saint-George Nr. 24, und Guillaume Andral, Arzt am Invalidendom, wohnhaft daselbst; auf Ansuchen des Herrn Pierre Marchais, Geburtshelfers, wohnhaft Rue des Fossés-Saint-Germain-l'Auxerrois Nr. 29, der mit den obengenannten Zeugen und mit uns, Louis Picard, Adjunkt des Bürgermeisters, die wir die vorliegende Geburtsurkunde abgefaßt haben, dieselbe nach Durchsicht unterzeichnet hat.

Gez.: Marchais, Aymé, Andral und Picard.

Ausgegeben von uns, dem Bürgermeister, mit dem Original übereinstimmend, am 16. November 1815.

Gez.: Boileau.

Gesehen im Sekretariat. Gez.: Mauriceau.

Als Napoleon durch einen Kurier der Prinzessin Karoline die Nachricht von der Geburt des kleinen Léon erhielt, weilte er in Pultusk, wo er sechs Tage zuvor die erste Schlacht gegen die Russen geliefert hatte. Er war sehr glücklich und rief voll stolzer Freude aus: „Ich habe einen Sohn!" Jetzt wußte er sicher, daß seine Rasse fortpflanzungsfähig war.

— Außerdem hat er noch sieben ähnliche Schriften, die sich alle auf seine Scheidung beziehen, geschrieben.
*) Sein zweiter Name war Charles.

Sein Entschluß, sich von Josephine scheiden zu lassen, stand fest. Sein sehnlichster Wunsch war erfüllt. Ein Sohn! Sein Sohn! Er würde ihn bei seiner Rückkehr mit seinen kleinen unwissenden Kinderaugen anlächeln, vielleicht nach ihm die Ärmchen ausstrecken! Dieser Gedanke machte ihn sehr glücklich. Lange Zeit beschäftigte ihn die Absicht, dieses „Kind linker Hand", wie er es nannte, zu adoptieren und zu seinem Thronerben zu ernennen. Er bedachte dabei nicht, daß sein eigenes Gesetzbuch die außereheliche Nachkommenschaft eines Fürsten nicht als thronberechtigt anerkannte. Er sprach zwar mit Josephine über diesen Plan, denn dadurch wäre er am besten einer Scheidung mit ihr aus dem Wege gegangen, später jedoch ließ er diesen Gedanken wieder fallen.

Der kleine Léon, der einer stürmischen Zukunft entgegenging und sich unter dem Kaiserreich Napoleons III. als Graf Léon einen so berüchtigten Ruf erwarb, wurde während der ersten vier Jahre der Fürsorge einer Frau Loir übergeben. Sie war die Amme des Sohnes der Prinzessin Karoline, des kleinen Achille Murat gewesen. Für die Erziehung kam der Kaiser auf, der seinem Sohne, als er aus dem Feldzuge in Preußen zurückkehrte, eine Rente von 30 000 Franken und der Mutter eine von 22 000 Franken aussetzte. Von Eleonore wollte er jedoch nichts mehr wissen. Sie war im Jahre 1807 eigenmächtig mit ihrem Kinde in Fontainebleau erschienen und hatte sich durch Constant dem Kaiser melden lassen. Da war Napoleon sehr böse geworden und hatte ihr sagen lassen, daß er nur diejenigen Personen empfinge, die er zu sehen wünsche. Eleonore mußte sich also zurückziehen. Für Napoleon war sie jetzt die Mutter seines Sohnes, nicht aber mehr seine Geliebte. Sie hatte ihre Pflicht erfüllt; sie hatte ihm einen Sohn geboren. Sein ganzes Interesse richtete sich auf dieses Kind; die Mutter war ihm gleichgültig. Er sah sie nicht wieder.

Seinen Verpflichtungen ihr gegenüber war er durch die Schenkung des Hauses in der Rue de la Victoire und durch die erwähnte Pension nachgekommen.

Anders war es mit seinem Sohne. Er vergaß ihn nicht. Als Léon sein drittes Lebensjahr erreicht hatte, ließ er ihn oft, selbst später noch, als er mit Marie Louise verheiratet war, nach den Tuilerien kommen. Er spielte mit ihm, neckte und küßte ihn und erfreute sich an des Kindes schlagfertigen Antworten. Léon verließ die Tuilerien nie anders als mit Geschenken und Bonbons, vor allem aber mit Banknoten überhäuft, die seiner Mutter sehr zustatten kamen.

Als Vormund hatte Napoleon den Baron Ignace Mathieu de Mauvières, den Schwiegervater des Barons Méneval, seines Sekretärs, ausersehen. Mit den Kindern Mauvières' besuchte Léon im Jahre 1812 die Erziehungsanstalt Hix in Paris, und als der Kaiser von Elba zurückkehrte, übernahmen Madame Mère und der Kardinal Fesch, der Onkel des Kaisers, die Erziehung des Kindes. Sie waren ihm beide sehr zugetan, obwohl Léon einen herrischen, wilden und unbändigen Charakter hatte. Letizia besonders liebte ihn sehr, weil er sie an ihren eigenen kleinen Napoleon erinnerte, dem er wie aus den Augen geschnitten ähnlich sah.

Der Kaiser gedachte aus seinem Sohne etwas Rechtes zu machen; war er doch sein Fleisch und Blut. Léon konnte kein Alltagsmensch werden! Als Napoleon längst einen legitimen Sohn besaß und diesen über alles liebte, verminderte sich sein Interesse für den außerehelichen nicht: er sorgte stets in gleichem Maße für ihn. Ehe er in den Feldzug von 1814 zog, fügte er der Léon ausgesetzten Rente noch 12 000 Franken hinzu, damit, wenn er getötet würde, seines Sohnes Zukunft gesichert sei. Im Juni 1815 schenkte er ihm wiederum zehn Kanalaktien im Werte von 100 000 Franken und küßte ihn zum letztenmal auf die unschuldsvolle Stirn. Bei seinem rechtmäßigen Sohne war ihm dieses Glück versagt. Der weilte fern von Frankreich, des Vaters und des Thrones beraubt! Auch in seinem Testament gedachte Napoleon des kleinen Léon, der sein fünfzehntes Lebensjahr erreicht hatte. Er überschrieb ihm eine Pension von 72 000 Franken mit der Verfügung, daß er gern sehen würde, wenn Léon in die Verwaltung von Paris eintrete. Wie sich seine Hoffnungen auf diesen Sohn erfüllen sollten, ahnte der sterbende Kaiser nicht.

Was aber war inzwischen aus der Mutter Léons geworden? Sie hatte sich ungefähr ein Jahr nach der Geburt des Kindes, am 4. Februar 1808, mit einem Herrn Pierre Philippe Augier, Leutnant der Infanterie, verheiratet, war mit ihm nach Spanien gegangen und im Jahre 1812 Witwe geworden; denn ihr Mann war auf dem Rückzug von Rußland als Hauptmann im Marienburger Lazarett gestorben. Zwei Jahre später, als die Verbündeten in Frankreich eingedrungen waren, machte sie die Bekanntschaft eines bayrischen Majors, des Grafen Karl August Emil Luxburg, und heiratete ihn am 25. Mai 1814 in Seckenheim in Baden. Sechsundzwanzig Jahre lebte sie mit ihm in Deutschland und anderen Ländern und kam nach dieser Zeit wieder nach Paris, wo ihr Mann zum badischen Gesandten ernannt worden war. Wie alle kaiserlichen Maitressen sah Eleonore das Reich Napoleons in Trümmer fallen, wie wenige aber das zweite Kaiserreich zu neuem Glanze auferstehen. Sie starb am 30. Januar 1868 in Paris.

Der junge Graf Léon jedoch führte, sobald er in das Alter kam, das ihm die Türen der Gesellschaft, der Welt und Halbwelt öffnete, das ausschweifendste und verschwenderischste Leben. Sein Äußeres war elegant, seine Gestalt hoch und schlank wie die seiner Mutter, aber im übrigen war er das wandelnde Ebenbild des Vaters. Man fand in seinem Gesicht denselben feingeschnittenen Mund, dieselbe kühngeschwungene Adlernase und den entschlossenen Blick wie bei Napoleon. Aber Léon war ein Dandy, ein Nichtstuer, ein unverbesserlicher Spieler, kurz ein Entgleister. Seine Abstammung war ihm verhängnisvoll geworden. Was er von seinem Vater an tätigem Geist, an Temperament, an Energie — denn die hatte der junge Graf trotz seiner Unlust zur Ar-

Graf Léon,
Sohn Napoleons und der Eleonore Dénelle de la Plaigne.
(Sammlung H. Fleischmann.)

beit —, was er an Mut und Entschlossenheit besaß, wurde von ihm in falscher Weise und auf falschen Gebieten vergeudet. Er glaubte sich als Sohn des großen Mannes berechtigt, in der Welt die erste Rolle zu spielen, ohne durch eigene Kraft diese Sonderstellung zu verdienen. In Glanz und Luxus aufgewachsen, von Kindheit an verwöhnt und bewundert, war, als er zum Manne ward, das Beste in ihm verdorben. Geld hatte keinerlei Wert für ihn, solange er es mit vollen Händen ausgeben konnte; es rollte ihm leicht durch die Finger. In einer einzigen Nacht verspielte er einmal 45 000 Franken und ein andermal 16 000 Franken. Die bedeutendsten Summen genügten ihm nicht zu seinem verschwenderischen, abenteuerlichen Leben, das sich zum großen Teile hinter den Kulissen der Theaterwelt und in den Boudoirs genußsüchtiger Lebedamen abspielte. Er belästigte fortwährend die Mitglieder der kaiserlichen Familie mit seinen Geldforderungen, und in seinen Prozessen, die er mit aller Welt, selbst mit seiner Mutter führte, entfaltete er eine wahrhaft geniale Tätigkeit. Schließlich kam er im Jahre 1838 ins Schuldgefängnis von Clichy, wo er zwei Jahre seines Lebens zubrachte.

Aber auch nachher war Léons Leben nicht geregelter als vordem. Man sah ihn in Gesellschaft der übelsten Sorte von Frauen; er selbst verlegte sich auf alle möglichen zweideutigen Unternehmungen und Charlatanerien, so daß er bald der Pariser Polizei kein Unbekannter mehr war. Im Jahre 1840 versuchte er in London sich dem Prinzen Louis, dem späteren Kaiser Napoleon III., den er seinen Vetter nannte, zu nähern. Da dieser ihn nicht empfangen wollte, forderte Léon ihn auf Pistolen. Die englische Polizei vereitelte jedoch das Duell, das in Wimbleton stattfinden sollte. Pekuniär und moralisch völlig ruiniert führte er, nach Frankreich zurückgekehrt, gegen seine Mutter, die in guten Verhältnissen lebende Gräfin Luxburg, einen Prozeß, der ihm eine Pension von 4000 Franken einbrachte. Später, als der „Vetter", den er hatte töten wollen, auf den Thron gelangte, zahlte ihm dieser das Vermächtnis Napoleons I., seines Vaters, aus, das sich auf ein Kapital von 225 319 Franken belief, und fügte noch aus seiner eigenen Schatulle eine Rente von 6000 Franken hinzu. Als Dank dafür erntete Napoleon III. nichts als Schmähungen und Beleidigungen in Schriften, die sein liebenswürdiger Vetter Léon gegen ihn veröffentlichte. Und dennoch bezahlte der zweite französische Kaiser ihm mehrmals seine Schulden, im ganzen 60 720 Franken! All dieses Geld, für damalige Verhältnisse bedeutende Summen, war in den Händen des Grafen Léon nichts. Bald hatte er keinen Heller mehr und bestürmte von neuem seine „Verwandten" mit seinen Gesuchen. Einmal forderte er 500000 Franken, ein andermal 877670 Franken von ihnen, und so fuhr er fort.

Nach dem Sturze des zweiten Kaiserreichs lebte Léon in England, wahrscheinlich ebenfalls auf Kosten der dort in der Verbannung weilenden Familie Napoleons III. Er hatte sich seit einigen Jahren mit einer Schneiderin, Françoise Fanny Jonet, verbunden, die ihm vier Kinder geboren hatte. Um dieser Kinder willen heiratete er sie später*).

Im Jahre 1875 sehen wir ihn jedoch wieder in Frankreich, in Toulouse, Bordeaux, Tours und schließlich in Pontoise, wo er, von allem entblößt, so kümmerlich lebte, daß er sich nicht einmal mehr für einen Sous Tabak kaufen konnte und erst sein Taschenmsser veräußern mußte, um in Besitz des Pfeifenkrautes zu gelangen, das ihm ein mitleidiges Dienstmädchen verschaffte. Seine Frau, die Gräfin Léon, mußte eine Stellung als Putzfrau annehmen, um wenigstens ihr Dasein zu fristen. Léon selbst versuchte von aller Welt und in allen Erdteilen Geld zu borgen und kam schließlich so weit, daß er seine Bekannten auf der Straße um einen Taler anging. Niemand aber wollte ihm den geringsten Kredit geben. Frau Léons sehnlichster Wunsch war, einen Tabakladen von der Regierung zu erhalten, aber sie starb ohne ihren Wunsch erfüllt zu sehen, im Jahre 1899. Der Graf war ihr achtzehn Jahre im Tode vorausgegangen.

---

*) Das Verhältnis datierte vom Jahre 1854; erst im Jahre 1862 heirateten sie sich.

Der Abkömmling des großen Kaisers, der die Tage des Glanzes und der Macht mit erlebt hatte, der selbst im Reichtum geschwelgt, er starb wie der Ärmste der Armen am 15. April 1881 und hinterließ den Seinigen nicht einmal so viel, daß sie die sechs Bretter zu seinem letzten Schrein bezahlen konnten. Ein ergreifendes Nachspiel zu all den glänzenden Liebesepisoden des ersten Kaisers der Franzosen!

COER-DAME

VIERZEHNTES KAPITEL

GRÄFIN MARIE WALEWSKA

Wer spräche den Namen dieser jungen polnischen Edelfrau nicht mit einem gewissen Mitleid aus, wenn er ihn im Zusammenhang mit Napoleon nennt? Noch heute betrachtet man die Gräfin Walewska als ein Opfer des Minotaurus, der sich ohne Erbarmen auf die junge Beute stürzte und trotz aller verzweifelten Sträubens, trotz aller Tränen unter seine brutale Kraft zwang. An dieser weitverbreiteten Ansicht sind hauptsächlich die Memoiren der Frau von Rémusat schuld, die zuerst das Gerücht in Umlauf brachten, Napoleon habe sich diese Geliebte durch Murat unter dem hohen polnischen Adel auswählen und ohne Umstände zu sich holen lassen, ihr ein Abendessen, ein Bad und sein Bett angeboten. Verleumdung oder Legende: beides kommt auf eins heraus!

Näher untersucht knüpfte sich die Bekanntschaft des Kaisers mit diesem jungen Weibe, dem einzigen, dem er außer Josephine mehr als eine vorübergehende Leidenschaft entgegenbrachte, auf eine, wenn auch nicht ideale, so doch etwas weniger brutale Weise an. Wir begegnen hier jedenfalls einem Gefühl, wie es Napoleon weder vorher noch nachher für eine Frau übrig gehabt hat. Er selbst lernte zum erstenmal ein Wesen kennen, das ebenso empfand wie er, das seine Zärtlichkeiten aus uneigennützigem Herzen erwiderte, das sich ihm ganz hingab und nur für ihn und durch ihn lebte. Dieser Leidenschaft, dieser Liebe, die weder Grenzen noch Hindernisse kannte, wurde wohl durch die Heirat mit der Erzherzogin ein Ziel gesetzt, aber aufgehört hat sie nie!

Es wäre natürlich ganz falsch, die Entstehung des Verhältnisses mit einem Glorienschein von Sentimentalität zu umgeben. Schwärmerische Empfindsamkeit lag dem Charakter Napoleons fern. Er sah eine Frau: sie gefiel ihm, und er hatte den Wunsch, sie zu besitzen. Sein erstes Empfinden war ein sinnliches. Entdeckte er später in der von ihm erwählten Frau seelische Eigenschaften, die ihm zusagten, so sprach auch sein Herz. Seine Eigenart, sein Temperament verlangten zuerst nach dem Körper des Weibes. Alles Ideale, alles Sentimentale, das wir Nordländer selbst in der banalsten Liebelei nicht missen wollen, muß bei ihm, durch dessen Adern das heiße Blut seiner korsischen Vorfahren rollte, im Beginne einer Leidenschaft erst an zweiter Stelle in Betracht gezogen, ja unter Umständen ganz ausgeschieden werden. Jenes schwärmerische Gefühl der idealen Liebe kannte Napoleon nur als junger Mann, als er noch die empfindsamen Romane Rousseaus las, als er die Frau nur platonisch kannte, als er zum ersten Male wahrhaft liebte. Und selbst da ist seine Sentimentalität mit leidenschaftlicher Sinnlichkeit gepaart.

Später trat das Sexuelle in diesem aus den schroffsten Gegensätzen zusammengesetzten Menschen immer mehr in den Vordergrund. Richtig überlegt mußte er auch durch die äußeren Umstände, durch die Sonderstellung, die er einnahm, zu einem mehr sinnlichen als sentimentalen Empfinden hingetrieben werden. Die schönsten Frauen warfen sich dem Herrscher in die Arme, dessen Ruhm und Macht sich über die halbe Erde erstreckten. Er nahm sie, wie sie sich ihm gaben. Suchten sie in ihm etwa die Seele?

Versetzen wir uns nun zurück in jene Zeit des polnischen

Kaiser Napoleon.
Gemälde von E. Hader.
(Nach einer Photographie aus der Sammlung Kircheisen.)

Feldzugs. Napoleon war auf dem Gipfel seiner Macht angelangt. Die Polen sahen in ihm, der alles tat, um den militärischen Geist dieses Volkes anzufachen, der ihnen Feste, Bälle, Konzerte gab, der ihnen Versprechungen machte und sie zu den schönsten Hoffnungen für die Unabhängigkeit ihres Vaterlandes berechtigte, wenn nicht einen ganzen so doch einen halben Gott! Er allein schien ihnen von der Vorsehung ausersehen zu sein, das alte polnische Reich wieder zu Ansehen und Ruhm zu bringen. Seine Marschälle und Generale waren in ihren Augen die herrlichsten Krieger aller Jahrhunderte. Mit ihrer Hilfe wollte der Kaiser der Franzosen die Polen aus der sie wie kein anderes Volk bedrückenden Knechtschaft befreien! Er wollte sie wieder zu jener stolzen Nation machen, die sie unter den letzten Polenkönigen gewesen! Wer das polnische Volk kennt, der weiß, welchen Ehrgeiz sie darein setzen, ein selbständiges Volk zu sein!

Der Jubel und die Freude nahmen daher kein Ende, als Napoleon mit seiner Garde im Januar 1807 im Schloß von Warschau sein Quartier aufschlug. Seine Offiziere und Soldaten eroberten die Herzen der polnischen Schönen im Sturme. Sollte er, ihr General, ihr Kaiser, allein von diesen Triumphen, die, obwohl nicht militärisch, nichtsdestoweniger ruhmreich waren, ausgeschlossen sein? „Alle diese Polinnen sind Französinnen", hatte er Josephine am 2. Dezember von Posen aus geschrieben; was für einen Eindruck mußte er erst von den Rassepolinnen Warschaus gewinnen? Und doch sollte er sein ganzes Eroberertalent anwenden müssen, um siegreich aus dem Kampfe mit einem stolzen, unverdorbenen, aber nicht abgeneigten Herzen hervorzugehen.

Es war auf einem Balle, den die Stadt Warschau zu Ehren des französischen Kaisers veranstaltete, als Napoleon die Gräfin Walewska zum erstenmal sah. Ihre zarte, blonde, achtzehnjährige Schönheit*), die blauen, sanften Augen erinnerten ihn an die Tage in Ägypten, an seine erste Geliebte, die ebenfalls blond, jung und frisch war. Diese hier in dem polnischen Lande jedoch war eine edlere Blume als Bellilote, die Tochter der Köchin! Die Gräfin entstammte dem alten aber verarmten polnischen Geschlechte der Laczinski. Sie hatte den siebzigjährigen reichen Grafen Anastasius Colonna-Walewicz-Walewski geheiratet, der wegen seiner strengen Grundsätze und seines kalten, trockenen Wesens bekannt war. Marie Laczinska war seine dritte Frau und fast zehn Jahre jünger als sein jüngstes Enkelkind. Sie war mit ihm von ihrem Gute Walewicz, auf dem sie in stiller Zurückgezogenheit lebten, nach Warschau gekommen, um den Helden zu bewundern, dessen Händen die Polen ihr Geschick anvertrauen wollten.

Diese junge zierliche Gräfin, die kaum den Kinderschuhen entwachsen zu sein schien, umschwebte ein unendlicher Liebreiz. Sie konnte so herzgewinnend lächeln, ihre Veilchenaugen blickten so sanft und unschuldig, und über dem ganzen blumenhaften Gesichtchen lagerte wie ein zarter Wehmutsschleier ein Zug von Traurigkeit, der sie um so anziehender machte. Ihre kleine aber wohlgebaute, überaus anmutige Gestalt umfloß ein einfaches, weißes Atlaskleid mit einem weißen Tüllüberwurf, und die blonden Locken schmückte nichts als ein Blütenkranz. Unter all den brillantengeschmückten Frauen sah sie aus wie die verkörperte Bescheidenheit.

Dennoch bemerkte Napoleon die süße Schönheit Marie Walewskas. Sie schien ihm die Grazie und Sanftmut selbst zu sein. Immer lebhafter ward der Wunsch in ihm, diese junge zarte Blüte zu besitzen. Daß er auf Widerstand stoßen könne, kam ihm nicht in den Sinn. Noch nie hatte sich eine Frau seinen Wünschen, den Wünschen des Kaisers! —

*) Sie war im Jahre 1789 geboren.

Gräfin Marie Walewska.
(Nach einem Gemälde vom Baron F. P. S. Gérard.)

widersetzt. Er wußte ja, daß ganz besonders die polnischen Damen voll Bewunderung zu ihm aufblickten und ihn als den Wiedererrichter des polnischen Reiches betrachteten.

Als Talleyrand das magische Wort „Der Kaiser!" in den Ballsaal rief, um die Ankunft Napoleons zu verkünden, da war vor allem auf den Gesichtern der vielen schönen Polinnen, die sich hier versammelt hatten, die höchste Spannung zu bemerken. Die Türen flogen auf, und der Kaiser der Franzosen stand vor den Vertretern und den Vertreterinnen des polnischen Adels. Sein Adlerblick ruhte minutenlang auf der glänzenden Gesellschaft, und dann begann der Rundgang.

Manches Frauenherz schlug in diesem Augenblick höher vor Begeisterung und Bewunderung für den Mann, in dessen Macht es stand, und von dessen Willen es abhing, das polnische Volk glücklich zu machen. Die feinempfindende Gräfin Anna Potocka, geborene Gräfin Tyszkiewicz, verrät uns durch die Wiedergabe ihrer eigenen Gefühle, was viele ihrer Landsmänninnen mit ihr empfanden, als sie Napoleon zum erstenmal sahen. „Nur schwer kann man verstehen," sagt sie, „wie tief und unerwartet der Eindruck war, den man von ihm empfing. Ich persönlich erlebte eine Art Betäubung, eine wortlose Überraschung, ähnlich der, wie man sie empfinden mag, wenn man ein Wunder sieht. Es schien mir, als schwebe ein Heiligenschein um sein Haupt. Der einzige Gedanke, den ich ausdenken konnte, als ich mich von meinem Erstaunen erholt hatte, war, daß ein solches Wesen unmöglich sterblich sein könnte, daß ein so mächtig organisierter Geist, ein so großes Genie niemals aufhören könnten zu sein! Und in meinem tiefsten Innern verlieh ich ihm eine ‚doppelte Unsterblichkeit'." Als Napoleon dann das Wort an sie richtete, war sie so verwirrt, daß sie nichts von seiner Anrede im Gedächtnis behielt. Nur sein Lächeln vergaß sie nicht, „dieses

Lächeln, das ihm eigen war, wenn er mit einer Frau sprach, nahm seinem Gesicht alles Strenge, das der durchdringende Blick ihm verleihen konnte".

Und wie es im Innern der Gräfin Potocka aussah, so sah es in den Herzen vieler polnischen Damen aus. Manche wäre vielleicht bereit gewesen, wie Monna Vanna sich dem Feldherrn zu opfern, der ihres Vaterlandes Geschick in Händen hielt. Nur war in diesem Falle der Feldherr nicht der Feind, und er flößte eher Bewunderung als Schrecken ein.

Vielleicht dachte Napoleon, als er die junge Gräfin Walewska sah, wie Uriel Acosta, daß „Bewundern ist und Liebe eins beim Weib". Kurz, er wußte, daß sie eine der eifrigsten und leidenschaftlichsten Patriotinnen war, er wußte, daß sie sein Genie, seinen Ruhm und seine Größe bewunderte, und er wußte auch, daß man sie an einen alten Mann verheiratet hatte. Er glaubte sie in ihrer Ehe nicht glücklich; der traurige Zug auf ihrem lieblichen Gesicht bestärkte ihn in seiner Ansicht und erhöhte seine Leidenschaft.

An dem betreffenden Ballabend sprach Napoleon wenig mit Marie Walewska, obwohl er einen Kontretanz mit ihr tanzte. Wie es so seine Art war, fragte er sie nach ihrem Namen, ihrer Familie, ihrem Mann usw., und machte schließlich eine Bemerkung über ihr Kleid. Er fand, daß weißer Tüll auf weißem Atlas nicht vorteilhaft wirke. Marie beantwortete alle Fragen mit unnachahmlicher Anmut und einer angeborenen Schüchternheit, die den Kaiser entzückten. Ihr in purpurne Glut getauchtes Köpfchen, das an die Gemälde von Greuze erinnerte, schien ihn in seiner unschuldsvollen Schönheit vollkommen zu bezaubern. Während er mit den Ministern und Staatsmännern über Politik und Geschäfte sprach, waren seine Gedanken bei ihr. Er sah nur sie, er hörte nur ihre sanfte, feine Stimme, ihr fremdländisches Französisch und ihr diskretes melodisches Lachen.

Am nächsten Morgen befand sich Napoleon in einer seltsamen Aufregung. Sein Kammerdiener hatte die größte Mühe, ihn anzukleiden, denn der Kaiser blieb nicht fünf Minuten lang still stehen oder ruhig sitzen. Er ging mit großen Schritten im Zimmer auf und ab, begab sich bald zu dem Tisch mit den Zeitungen, die er gedankenlos durchblätterte, bald da bald dorthin, ohne zu wissen, was er

Anna Tyszkiewicz, Gräfin Potocka.
(Nach einem Gemälde von Angelika Kauffmann.)

tat. Schließlich hielt er es in der Ungewißheit nicht länger mehr aus. Nach dem Frühstück beauftragte er den getreuen Duroc, der Gräfin seine Huldigungen und seine Wünsche zu Füßen zu legen. „Ich habe nur Sie gesehen, nur Sie bewundert, nur Sie begehrt!" schrieb er ihr. „Geben Sie mir schnell eine Antwort, die das Feuer zu beruhigen vermag, das mich verzehrt!" Napoleon.

Eine so unumwundene Erklärung mußte natürlicherweise die junge Frau empören. An solche Art von Liebeserklärungen war sie nicht gewöhnt. Ihr Scham- und Ehrgefühl waren aufs tiefste verletzt. Der kaiserliche Palastmarschall wurde daher nichts weniger als höflich empfangen und mußte sich zu seinem großen Erstaunen unverrichteter Sache zurückziehen. So etwas war ihm in seiner Praxis noch nicht vorgekommen: dem Kaiser hatte sich noch keine Frau verweigert, wenn er geruhte, sie mit seiner Huld auszuzeichnen! Aber diese kleine Polin war so ganz anders als die Frauen, die Napoleon bisher gekannt hatte, so himmelweit von ihnen verschieden. Später sagte Napoleon von ihr zu seinem Bruder Lucien: „Sie war eine reizende Frau, ein Engel. Man kann wohl behaupten, daß ihre Seele ebenso schön war wie ihr Gesicht."

Er gab die Hoffnung trotz der Niederlage nicht auf. Er, der nie, seitdem er Kaiser war, sentimentale Briefe an Frauen geschrieben hatte, schickte jetzt der Gräfin Walewska Worte, die zwar nicht die unendliche Zärtlichkeit der Liebesbriefe an Josephine enthalten, die jedoch einem Kaiser, einem Napoleon alle Ehre machen.

„Habe ich Ihnen mißfallen? Ich hatte jedoch das Recht, das Gegenteil zu erwarten. Sollte Ihr Empfinden schwächer geworden sein? Das meinige hingegen ist nur noch stärker geworden. Sie rauben mir alle Ruhe! Ach, verschaffen Sie einem armen Herzen, das bereit ist, Sie anzubeten, ein wenig Freude, ein wenig Glück! Ist es denn so schwer, eine Antwort zu geben? Sie sind mir schon zwei schuldig."

Auch dieser Brief blieb unbeantwortet, nicht ungelesen. Erst ein dritter erreichte seinen Zweck. Napoleon bat, er flehte um die Gunst dieser jungen Frau, und schließlich ließ er das Zauberwort „Vaterland" fallen. „Es gibt Augenblicke im Leben," schreibt er ihr, „wo eine zu hohe Stellung zentnerschwer auf einem lastet. Und dies empfinde ich jetzt bitter. Wie kann ein liebendes Herz, das sich Ihnen zu Füßen werfen möchte, aber von höheren lähmenden Umständen in seinen heißesten Wünschen zurückgehalten wird, Befriedigung finden? O! wenn Sie wollten! ... Nur Sie allein vermögen die Hindernisse zu überwinden, die uns trennen. Mein Freund Duroc wird dazu beitragen, es Ihnen zu erleichtern.

O! kommen Sie! kommen Sie! Alle Ihre Wünsche sollen erfüllt werden. Ihr Vaterland wird mir noch teurer sein, wenn Sie Mitleid mit meinem armen Herzen haben!"

N.

Da stand es geschrieben! Er wollte alles tun für ihr Vaterland! Marie Walewska hörte wie im Traume die Ratschläge ihrer Bekannten und Freunde. Alle rieten ihr, die Gunst des Kaisers der Franzosen nicht von sich zu weisen, sondern die Gelegenheit zu ergreifen und ihrem Vaterlande Gutes zu tun. Da war Frau von Vauban, die Geliebte des Fürsten Joseph Poniatowski, die in Versailles am Hofe Ludwigs XVI. die Liebeleien der Fürsten studiert hatte; da war die leidenschaftliche Patriotin Frau Abramowicz, da war Maries Bruder, der Graf Laczinski; sie alle rieten ihr, den Schritt zum Wohle ihres Volkes zu tun. Frau Abramowicz las ihr einen Brief vor, den die bedeutendsten polnischen Edelleute und Patrioten unterschrieben hatten, und in dem es hieß: „Glauben Sie, daß sich Esther dem Ahasver aus Liebe hingegeben hat? War der Schauder, der sie vor seinem Blick erfaßte, so, daß sie in Ohnmacht fiel, nicht ein Beweis, daß die Zärtlichkeit keinen Teil an dieser Vereinigung hatte? Sie opferte sich, um ihr Volk zu retten, und ihr wurde der Ruhm, es gerettet zu haben!"

Da endlich entschloß sich die Gräfin, des mächtigen Mannes Wunsch zu erfüllen. Sie ging! Zwei widerstreitende Gefühle wühlten in ihrer Brust. Die Vaterlandsliebe, die sagte: „Du mußt das Opfer bringen! Du bist es dem unterdrückten polnischen Volke schuldig! Von dir hängt es ab, ihm zu neuer Größe, zu neuer Unabhängigkeit zu verhelfen!" Und ihr frommer Glaube, ihre religiösen Grundsätze, die ihr verboten, einen Ehebruch zu begehen, obgleich sie mit ihrem Manne nicht glücklich war. Abscheu gegen Napoleon aber empfand sie nicht. Sie sah ja in ihm den Helden, den sie bewunderte; und was man bewundert, das haßt und verabscheut man nicht. Wäre sie frei gewesen, vielleicht würde sie ihm weniger Widerstand entgegengesetzt haben. So aber war sie gebunden. Sie hatte einen Sohn, den sie liebte, einen Gatten und eine Familie, denen sie nie Ursache gegeben hatte, mit ihr in moralischer Hinsicht unzufrieden zu sein. Es widerstrebte auch ihrem weiblichen Zartgefühl, sich so ganz ohne Kampf überliefern zu sollen. Das alles zu überwinden, kostete Marie Walewska harte und qualvolle Stunden. Schließlich siegte das patriotische Gefühl in ihrem Herzen. Sie versprach zu kommen.

Napoleon erwartete die begehrte Frau in grenzenloser Aufregung. Gewonnenes Spiel sollte er aber auch jetzt noch nicht haben. Marie kam abends zwischen 10 und 11 Uhr in einem fürchterlichen Seelenzustand bei ihm an. Sie weinte heiße Tränen über den Schritt, den sie im Begriff war zu tun. Duroc, der sie in einem geschlossenen Wagen geholt hatte, mußte die schluchzende Frau fast die Treppe hinauftragen, so zitterten ihre Knie. Als sie dann oben in des Kaisers Gemächern vor ihm stand, und er sie mit jenem tiefen, durchdringenden Blick ansah, der zu befehlen schien und doch in diesem Augenblick so sanft, so weich war, da fiel Frau Walewska zwar nicht wie Esther in Ohnmacht, aber sie wußte nichts weiter zu beginnen, als immer heftiger zu weinen. Er drückte sie fürsorglich in einen Sessel und ließ sie gewähren. Wie hätte er in einem solchen Augenblick brutal gegen sie sein können? Wie hätte er etwas anderes für diese gebrochene Frau empfinden können als Mitleid? Hier stand er einem Wesen gegenüber, das in seinem Empfinden fast keusch war. Marie war so ganz anders als Eleonore Dénuelle, so ganz anders als Madame Duchâtel, als die schöne Giuseppina Grassini und manche andere, und er fand den Ton, den er anschlagen mußte, um das Vertrauen der jungen Gräfin zu gewinnen. Er begriff, daß da,

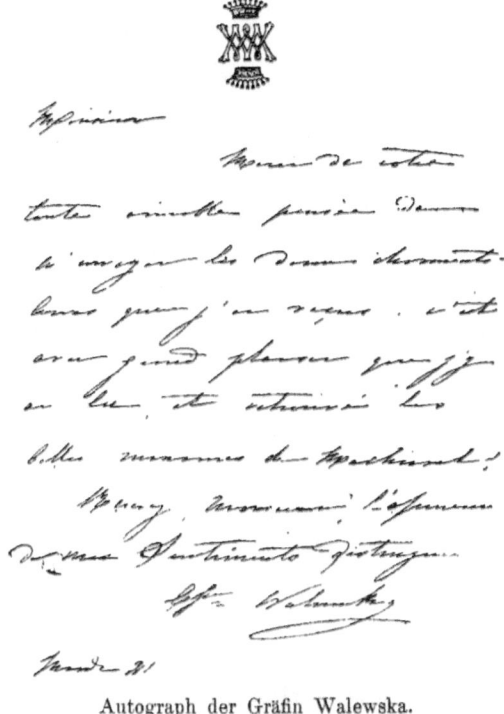

Autograph der Gräfin Walewska.
(Sammlung H. Fleischmann.)

wo Tränen fließen, das Lächeln Jupiters nicht am Platze ist. Er tröstete Marie. Sie mußte ihm die Geschichte ihrer Heirat erzählen, und so vergingen die Stunden, in denen sich diese beiden Menschen in gegenseitigen Versicherungen und Beteuerungen erschöpften. Unter Tränen suchte die Gräfin den Kaiser immer wieder zu überzeugen, daß sie nur im festen Vertrauen auf sein Versprechen, den Polen die Freiheit wiederzugeben, gekommen sei. Als sie gegen 2 Uhr morgens von ihm ging, weinte sie noch immer.

Napoleon hatte sich durch ihre Tränen und Klagen nicht abgestoßen gefühlt. Ein tiefes Mitgefühl für das junge Weib schien in seinem Herzen Platz gegriffen zu haben; jetzt begehrte er nicht nur ihren Körper, sondern auch ihr Herz. Sie hatte ihm beim Fortgehen fest versprechen müssen, daß dieser Besuch nicht der letzte gewesen sei. Und schon am nächsten Morgen flog ein Brief, begleitet von Blumen und kostbarem Geschmeide, zu ihr. Alles, was er an Liebe und Leidenschaft für sie empfand, legte er in seine Worte. „Marie, meine süße Marie, mein erster Gedanke gehört Dir! Mein erster Wunsch ist, Dich wiederzusehen. Nicht wahr, Du kommst wieder? Du hast es mir versprochen. Wenn nicht, dann fliegt der Adler zu Dir. Ich werde Dich zum Diner sehen. Der Freund sagt es. Nimm, ich bitte Dich flehentlich, diesen Strauß an: er soll ein geheimer Vermittler unserer Gefühle inmitten der uns umgebenden Menge sein. Den Blicken der Menschen ausgesetzt, werden wir uns verständigen können. Wenn ich meine Hand auf mein Herz lege, dann weißt Du, daß es ganz mit Dir beschäftigt ist, und als Antwort drückst Du Deinen Blumenstrauß an Dich. Ach, liebe mich, meine reizende Marie; möchte Deine Hand niemals das Bukett verlassen!"

Ein zwanzigjähriger verliebter Mann hätte nicht anders schreiben können. Kriege und Schlachten hatten den abgehärteten Soldaten die ewig neue Sprache der Liebe, ja selbst die Zeichensprache der Verliebten nicht vergessen lassen. Marie jedoch nahm wohl den Brief, nicht aber die Diamanten an; nicht einmal die Blumen hatten Gnade vor ihren Augen gefunden. Sie erschien am Abend zum Diner ohne „die Vermittler der Gefühle des Kaisers". Seine sehnsüchtigen Liebesworte nur hatten Eindruck auf sie gemacht.

Drei Tage später war sie wieder bei ihm. Diesmal weinte sie nicht. Wohl zeigten ihre Augen noch die Spuren von vergossenen Tränen, aber sie waren trocken, nur eine unbeschreibliche Traurigkeit lag auf dem zarten Gesicht. Und doch war ihr Widerstand gebrochen, als sie mit Napoleon allein war.

An diesem Abend blieb Marie Walewska bis zur frühen Morgenstunde beim Kaiser. Sie war besiegt! Besiegt durch das Versprechen, daß er das Königreich Polen wieder errichten werde, besiegt durch sein einnehmendes, rücksichtsvolles Wesen und durch das aufrichtige Gefühl, das er für sie übrig hatte. Ihre mitternächtigen Besuche wiederholten sich seitdem öfter und setzten sich so lange fort, bis die Russen den Geliebten ins Feld riefen. Diesem genügte es jedoch nicht, daß Marie fast jeden Abend ihm Gesellschaft leistete, sondern sie mußte außerdem noch zu jedem Balle, jedem Konzert und jeder Festlichkeit zugegen sein, die er mit seiner Anwesenheit beehrte. Er hatte das Bedürfnis, sie immer zu sehen. Dann sprach er jene oben angedeutete Sprache der Augen und des Herzens mit ihr, die sie jetzt vollkommen verstand und auch erwiderte. Es waren immer dieselben Worte, die er Marie zu sagen hatte. Jeder Blick, jede Geste bedeuteten ihr: „Ich liebe dich. Ich denke nur an dich und muß es dir immer wiederholen!"

Währenddessen wartete Josephine in Mainz ungeduldig auf die Erlaubnis ihres Mannes, nach Warschau kommen zu dürfen. Er wußte ihr diese Reise geschickt auszureden, indem er die schlechten Wege, die unwirtliche Jahreszeit und tausend andere Unannehmlichkeiten vorschützte. Übrigens war seines Bleibens in Warschau nicht mehr lange. Die blutige Schlacht von Eylau, jenes fürchterliche Gemetzel, wo Tausende und Abertausende den Tod fanden, ohne daß ein entscheidendes Resultat erzielt wurde, stand vor der Tür. Als sie geschlagen war, verlegte Napoleon sein Hauptquartier nach Osterode.

Mitten unter den Massen von Verwundeten und Toten, mitten unter dem grenzenlosen Leid und Elend um ihn herum dachte er an Liebe, an Marie, an ihre blumenhafte Schönheit. Wie einst Josephine sollte die Geliebte bei ihm sein, auch wenn die Kugeln um sein Haupt flogen. Osterode aber, das durch den Krieg fürchterlich mitgenommen worden war, eignete sich wenig zum Empfang der Geliebten. Napoleon war daher sehr glücklich, Anfang April das schöne große Schloß Finckenstein in Westpreußen als Quartier beziehen zu können. Es gehörte dem Burggrafen Friedrich Alexander zu Dohna-Schlobitten, der sich damals mit dem König von Preußen in Memel befand*). In diesem mit aller Bequemlichkeit eingerichteten Schlosse bewohnte der französische Kaiser die sogenannten Königszimmer, seiner Meinung nach diejenigen, die Friedrich der Große einst innegehabt hatte. Vor allem fanden die vielen Kamine und Öfen, die sich in den von ihm benutzten vier Zimmern befanden, seinen Beifall, denn er war bekanntlich gegen Kälte sehr empfindlich. An Josephine schrieb er darüber am 2. April 1807: „Ich habe mein Hauptquartier in ein sehr schönes Schloß verlegt. Es ähnelt dem Schlosse Bessières'. Ich habe viele Kamine, was mir sehr angenehm ist, da ich, wenn ich des Nachts aufstehe, gern ein Kaminfeuer sehe." Und einige Tage später, am 6.: „Ich befinde mich in einem schönen Schlosse, wo es viele Kamine gibt. Das ist sehr angenehm. Es ist noch kalt hier und alles gefroren." Auch anderen gegenüber, wie Talleyrand, Cambacérès usw. drückte er sich erfreut über dieses angenehme Quartier aus.

Lange aber hielt es Napoleon in diesem schönen Schlosse

---

*) Jetzt ist das Schloß im Besitze des Burggrafen und Grafen Georg zu Dohna-Finckenstein.

Schloß Finckenstein mit Gartenparterre.

(Aus: Burggraf und Graf H. zu Dohna, Napoleon im Frühjahr 1807. Leipzig, G. Wigand. — Reproduziert mit Erlaubnis des Herrn Burggrafen Georg zu Dohna-Finckenstein.)

allein nicht aus. Ende April oder Anfang Mai traf auch die Gräfin Walewska eines Nachts in Begleitung ihres Bruders und unter Beobachtung der größten Vorsichtsmaßregeln dort ein. Sie leistete Napoleon drei Wochen lang Gesellschaft; weder ihre noch seine Liebe hatten sich vermindert. Er ließ ihr neben seinem Schlafzimmer, in dessen Mitte ein mächtiges Himmelbett mit schweren, weinroten Damast- und weißen Seidenvorhängen stand*), ein Gemach mit einem Ankleidezimmer einrichten, Räume die sie tagsüber nie verließ. Wenn sie Luft schöpfen wollte, so geschah es unter den geheimnisvollen Fittichen der Nacht. Weder die Dienerschaft von Finckenstein, noch die Dorfbewohner, noch das Gefolge des Kaisers haben die Gräfin je zu Gesicht bekommen. Selbst Berthier erblickte sie nur einmal durch Zufall, als sie das Zimmer Napoleons verließ, mit dem sie gefrühstückt hatte. Alle Mahlzeiten nahmen die Liebenden gemeinsam ein; ein Vorzug, den die Gräfin Walewska selbst vor Josephine genoß. Bei Tisch bediente nur Constant, der über das anmutige, uneigennützige Wesen der jungen Frau voll des Lobes war. Sie schien den Kaiser zärtlich zu lieben und sagte später einmal zu dem getreuen Diener: „Alle meine Gedanken kommen von ihm und kehren zu ihm zurück. Er ist mein alles, meine Zukunft und mein Leben!"

Napoleon fühlte sich durch diese Liebe hochbeglückt. Maries Bescheidenheit, ihre Sanftmut und ihre Herzensgüte gewannen täglich mehr Einfluß über ihn. Sie war die Frau, die er sein ganzes Leben lang für sich erträumt hatte, die stille beglückende Gefährtin, deren einziger Wunsch es war, ihm sein Heim, sein Privatleben so angenehm wie möglich zu machen. Die Stunden des Tages, in denen ihr Geliebter beschäftigt war, verbrachte sie einsam in ihrem

---

*) Napoleon benutzte indes dieses Prunkbett nie, sondern hatte sich daneben sein Feldbett aufschlagen lassen.

Zimmer mit einer Handarbeit beschäftigt oder in einem Buche lesend. Von Zeit zu Zeit sah sie verstohlen hinter den Vorhängen in den Schloßhof hinab, wo der Kaiser die Parade über seine Garden abhielt. Dann füllte sich ihr Herz mit stolzer Freude, diesem einzigen Manne anzugehören, dem alle jene verwitterten Gesichter so glücklich entgegenstrahlten, und aus deren Munde das „Vive l'Empereur" so kraftvoll erschallte, wenn ihr „kleiner Korporal" die Reihen abschritt.

Was aber bezweckte der Kaiser mit der außerordentlichen Geheimnistuerei, mit der die Anwesenheit Marie Walewskas in Finckenstein umgeben wurde? Wollte er vor Josephine verbergen, was sie längst ahnte? Jedenfalls hatte sie ihm in einem Briefe eifersüchtige Vorwürfe gemacht, daß er mit Damen korrespondiere. Seine Antwort darauf am 10. Mai lautete:

„Ich weiß nicht, was Du damit sagen willst, daß ich mit Damen im Briefwechsel stehe. Ich liebe nur meine kleine, gute, schmollende und launenhafte Josephine, die einen Streit, wie alles, was sie tut, mit Anmut zu führen weiß. Denn sie ist immer liebenswürdig, außer wenn sie eifersüchtig ist. Dann ist sie eine kleine Teufelin!

„Doch kehren wir zu jenen Damen zurück. Wenn ich mich wirklich mit einer von ihnen beschäftigen würde, so müßte sie hübsch und frisch wie ein Rosenknöspchen sein."

Der Heuchler! Aber mit der Rosenknospe machte er doch ein halbes Geständnis, eine versteckte Anspielung auf seine junge Geliebte, die ihm die Tage im Schlosse Finckenstein so angenehm gestaltete. Das Idyll nahm erst ein Ende, als Napoleon von neuem gegen die Russen und Preußen ziehen mußte, um sie bei Friedland endgültig zu schlagen. Dann wandte er sich nach Tilsit, wo er die edle Preußenkönigin kennen lernte, und kehrte endlich nach

Napoleons Schlafzimmer in Finckenstein.

(Reproduziert mit Erlaubnis des Herrn Burggrafen Georg zu Dohna-Finckenstein aus: Burggraf und Graf Hannibal zu Dohna, Napoleon im Frühjahr 1807. Leipzig, G. Wigand.)

Frankreich zurück, ohne den Wunsch der Gräfin Walewska, das Königreich Polen wiederzuerrichten, erfüllt zu haben!

Man sagt, sie habe sich dadurch tief gekränkt gefühlt und sich geweigert, ihrem Geliebten nach Paris zu folgen, wie es sein sehnlichster Wunsch war. Kannte sie wirklich den Mann so wenig, dem sie alles gegeben, mit dem sie wochenlang in der engsten Gemeinschaft gelebt hatte, daß sie nicht wußte, wie unmöglich ihm die Erfüllung eines solchen Wunsches war? Sollte Napoleon nicht mit ihr darüber gesprochen haben? Sollte er ihr niemals gesagt haben, daß seine Politik nicht von der Laune eines Verliebten abhinge? Marie war längst nicht mehr aus Patriotismus seine Geliebte, sondern aus Neigung, und der Gedanke an ihr Vaterland hatte mit der Liebe zu Napoleon nur noch sehr wenig zu tun. Wenn sie sich wirklich gekränkt gefühlt hat, so ist es nicht von langer Dauer gewesen, denn Anfang 1808 war Marie Walewska bei ihm in der französischen Hauptstadt. Dort hatte ihr Napoleon in der Rue de la Victoire Nr. 48 ein schönes Heim einrichten lassen, in dem er sie des öfteren besuchte. Auch diesmal, wie bei Eleonore, wurde der Palastmarschall Duroc mit dem Ankauf des Hauses für die Geliebte des Kaisers beauftragt.

In Paris führte Marie dasselbe zurückgezogene Leben wie in Warschau und in Finckenstein. Man sah sie weder auf Bällen noch in Theatern und Konzerten. Sie verließ ihr Haus nur, um sich in die geheimen Gemächer der Tuilerien zu begeben, und dies geschah meist zur Nachtzeit. Viele Mitglieder des Hofes hatten zu jener Zeit von der Anwesenheit dieser neuen Geliebten des Kaisers in Paris keine Ahnung. Und doch war für die Gräfin Walewska in der Oper und in den Theatern stets eine Loge reserviert. Und doch erkundigte sich der Leibarzt Napoleons, der Doktor Corvisart täglich nach dem Befinden Maries. Duroc war beauftragt, für ihr Wohl und Wehe zu sorgen, ihr jeden

Wunsch zu erfüllen und es ihr an nichts fehlen zu lassen. Marie nützte ihre Lage nicht aus. Aus Rücksicht für Josephine trug sie dazu bei, daß ihr Verhältnis zum Kaiser keinerlei Aufsehen errege, was an einem Hofe, wo Ränke- und Klatschsucht nicht mangelten, um so mehr zu bewundern ist. Ihr Leben war zu einfach und anspruchslos, als daß es besonderes Interesse einflößte. Es gehörte ganz allein ihrem Geliebten, dem sie treu und ergeben war und dem sie eine zärtliche Anhänglichkeit bewahrte. Sie war nicht genußsüchtig, und selbst das leichtsinnige Paris übte in dieser Hinsicht keinen Einfluß auf sie aus. Nur in ihrer Kleidung gestattete sich die Gräfin einen gewissen Luxus. Die Rechnungen bei dem berühmten Leroy sind sprechende Zeugen dafür und stehen selbst denen Josephines nicht nach. Hatte es doch Napoleon gern, wenn eine Frau sich schmückte. Und Marie Walewska schmückte sich für ihn.

Ihr Mann stellte an sie keinerlei Ansprüche mehr. Sie hatten sich bereits zu Beginn des Verhältnisses Maries zu Napoleon getrennt, und wie es scheint hat die Trennung der beiden Ehegatten im Guten stattgefunden, denn die Familie des Grafen blieb in den engsten freundschaftlichen Beziehungen zu der jungen Frau. Die Schwestern ihres Mannes, die Fürstinnen Jablonowska und Birginska, waren die beständigen Begleiterinnen Maries in Paris. Sie hatte indes keine Gardedamen nötig, denn ihr Charakter bürgte allein dafür, daß sie in der großen, an Versuchungen reichen Stadt nicht in Gefahr geriet.

Als der Krieg mit Österreich ausbrach, folgte die Gräfin dem Geliebten nach Schönbrunn. Der Sieger von Eggmühl und Ebelsberg war in Wien eingezogen; das Geschick des Hauses Habsburg lag in seiner Hand! Die Schlacht von Wagram entschied es. Kaum ist der Kanonendonner verstummt, kaum hat sich der Pulverrauch zerteilt, so ist sein erster Gedanke: Marie. Mitte Juli ließ er sie kommen. Das

Napoleons Wohn- und Arbeitszimmer in Finckenstein.

(Reproduziert mit Erlaubnis des Herrn Burggrafen Georg zu Dohna-Finckenstein aus: Burggraf und Graf Hannibal zu Dohna, Napoleon im Frühjahr 1807. Leipzig, G. Wigand.)

heimliche, reizende Nest für sie war längst bereit. In einer Vorstadt Wiens, nicht weit von Schönbrunn, hatte er für sie ein Haus einrichten lassen, vor dem, als sie endlich da war, Abend für Abend ein geschlossener Wagen mit einem Kutscher in Zivil harrte, um die Gräfin nach Schönbrunn zum Kaiser zu führen. Constant war ihr steter Begleiter. Geheimnisvoll geleitete der getreue Diener die Geliebte seines Herrn durch eine geheime Tür in die Gemächer jenes Schlosses, wo später der Sohn desselben Mannes, der hier sehnsüchtig auf die geliebte Frau wartete, seine kurze Jugend verbrachte, in dem er von den Taten und dem Ruhme seines Vaters träumte und schließlich sein Leben beschloß.

Die Wege in der Umgebung von Schönbrunn waren schlecht und holprig. Kaum findet der Diener Worte, um die Fürsorge zu beschreiben, die Napoleon für Marie bezeugte. „Nehmen Sie sich in acht, Constant," ermahnte er ihn jedesmal, ehe dieser sich auf den Weg machte, „daß Sie nicht umwerfen! Sind Sie des Kutschers auch sicher? Ist der Wagen in gutem Zustand?" — Einmal geschah das Unglück aber doch. Gräfin Marie fiel indes so glücklich auf Constant, daß sie keinen Schaden erlitt und wohlbehalten in die Arme des Geliebten eilen konnte. Napoleon überschüttete sie mit Küssen und tausend Zärtlichkeiten, als wäre sie ihm aus einer entsetzlichen Gefahr gerettet worden. Durch die Gewißheit aber, daß Marie sich in Schönbrunn Mutter fühlte, wurde der Becher seines Glückes bis an den Rand gefüllt. Alles, was Liebe und Fürsorge ersinnen können, tat er von diesem Augenblick an für sie. Er liebte sie jetzt noch mehr, noch heißer als früher.

Mitte Oktober schlug die Scheidestunde. Napoleon kehrte nach dem Frieden nach Paris zurück, und Marie schlug den Weg nach Polen ein, um auf dem Schlosse Walewicz dem Knaben das Leben zu geben, den sie unter ihrem Herzen getragen hatte. Er kam dort am 4. Mai 1810 zur Welt und erhielt den Namen Florian Alexander Joseph. Welche bedeutende Rolle dieser Nachkomme Napoleons später unter dem zweiten Kaiserreich ganz im Gegensatz zu seinem Halbbruder Léon gespielt hat, ist bekannt*).

Einige Monate nach der Geburt des Kindes eilte Marie Walewska wieder nach Paris zurück, um von neuem dem Geliebten nahe zu sein. Während ihrer Abwesenheit aber hatte sich in der Kaiserstadt vieles geändert. Den Thron teilte jetzt mit Napoleon eine neue, eine junge Herrscherin, die bald dem Lande den ersehnten Erben schenken sollte. Marie Luise war jetzt der einzige Gedanke des Kaisers. Was blieb da noch für die Geliebte übrig? Sie brachte ihm seinen Sohn, das Kind des Siegers von Wagram! Napoleon küßte ihn so zärtlich, wie er die Mutter einst geküßt hatte, und zögerte nicht, ihn zum „Reichsgrafen" zu ernennen. Aber die Besuche der Gräfin in den Tuilerien hatten nun ein Ende. Die Erzherzogin war darin eingezogen, und Napoleon betrachtete es als seine heiligste Pflicht, diesem unverdorbenen Weibe, der Mutter seines rechtmäßigen Sohnes, der Gründerin seiner Dynastie, die Treue zu halten. Und so mußte auch Marie sich wie Josephine mit der Freundschaft des Mannes begnügen, den sie noch immer liebte. In den Tagen ihres Glücks hatte sie ihm einen schmalen Goldreif geschenkt, in dem die Worte eingraviert standen: „Wenn du aufhörst mich zu lieben, so vergiß nicht, daß ich dich liebe!"

Napoleon vergaß das niemals. Vielleicht hatte auch er niemals aufgehört sie zu lieben, denn in Marie Luise liebte er nicht die Frau, sondern die Kaisertochter. Er umgab Marie Walewska auch jetzt noch mit der größten Fürsorge. Duroc war wiederum beauftragt, allen ihren Wünschen entgegenzukommen. Er mußte für sie in Boulogne-sur-Seine

---

*) Er starb in Straßburg am 28. September 1868. Unter Napoleon III. ward er Minister der Auswärtigen Angelegenheiten.

in der rue de Montmorency Nr. 3 ein Haus mit einem schönen Garten mieten, das noch heute steht und die Nr. 7 trägt. Für ihren Unterhalt erhielt Marie monatlich 10 000 Franken aus der kaiserlichen Privatschatulle. Der kleine Alexander wurde nicht wie Léon fremden Händen

Graf Walewski.
Sohn Napoleons und der Gräfin Walewska.
(Nach einer Photographie aus der Sammlung H. Fleischmanns.)

zur Erziehung übergeben, denn Napoleon begriff, daß diese Mutter die würdigste und beste Erzieherin seines Sohnes sein würde; als Vormund setzte er den Erzkanzler Cambacérès ein. Marie brachte ihren kleinen Sohn oft zu seinem Vater in die Tuilerien, ebenso nach Malmaison zu der verlassenen Josephine, die Mutter und Kind mit Geschenken und Zärtlichkeiten überhäufte. Alexander war wie Léon das Ebenbild des Vaters. Im Juni 1812 überwies ihm Napoleon, als er in Königsberg weilte, ein Majorat auf in der Nähe von Neapel befindliche Besitztümer, die ein jährliches Einkommen von 169 516,60 Franken abwarfen. Die Nutznießung dieses Majorats wurde der Mutter bis zur Mündigkeit des Kindes zuerkannt, ohne daß sie über den Verbrauch des Geldes Rechenschaft abzulegen brauchte. Nach vollendetem einundzwanzigsten Jahre trat der junge Graf in den vollen Besitz des Majorats und mußte seiner Mutter eine Jahresrente von 50 000 Franken bezahlen. So sorgte der Kaiser gleichzeitig für die Zukunft seines Sohnes und seiner Geliebten.

Diese hatte sich im Beginne des russischen Feldzuges nach Warschau begeben, angeblich wegen Regelung von Familienangelegenheiten, in Wahrheit aber nur in der Hoffnung, ins Hauptquartier gerufen zu werden. Sie täuschte sich. Napoleon blieb auch fern von Marie Luise seinen Grundsätzen treu. Gewissermaßen als Ersatz dafür fühlte sich der Gesandte des Kaisers in Warschau, der Abbé de Pradt, verpflichtet, die Gräfin Walewska mit all jener Auszeichnung zu behandeln, wie sie entweder nur rechtmäßigen Fürstinnen oder offiziellen Favoritinnen zuteil wird. Das lag jedoch durchaus nicht im Sinne Maries, deren Fein- und Taktgefühl dadurch aufs tiefste verletzt wurden. Sie zog sich daher eiligst aus Warschau zurück.

Napoleon wußte ihr Dank dafür. Auf seiner Flucht aus Rußland gedachte er ihrer, die auf ihrem Gute Walewicz von den schönen Tagen ihrer Liebe zum Kaiser träumte. Als er durch das Dorf Lowicz in der Woywodschaft Rawa kam, wollte er durchaus einen Umweg machen, um die einstige Geliebte zu besuchen. Es bedurfte der ganzen Überredungskunst des Großstallmeisters Caulaincourt, den

Napoleon zu Fontainebleau am 31. März 1814.
Nach einem Gemälde von Paul Delaroche im Städtischen Museum zu Leipzig.
(Nach einer Photographie aus der Sammlung Kircheisen.)

Kaiser von einem so gewagten Schritt abzubringen, der ihm, da die Kosaken in der ganzen Gegend herumschwärmten, hätte gefährlich werden können. Erst als er Napoleon vorstellte, daß es die Kaiserin Marie Luise mißliebig aufnehmen würde, wenn sie es erführe, gab er seinen Plan auf.

Marie selbst blieb Napoleon eine treue Freundin. Wie ein guter Engel schwebte diese zarte Frauengestalt über allem Mißgeschick, das ihn traf. Sie blieb stets die anspruchslose, uneigennützige Frau, die dem gestürzten Freund ihre Liebe noch bewahrte, als ihm von seiner Größe nichts geblieben als die Erinnerung. Als sein Stern erbleichte, als alle ihn verließen, da war sie allein in seiner Nähe. Er war für sie noch immer der Mann, den sie liebte, für den sie alles hingegeben hatte, dem sie ihr ganzes Leben hätte weihen mögen, und der ihrer im Unglück vielleicht bedurfte. Eine ganze Nacht lang wartete sie im April 1814 in seinem Vorzimmer, bis er sie rufen lassen würde, um sich an ihrem Herzen Trost zu holen. Aber Napoleon befand sich in jener fürchterlichen Krise des Lebensüberdrusses, die ihn gegen alles, was um ihn vorging, apathisch machte. Er lag in seinem Bett schlaflos in dumpfes Brüten versunken und dachte nicht an die Frau, die da in seinem Vorzimmer auf den letzten Abschiedsblick aus seinen Augen wartete. Endlich, als jener graue Morgen des 13. Aprils anbrach, ging Marie, ohne den Geliebten noch einmal gesehen zu haben.

Eine Stunde später erinnerte sich der Kaiser, daß die Freundin noch immer wartete. Er wollte sie rufen lassen, aber es war zu spät. Als er erfuhr, daß sie traurig und niedergeschlagen Fontainebleau verlassen habe, tat es ihm unendlich leid, daß er sie nicht empfangen hatte. „Sie wird sich gedemütigt fühlen, die arme Frau", sagte er zu Constant. „Sagen Sie ihr, wenn Sie sie sehen, daß es mir unendlich leid getan hat. Aber ich habe so viele Dinge hier drin!" Und er schlug sich mit der Hand vor die Stirn.

Da sie ihm nicht persönlich Lebewohl sagen konnte, hatte sie ihm geschrieben. Ihr Brief war am 15. April in die Hände des Kaisers gelangt. Am 16. schon antwortete er ihr:

„Marie, ich habe Ihren Brief am 15. erhalten. Die Gefühle, von denen Sie erfüllt sind, berühren mich tief; sie sind Ihrer schönen Seele und Ihrer Herzensgüte würdig. Wenn Sie Ihre Angelegenheiten geregelt haben und nach den Bädern von Lucca oder Pisa reisen, so wird es mir großes Vergnügen bereiten, Sie und Ihren Sohn wiederzusehen, für den meine Gefühle stets unverändert bleiben werden. Bleiben Sie gesund, machen Sie sich keine Sorgen, denken Sie gern an mich, und zweifeln Sie nie an mir."

Ob sie an seinen Gefühlen zweifelte? Nein, denn als er dann vergebens auf Elba diejenige erwartete, die sein rechtmäßiges Weib war, da spendete nur die einstige Geliebte ihm kurzen Trost. Marie Walewska kam eines Tages mit ihrem Sohne in der Absicht, dem Verbannten die Tage auf der Insel zu verschönen, ihm sein Los tragen zu helfen und mit ihm von vergangenem Glück, Ruhm und Glanz zu sprechen. Sie war bereit, das Exil mit ihm zu teilen. Napoleon aber schlug dieses edle Anerbieten aus, um Marie Luises Feingefühl nicht zu verletzen. Auf ihr Kommen setzte er seine ganze Hoffnung.

Am 1. September 1814 hatte er von der Höhe von Pomonte aus mit einem Fernglas lange Zeit die See beobachtet. Plötzlich erschien ein neapolitanisches Fahrzeug in der Ferne. Er kehrte nach der Eremitage zurück und gab Befehl, einen Wagen mit 4 Pferden sowie 6 Sattelpferde am Hafen von Porto-Ferrajo bereit zu halten. Gegen 10 Uhr abends legte das neapolitanische Schiff an, und die Erwarteten, drei Damen und ein Kind, landeten. Bertrand empfing sie mit allen Zeichen der Ehrerbietung und Hochachtung. Es waren die Gräfin Walewska, ihre Schwester, eine Begleiterin und der kleine Alexander. Zwei der Damen

Landhaus Napoleons auf Porto Ferrajo auf Elba.
Gemälde von J. de Sinety.
(Nach einer Lithographie von A. Hastrel aus der Sammlung Kircheisen.)

setzten sich mit dem Knaben in den Wagen, die dritte bestieg ein Pferd, dann brach der Zug in der Richtung nach Marciana auf, wo Napoleon vor den versengenden Strahlen der Sonne in den kühlen Kastanienwäldern Schutz gesucht hatte. Unterwegs begegneten die Reisenden dem Kaiser, der einen Schimmel ritt und von einem Zuge Lanzenreiter und Mamelucken umgeben war. Er stieg sofort ab und setzte sich in den Wagen an die Seite der blonden Dame, worauf er Weisung gab, den Weg nach der Madonna einzuschlagen. Aber in der Nähe des Golfes von Procchia mußten alle der unbefahrbaren Wege wegen die Reitpferde besteigen. Napoleon führte seine Gäste zu einigen im Freien, unter Kastanienbäumen, aufgeschlagenen Zelten unweit der Eremitage, da das Haus selbst nur wenige Personen beherbergen konnte.

Die blonde Dame verschwand sofort in einem der Zelte und verließ es während ihres ganzen zweitägigen Aufenthaltes auf der Insel nicht einen Augenblick. Auch der Kaiser war nur dann außerhalb des Zeltes zu sehen, wenn er Befehle zu erteilen hatte. Nur der Knabe, der das polnische Nationalkostüm trug, ging bisweilen mit einem Herrn des Gefolges unter den Kastanienbäumen spazieren. Dann war die ganze Gesellschaft von Porto Longone ebenso geheimnisvoll unter dem Schutze der Nacht abgesegelt, wie sie gekommen*).

Trotz eines furchtbaren Südwests hatte die Gräfin darauf bestanden, unter Segel zu gehen. Der Kaiser war in der größten Sorge um sie. Als er sah, daß der Sturm immer heftiger wütete, sandte er den Ordonnanzoffizier Pérez als Eilboten ab, um die Freundin zu verhindern, sich den entfesselten Elementen preiszugeben. Pérez kam zu spät. Das neapolitanische Fahrzeug hatte bereits die Anker gelichtet. Napoleon lebte tagelang in der größten Aufregung um das

---

*) Der Kaiser Napoleon vergütete der Gräfin Walewska die Reise mit 61 000 Francs.

Schicksal der Gräfin Marie und wurde erst dann ruhig, als er die Nachricht von ihrer Ankunft im sicheren Hafen erhielt.

Die Elbaner, die nichts von dem Dasein einer Gräfin Walewska wußten, waren überzeugt, daß die geheimnisvollen Gäste des Kaisers Marie Luise und der König von Rom gewesen seien. Zu dieser Annahme trug besonders das Gerücht bei, das sich kurz vor diesem Besuche auf der Insel verbreitete, und nach welchem die Kaiserin sich endlich entschlossen habe, die Gefangenschaft des Kaisers zu teilen. Man wurde darin noch dadurch bestärkt, daß der General Bertrand in Livorno 7000 bunte Papierlaternen eingekauft hatte, die angeblich zum feierlichen Empfang Marie Luises bestimmt waren. Als keinerlei offizieller Empfang der Gäste stattfand, ergriff man rasch die Gelegenheit, um das Gerücht zu verbreiten, die Kaiserin sei mit dem König von Rom inkognito auf der Insel gewesen; die Offiziere der Garden wollten durchaus dem Kaiser eine Adresse schicken, um ihn zu bestimmen, Marie Luise und seinen Sohn für immer auf der Insel zurückzuhalten.

O, wie täuschten sich die guten Elbaner! Sie schrieben Marie Luise ein Verdienst zu, das sie nie beanspruchen konnte. Der gefallene Kaiser wurde nicht des Glückes teilhaftig, sein Kind und seine Frau umarmen zu können. Nur die Geliebte setzte es durch, bis zu ihm zu gelangen. Später fand man in diesem Besuch der Gräfin Walewska eine Entschuldigung für Marie Luises Fernbleiben. Man sagte, sie habe sich dadurch gekränkt gefühlt, und sei auf die einstige Geliebte des verlassenen Mannes, die ihm doch nichts weiter mehr war als eine Freundin, eifersüchtig gewesen.

Während der hundert Tage fand Marie Walewska in Abwesenheit der anderen, der Kaiserin, wiederum den Weg zu ihm. Jetzt war der Platz frei, jetzt erst machte sie kein Hehl mehr daraus, welche Bande sie einst an den Kaiser geknüpft hatten. Ihr Auftreten am Hofe aber war auch jetzt noch ein unauffälliges, obwohl sie zu den elegantesten Frauen gehörte, die Zutritt zum Elysée hatten. Leroy sah in ihr eine seiner besten Kundinnen. Sie wählte hauptsächlich dunkle Farben, besonders Schwarz, denn sie war in Trauer um den Grafen Walewski, der 1814 starb.

Erst als das Schicksal ihr den Freund zum zweitenmal entriß, fühlte Marie Walewska sich aller Pflichten gegen Napoleon entbunden. Ein Jahr nach der zweiten Abdankung, im April 1816, verheiratete sie sich in Lüttich mit dem ehemaligen Gardeoberst, General Grafen Philippe Antoine d'Ornano, einem Vetter des Kaisers. Mit Schmerz vernahm der einsame Mann auf der Insel im fernen Weltmeer die Nachricht von Maries Vermählung. Nun war auch sie abtrünnig geworden, abtrünnig wie die Gattin, die in den Armen Neippergs die vier Jahre ihrer Ehe mit dem Kaiser der Franzosen zu vergessen suchte!

Marie Walewska genoß nicht lange ihr neues Glück. Eine Niederkunft, die sie im Juni 1817 in Lüttich gehabt hatte, wurde ihr verhängnisvoll. Sie siechte langsam dahin, nahm zuletzt noch die Reste ihrer Kräfte zusammen, um die Reise von Lüttich bis Paris zurückzulegen, und starb dort am 10. Dezember 1817 in dem Hause, das ihr Napoleon zum Geschenk gemacht hatte. So nahm die letzte und wahrhafte Geliebte des großen Kaisers die frischen Erinnerungen seiner Liebe und Zärtlichkeiten mit ins frühe Grab, das ihr auf dem Père Lachaise errichtet wurde. Nichts deutet mehr auf die Stätte hin, wo sie, die Napoleon so sehr geliebt hatte, ruht, nur die Register der großen Totenstadt bergen auf vergilbten Blättern den Namen der Gräfin Marie Walewska.

DEUTSCHE FÜRSTINNEN

FÜNFZEHNTES KAPITEL

LUISE HERZOGIN VON SACHSEN-WEIMAR

Mitten aus dem Dichterkreis der weimarschen Zeit ragt eine Frauengestalt hervor, die ihrer inneren Veranlagung nach der Mittelpunkt dieses Kreises hätte bilden müssen, während sie infolge ihres verschlossenen, nur einer kleinen Anzahl Auserlesener zugänglichen Wesens stets im Schatten jener großen führenden Geister gestanden hat. Diese Frau ist die Herzogin Luise, die Gemahlin des Herzogs Karl August. Der Nachwelt ist sie wenig bekannt, und bei ihren Zeitgenossen fand sie zwar stets die achtungsvollste Verehrung, selten aber warme Freundschaft. Selbst des jungen Goethe leichtentflammende Natur fühlte sich mit der Zeit, trotz der tiefen Zuneigung, die er der Herzogin entgegenbrachte, durch ihren außerordentlich frostigen Charakter fast erkältet. Er sagte von ihr: „Ich sah ihr in die Seele und begreife nur nicht, was ihr Herz so zusammenzieht, und wenn ich nicht so warm für sie wäre, sie hätte mich erkältet." Immer aber ist er voll des Lobes über ihre edle, feinsinnige Natur, ihr innerstes, wunderbares Wesen. Für ihn ist und bleibt Luise „ein Engel". In der Gestalt der Prinzessin im Tasso hat er sie verewigt. Und wenn er sie sprechen läßt:

> Willst du genau erfahren was sich ziemt,
> so frage nur bei edlen Frauen an.
> Denn ihnen ist am meisten dran gelegen,
> daß alles wohl sich zieme, was geschieht.

> Die Schicklichkeit umgibt mit einer Mauer
> das zarte, leicht verletzliche Geschlecht.
> Wo Sittlichkeit regiert, regieren sie,
> und wo die Frechheit herrscht, da sind sie nichts.
> Und wirst du die Geschlechter beide fragen,
> nach Freiheit strebt der Mann, das Weib nach Sitte,

so gibt er in diesen Worten nur den Inbegriff ihres eigenen sittlichen Wesens wieder.

Mit Goethe aber stimmen noch andere bedeutende Zeitgenossen in das Lob dieser stillen, in sich gekehrten Fürstin ein. Herder schreibt einmal an Lavater: „Sie ist alles, was Du weißt, und tausendmal mehr: ein Baum Gottes an Standhaftigkeit und fester Seele und die zarteste Blume an Unschuld und Treue und Freundschaft." Schiller schildert sie als eine „schöne und edle Figur", und Graf Leopold Stolberg als „eine Fürstin von seltenstem Charakter und einer Größe der Seele, welche jeden Mann merkwürdig machen würde". Die höchste Anerkennung aber zollt ihr eine Frau, die das Wesen Luises vollkommen erfaßte: Frau von Staël. „Die Herzogin von Sachsen-Weimar", sagte sie, „ist das wahrhafte Vorbild einer von der Natur zum höchsten Rang bestimmten Frau. Sie ist ohne Anmaßung wie ohne Schwächen und flößt im gleichen Maße Vertrauen und Achtung ein. In ihre Seele ist auch der Heldenmut der alten ritterlichen Zeiten eingekehrt, ohne sie der Weichheit ihres Geschlechts zu berauben."

Wie wenig ein solches Wesen zu dem temperamentvollen, wuchtigen Charakter Karl Augusts paßte, den Goethe kurzweg „eine dämonische Natur" nannte, ist leicht zu begreifen, und so war auch diese Fürstenehe lange Jahre hindurch keineswegs glücklich zu nennen. „Welch Weib zu welchem Mann!" sind wir versucht mit dem Schweizer Tobler auszurufen, den der Gegensatz dieser beiden so grundverschiedenen Naturen im Jahre 1781 geradezu in Erstaunen setzte. Erst im reiferen Alter fand ein seelischer Ausgleich der Gatten statt. Um so bewunderungswürdiger

Herzogin Luise von Sachsen-Weimar.
Ölgemälde von J. H. W. Tischbein.
(Reproduziert nach: Bojanowski, Luise Großherzogin von Sachsen-Weimar. Stuttgart, J. G. Cotta.)

ist das Verhalten dieser unverstandenen Herzogin an der Seite des Herzogs während all der Jahre der Not und Gefahr, in denen sie ihre Eigenart verschließen mußte, bis endlich ein politisches Ereignis ihre ganze Seelengröße ans Tageslicht förderte und sie würdig an die Seite der edelsten Frauengestalten des Altertums stellte.

Von jeher hatte Luise sich gern mit Politik beschäftigt, ohne sich jedoch den Anschein zu geben, daß sie sich in die Regierungsangelegenheiten besonders mische. Und dennoch besprach sie alle staatlichen und politischen Fragen mit Karl August, der wiederum nichts unternahm, ohne den verständigen Rat seiner Frau eingeholt zu haben. Sehr merkwürdig ist es, daß diese beiden sonst in keiner Weise übereinstimmenden Menschen in politischer Hinsicht meist ein und derselben Ansicht waren. Jedenfalls stand die Herzogin Luise jederzeit im Mittelpunkt der politischen Angelegenheiten. Im Anfang des Jahres 1806 beschäftigte sie besonders die wenig vorteilhafte Lage Preußens. In einem Briefe an ihren Bruder, den Prinzen Christian, ruft sie verzweifelt aus: „Und Preußen! Welche Rolle hat Preußen gespielt, spielt es jetzt und wird es noch spielen? Schließlich aber wird es doch einmal bereuen und der Angeführte sein."

Luise war eine Frau, die mit klarem, scharfem Geiste jede Lage übersah und, wenn es galt, zu handeln verstand. War sie doch die Tochter der Landgräfin Karoline von Hessen-Darmstadt*), jener „großen Landgräfin", der Friedrich der Große auf den Grabstein schrieb: „Von Geschlecht ein Weib, von Geist ein Mann." Nur war Luise eine von jenen Naturen, die nie mit ihren Geistes- und Herzensgaben in den Vordergrund treten, ein „Stern, der im Dunkeln leuchtet", wie Knebel sagte. Unter den glänzenden Frauen-

---

*) Die Herzogin Luise von Sachsen-Weimar wurde am 30. Januar 1757 in Berlin geboren. Ihr Vater war der Landgraf Ludwig von Hessen-Darmstadt.

gestalten des weimarschen Hofes, besonders aber neben ihrer geistvollen Schwiegermutter, der Herzogin Amalie, war sie stets die Abseitsstehende. Erst an der Schwelle des Alters sollte sie aus ihrem Blauveilchentum herausgerissen werden.

Dies geschah zu jener Zeit, als der nahe Kanonendonner der Schlacht von Jena ganz Weimar in Furcht und Schrekken jagte, zu jener Zeit, als Preußens schöne Königin in die Musenstadt geflüchtet war, sie aber wieder verlassen mußte, weil die Franzosen vor den Toren waren. Damals erwies sich die Herzogin von Weimar als echte deutsche Fürstin.

Karl August stand seit langen Jahren in preußischen Diensten und befehligte in jenem Kriege gegen Napoleon die Vorhut der preußischen Hauptarmee. Er hatte sich dadurch, daß er sich wie der Herzog von Oldenburg weigerte, dem Rheinbunde beizutreten, und daß er Preußen sein Truppenkontingent zur Verfügung gestellt hatte, den ganzen Zorn und die Ungnade des Kaisers der Franzosen zugezogen. Seine und seines Staates Zukunft standen auf schwankenden Füßen.

Nach dem für die Preußen so unglücklichen Ausgang der Schlacht von Jena zitterten daher mit Recht die Weimaraner vor dem ihnen bevorstehenden Geschick. Hatte doch selbst die Herzogin bereits im August, als der Rheinbund gegründet worden war, an ihren Bruder geschrieben: „Ich hätte Ihnen eigentlich auf schwarzumrandetem Papier schreiben sollen, als Zeichen unserer Trauer über das tragische Ende der germanischen Verfassung; aber diese Trauer ist tief in mein Herz eingegraben und sicher auch in das Ihrige. Ihre politische Existenz ist für den Augenblick sichergestellt... die unsere hingegen ist äußerst zweifelhaft, und unsere Lage im allgemeinen sehr kritisch. Die Franzosen vor unseren Toren, oder um mich besser auszudrücken, an den Grenzen Sachsens, bedeuten nichts

Gutes. Jedenfalls darf man den Mut nicht verlieren, obwohl man alle Ursache dazu hätte."

Vielleicht hatte Luise, als sie das schrieb, nicht gedacht, daß sich ihre schlimmen Ahnungen so bald schon erfüllen sollten. Das Gerücht von dem nahe bevorstehenden Eindringen des Gewaltigen verbreitete sich wie ein Lauffeuer

Herzog Karl August von Sachsen-Weimar.
(Nach dem Ölgemälde von H. Kolbe. Im Goethe-National-Museum zu Weimar.)

durch Weimars Gassen. Der Hof und die Einwohner waren in der größten Aufregung. Schon nach dem Gefecht bei Saalfeld*) waren verschiedene Mitglieder der herzoglichen Familie von Weimar abgereist. Alles, was flüchten konnte, flüchtete. Die Herzogin Amalie, der Erbprinz und die Prinzessin Karoline verließen das Schloß am 14. Oktober mit den ersten Schüssen der Kanonen, die vom Schlacht-
*) Am 10. Oktober 1806.

feld von Jena herüberdröhnten. Man hoffte, in Kassel oder in Braunschweig eine Zuflucht zu finden. Am Abend desselben Tages drangen die ersten französischen Truppen in Weimar ein und plünderten, was sie plündern konnten.

In dieser grenzenlosen Verwirrung des Kriegsgetümmels blieb die Herzogin Luise allein, ohne alle militärische Bedeckung, im Schlosse zurück. Ein kleines Häuflein Getreuer umgab sie und beobachtete mit ihr von den Fenstern des Schlosses aus in Angst und Besorgnis die Schreckensszenen, die sich auf den Straßen zwischen den gröhlenden, betrunkenen Soldaten und den ihre Habe verteidigenden Bürgern abspielten. Unweit des Schlosses brach Feuer aus und zerstörte die Häuserreihe einer halben Straße. Die Not war allgemein, und Lebensmittel waren kaum aufzutreiben. Selbst der Herzogin und ihrem Gefolge gebrach es am Nötigsten, da aller Vorrat aus den herzoglichen Kellern für das Hauptquartier Napoleons in Anspruch genommen worden war. Während vierundzwanzig Stunden hatte die Herzogin von Weimar kein Brot und kaum ein paar Kartoffeln zu essen. Man hatte sogar die Küche geplündert.

Das alles aber hielt Luise nicht ab, wie ein tapferer Kapitän, der mit seinem Schiffe lieber untergeht als seinen Posten verläßt, bis zum letzten Augenblick auszuharren. Sie wollte dem Manne, der mit seinen Heeren in das Herz Deutschlands eingedrungen war, um es zu zerfleischen, fest und unerschütterlich ins Auge sehen und ihm für das Verhalten des Herzogs Rede und Antwort stehen.

Napoleon ließ nicht lange auf sich warten. Am Nachmittage des 15. Oktober hielt er seinen Einzug in das Schloß von Weimar, wo die Prunkgemächer für ihn hergerichtet waren. Die Herzogin selbst hatte sich mit den Ihrigen in einen Seitenflügel zurückgezogen. Sie empfing den Eroberer im Kreise ihrer Damen und des Ministers von Wolzogen mit hoheitsvoller Bescheidenheit oben an der Schloßtreppe.

Goethe.
Nach einem Gemälde von F. Jagemann in der Großherzoglichen Bibliothek zu Weimar.
(Aus: Die Bildnisse Goethes. Herausgegeben von E. Schulte-Strathaus. München, G. Müller.)

Napoleon, in den berühmten grauen Mantel gehüllt, den kleinen dreieckigen Hut auf dem Kopfe, ohne alle Abzeichen seiner Feldherrn- oder Fürstenwürde, schäumte vor Zorn gegen den Herzog und schien durchaus nicht gnädig gestimmt zu sein. Als er an der Herzogin vorbeikam, beachtete er sie kaum, sondern fragte, nur kurz sich aufhaltend, wer sie sei. Als sie ihm sagte, sie sei die Herzogin von Weimar, erwiderte er lakonisch: „Da bedaure ich Sie Madame!" Daß er noch hinzugefügt haben soll: „denn ich werde den Herzog vernichten!" ist Beigabe verschiedener Memoirenschreiber. Napoleon ließ darauf die Herzogin, die Anstalten machte, ihn, wie es die Hofsitte vorschrieb, bis zu seinen Gemächern zu begleiten, stehen und stürmte an ihr vorüber in die für ihn bestimmten Zimmer.

Trotz dieser augenscheinlichen Demütigung von seiten des Siegers von Jena und Auerstädt ließ Luise sich, so schwer es ihrem stolzen Herzen auch fiel, am nächsten Morgen nicht abhalten, Napoleon um eine Audienz zu bitten. Als sie diesen Schritt tat, überwand sie den Haß, den sie seit Beginn der Revolution gegen die Franzosen gehegt, und der sich seit der Hinrichtung des Herzogs von Enghien auch auf Napoleon übertragen hatte. In feiner diplomatischer Weise erkundigte sie sich gleichzeitig nach dem Befinden des Kaisers, „dieses Emporkömmlings, der die Nachkommen der ältesten Fürstenhäuser wie seinesgleichen behandelte."

Ihre Bitte ward ihr gewährt. Napoleon empfing Luise mit Vorwürfen und Drohungen. „Wie konnte Ihr Mann es wagen, mit mir Krieg zu führen?" war seine erste stürmische Frage. Ruhig und würdevoll setzte die Herzogin ihm die Lage Karl Augusts auseinander. Er habe, sagte sie, gar nicht anders handeln können. Er sei seit zwanzig Jahren im Dienste des Königs von Preußen und hätte ihn, wenn er nicht als ein ehrloser Mensch erscheinen wollte, in einem so kritischen Augenblick, in einem Augenblick der Not und Gefahr, nicht im Stich lassen können, zumal der König einen so mächtigen Feind wie ihn (Napoleon) zu bekämpfen gehabt habe.

Luise verstand es, den französischen Kaiser auf feine, sie durchaus nicht entwürdigende Weise zu behandeln, denn die versteckte Schmeichelei wirkte. Sie wußte: selbst große Männer können dieser Schwäche nur schwer widerstehen! Napoleons Zorn mäßigte sich angesichts dieser hoheitsvollen Ruhe und Gelassenheit und machte einer milderen Stimmung Platz. Er fragte noch; warum denn aber der Herzog nicht in österreichische anstatt in preußische Dienste getreten sei, und erhielt zur Antwort, daß die jüngeren Zweige des Hauses Sachsen stets dem Beispiel des Kurfürsten gefolgt wären, und da die Politik Friedrich Augusts von Sachsen zu Preußen hinneige, habe der Herzog seinem Beispiele folgen müssen.

Der Kaiser schien mit ihren Ausführungen zufrieden zu sein. Er ließ sie ungestört die verzweifelte Lage des unglücklichen Landes und der der Plünderung überlieferten Stadt schildern. Seine Achtung vor dieser Frau, die so standhaft mitten in allen Gefahren ausharrte, der selbst der Donner der Kanonen und das Herannahen der feindlichen Truppen keine Furcht einjagen konnten, schien von Minute zu Minute zu wachsen. Ihre majestätische Würde, ihre unerschütterliche Ruhe, die sie nicht einen Augenblick die Fassung verlieren ließen, rangen Napoleon eine stille Bewunderung ab. Als ihn dann die Herzogin bat, er möchte die Plünderung der Stadt einstellen lassen, erteilte er sogleich den Befehl dazu. Schließlich war es ihr auch gelungen, ihm das Versprechen abzunehmen, daß er dem Herzog verzeihen und ihm sein Herzogtum lassen werde. Immerhin stellte der Kaiser eine Bedingung: Karl August sollte binnen vierundzwanzig Stunden aus dem preußischen

Napoleon I.
Nach einem Stiche von Mme. Fournier.
(Aus der Sammlung Kircheisen.)

Heeresdienste ausscheiden, nach Weimar zurückkehren und sein Kontingent zurückziehen!

Solche Bedingungen konnten im Herzen Luises natürlich nicht viel Hoffnung erwecken, denn in einer so kurzen Frist war es unmöglich, den Wünschen Napoleons nachzukommen, zumal man gar nicht wußte, wo der Herzog sich befand. Während sie noch über ihr und der Ihrigen Geschick nachdachte, meldete sich der Kaiser für den Abend zum Gegenbesuch bei ihr an. Er beobachtete dabei das höfische Zeremoniell aufs genaueste und stellte der Herzogin sein ganzes Gefolge vor, was ihn indes nicht hinderte, während der Unterhaltung mit ihr spöttische Bemerkungen über ihren Gatten fallen zu lassen. Er kam sofort auf die politischen Angelegenheiten zu sprechen und fand auch jetzt wieder in der Fürstin eine verständige Zuhörerin und kritische Beobachterin. Schließlich hielt es Napoleon für geeignet, der Herzogin zu erklären, daß nicht er es gewesen sei, der den Krieg heraufbeschworen habe, sondern daß er durch die Umstände dazu gezwungen worden sei. „Glauben Sie mir, Madame," fügte er hinzu, „es gibt eine Vorsehung, die alles leitet; ich bin nur ihr Werkzeug!"

Napoleon dehnte seinen Besuch bei der Herzogin ziemlich lange aus. Es gefiel ihm, daß sie ihr Land und ihren Gatten so tapfer zu verteidigen verstand und sich nie aus der Fassung bringen ließ. Ihre bescheidene und doch bestimmte Haltung imponierte ihm gewaltig, so wenig er sonst von den sogenannten „starken Frauen" hielt. Hier fand er kluge Bescheidenheit mit edlem Stolze, hoher Frauenwürde und unerschütterlichem Mute gepaart, Eigenschaften, die Luise die Kraft verliehen, einem Manne wie Napoleon entgegenzutreten, vor dessen gewaltigem Genie selbst Männer zitterten. Wäre sie herausfordernd und anmaßend aufgetreten, sie hätte nie und nimmer etwas erzielt.

Als Napoleon endlich wieder in seine Gemächer zurückkehrte, sagte er zu dem General Rapp, seinem Adjutanten: „Das ist eine Frau, der nicht einmal unsere zweihundert Kanonen haben Furcht einjagen können!" Luise selbst erschien ihre Handlungsweise vollkommen natürlich, denn als ihre Freundin, Frau von Staël, ihr einen sehr schmeichelhaften Brief darüber schrieb, antwortete sie: „Sicher habe ich grauenvolle Tage verbracht, die gleichzeitig außerordentlicher Art waren, und die eine unauslöschliche Erinnerung in mir zurückgelassen haben. Aber ich durfte weder noch konnte ich mich dessen entziehen, und da nichts einfacher und natürlicher war, als daß ich bliebe, so habe ich nichts

getan, als was mir unter solchen Umständen zu tun übrig blieb. Ich bin wirklich erstaunt, daß man so viel Aufhebens davon macht."

Trotz allem und allem aber konnte die Herzogin sich noch nicht in Hoffnungen für sich und ihr Land wiegen. An ihren Bruder Christian schrieb sie Ende Oktober 1806: „Wir haben viel zu fürchten und wenig zu hoffen; ich sorge mich sehr um unsere Zukunft." Und dennoch hatte Napoleon alles getan, um die Ruhe und die Ordnung in Weimar wiederherzustellen. Am 16. Oktober schon sah man keine Plünderer mehr in der Stadt. Den darauffolgenden Tag verließ der Kaiser Weimar, nachdem er auf Ansuchen der Herzogin dem Herzog Karl August, der nirgends aufzufinden war, noch drei Tage Frist zu seiner Rückkehr bewilligt hatte. Immer wieder aber betonte Napoleon, daß er das alles einzig und allein der Herzogin zu Gefallen täte, und bei jeder Gelegenheit hob er hervor, wie sehr er diese Fürstin achte. Bei allem Zorn gegen den Herzog, der seine Vorstellung bei ihm immer weiter hinausschob, vergaß Napoleon nie die achtunggebietende Würde, mit welcher Luise ihn im Schlosse von Weimar empfangen hatte. Ihr und dem geschickten Kanzler von Müller verdankte Karl August allein die Erhaltung seines Landes.

Als Friedrich von Müller am 25. Oktober 1806 mit Napoleon im Schlosse von Potsdam eine Unterredung hatte, war des Kaisers erste Frage gewesen: „Sie kommen von Weimar? Was macht die Herzogin?" Und freundlich hatte er hinzugefügt: „Wir haben in der Tat der Herzogin viel Lärm und Unruhe in ihrem Schlosse verursacht. Das tat mir sehr leid, aber im Kriege geht es nicht anders."

Müller war vor allen Dingen zum Kaiser nach Berlin geschickt worden, um ihm einen Brief der Herzogin Luise zu überreichen, in welchem sie Napoleon um Verlängerung der Frist für den Herzog bat, von dem noch immer keine Nachricht eingetroffen war. Napoleon nahm diesen Brief gnädig auf und wiederholte: „Ihre Herzogin hat sich sehr standhaft bewiesen, sie hat meine ganze Achtung gewonnen. Ich begreife, daß unsere rasche Ankunft in Weimar sie in große Bedrängnis setzte. Der Krieg ist ein häßliches, ein barbarisches, vandalisches Handwerk. Aber was kann ich dafür? Man zwingt mich dazu und wider meinen Willen!"

Dieser hoffnungsvollen Audienz hingegen folgten noch bange Tage, ehe das Geschick Weimars und seines Fürstenhauses endgültig entschieden war. Talleyrand hatte am 3. November noch zu Müller gesagt: „Der Kaiser ist durch das ganze Benehmen des Herzogs von Weimar beim Ausbruche des jetzigen Kriegs, ganz besonders aber durch die

Stellung eines Kontingents zur preußischen Armee und Übernahme eines Kommandos bei derselben tief verletzt worden. Er hat sich kaum entschließen können, die daraus entstehenden schlimmen Folgen in bezug auf die fernere politische Existenz des Herzogtums Weimar zurückzuhalten. Wenn es dennoch geschehen, so ist dies lediglich der hohen Achtung zuzuschreiben, welche die Herzogin von Weimar durch ihr standhaft edles Betragen dem Kaiser eingeflößt hat."

Jedenfalls war Napoleon über das Ausbleiben des Herzogs sehr aufgebracht, und selbst ein Brief Karl Augusts an seine Gemahlin, den diese mit einem Schreiben von ihrer Hand sofort an den Kaiser sandte, konnte ihn nur schwer besänftigen. Der Herzog war nämlich endlich von dem nach ihm ausgesandten Kammerjunker von Spiegel am 25. Oktober in Wolfenbüttel aufgefunden worden, und zwei Tage darauf hatte er an die Herzogin geschrieben. Als Müller, der auch diesmal der Überbringer der Briefe der Herzogin war, am 5. November bei Napoleon in Berlin eintraf, sagte dieser: „Mein Herr Rat, ich bin zu alt, um auf Worte zu bauen; ich halte mich an Tatsachen. Weiß Ihr Herzog auch, daß ich ihn billig der Regierung entsetzen sollte?" Dabei beachtete Napoleon die Briefe der Herzogin kaum.

Diese Zusammenkunft gehörte mit zu den stürmischsten, die Müller mit Napoleon gehabt hat, und nur seinem diplomatischen Geschick gelang es, den Zorn des Mächtigen gegen das Haus Weimar zu beschwichtigen und eine günstige Wendung der Angelegenheiten herbeizuführen. Beim Abschied sagte Napoleon nochmals nachdrücklich: „Aber machen Sie es Ihrem Herzog recht einleuchtend, daß er sein Land und seine politische Existenz einzig und allein der hohen Achtung, ja der innigen Freundschaft verdanke, die ich zu seiner Gemahlin, der Frau Herzogin, gefaßt habe, sowie auch den freundschaftlichen Gesinnungen und der Anhänglichkeit, die ich für ihre würdige Schwester, die Frau Markgräfin, hege*). ... Dieses vortreffliche Schwesternpaar sollte allen Fürstenhäusern in Europa zum Vorbild dienen. Alles, was ich für Weimar noch irgend tun werde, wird ganz allein aus Rücksicht für sie geschehen." Noch an

Herzogin Luise von Sachsen-Weimar.
(Nach einem Ölgemälde. Im Goethe-National-Museum zu Weimar.)

demselben Tage schrieb er Luise folgenden Brief: „Ich habe mehrere Ihrer Briefe erhalten und teile Ihren ganzen Schmerz. Ich habe alle Forderungen, die Sie an mich stell-

---

*) Die Markgräfin Amalie von Baden, die ebenfalls wegen ihres energischen Auftretens Napoleons Achtung erworben hatte. Dennoch vermochte sie im Oktober 1807 nicht, so sehr sie sich auch bemühte, für ihren Schwiegersohn, den Herzog Friedrich Wilhelm von Braunschweig, eine Entschädigung zu erlangen.

ten, bewilligt, wünsche jedoch, daß es dem Herzog von Weimar zur Lehre diene. Er hat ohne Grund mit mir Krieg geführt; er konnte sich das Verhalten des Herzogs von Sachsen-Gotha zum Beispiel nehmen, konnte dem Herzog von Braunschweig nachahmen, der kein Kontingent gestellt hat, und den ich doch seiner Staaten beraubt habe. Alles, was ich für den Herzog getan, habe ich nur aus Achtung für Sie getan."

Die Vorstellung des Herzogs Karl August bei Napoleon, von der alles abhing, fand indes erst am 18. Juli 1807 statt, als sich der Kaiser in Dresden befand. Weder war Karl August von Napoleon, noch war der Kaiser von dem Herzog entzückt. Dieser war ganz besonders von der Persönlichkeit des Eroberers enttäuscht und sagte nachher zu einem seiner Getreuen: „Welch ein gewaltiger Unterschied zwischen Friedrich dem Großen und diesem Kaiser! Welch eine ganz andere imposante Erscheinung war doch Friedrich! Nichts von allem, was er mir sagte, könnte mir Bewunderung oder Zutrauen einflößen." Aber trotz des wenig günstigen Eindrucks, den auch Karl August auf Napoleon hervorgerufen hatte, verfehlte dieser doch nicht, wiederum teilnehmend nach dem Befinden der Herzogin Luise zu fragen. Er versprach auch, ihr auf seiner Rückreise nach Frankreich in Weimar seine Aufwartung zu machen. Aus diesem Zusammentreffen, von dem man sich für die Zukunft des Landes viel versprach, wurde jedoch nichts, weil Napoleon sehr früh in Weimar anlangte und seine Reise sogleich fortsetzte. Das Land aber war gerettet!*) Luise hatte es gerettet und sich dadurch die Herzen aller Untertanen erobert. Von deren Augen fiel es plötzlich wie ein Schleier, der ihren Blick jahrelang getrübt hatte. Jetzt erst sahen sie, welches Juwel sie in ihrer Fürstin hatten. Diese selbst beurteilt das plötzliche Hervorheben ihrer Person

*) Es war bereits am 24. November 1806 dem Rheinbund beigetreten.

F. J. Talma.
(Gezeichnet von Singry. Nach einer Lithographie von G. Engelmann.
Aus der Sammlung Kircheisen.)

mit sarkastischer Ironie. Noch nach achtzehn Jahren schrieb sie dem Bruder Christian darüber: „Bis zur Schlacht von Jena schätzten mich nur wenige Personen. Als ich aber getan hatte, was ganz einfach und selbstverständlich war, verfehlte das nicht seine Wirkung, und man behandelte mich wie eine Neuangekommene, während ich doch bereits seit achtundzwanzig Jahren hier lebte ... Ich versichere Sie, vor dieser Zeit sah oder grüßte mich kein Mensch, wenn ich mich mit meiner Schwiegertochter an einem öffentlichen Ort zeigte ... Sie sehen, ich bin nicht verwöhnt, nicht an Lobreden gewöhnt worden, noch hat man mich jemals glauben lassen, daß ich etwas wert sei." Diese Bitternis, die aus ihren Worten spricht, war die Folge des jahrelangen Kummers, der sich mit dem Wesen der Fürstin schließlich ganz verbunden hatte.

Konnte Napoleon im Jahre 1807 die Herzogin nicht begrüßen, so ward ihm ein Jahr später Gelegenheit gegeben, wiederum mit der von ihm so hochgeschätzten Frau zusammenzukommen. Er hatte sich im Oktober 1808 mit dem Zaren in Erfurt ein Stelldichein gegeben, um gemeinsam mit ihm über die Geschicke der Völker zu entscheiden. Die Stadt war angefüllt mit Fürstlichkeiten; zwei Kaiser und vier Könige beehrten sie mit ihrer Anwesenheit, und niemals sah Erfurt ein so vornehmes, lebhaftes Getriebe in seinen Straßen. Die nahe Nachbarschaft mit dem Hofe von Weimar veranlaßte Napoleon, der Herzogin Luise seine Hochachtung zu beweisen. Er lud sie nicht allein mehrmals nach Erfurt ein, sondern ließ schließlich ihr zuliebe sein ganzes Theater, die „Comédie Française" nach Weimar gehen, damit die Schauspieler dort vor der Herzogin „la mort de César" von Voltaire spielten.

Luise persönlich war diese Auszeichnung nicht besonders angenehm, denn sie hatte, ebenso wie ihr Mann, trotz des äußeren Scheins, ihre Gesinnung gegen Napoleon nicht geändert. Zwar hatte seine Persönlichkeit im Jahre 1806 Eindruck auf sie gemacht, aber kurz vor den Ereignissen der Fürstentage in Erfurt äußerte sie zu ihrem Bruder: „Man erwartet den Kaiser Napoleon am 25. [September] in Erfurt . . . Sie können sich wohl denken, daß ich mich nicht vordränge, ja, wenn ich es, wie ich hoffe, vermeiden kann, nach Erfurt zu gehen, so möchte ich mir dies gern ersparen."

Dennoch mußte sie den Verhaßten wiedersehen. Am 6. Oktober stattete Napoleon ihr mit dem zum Freunde gewordenen russischen Kaiser und dem ganzen übrigen Fürstengefolge in Weimar einen Besuch ab. Er zeigte sich auch diesmal äußerst zuvorkommend gegen sie und war auch gegen den Herzog liebenswürdig. Weimar hatte alles aufgeboten, um den Monarchen den Aufenthalt so angenehm wie möglich zu machen. Hirsch- und Hasenjagden, Galatafel, Ball, Theater, nichts war vergessen worden, und die ganze Stadt schien ihr Festkleid angezogen zu haben.

Luise war während dieser Tage eine feine und scharfe Beobachterin all dieser alten und neuen Könige und Königinnen. Keiner und keine entging ihrem scharfen Urteil. Von Napoleon selbst sagte sie in einem Briefe vom 10. Oktober 1808: „Ich finde den Kaiser Napoleon, seitdem ich ihn gesehen habe, magerer geworden. Aber es kleidet ihn viel besser, wenn er nicht so aufgeblasen aussieht, und er steckt auch weniger in den Schultern . . . Sie haben keine Ahnung, wie leichtfertig Napoleon die vier Könige behandelt, die in Erfurt sind. Ich versichere Sie, es lohnt der Mühe, das zu sehen. Gestern zum Beispiel waren sie genötigt, eine Stunde lang vor dem Diner im Vorzimmer zu warten, während die beiden Kaiser zusammen eingeschlossen waren. Ich war auch dabei, aber da ich weder König noch Königin bin, war ich nur da, um zu beobachten, was vorging."

Die Jahre schwanden dahin, und die Herzogin litt unter

dem Druck der Zeitverhältnisse. Erst durch den russischen Krieg, in dem Napoleons Stern erbleichte, nachdem seine Macht den höchsten Grad erreicht hatte, drang ein schwacher Hoffnungsschimmer in alle Herzen. Und dann folgte jenes allgemeine Völkerringen um Befreiung von Napoleonischer Herrschaft!

Um jene Zeit war es, wo Luise von Weimar noch einmal den bitteren Tropfen schlürfen und den Kaiser der Franzosen empfangen mußte. Jetzt tat sie es in der Hoffnung, für zwei ihrer Untertanen und Diener Gnade zu erlangen. Sie waren wegen aufgefangener verdächtiger Briefe von den französischen Truppen verhaftet worden und sollten verurteilt werden*). Auf seiner Durchreise durch Weimar am 28. April 1813 hatte sich Napoleon drei Stunden bei der Herzogin im Schlosse aufgehalten und sich außerordentlich liebenswürdig gegen sie erwiesen. Hinsichtlich der Befreiung der Gefangenen hatte er freundlich geäußert, nachdem der Kanzler von Müller zwei Tage vorher vergebens alles aufgeboten hatte, um ihn für diese Angelegenheit günstig zu stimmen: „Ich bin entzückt, für Sie etwas tun zu können, was Ihnen angenehm ist."

Als Napoleon Weimar verließ, gab ihm Karl August bis Eckardsberga das Geleit. Während dieser Zeit behandelte der Kaiser ihn aufs zuvorkommendste, ungeachtet er bei der obenerwähnten Zusammenkunft mit Müller sich gegen die Person des Herzogs in den heftigsten Ausdrücken ergangen hatte. „Ich weiß wohl," hatte Napoleon bei dieser Gelegenheit gesagt, „daß Euer Herzog mein geschworener Feind ist und nie aufgehört hat, mit allen meinen Feinden zusammenzuhängen. Hat er nicht preußische Offiziere in seinen Diensten und in seinem Solde? Hat er nicht fortwährend mit der Kaiserin von Österreich, meiner Schwieger-

---

*) Es waren der Kammerherr von Spiegel und Herr von Voigt, von denen man chiffrierte Briefe an den Kanzler Friedrich von Müller aufgefangen hatte.

mutter, korrespondiert, die von Wien aus giftige Netze für mich spinnt? Aber fürwahr, man betrügt mich nicht so leicht!"

Nach solchen Worten muß es allerdings erstaunen, wie ihn die Persönlichkeit der Herzogin Luise sofort zu milderen Absichten bestimmte, denn in der Tat erteilte er noch vor seiner Abreise von Weimar dem Marschall Berthier den Befehl, sofort die Freilassung der beiden Gefangenen zu veranlassen. Dann bestieg der Kaiser sein Pferd und ritt, lustig die Melodie von „Marlborough s'en va-t-en guerre" vor sich her summend, zum Tore hinaus. Es war das letztemal, daß ihn die Herzogin von Weimar gesehen hatte! Denn nach der so schmachvollen Niederlage von Leipzig vermied es Napoleon, seinen Weg über Weimar zu nehmen.

Sein Stern war im Untergehen begriffen! Kaum ein Jahr nach dem Feldzug von Sachsen traf ihn der empfindlichste Schlag seines Lebens: die Abdankung! Das napoleonische Drama hatte sein Ende erreicht. Trotz allen Hasses aber gegen den Unterdrücker ergriff diese Tragödie die Herzogin Luise aufs tiefste. Sie hatte nie und nimmer geglaubt, daß Napoleon, dieser Riesengeist, einmal auf solche Weise seine große, glorreiche Laufbahn beschließen werde. Das Schicksal des Gefangenen auf Elba wollte ihr für ihn wenig passen, und sie hätte ihm gern den Soldatentod auf dem Felde der Ehre gegönnt. Ihr Scharfblick sah übrigens voraus, daß das Stück noch nicht zu Ende gespielt sei, und daß Europa noch einmal zum Kampfe mit dem verwundeten Löwen antreten müsse, der eines Tages seine Fesseln sprengen würde. Wie recht die Herzogin von Weimar hatte, beweisen die Ereignisse von 1815.

SECHZEHNTES KAPITEL

KÖNIGIN LUISE VON PREUSZEN

„Wenngleich die Nachwelt meinen Namen nicht unter den Namen der berühmten Frauen nennen wird, so wird sie doch, wenn sie die Leiden dieser Zeit erfährt, wissen, was ich durch sie gelitten habe, und sie wird sagen: sie duldete viel und harrte aus im Dulden!"

Diese Worte schrieb einst Preußens Königin an Frau von Berg. Sie waren der Widerhall ihres tiefgebeugten Herzens, der Widerhall all des Leids und aller Erniedrigung, die seit dem unseligen Kriege von 1806/1807 über Preußen hereinbrachen. Es war Luise nicht bestimmt, die Morgenröte der Freiheit an Deutschlands Horizont aufgehen zu sehen. Sie sollte nicht die berauschenden Tage des Völkererwachens von 1813, 1814 und 1815 erleben, die den endgültigen Sturz des Gewaltigen, der auch ihr Vaterland unter seine eiserne Faust gezwungen hatte, beschlossen. Den Fall Napoleons, dieses „aus dem Kot emporgeschwungenen Höllenungeheuers", dieses „unwürdigen infamen Mörders", wie Luise von Memel aus an Friedrich Wilhelm schrieb, sollte sie nicht mit den Verbündeten feiern. Noch viel weniger sollte sie Deutschlands Einigkeit erleben, deren Vorläufer die Tage von 1813—1815 gewesen waren. In richtigem Vorgefühl hatte sie einst zu Gentz, dem österreichischen Politiker und Staatsmann, gesagt, daß das große Heil einzig und allein in der engsten Vereinigung alles dessen zu suchen sei, was den deutschen Namen trüge.

Und doch können wir diese hehre Frauengestalt, den Inbegriff alles Edlen, Schönen und Hoheitsvollen nicht von dem Tadel freisprechen, daß sie nicht ganz schuldlos an diesem Kriege war, der die Ursache zu Preußens Ungemach sein sollte. Sie hat zwar oft und nachdrücklich betont, daß sie keinen Anteil an der Politik genommen hätte, und von ihrem Standpunkt aus betrachtet sprach sie wahr, denn sie besaß nicht jenen Ehrgeiz vieler Frauen der Geschichte, die einzig und allein darnach strebten, die Zügel der Regierung in ihren Händen zu halten, um ihre tyrannische Herrschaft über den königlichen Gatten und Geliebten auszuüben. „Leidenschaftlichkeit in irgendeiner Angelegenheit des Lebens war ihrer Seele ganz fremd, weil eine höhere Vernunft und eine religiöse Ansicht der Welt ihr Tun und Lassen bestimmten." Aber aus ihrem Briefwechsel mit Friedrich Wilhelm III. und aus anderen Dokumenten geht deutlich hervor, daß sie stets zu diesem Kriege geneigt gewesen ist. Allerdings tat sie es in dem guten Glauben, daß das Glück den preußischen Waffen hold, und ihr Vaterland dadurch von aller Fremdherrschaft, von aller Erniedrigung befreit sein werde. Der Krieg von 1806 erschien der Königin Luise für die preußische Ehre unbedingt notwendig. Ihn nicht beginnen, wäre für sie die größte Schmach des Landes gewesen. In diesem Sinne sprach sie sich auch gegen Friedrich von Gentz aus, dem sie am 9. Oktober in Erfurt eine Audienz bewilligte.

„Gott weiß," sagte sie zu ihm, „daß man mich niemals über die öffentlichen Angelegenheiten um Rat gefragt, und ich habe auch niemals den Ehrgeiz besessen, darüber befragt zu werden. Wenn man es aber getan hätte, dann gestehe ich, würde ich allerdings für den Krieg gewesen sein. Ich glaube, er war unvermeidlich. Unsere Lage war so schief geworden, daß wir uns unbedingt daraus befreien mußten. Nicht aus Berechnung, sondern der Ehre und Pflicht halber mußte ein solcher Entschluß gefaßt werden."

Königin Luise.
(Nach einem Gemälde im Besitze S. K. H. des Großherzogs von Hessen.)

Als Luise diese Worte zu Gentz sprach, befand sie sich mitten unter den preußischen Truppen im Hauptquartier ihres Gatten. Anfangs war beschlossen worden, daß sie den König nur so lange ins Feld begleiten sollte, bis die Armee den Vormarsch begonnen hätte; in Erfurt jedoch war die Königin der Ansicht, so lange zu bleiben, als der König es wünschte. Denn so großen Einfluß sie stets auf Friedrich Wilhelm zu haben schien, so war doch immer für sie sein Wille entscheidend.

Ihre Anwesenheit im Lager wurde jedoch bereits damals von den verschiedenen Parteien stark kritisiert, und die Meinungen darüber waren auch unter den Generalen und Ratgebern Friedrich Wilhelms geteilt. Die einen sahen in der Gegenwart der Königin alles Heil, die anderen nur Anstoßerregendes und Unschickliches. Gentz hingegen, der nach allem, was er über Luise gehört hatte, einen gewissen Zweifel in alle die guten Eigenschaften setzte, die man ihr zuschrieb, und einer Aussprache mit ihr mit ziemlich gemischten Gefühlen entgegensah, sagte, nachdem er mit der Königin gesprochen hatte: „Ihr Verhalten während ihrer Anwesenheit im Hauptquartier war selbst über den leisesten Tadel erhaben. Und wenn ich alles in Betracht ziehe, so würde ich gleichfalls für ihr Bleiben bei der Armee gestimmt haben."

Ihr Aufenthalt mitten im Schlachtenlärm und Kriegsgetümmel wäre Luise jedoch beinahe teuer zu stehen gekommen. In Weimar, wohin sie sich mit dem König drei Tage vor der Schlacht von Jena*) zurückzog, wurden sie von dem Herannahen der französischen Truppen überrascht, und die plötzliche Abreise der Königin am Morgen des 14. Oktober nach dem Norden glich einer wahren Flucht vor dem sie verfolgenden Feind. Sie nahm ihren Weg über Mühlhausen, Göttingen, Braunschweig und Tangermünde

---
*) Sie fand am 14. Oktober 1806 statt.

nach Berlin. Dort erfuhr sie die Nachricht von den Niederlagen bei Jena und Auerstädt. Nun galt es mit ihren Kindern immer weiter zu flüchten.

Erst in Memel konnte sie sich ein wenig Ruhe gönnen. Von dort aus verfolgte sie schmerzgebrochen, seelisch und körperlich krank, die politischen Auseinandersetzungen, die das Geschick ihres geliebten Volkes entscheiden sollten. Ihr Tagebuch wurde der stumme Zeuge tränendurchkämpfter, peinvoller und sorgenschwerer Stunden und Nächte. Bereits während ihres Aufenthaltes in Ortelsburg schrieb sie am 5. Dezember 1806 auf eins der Blätter:

> Wer nie sein Brot mit Tränen aß,
> wer nie die kummervollen Nächte
> auf seinem Bette weinend saß,
> der kennt euch nicht, ihr himmlischen Mächte.

Nie sind die herrlichen Goetheschen Verse tiefer und wahrer empfunden worden als von der unglücklichen Königin in jener maßlos traurigen Zeit, in der alle Hoffnung für ihr Vaterland aus ihrem Herzen geschwunden war. Denn sie traute dem Manne, der sie in seinen Bulletins so tief beleidigt und geschmäht hatte, der in Berlin als Sieger eingezogen war und nun in dem Schlosse wohnte, das das Geschlecht der Hohenzollern so lange innegehabt hatte, keine Großmut zu. Bereits am 13. November hatte sie an ihre Oberhofmeisterin und Vertraute, die Gräfin Voß geschrieben: „Bonaparte speit Beleidigungen und Schmähungen gegen mich. Seine Flügeladjutanten lagen mit ihren Stiefeln auf meinen Sofas in meinem Gobelinsalon in Charlottenburg. Das Palais in Berlin wird noch respektiert, er wohnt im Schloß. Er gefällt sich in der Stadt Berlin, aber er hat gesagt, daß er keinen Sand will, er werde diese Sandgräben dem König lassen. Und man lebt und kann die Schmach nicht rächen!"

Ein solcher Entrüstungsschrei aus dem Munde der Königin Luise war begreiflich. Napoleon hatte sie in allem: in

Friedrich Wilhelm III. und Luise von Preußen.
(Nach einem zeitgenössischen Stiche aus der Sammlung Kircheisen.)

ihrer Frauenehre, ihrer Ehre als Landesfürstin und Patriotin angegriffen! Er hatte nicht allein geduldet, daß der „Moniteur", das offizielle Pariser Blatt, und der „Télégraphe" Schmähungen über Schmähungen gegen sie losließen, sondern er selbst verschonte sie nicht mit solchen in seinen Kriegsbulletins, in seinen Briefen und Unterhaltungen mit Ministern und Marschällen. Der beißendste Spott, die höchste Ironie sprachen aus den Worten, die das 1. Bulletin der Großen Armee vom 8. Oktober 1806 über die Königin enthielt. „Marschall," hieß es darin, „sagte der Kaiser zum Marschall Berthier, man gibt uns für den 8. ein Ehrenrendezvous; niemals hat ein Franzose ein solches verfehlt. Und da, wie man sagt, eine schöne Königin Zeuge des Kampfes sein will, so seien wir höflich und marschieren wir, ohne uns Ruhe zu gönnen, nach Sachsen..." Und weiter höhnt dasselbe Bulletin: „Die Königin ist bei der Armee als Amazone gekleidet, in der Uniform ihres Dragonerregiments. Sie schreibt täglich zwanzig Briefe, um von allen Seiten den Brand zu schüren. Man meint Armida zu sehen, die in ihrer Verblendung den eigenen Palast anzündet... Nach dem Beispiel dieser beiden großen Persönlichkeiten (Luises und des Prinzen Ludwig Ferdinand) schreit der ganze Hof nach Krieg."

Ein andermal, im 9. Bulletin vom 17. Oktober, erstreckten sich Napoleons beleidigende Äußerungen wiederum einzig und allein auf die Königin, während er den König Friedrich Wilhelm als vollkommen schuldlos an allem hinstellte. „Wie es scheint ist alles, was man von ihr gesagt hat, wahr. Sie war hier (in Weimar), um das Feuer des Kriegs anzufachen. Sie ist eine Frau mit einem hübschen Gesicht, aber mit wenig Geist, unfähig, die Folgen ihrer Handlungen vorauszusehen. Anstatt sie zu beschuldigen, kann man sie heute nur beklagen, denn sie muß schrecklich von Gewissensbissen gepeinigt werden wegen der Leiden, die sie über ihr

Land gebracht und wegen des Einflusses, den sie auf ihren Gemahl ausgeübt hat. Dieser, darüber ist sich jedermann einig, ist ein vollkommener Ehrenmann, der den Frieden und das Wohl seines Volkes im Auge hatte."

Allen aber setzt das berühmte 19. Bulletin aus Charlottenburg vom 27. Oktober die Krone auf. Darin spielte Napoleon zweideutig auf das Verhältnis der Königin Luise zum Kaiser Alexander von Rußland an, in welchem Luise das Ideal der Ritterlichkeit und Freundschaft zu erblicken glaubte. Sie setzte ihre ganze Hoffnung auf Errettung des Vaterlandes in ihn. Wie sehr sie sich in diesem liebenswürdigen aber falschen Fürsten täuschen sollte, mußte sie zu ihrem großen Schmerze bald erfahren.

„Die Empörung gegen die Urheber dieses Kriegs", schrieb Napoleon in dem erwähnten Bulletin, „hat den höchsten Grad erreicht... Jedermann ist überzeugt, daß die Königin an allen Leiden, die das preußische Volk zu erdulden hat, schuld ist. Überall hört man sagen: ‚Sie war so gut, so sanft vor einem Jahr. Aber wie hat sie sich seit der verhängnisvollen Zusammenkunft mit dem Kaiser Alexander verändert!'... In den Gemächern, die die Königin in Potsdam innehatte, hat man das Bild des Kaisers von Rußland gefunden, das er ihr geschenkt hatte. In Charlottenburg fand man auch ihren Briefwechsel mit dem König, während der letzten drei Jahre, sowie von Engländern verfaßte Schreiben, die auseinandersetzten, daß man den mit dem Kaiser Napoleon geschlossenen Verträgen keinerlei Rechnung tragen dürfe, sondern sich ganz an Rußland halten müsse. Diese Stücke besonders sind historische Dokumente. Sie beweisen — wenn es überhaupt in diesem Falle eines Beweises bedürfte — wie unglücklich die Fürsten sind, die Weibern Einfluß auf die politischen Angelegenheiten gestatten. Die Noten, die Berichte und die Staatspapiere rochen nach Moschus und fanden sich unter Bändern und

Königin Luise, König Friedrich Wilhelm III. und Kaiser Alexander zu Memel am 10. Juni 1802.
Nach einem Gemälde von Dähling.
(Aus dem Hohenzollernjahrbuch. Leipzig, Verlag von Giesecke & Devrient.)

Spitzen und anderen Toilettengegenständen der Königin. Diese Fürstin hatte allen Frauen in Berlin die Köpfe verdreht, heute aber sind sie anderer Meinung."

Der Kaiser der Franzosen ersparte der Königin von Preußen nichts. Er verglich sie mit Tassos Armida und mit der schönen Helena, die Trojas Unglück heraufbeschworen hatte. Er vergaß alle Ritterlichkeit gegen sie, die eine Frau war und dazu eine feinfühlende, leichtempfindliche Frau mit einem edlen Gemüt. In seinem Haß gegen Preußen und die schwachen Männer, die zu jener Zeit die Politik des unglücklichen Staates in Händen hatten, richtete sich seine ganze Wut gegen die arme Königin, die es im guten Glauben an eine gute Tat unternommen hatte, Schwachköpfen Entschlossenheit und tatkräftiges Handeln beizubringen. Denn die Unentschlossenheit und Starrköpfigkeit Friedrich Wilhelms war allgemein bekannt. Napoleon hätte in seinen Äußerungen über sie mehr Mäßigung zeigen sollen, wenn er ihr auch mit Recht vorwerfen konnte, was auf Tatsachen beruhte. Denn daß die Königin Luise seit ihrer in Berlin im Jahre 1805 erfolgten Zusammenkunft mit dem Zaren, den sie ihren einzigen, zuverlässigen Freund nannte, von diesem stark beeinflußt wurde, steht fest, ebenso, daß sie Friedrich Wilhelm zu diesem Krieg mehr als gut war veranlaßte. Während dieser und der Minister Haugwitz immer noch hofften, mit Frankreich verbündet und in Frieden zu leben, war Luise der Meinung, daß man „dieses Ungeheuer zu Boden schlagen müsse." Die Ansbacher Gebietsverletzung durch Napoleon im Jahre 1805 konnte sie ihm nie verzeihen. Seit dieser Zeit stand sie auf der Seite der Kriegspartei, zumal der Preßburger Frieden Preußen um den Besitz Ansbachs brachte. Eine solche Schmach glaubte sie nicht überwinden zu können; sie sah die einzige Rettung in der Erhebung der Waffen gegen den rücksichtslosen, ehrgeizigen Eroberer. Später schrieb sie ihrem Bruder Georg darüber, daß ihre

Umgebung ihr Vorwürfe gemacht habe, das Unglück Preußens durch diesen Krieg heraufbeschworen zu haben, und fügte hinzu: „Die Folgen beweine ich oft, nicht aber das Prinzip der Handlung selbst. Nie werde ich beweinen, was Ehre und Selbstgefühl heiligten!"

Da nun Napoleon jedes Einmischen von Frauen in die Politik haßte, da er jedes Weiberregiment verabscheute und die Fürsten verachtete, die unter dem Einfluß von Frauen standen, so war von vornherein seine Sympathie für Preußens Königin, von deren Anmut und Hoheit die ganze Welt des Lobes voll war, stark beeinflußt. Er hielt sie für eine jener Frauen, die ihre ganze weibliche Würde vergessen und sich mit männlichem Mute, mit männlicher Energie und mit männlichem Ehrgeize auf die Politik stürzen, ohne jedoch die Erfahrung des erprobten Staatsmannes zu haben, und die infolgedessen alles verderben. Er hielt sie für eines jener „geistreichen Weiber", gegen die er die größte Antipathie hegte. Das ist die einzige Erklärung für seine haßerfüllten Wutausbrüche gegen eine wehrlose Frau, seine Feindin. Für ihn war die Frau eben nur Schmuck, eine andere Bestimmung durfte sie nicht haben. Er machte zwischen ihr und einem schönen Gemälde oder einer kunstvollen Vase keinen Unterschied. An seinem Hofe waren die Frauen nur Dekoration, und Josephine hatte nicht unrecht, wenn sie sagte, daß die Frauen an des Kaisers Hofe vielleicht fünf oder sechs Tage im Jahre Einfluß über ihn gewännen, aber die ganze übrige Zeit nichts oder beinahe nichts für ihn wären. Niemals aber werden selbst die Bewunderer seines ungeheuren Genies und seiner Größe Napoleon den Vorwurf ersparen können, daß er in der Art seiner Anklagen Luise gegenüber alle Großmut, allen Takt, alles Feingefühl und alle Ritterlichkeit vergessen hatte. Niemals werden sie ihm verzeihen, daß er die reine Frauengestalt, an der kein Makel haftete, die nur einen unbedachten Fehler begangen

Königin Luise.
Nach einem Stich von Tielker.
(Reproduziert nach dem Hohenzollern-Jahrbuch. Verlag von Giesecke & Devrient in Leipzig.)

hatte, so tief in den Schmutz zog! Selbst seine nächste Umgebung war mit seinen Anschuldigungen gegen die Königin von Preußen nicht einverstanden.

Später freilich hat Napoleon vieles ihr persönlich zugefügte Unrecht wieder dadurch gutzumachen versucht, daß er stets nur Gutes von ihr sagte. „Die Königin von Preußen", heißt es im ‚Mémorial de Sainte-Hélène', „hatte viele Fähigkeiten; sie war sehr klug... Sie war geistreich, und alle ihre Manieren waren außerordentlich angenehm; auch ihre Koketterie entbehrte nicht des Reizvollen." Und zum Doktor O'Meara sagte der gefangene Kaiser eines Tages, als das Gespräch auf Luise kam: „Ich habe große Achtung vor ihr gehabt, und wenn der König sie gleich nach Tilsit gebracht hätte, würde er wahrscheinlich bessere Bedingungen erlangt haben. Sie war elegant, geistreich und außerordentlich unterrichtet."

Das war jedoch ein zu später Trost für die geschmähte Königin, die seiner nicht mehr teilhaftig werden konnte. In Memel hätte sie sich jedenfalls nicht träumen lassen, daß Napoleon noch einmal für sie Partei ergreifen werde. Sein Haß gegen sie schien unauslöschlich. Und dennoch hoffte sie nach der Schlacht bei Friedland, die am 14. Juni 1807 Preußens Geschick entschieden hatte, wenigstens auf einen annehmbaren Frieden, denn am 24. Juni schrieb sie an ihren Mann: „Vielleicht braucht auch Napoleon den Frieden und macht ihn daher ‚billig'; das ist jedoch nicht das richtige Wort. Dieser Mann kennt keine Gerechtigkeit, aber vielleicht tut er aus Laune Dinge, die man von ihm nicht erwartet."

Friedrich Wilhelm hatte ihr geschrieben, daß eine Zusammenkunft mit Napoleon und Alexander in Aussicht stände. Diese Nachricht brachte sie vollkommen außer Fassung und versetzte sie in grauenvollen Schrecken. Sie antwortete dem König in dem obenerwähnten Brief: „Wenn

Sie gezwungen sind, den ‚Teufel' vielleicht mit dem Kaiser (Alexander) zu sehen, so meint man hier, daß das am Ende gut sein könnte. Ich gestehe Ihnen jedoch, daß ich eher glaube, je mehr man seiner Eitelkeit schmeichelt, desto größere Forderungen wird er stellen."

In der Tat fand am nächsten Tag, am 25., eine Zusammenkunft der beiden Kaiser auf einem Flosse auf dem Niemen statt. Der König von Preußen blieb am Ufer zurück, da Napoleon ihn nicht eingeladen hatte. Er sprach ihn erst am nächsten Tage. Dann kamen die drei Monarchen in Tilsit zusammen, um über den Frieden zu unterhandeln. Rußlands Politik hatte sich plötzlich Frankreich zugeneigt, dessen Kaiser von den Russen der Menschenfreund genannt wurde. Die bedeutenden Forderungen des Siegers zogen jedoch den Abschluß des Friedens immer weiter hinaus. Der preußische Hof war über die ungeheuren Ansprüche, die Napoleon stellte, verzweifelt; besonders hing er an den linksseitigen Besitzungen der Elbe und an Magdeburg.

Friedrich Wilhelm richtete in Tilsit durch seinen unangebrachten Stolz und sein wortkarges Wesen gegen Napoleon gar nichts aus. Dieser vermied es, mit ihm über die schwebenden Angelegenheiten zu sprechen und behandelte ihn wie eine nebensächliche Person. Er unterhielt sich mit ihm über die nichtigsten Dinge, wie über Uniformknöpfe, Tschakos und so weiter, und spottete bei jeder Gelegenheit über ihn. Vergebens bemühte sich die Umgebung des Königs, ihn zu veranlassen, seine Abneigung gegen den französischen Kaiser zu überwinden und ihm etwas mehr entgegenzukommen. Es war Friedrich Wilhelm nicht möglich, nicht einmal in der Lage, in der er sich augenblicklich befand, in der alles von seinem Benehmen gegen den Sieger abhängen konnte, aus seiner steifen Zurückhaltung herauszugehen. Er hätte gegen Napoleon etwas liebenswürdiger sein können, ohne daß es nötig gewesen wäre, wie Luise sich einmal ausdrückte, „Sammetpfötchen" zu machen. Seine grenzenlose Abneigung gegen den Kaiser der Franzosen geht übrigens aus dem Brief hervor, den Friedrich Wilhelm der Königin von Picktupöhnen aus am 26. Juni 1807 schrieb: „Ich habe ihn gesehen," heißt es darin, „ich habe mit diesem von der Hölle ausgespienen Ungeheuer, das von Beelzebub gebildet

König Friedrich Wilhelm III.

wurde, um die Plage der Erde zu werden, gesprochen! Es ist mir unmöglich, den Eindruck zu beschreiben, den sein Anblick auf mich gemacht hat. Nein, niemals habe ich eine härtere Prüfung erfahren; mein ganzes Innere empörte sich während dieser entsetzlichen Zusammenkunft. Er war jedoch sehr kühl, höflich, aber durchaus nicht entgegenkommend und ohne die geringste persönliche Aufmerksamkeit. Im allgemeinen schien er mir durchaus nicht für uns geneigt. Er ist übrigens in keiner Weise auf die Angelegenheiten unseres zukünftigen Schicksals eingegangen und hat es vermieden, diese Seite zu berühren."

In dieser verzweifelten Lage meinte man, alles Heil für den Staat hinge von der Gegenwart der Königin Luise in Tilsit ab, die „den ganzen großen Gegenstand, auf den es ankam, umfaßt hatte", wie Kleist an seine Schwester schrieb. „Sie versammelt", fuhr dieser fort, „alle unsere großen Männer, die der König vernachlässigt, und von denen uns doch nur allein Rettung kommen kann, um sich; ja sie ist es, die das, was noch nicht zusammengestürzt ist, hält!" Und wie Kleist, so hoffte auch der Hof alles von Luise. Vielleicht würde es ihrer „bewunderungswürdigen Affabilität" gelingen, günstigere Bedingungen von Napoleon zu erlangen. So schrieb General Kalckreuth am 28. Juni an den König. Auch der kluge Hardenberg sah in der Gegenwart der Königin bedeutenden Vorteil.

Als man Luise den Vorschlag machte, dem so wenig großmütigen Sieger, der sie so tief beleidigt hatte, entgegenzutreten, um von ihm für ihr Land etwas zu erbitten, da fühlte sie sich anfangs durch eine solche Aufforderung erniedrigt, und ihr Stolz bäumte sich innerlich auf. Zum General Kessel sagte sie: „Es ist mir, als wenn ich in den Tod ginge; als wenn dieser Mensch mich würde umbringen lassen." Aber ihr klarer Verstand übersah bald die Sachlage. Sie begriff, daß sie ihrem Volke und ihrem Manne ein Opfer bringen mußte, und brachte es schließlich gern. Die Zusammenkunft der drei Monarchen, die so verschieden voneinander waren, flößte ihr ohnehin wenig Vertrauen und wenig Hoffnung ein. Hatte sie nicht ihrem Gatten am 27. Juni geschrieben: „Ich mißtraue diesem Aufenthalt in Tilsit sehr. Du und der Kaiser (Alexander), die Ihr die Rechtschaffenheit selbst seid, mit der Schlauheit, dem Teufel, ‚Doktor Faust und sein Famulus' — mit dem Famulus meinte sie den

Parade der Kaisergarde vor den beiden Kaisern zu Tilsit am 28. Juni 1807.
(Nach einer Zeichnung von Seebach aus der Sammlung Kirchelsen.)

Minister Talleyrand — „nein, das wird nie gehen, und keiner ist dieser Gewandtheit gewachsen!" Und drei Tage später: „Ich komme, ich fliege nach Tilsit, wenn Du es wünschest, wenn Du glaubst, daß ich irgend etwas Gutes tun kann."

Anfang Juli hatte der König ihr etwas günstiger über Napoleon geschrieben. „Was ist er doch", ruft er in seinem Briefe aus, „für ein gutorganisierter Kopf! Und wie ich schon oft gesagt habe, könnte er, wenn er wollte, Gutes damit schaffen. Er mit seinen Mitteln könnte der Wohltäter der Menschheit sein, wie er bis jetzt durch seine ehrgeizigen Pläne die Geißel der Menschen gewesen ist." Aber ein andermal wieder charakterisierte er Napoleon mit nicht geistloser Schärfe: „Man braucht ihn nur reiten zu sehen, so erkennt man den ganzen Mann. Er geht immer in Karriere, unbekümmert um das was hinter ihm fällt und stürzt."

In Luises Herz war keine Hoffnung eingezogen. Aber ihr Glaube hatte festes Vertrauen zu Gott, von dem sie alles Gute erwartete. In den traurigen Tagen von Memel hatte sie ihrem Vater, dem Herzog Karl Ludwig Friedrich von Mecklenburg-Strelitz, nach den Ereignissen von Friedland am 17. Juni geschrieben: „Glauben Sie ja nicht, daß Kleinmut mein Haupt beugt. Zwei Hauptgründe habe ich, die mich über alles erheben: der erste ist der Gedanke, wir sind kein Spiel des Zufalls, sondern wir stehen in Gottes Hand, und die Vorsehung leitet uns — der zweite: wir gehen mit Ehren unter! ... Ich ertrage alles mit einer solchen Ruhe und Gelassenheit, die nur die Ruhe des Gewissens und reine Zuversicht geben kann. Deswegen seien Sie überzeugt, bester Vater, daß wir nie ganz unglücklich sein können, und daß mancher mit Kronen und Glück bedrückt, nicht so froh ist, als wie wir es sind."

Mit solchen Gedanken im Herzen, obwohl schmerzgebrochen darüber, daß sie wie eine Bittstellerin, ohne von dem Gebieter der Welt eingeladen worden zu sein, ihre

Reise antreten mußte, war die Königin nach Tilsit gefahren. Denn wenn auch Napoleon sich beim König nach ihrem kranken Kinde, der Prinzessin Alexandrine, teilnehmend erkundigt und später beim Diner auf die Gesundheit der Königin Luise getrunken hatte, so war doch keine offizielle Einladung von seiner Seite an sie ergangen. Sie zitterte vor dem schrecklichen Augenblick, bald diesem Manne gegenüberstehen zu müssen; hatte sie sich doch noch vor kurzem ihrem Gatten gegenüber glücklich gepriesen, daß sie bei der Zusammenkunft mit dem „Ungeheuer" nicht zugegen sein müsse! Aber der Gedanke, daß er bei ihrem Anblick, von ihrer Würde beschämt sein und zu milderen Absichten gestimmt werden würde, verlieh ihr Mut. Die Hoffnung belebte sie. Sie mochte und konnte schließlich nicht denken, daß ihre Reise nach Tilsit so ganz ohne Erfolg bleiben würde.

Am 4. Juli war Luise in Begleitung der Gräfinnen Voß und Tauentzien und des Kammerherrn von Buch in Picktupöhnen, dem Hauptquartier des Königs, angekommen und im Pfarrhause abgestiegen. Am 5. sprachen Caulaincourt und Duroc bei ihr vor und baten sie im Namen des Kaisers um Entschuldigung, daß dieser ihr keinen Besuch in Picktupöhnen machen könne, da er die Neutralitätsgrenze nicht überschreiten dürfe. Er lade jedoch die Königin ein, zu ihm nach Tilsit zu kommen. Und so fuhr Luise am nächsten Tage, am 6. Juli nach Tilsit, zum französischen Kaiser, der noch an demselben Tage an Josephine nach Paris schrieb: „Die schöne Königin von Preußen soll heute mit mir speisen."

Luise stieg in dem Hause ab, das man Friedrich Wilhelm in Tilsit zur Verfügung gestellt hatte, obgleich Napoleon für die Königin ein besonderes Haus mit allem Luxus hatte einrichten lassen, der in der Stadt aufzutreiben war. Sie verschmähte es, diese Aufmerksamkeit ihres Feindes anzunehmen. Der Kaiser Alexander, Friedrich Wilhelm und der Graf von der Goltz, Hardenbergs Nachfolger, erwarteten sie in der bescheidenen Wohnstätte. Der Zar sprach ihr beruhigend zu und sagte: „Nehmen Sie es auf sich, und retten Sie den Staat!" Überhaupt war jedermann bemüht, sie für den peinlichen Augenblick, dem sie entgegenging, zu ermutigen. Der armen Königin schwirrte der Kopf, und

Gräfin Voß.

sie rief ganz verzweifelt den sie Umringenden zu: „Ach! jetzt bitte ich, schweigen Sie, daß ich zur Ruhe komme und meine Gedanken sammle."

Im nächsten Augenblick ward vor dem Hause Pferdetraben hörbar. Man ließ die Königin allein. Die Gräfin Voß und die Gräfin Tauentzien gingen hinunter, um Napoleon am Fuße der Treppe zu empfangen. Er war zu Pferd und hatte seinen ganzen Generalstab mitgebracht, um Preußens

Königin einen Besuch abzustatten. Alexander und Friedrich Wilhelm empfingen ihn vor der Tür. Leichtfüßig sprang Napoleon ab und die enge Treppe hinauf, wo Luise ihn, vom König vorgestellt, empfing.

Die Königin sah in diesem Augenblick schöner aus denn je. Ihre Schönheit war wahrhaft königlich zu nennen. Der Kummer und all die sorgenvollen Stunden hatten diesen edlen Zügen die unendlich zarte Weihe einer Dulderin verliehen. Die Rosen waren ein wenig von den Wangen verschwunden, und das Gesicht erschien dadurch wie von überirdischem Hauch durchgeistigt. Ihre schönen Augen leuchteten in dem Vorgefühl einer guten Tat, die sie vollbringen würde, denn sie war jetzt sicher, das Herz des Siegers zu erweichen. Die hohe Gestalt, die, obwohl größer als der Durchschnitt, vom reinsten Ebenmaß war und zugleich süße Anmut und vornehme Würde ausdrückte, umfloß ein weiches silbergesticktes Gewand aus weißem Seidenkrepp. In dem braungelockten Haar schimmerte ein Perlendiadem wie die Strahlenkrone vergossener Tränen. Kurz, die ganze Person der Königin war von so bezwingendem Liebreiz und so edler Hoheit, daß Napoleon im ersten Augenblick ein wenig verlegen schien, wenn er auch später keck behauptete, die Königin habe ihn wie Fräulein Duchesnois auf der Bühne als Ximena empfangen, was ihn an ihr sehr gestört habe.

Der Königin hingegen verlieh die Sache, um derentwillen sie diesen Schritt getan hatte, Mut und Festigkeit, obwohl gerade ihre Lage eine höchst unangenehme hätte sein können. Sie war „ganz erfüllt von dem großen Gedanken ihrer Pflicht." Ihr klarer Verstand ließ sie in diesem Augenblick alles Vergangene vergessen. Sie empfing den Kaiser der Franzosen mit einer höflichen Redensart, welche sich auf die elende Stiege bezog, die er hatte hinaufsteigen müssen, um zu ihr zu gelangen. Auch Napoleon hatte sich schließlich gefaßt und kavaliermäßig geantwortet: „Was tut man nicht, um ein solches Ziel zu erreichen?" Dann sprachen sie lange miteinander. Kein Zeuge hat die Unterhaltung, die sich zwischen Frankreichs Kaiser und Preußens Königin entspann, mit angehört; der Minister Talleyrand war nicht zugegen.

Auf Luise hatte die Erscheinung des „Gefürchteten" keinen ungünstigen Eindruck gemacht. Alle, die ihr nahe standen, ihr Mann, die Gräfin Voß, Frau von Berg u. a. waren sich vollkommen über Napoleons abschreckende Häßlichkeit einig. Friedrich Wilhelm hatte ihn ihr als „äußerst gemein aussehend" beschrieben, Frau von Voß als „auffallend häßlich mit einem dicken, aufgedunsenen, braunen Gesicht, korpulent, klein und ganz ohne Figur". Sie fand, daß seine großen runden Augen unheimlich umherrollten, und er wie „die Inkarnation des Erfolges" aussah. Nur dem Munde und den Zähnen ließ sie ihre Schönheit.

Die Königin Luise war gerechter. Sie meinte an dem Kopfe Napoleons die reinen Linien der Cäsarenhäupter zu entdecken; er erschien ihr edel und vornehm im Ausdruck. An ihren geliebten Bruder Georg schrieb sie später: „Sein Kopf ist von schöner Form; die Gesichtszüge kündigen den denkenden Mann an. Das ganze erinnert an einen römischen Kaiser. Beim Lächeln hat er um den Mund herum einen Zug von Güte; überhaupt kann er sehr liebenswürdig sein." Kurz, als Napoleon in seiner schlichten grünen Uniform, ohne allen Prunk vor ihr stand, da mochte sie kaum glauben, daß dieser kleine Mann ihrem Lande durch seinen Ehrgeiz so viel Unglück zugefügt hatte. Und in dieser versöhnlichen Stimmung gewann sie es gleich in den ersten Augenblicken über sich, von den Angelegenheiten zu sprechen, die ihr Herz bedrückten. Sie sagte Napoleon, er möchte sie nicht verkennen: wenn sie sich in die Politik mische, so geschehe es nur, weil sie sich als Landesfürstin und Mutter ihrer Kinder verpflichtet fühle, alles zu versuchen, um ihnen Not und Leid zu ersparen. Napoleon schien jedoch nicht besonders geneigt zu sein, sich mit ihr auf ein politisches Gespräch einzulassen. Er lenkte die Unterhaltung immer wieder auf nebensächliche Dinge. So fragte er sie, wo sie das schöne Kleid habe machen lassen; ob man in Schlesien auch Krepp verfertige, und so weiter.

Die tiefgebeugte Königin ließ sich aber nicht beirren. Mit edler Würde und als vollkommene Beherrscherin der Lage wies sie Napoleon mit den Worten zurecht:. „Sire, sind wir hierher gekommen, um von nichtigen Dingen zu sprechen?" Darauf hörte Napoleon ihr aufmerksamer zu. Und je weiter die Unterhaltung fortschritt, desto größere Zuversicht gewann Luise. Napoleon, der vielleicht dem Zauber von Frauenschönheit und Frauenhoheit, der von der Königin ausstrahlte, unterlegen wäre, wenn seine Politik sich nicht gebieterisch widersetzt hätte, und wenn der König nicht gerade in dem Augenblick ins Zimmer eingetreten wäre, als Napoleon fast Versprechungen machen wollte, gab Luise Antworten, die sie wohl zu Hoffnungen berechtigten, durch die er sich jedoch zu nichts verpflichtete. Kurz, er gab sich ganz dem angenehmen Gefühl hin, mit einer schönen, geistreichen Frau beisammen zu sein, ohne ihrem Zauber vollkommen zu verfallen. Er war liebenswürdig und zuvorkommend, so daß, als er sich von ihr verabschiedete, im Herzen der unglücklichen Fürstin ein Hoffnungsschimmer aufflackerte. Sie hatte ihre ganze Liebenswürdigkeit, ihren ganzen Zauber aufgeboten, ohne ihrer Würde etwas zu vergeben, und er hatte gesagt: „Wir werden sehen! Wir werden sehen!" Das waren seine letzten Worte gewesen. Dann hatte er sie für den Abend zum Diner eingeladen und war gegangen.

Wenn aber Napoleons eiserner Wille beim Anblick der

Napoleon und die Königin Luise in Tilsit.
(Nach einem Gemälde von N. L. F. Gosse.)

herrlichen Frau schwach geworden war, so hatte diese Schwäche jedenfalls nur sehr kurze Zeit bei ihm angehalten, denn Preußens Geschick war längst in seinem Kopfe entschieden. Er hätte seine politischen Absichten um keinen Preis von einem Gefühle sienes Herzens abhängig gemacht. Ein Staatsmann wie er, konnte einem solchen Einfluß nicht unterliegen. Daß er übrigens längst seinen Plan festgesetzt hatte, geht aus dem hervor, was er zum General Gourgaud auf Sankt Helena sagte: „Die Königin Luise kam zu spät nach Tilsit; alles war bereits entschieden... Ich konnte Magdeburg nicht hergeben, weil ich es brauchte, um den König von Sachsen zu schützen."

Froh und hoffnungsvoll fuhr indes die Königin Luise um 8 Uhr abends in dem Staatswagen Napoleons an der Seite des Marschalls Berthier zum Galadiner des Kaisers. Sie war heiterer Laune, die durch die Anwesenheit der Gäste erhöht wurde, welche außer Friedrich Wilhelm und dem Kaiser Alexander noch aus dem Prinzen Heinrich von Preußen, dem Großfürsten Konstantin, dem König Joachim Murat, dem Kronprinzen Ludwig von Bayern und der alten Gräfin Voß bestanden. Luise strahlte wiederum im Glanze ihrer anmutigen Schönheit. Sie trug ein hochrotes, goldgesticktes Gazekleid. Als Kopfschmuck diente ihr ein roter Turban aus Seidenchiffon, der sie vortrefflich kleidete. Napoleon scherzte über diese Kopfbedeckung, indem er sagte, sie könnte dem Kaiser Alexander, der mit den Türken auf Kriegsfuß stände, unangenehm sein. Im gleichen scherzenden Tone gab Luise zurück, daß ihr Turban doch höchstens den Mamelucken Rustam, Napoleons Diener, interessieren könne. Kurz, die ganze Mahlzeit verlief in sehr angenehmer Stimmung. Napoleon erwies der Königin stets die größte Aufmerksamkeit und unterhielt sich besonders freundlich mit ihrer Hofmeisterin, der Gräfin Voß.

Nach Tisch nahm er aus einer in der Nähe stehenden Vase

eine Rose und überreichte sie galant der Königin. Diese zögerte zuerst, sie anzunehmen, dann aber erinnerte sie sich als echte Frau auch bei dieser Gelegenheit ihrer diplomatischen Aufgabe und sagte, ja, sie wolle sie nehmen, aber nur mit Magdeburg! Dadurch war die Unterhaltung über die schwebende Frage wieder angeknüpft. Napoleon fragte die Königin, wie Preußen es eigentlich habe wagen können, mit ihm Krieg zu führen, und Luise gab ihm die vom Minister Talleyrand so sehr gerühmte stolze Antwort: „Sire, der Ruhm Friedrichs des Großen hat uns über unsere Macht getäuscht." Da der Minister bei der ersten Zusammenkunft Napoleons und Luises nicht zugegen war, so kann er diese Worte aus dem Munde der Königin nur bei der zweiten Unterhaltung nach dem Diner gehört haben. Napoleon war sehr höflich, ohne ihr jedoch auch diesmal bestimmte Versprechungen zu machen. „Sie entwickelte", sagte er auf Sankt Helena, „mir gegenüber ihren ganzen Geist, und sie hatte sehr viel. Alle ihre Manieren waren sehr angenehm, aber ich war entschlossen, festzubleiben, obgleich ich meine ganze Aufmerksamkeit zusammennehmen mußte, um frei von allen Verpflichtungen und zweideutigen Versprechungen zu bleiben, um so mehr, da man mich, und ganz besonders der Kaiser Alexander, aufmerksam beobachtete." Nichtsdestoweniger endete auch dieser Tag mit Hoffnungen für Luise, die mit dem Ergebnis ihrer Unterhaltung mit dem Kaiser der Franzosen nicht unzufrieden war, denn zum Schluß hatte er zu ihr gesagt: „Madame, man hat mir immer erzählt, Sie mischten sich in die Politik, und nun bedauere ich, nach allem was ich gehört habe, daß dies nicht der Fall ist."

Desto bitterer war die Enttäuschung, desto trauriger die Erfahrung, die sie am nächsten Tag erleben sollte. Der Frieden, der vor ihrer Ankunft in Tilsit zu keinem Abschluß hatte kommen können, war plötzlich binnen vierundzwanzig Stunden unterzeichnet worden, ohne daß Napoleon noch eine Zusammenkunft mit Luise gewünscht hätte. Er war an diesem Tage mehrmals an ihrem Hause vorübergeritten, aber nicht zu ihr hinaufgekommen. Fürchtete er am Ende doch dem unwiderstehlichen Zauber ihrer Persönlichkeit zu unterliegen, wie im Jahre 1802 der russische Kaiser, der

Königin Luise.

nur der Königin zuliebe Preußens Verbündeter wurde? Napoleons ehrgeizige Pläne und seine Politik gestatteten nicht, daß in seinem Herzen ein Gefühl Platz nahm, das jeder andere in seiner Lage empfunden haben würde, und das ihn zu milderen Bedingungen bestimmt hätte. In der Tat hatte er noch am Abend des 6. Juli zum Zaren gesagt: „Die Königin von Preußen ist eine reizende Frau; ihre Seele entspricht ihrem Geist, und wahrhaftig, anstatt ihr eine Krone zu nehmen, möchte man versucht sein, ihr eine andere zu Füßen zu legen!... Der König von Preußen ist zur rechten Zeit dazu gekommen, denn eine Viertelstunde später hätte ich der Königin alles versprochen."

Und doch mußte Luise zu ihrem Schmerze erfahren, daß seine Forderungen weit härter als vor ihrer Ankunft waren. Ein so unglückliches Ergebnis traf sie wie eine tiefe persönliche Erniedrigung. Jedenfalls ließ sein eiliges Handeln darauf schließen, daß er sich ihr gegenüber doch nicht ganz sicher und fest fühlte, wenn er auch zu seinem Großstallmeister Caulaincourt sagte: „Mein Plan stand fest, und weiß Gott, die schönsten Augen der Welt — und sie waren sehr schön, Caulaincourt, — können mich nicht einen Finger breit davon abbringen!" Auch an die Kaiserin Josephine schrieb er am 7. und vermutlich auch am 8. Juli: „Die Königin von Preußen hat gestern mit mir gespeist. Ich mußte tüchtig auf meiner Hut sein, um ihr nicht einige Konzessionen für ihren Mann zu bewilligen, zu denen sie mich nötigen wollte. Sie ist sehr liebenswürdig... Wenn Du diese Zeilen erhältst, wird der Frieden mit Preußen und Rußland geschlossen und Jérôme als König von Westfalen mit drei Millionen Einwohnern anerkannt sein"... Im zweiten Brief heißt es: „Die Königin von Preußen ist eine entzückende Frau. Sie ist sehr liebenswürdig gegen mich. Du brauchst aber nicht eifersüchtig zu sein. Ich bin wie ein Wachstuch, an dem alles abgleitet... Es würde mich übrigens teuer zu stehen kommen, den Galanten zu spielen."

Der Frieden war bekannt gemacht worden. Preußen mußte alle Provinzen westlich der Elbe, Kottbus, Kuxhaven, den Netzedistrikt und Kulm, Neu-Ostpreußen, Südpreußen und Danzig mit einem Umkreis von einer Meile um die Stadt, abtreten. Memel war für den russischen Kaiser bestimmt, aber er nahm es nicht an. Ein Teil Ostpreußens kam an Sachsen unter dem Namen eines Herzogtums Warschau. Jérôme wurde, wie wir schon aus dem

Kaiser Alexander I.
(Nach einem Gemälde nach C. Vernet.)

Briefe Napoleons an Josephine erfuhren, König von Westfalen. Überdies verpflichtete sich Preußen, dem englischen Handel seine Häfen zu verschließen, kurz, es gab sich vollkommen in die Hände des Siegers.

Eine größere Schmach als diese konnte der Königin Luise nicht angetan werden. Sie war nach Tilsit gekommen, hatte all ihren Stolz und alle Rücksicht außer acht gelassen, die sie sich selbst und ihrer Stellung schuldig war, um Napoleon für ihr Land um bessere Bedingungen zu bitten. Und nun hatte sie nicht das Geringste erreicht! Bei der Abschließung des Friedens hatte Napoleon zum Grafen von der Goltz gesagt, alles, was er mit der Königin gesprochen habe, seien nur höfliche Phrasen gewesen, und Preußen verdanke seine Erhaltung nur dem Zaren, denn ohne diesen hätte er seinen Bruder Jérôme auf den preußischen Thron gesetzt. „Die Königin Luise", fuhr er fort, „ist nie meine Freundin gewesen... aber ich verzeihe es ihr. Als Frau hatte sie es nicht nötig, die politischen Interessen genau zu erwägen. Sie ist für ihre Herrschsucht bestraft, aber schließlich hat sie viel Charakter im Unglück bewiesen... Man muß ihr die Gerechtigkeit lassen, daß sie sehr verständige Dinge gesagt hat... Sie hat mir wenigstens mehr Vertrauen entgegengebracht als der König, der es nicht für nötig hielt, mir das seine zu schenken."

Am Abend stand der Königin noch die entsetzliche Qual bevor, wiederum mit Napoleon an seiner Tafel zusammenzukommen. Er gab ihr zu Ehren sein letztes Festmahl. Es glich eher einem Leichenschmaus. Die Gesellschaft war schweigsam und niedergeschlagen; Napoleon schien verlegen zu sein. Auf allen Anwesenden lasteten die Ereignisse wie ein Alp, und die Unterhaltung war gezwungen, obgleich Murat in seiner lebhaften Art versuchte, einen leichteren Ton anzuschlagen.

Als die Königin nach der Tafel nochmals Napoleon gegenüber auf die politischen Angelegenheiten zu sprechen kam, denn sie wollte bis zum letzten Augenblick nichts unversucht lassen, schnitt er ihr ziemlich barsch das Wort ab und sagte: „Sie haben mich bis auf den letzten Augenblick ausgepreßt!" Und doch konnte sie sich auf dem Wege zu ihrem Wagen, den sie an der Hand Napoleons zurücklegte, nicht enthalten, zu bemerken: „Ist es denn möglich, daß, nachdem ich den Mann des Jahrhunderts und der Geschichte so in der Nähe gesehen habe, er mir nicht die Genugtuung gibt, meiner ewigen Dankbarkeit sicher zu sein?" Seine kurze Antwort darauf war: „Was wollen Sie, Madame, ich bin zu bedauern, denn das ist eine Wirkung meines schlechten Sterns."

Traurig und tief gekränkt fuhr die Königin davon. Wie Marie Tudor pflegte sie später zu sagen: „Wenn man mein Herz öffnen könnte, würde man darin den Namen Magdeburg eingegraben finden." Sie hat Napoleon niemals wiedergesehen, obwohl sie kurz vor ihrem Tode noch einmal die Absicht hatte, mit ihm zusammenzukommen. Ihre Meinung über ihn war jedoch, obgleich sie sich verraten, getäuscht und als Opfer betrachtete, nach der Zusammenkunft in Tilsit weit günstiger als zuvor.

Im Jahre 1808 allerdings, als sie erfuhr, daß der Kaiser Alexander mit Napoleon in Erfurt zusammentreffen würde, schien noch einmal ihr Haß auszubrechen. Sie schrieb bei dieser Gelegenheit von Königsberg aus am 8. September an den Zaren: „Sie werden also Napoleon wiedersehen, diesen Menschen, der, wie ich weiß, Ihnen ebenso zuwider ist wie mir, diesen Menschen, der alles und alle unterjochen und diejenigen, die er nicht sogleich bezwingen kann, zu Schritten verleiten will, durch welche sie die Vorteile verlieren, deren er nie teilhaftig geworden ist, nämlich die öffentliche Achtung! Ich beschwöre Sie, lieber Vetter, mit der ganzen Zärtlichkeit, deren meine Freundschaft fähig

Friedrich Wilhelm III.
Gezeichnet von Swebach.
(Nach einem Stiche von Landelle aus der Sammlung Kircheisen.)

ist, hüten Sie sich vor diesem geschickten Lügner. Hören Sie meine Stimme, die nur für Sie, für Ihren Ruhm spricht . . . Lassen Sie sich nicht verleiten, etwas gegen Österreich zu unternehmen!" Wie der „liebe Vetter" die Ratschläge der Königin befolgte, ist bekannt.

Abgesehen jedoch von diesen Ergüssen gegen den Freund, zeigte Luise sich in ihren Ausdrücken über Napoleon bedeutend milder, als früher. Dazu mochte wohl der Umstand beitragen, daß der Kaiser ihr seitdem bei jeder Gelegenheit die größte Achtung und Bewunderung entgegenbrachte. Wenn die Rede auf die Königin von Preußen kam, sprach er stets nur in Ausdrücken des höchsten Lobes von ihr. Nie wieder gestattete er sich, ihre Person zu verhöhnen oder zu schmähen. Nun, da er sie kannte, wußte er, daß eine solche Frau nur Achtung, Ehrfurcht und Bewunderung verdiene. Zum Kaiser Alexander hatte er nach den Ereignissen von Tilsit gesagt, er glaube wohl, daß die Königin die öffentlichen Angelegenheiten besser führen würde als der König. Wenn Luise dennoch, trotz aller klugen Diplomatie nichts hatte ausrichten können, so lag das nicht an ihrem Ungeschick, sondern daran, daß Napoleons Wille in der Politik unbeugsam war, und er sich um keinen Preis von einer Frau hätte bestimmen lassen, an seinen Forderungen etwas zu ändern. „Die Staaten sind verloren, sobald Weiber die öffentlichen Angelegenheiten in die Hand nehmen . . . Mir würde es schon genügen, wenn eine Frau etwas wollte, um gerade das Gegenteil zu tun!" Das war sein Grundsatz, und von dem ist er nie abgewichen!

DER GATTE UND VATER

SIEBZEHNTES KAPITEL

MARIE LUISE.

I.

Die zweite Heirat Napoleons war sein Verderben. Die Politik hatte ihn mit der österreichischen Erzherzogin verbunden, die Politik trennte sie von ihm! Das hatte schon der Fürst Schwarzenberg im Jahre 1813 gesagt. Napoleon selbst nannte diesen Zeitabschnitt seines Lebens einen „mit

[Unterschrift: Schwarzenberg]

Blumen überdeckten Abgrund". In der Tat: als die Blumen vertrocknet waren, die seinen Blicken anfangs die Schlucht verbargen, gähnte diese ihm in erschreckender Tiefe entgegen. Es war zu spät! Er hatte geglaubt, durch diese Verbindung sich und Frankreich den größten politischen Nutzen, vor allem aber dauernden Frieden zu verschaffen und sich gleichzeitig in dem für ihn unheilvollen Gedanken gewiegt, daß er durch Macht ausgleichen könne, was ihm durch seine Geburt versagt war. Sein Ehrgeiz war befriedigt. Er bot durch diese Heirat der Welt das in der Geschichte der Zeiten und Völker beispiellose Schauspiel dar, daß er, der Emporkömmling, der Sohn der Revolution, der Usurpator, sich seine Lebensgefährtin aus dem ältesten der europäischen Herrschergeschlechter wählte! Er, Napoleon Bonaparte, wurde der Schwiegersohn des Kaisers von Österreich, der noch vor kurzem den Namen „Deutscher Kaiser" getragen hatte! So war Napoleon denn endgültig in die Gemeinschaft der Könige aufgenommen. Zu seiner Dynastie war der Grundstein gelegt, denn diese junge Erzherzogin bot ihm die sicherste Garantie, Erben zu bekommen. „Das Wohl Frankreichs verlangt es, daß der Gründer der vierten Dynastie ein langes Leben erreiche, von unmittelbarer Nachkommenschaft umgeben, als Schutz und Bürge für alle Franzosen und als Unterpfand des französischen Ruhmes!" So hatte der Sohn der geschiedenen Josephine, der Prinz Eugen, im Staatsrate am 16. Dezember 1809 gesprochen.

Und doch sollte der Kaiser der Franzosen diesen Schritt, den ihm Ehrgeiz und Politik eingegeben hatten, teuer bezahlen. Jäh stürzten Thron und Reich zusammen, und nur die wehmutsvolle Erinnerung an sein fabelhaftes Glück, an die glänzende Zeit seiner Ehe mit der Kaisertochter blieben dem Verlassenen auf dem unwirtlichen Felsen im Weltmeer. Dort erst kam ihm seine unkluge Tat zum vollen Bewußtsein. Gleichsam als Rechtfertigung sagte er eines Tages: „Man wirft mir vor, daß ich mich durch die Verbindung mit dem Hause Österreich habe berauschen lassen, daß ich glaubte, nach meiner Heirat wirklicher Souverän zu sein, kurz, daß ich mich einen Augenblick lang für Alexander, den Göttersohn, hielt! ... Ist das jedoch nicht ganz natürlich? Ich bekam eine junge hübsche Frau. War es mir da nicht gestattet, daß ich mich darüber freute? Durfte ich ihr nicht ein paar Augenblicke meines Lebens opfern, ohne daß ich mir Vorwürfe zu machen brauchte? War es mir nicht vergönnt, mich einige Zeit meinem Glücke hinzugeben?"

In der Tat, nicht nur Napoleon, sondern jeder andere
wäre auf eine solche Errungenschaft stolz gewesen, zumal
er nicht einmal der Freund des Herrschers war, dessen
Tochter er zur Frau erkor. Wohl lebten Österreich und
Frankreich augenblicklich in Frieden miteinander, aber es

Napoleon I.
(Nach einem Stiche von N. Bertrand.)

war noch nicht lange her, daß der Schlachtendonner verstummt war und der Pulverrauch sich zerteilt hatte. Die
Hügel der bei Wagram gefallenen Krieger waren noch ganz
frisch. Österreich stöhnte noch unter der Last der von dem
Eroberer auferlegten Steuern. Es trauerte noch um den
Verlust seiner Länder und litt hart unter den Folgen der
Kriege überhaupt, die es seit der Revolution mit Frank-

reich geführt hatte. Die Erinnerung an die letzten Siege der Franzosen hatte tiefe Wunden in alle österreichischen Herzen geschlagen. „Gott und sein Würgengel Napoleon sind über uns!" rief Gentz aus, und seine Worte waren der Widerhall der Gefühle des österreichischen Volkes. Das Frankreich, das dem Hause Habsburg seit Jahrzehnten verhängnisvoll gewesen war, das die Erzherzogin Marie Antoinette zum Schafott geschleift hatte, dieses Frankreich forderte für seinen Herrscher ein neues Opfer der Politik!

Das Gerücht, daß der geschiedene Kaiser Napoleon, nachdem er an verschiedenen Höfen angeklopft hatte, seine Wahl in der jugendlichen Erzherzogin Marie Luise, der Tochter Kaiser Franz' I. und der Kaiserin Marie Therese getroffen habe, traf die Österreicher wie ein Blitz aus heiterem Himmel. Wäre die Erde in ihren Grundfesten erschüttert worden, es hätte sie nicht mehr überraschen können. Niemand wollte das Unfaßbare, das Ungeheuerliche glauben. Die Kaisertochter mit dem Erbfeind, dem Emporkömmling verheiraten! Selbst diejenige, die den Mittelpunkt dieser Gerüchte bildete, Marie Luise, war weit entfernt, dieselben für wahr und ernst zu halten. Sie, sie sollte die Frau des „Bonaparte", des „Korsen", des „Antichrist", des Schreckgespenstes ihrer Kindheit werden? Sie sollte ihr ganzes Leben an der Seite des Mannes verbringen, der ihrem geliebten Vater, ihrem Lande so bitteres Leid zugefügt hatte, vor dem sie alle hatten fliehen müssen; der roh und brutal war, von dem man ihr erzählt hatte, daß er seine Minister ohrfeige, ja, daß er sogar seine Generale mit eigener Hand töte? Eine solche Verbindung würde und durfte nimmermehr geschehen. Die bloße Nennung des Namens Napoleon erfüllte Marie Luise mit Schaudern. Und sie war sicher, daß ihr Vater ein so ungeheures Opfer nicht von ihr fordern würde. Zuversichtlich schrieb sie daher am 10. Januar 1810 von Budapest aus an ihre einzige Freundin, Viktoria von Poutet*):

„Ich höre Kotzeluch**) über die Scheidung Napoleons sprechen. Ich glaube sogar herauszuhören, daß er mich als Nachfolgerin genannt hat; aber da täuscht er sich, denn

Marie Luise als Kind.
(Nach einem Gemälde von J. Hickel.)

Napoleon hat viel zu viel Angst, eine Weigerung zu erhalten, und er ist viel zu sehr bestrebt, uns noch mehr Leid zuzufügen, als daß er ein solches Verlangen stellen würde; und Papa ist viel zu gut, um mich in einer so wichtigen Angelegenheit zu zwingen." An demselben Tag

---

*) Sie war die Tochter der ehemaligen Gouvernante Marie Luises, der Frau von Colloredo, aus deren erster Ehe entsprossen.
**) Klavierlehrer Marie Luises.

ging auch noch ein Brief an die Mutter der jungen Gräfin, an Frau von Colloredo selbst ab, in dem es hieß: „Ich lasse die Leute schwatzen und kümmere mich durchaus nicht darum. Ich bedaure nur die arme Prinzessin, die er wählen wird, denn ich werde gewiß nicht das Opfer der Politik sein!"

Marie Luise glaubte bestimmt, daß Napoleon die Tochter des Prinzen Maximilian von Sachsen oder eine Prinzessin von Parma wählen würde. Sich selbst zog sie gar nicht in Betracht. Und doch sollte gerade sie das Opfer sein, das ihr Vater seiner Politik schuldig zu sein glaubte, denn er und sein Minister Metternich sahen in einer Familienverbindung mit dem mächtigen Kaiser der Franzosen eine sichere Stütze zur Erhaltung des Reichs. Von jeher gewöhnt, daß die Prinzessinnen des Hauses Österreich nicht um ihre Gefühle befragt wurden, wenn es sich um eine Heirat handelte, kümmerte Franz sich auch jetzt wenig um die Neigung oder Abneigung seiner Tochter. Er hatte sie bereits in Budapest auf die Möglichkeit aufmerksam gemacht**), daß Napoleon um ihre Hand anhalten könne, und sie bei dieser Gelegenheit gefragt, welchen Entschluß sie dann wohl fassen würde. Marie Luise war eine sehr gute Tochter; sie liebte ihren Vater über alles. In ihm verehrte sie nicht allein den Schöpfer ihres Seins, sondern auch den Herrscher eines großen Reichs; sie sah ihn immer mit dem Strahlenkranze kaiserlicher Macht und Größe umgeben. Sein Wille war ihr heilig; er war für sie der Wille des Vaters, aber auch zugleich der Wille des Kaisers. Ernstlich hätte sie ihm nicht zu widersprechen gewagt, wenn sie wohl auch im ersten Augenblick vor einer solchen Zumutung, die Frau des verabscheuten Mannes zu werden, zurückschreckte. Ihr genügte es, daß ihr Vater diese Heirat wünschte, alle andern

---

*) Dies muß kurz nachdem Marie Luise den obenerwähnten Brief an Fräulein von Poutet schrieb, geschehen sein.

Interessen mußten zurücktreten. Deshalb hatte sie ihm auch in Budapest auf seine Frage geantwortet, daß sie sich in alles fügen werde, wenn er meine, er sei dieses ungeheure Opfer seiner Politik schuldig.

So kam es auch dem Kaiser Franz durchaus nicht überraschend, als Metternich*), der von ihm beauftragt war, seiner Tochter die erste offizielle Mitteilung von dem Heiratsantrage Napoleons zu machen, die Antwort Marie Luises zurückbrachte: „Sagen Sie meinem Vater, daß, wenn es sich um das Wohl des Landes handelt, nur er allein zu entscheiden hat. Bitten Sie ihn, er möchte nur seinen Pflichten als Souverän nachkommen und sie ja nicht meinen persönlichen Interessen unterordnen." Mehr als Fügsamkeit verlangte man nicht von der jungen Marie Luise. Hätte sie sich wider Erwarten gesträubt, so würde sie der Wille des Vaters doch gezwungen haben.

Übrigens hatte man in Paris längst über ihr Schicksal verfügt. Napoleon hatte in diesem Falle wieder einmal sehr willkürlich gehandelt, denn er hatte, ohne vom österreichischen Hofe eine bestimmte Zusage erhalten zu haben, den Heiratsvertrag abgefaßt und unterzeichnet, allerdings mit der Bemerkung, daß dieser Vertrag nur ein provisorischer sei und die eigentliche Unterzeichnung des Ehekontraktes in Wien stattfinden solle.

Mit der Überbringung dieses Vertrags wurde der österreichische Gesandtschaftssekretär Floret beauftragt. Ihm folgte am 27. Februar Napoleons Vertrauter, der Marschall Berthier, Fürst von Neuchâtel, als Großbotschafter nach Wien; er sollte feierlich um die Hand der Erzherzogin anhalten. Außerdem hatte Napoleon den General Grafen Lauriston mit zwei eigenhändigen Briefen an den Kaiser Franz und an Marie Luise nach Wien gesandt, die zu

---

*) Metternich leitete die Unterhandlungen zur Heirat mit dem französischen Hofe. Er hatte bereits seit dem Jahre 1807 eine Verbindung mit Napoleon im Auge.

schreiben ihm unendliche Mühe gekostet hatten. Aber mit Hilfe Ménevals waren doch einigermaßen leserliche Schriftstücke zustande gekommen. Der Brief Napoleons an seine zukünftige Braut lautete: „Liebe Cousine, die glänzenden Eigenschaften, welche Ihre Person auszeichnen, haben Uns den Wunsch eingeflößt, Ihnen zu dienen und Sie zu ehren. Indem Wir uns an den Kaiser, Ihren Vater, mit der Bitte wenden, Uns das Glück Eurer Kaiserlichen Hoheit anzuvertrauen, dürfen Wir hoffen, daß Sie die Gefühle, die Uns zu diesem Schritte veranlassen, gnädig aufnehmen? Dürfen Wir uns schmeicheln, daß Sie sich nicht nur aus Pflicht und kindlichem Gehorsam zu dieser Verbindung entschließen? Wenn Eure Kaiserliche Hoheit nur einen Funken von Neigung für Uns übrig haben, wollen Wir dieses Gefühl sorgfältig pflegen, und es Uns zur höchsten Aufgabe machen, Ihnen immer und in allem angenehm zu sein, so daß wir glücklich sein werden, eines Tages Ihre ganze Liebe gewonnen zu haben. Dies ist Unser einziges Bestreben, und Wir bitten Eure Kaiserliche Hoheit, Uns geneigt zu sein."

Zum Überbringer der Verlobungsgabe hatte Napoleon den Grafen Anatole von Montesquiou gewählt. Sie bestand aus dem mit sechzehn großen Diamanten umgebenen Bildnis Napoleons, das einen Wert von 600 000 Franken vorstellte, ferner aus einem Halsschmuck von 900 000 Franken und einem Paar Ohrringen von 400 000 Franken Wert. Die Gabe war wahrhaft kaiserlich. Die junge Erzherzogin, die nicht im Überfluß aufgewachsen war, schien wie geblendet von einer solchen Pracht von Diamanten. Vielleicht gab sie jetzt dem kaiserlichen Brautwerber ihr Jawort mit etwas leichterem Herzen in dem Gedanken, daß sie als Kaiserin der Franzosen alle Schätze zu ihren Füßen haben würde.

In Wien hatte man bald den peinlichen Eindruck vergessen, den die Nachricht von der Vermählung der Erzherzogin mit dem Kaiser Napoleon hervorgerufen. Der

THE ARCHDUKE CHARLES OF AUSTRIA.

Engrav'd by B Granger from a Painting
in the possession of Count Bruhl.

Brautwerber Berthier wurde bei seiner Ankunft am 4. März mit Begeisterung von der Bevölkerung begrüßt. Als bald darauf die Verlobung veröffentlicht wurde, und man die Worte las: „Diesem großen Bunde huldigen Millionen; in ihm sehen die Völker Europas das Unterpfand des Friedens", da war man vollkommen beruhigt. Die damit verbundenen Festlichkeiten und Belustigungen verwischten auch noch die letzten Spuren von Unwillen und Besorgnis im Wiener Volke.

Am 11. März 1810, abends halb sechs Uhr, wurde in der Augustinerkirche in Wien die provisorische Vermählung der Kaiserbraut vollzogen. Der Onkel Marie Luises, der Erzherzog Karl, vertrat dabei die Stelle Napoleons, den er so oft als Gegner bekämpft, und der ihn zuletzt bei Wagram besiegt hatte.

Die Parzen hatten den Schicksalsfaden um die junge Erzherzogin geschlungen! Marie Luises Los war entschieden! Kaiser Franz hatte sein Kind der Politik geopfert! Er mochte wohl nicht ganz frei von Gewissensbissen sein, denn zwei Tage nach der Trauung in Wien schrieb er an seinen Schwiegersohn Napoleon: „Wenn das Opfer, das ich mit der Trennung von meiner Tochter bringe, ungeheuer ist, wenn in diesem Augenblick mein Herz blutet über den Verlust des geliebten Kindes, so kann mich nur allein der Gedanke trösten, daß ich vollkommen von ihrem Glücke überzeugt bin."

An demselben Tage, an dem ihr Vater diese Worte schrieb, trat Marie Luise schmerzerfüllt ihre Reise nach Frankreich an, nach dem Lande, dessen Bevölkerung ihr unsympathisch war, zu einem Gatten, von dem sie ihr ganzes Leben lang bis zum Tage ihrer Verlobung nichts Gutes gehört hatte, den sie im Grunde ihres Herzens verabscheute. An Pracht, Reichtum und Ehren ließ dieser Brautzug jedoch nichts zu wünschen übrig. Napoleon selbst hatte mit der größten Sorgfalt alle Einzelheiten dieser Reise ausgearbeitet, die aufs genaueste der Reise Marie Luises unglücklicher Tante Marie Antoinette nach Frankreich glich. In Sankt Pölten hatte die junge Erzherzogin noch einmal die Freude, ihren Vater zu umarmen, der ihr bis Enns das Geleite gab.

Braunau war der letzte Ort, der sie an die Heimat erinnern sollte. Hier mußte Marie Luise auch die äußere, österreichische Hülle ihrer Person ablegen und sich von Kopf bis Fuß in französische Gewandung kleiden, welche die Modekünstler von Paris für sie verfertigt hatten. Napoleon hatte ihr für diese Zeremonie eine vollständig „goldene Toilette" geschickt, wie sie am 16. März ihrem Vater berichtete. „Geschrieben hat er mir noch nicht", fügte sie hinzu; „aber weil ich schon von Ihnen fortmußte, so wünschte ich schon bei ihm zu sein, viel lieber als mit allen denen Damen zu reisen."

In Braunau war sie nämlich zum erstenmal mit der Schwester ihres zukünftigen Gatten, der Königin Karoline von Neapel, zusammengetroffen, die bei ihr die Stelle der Prinzessin von Lamballe*) vertreten sollte. Ihr österreichisches Gefolge wurde durch einen französischen Hofstaat ersetzt, wobei Napoleon besonders Sorge getragen hatte, daß mit wenigen Ausnahmen nur die Vertreter der alten Aristokratie ernannt worden waren. Zum Ehrenkavalier seiner jungen Gattin hatte er den Grafen von Beauharnais, zur Ehrendame die Herzogin von Montebello, die Witwe des Marschalls Lannes, und zum Stallmeister den Fürsten Aldobrandini gewählt. Von der schönen und tugendhaften Herzogin von Montebello sagte er: „Ich habe der Kaiserin in dieser Frau eine wirkliche Ehrendame gegeben."

Später schloß sich Marie Luise eng an ihre Ehrendame

---

*) Intendantin Marie Antoinettes.

Karoline Bonaparte mit ihrer Tochter Marie.
(Nach einem Gemälde von Luise Vigée-Lebrun im Musée de Versailles.)

an und machte sie zu ihrer intimsten Vertrauten; in Braunau jedoch schienen ihr alle diese Gesichter kalt und fremd, und es war ihr, als wenn sie sich mit diesen parfümierten Französinnen nie werde identifizieren können. Manches Auge der alten Höflinge des österreichischen Hofes glänzte feucht von Tränen, als sie ihrer jungen, unerfahrenen Fürstin zum letztenmal die Hand küßten. Mancher war unter ihnen, der Marie Antoinette noch gekannt hatte, und bange Ahnungen erfüllten die Herzen der Scheidenden. Marie Luises treue Hofmeisterin, Frau von Lažansky, und der Lieblingshund der Erzherzogin durften bei ihr bleiben. Das war gewiß ein Trost für sie. Er sollte ihr nicht lange bleiben. Schon in München traf Frau von Lažansky der Befehl, nach Wien zurückzukehren. Das gleiche Schicksal ereilte das Schoßhündchen.

Die Verabschiedung der Hofmeisterin traf Marie Luise schwer. Sie war jedoch nicht das Werk Napoleons, sondern geschah auf Veranlassung der Königin Karoline, die sich eifrig bemühte, Einfluß auf ihre neue Schwägerin zu gewinnen. Was aber hatte der kleine Hund verbrochen, daß er nicht bei seiner Herrin bleiben durfte? Fürchtete man etwa für Napoleon eine zweite Szene à la Fortuné im Schlafzimmer der Neuvermählten? Wollte man diesmal schon im Voraus diesen Rivalen beseitigen? Napoleon selbst dachte gewiß nicht daran, Marie Luise ihres Schoßhündchens zu berauben, denn hätte er sonst ihre Lieblingstiere, zwei Vögel und einen Hund, heimlich nach Paris kommen lassen, um sie damit freudig zu überraschen?

Während die Kaiserbraut ihre Reise fortsetzte, wurde sie in Paris von ihrem zukünftigen Gatten sehnsüchtig erwartet. Napoleon zählte fast die Stunden bis zu ihrer Ankunft. Er, dem sonst seine Riesenpläne, seine Arbeit, seine Geschäfte nicht Rast noch Ruhe ließen, der ununterbrochen beschäftigt war, der nie Zeit hatte, dachte jetzt an nichts anderes, als die Schlösser zum Empfang der jungen Kaiserin ausstatten zu lassen, sich mit Möbel- und Stoffmustern abzugeben und das Zeremoniell der bevorstehenden Hochzeitsfeierlichkeiten aufs genaueste auszuarbeiten. Er wollte Frankreich und dem übrigen Europa mit diesem Hochzeitsfeste ein Beispiel von Reichtum und Prachtentfaltung geben, wie man es noch nie erlebt hatte.

Seine Gedanken waren fortwährend bei Marie Luise, dem neunzehnjährigen Weibe, das bald das seinige werden sollte. Er war ganz richtig verliebt in seine junge Frau. Jeden Österreicher in seiner Umgebung, oder jeden, der in Wien gewesen war und die Erzherzogin gesehen hatte, fragte er, wie sie wohl aussähe. Die geringsten Einzelheiten ihres Äußern und ihres Charakters ließ er sich beschreiben. Unzähligemal am Tage betrachtete er das Bild Marie Luises und ließ sich von denen, die sie kannten, erklären, ob dieses oder jenes vorteilhafte Merkmal ihrer Gestalt authentisch wäre. Und wenn man ihm von ihrer Jugendfrische, von ihrer reizenden Unschuld und Unerfahrenheit, von ihrem natürlichen, unbefangenen Wesen erzählte, dann rieb er sich vergnügt die Hände und schien vollkommen mit seinem Los zufrieden zu sein. Stolz und Ehrgeiz leuchteten aus seinen Augen.

Alles, was feinsinnige Aufmerksamkeit erfinden kann, tat Napoleon für diese junge Frau. So veranlaßte ihn ein besonderes Zartgefühl, aus den Sälen der Schlösser alle die Bilder wegnehmen zu lassen, die sich auf die Siege der Franzosen über die Österreicher bezogen, denn er wußte, mit welch leidenschaftlicher Liebe Marie Luise an ihrem Vaterland hing. Er hatte sich im Voraus über alle ihre Gewohnheiten, ihre Beschäftigungen und Neigungen erkundigt und in der Einrichtung ihrer Gemächer alles so vorbereitet, daß sie alles so fand, wie sie es von früher her gewöhnt war. Er hatte sogar eine Stickerei, die Marie Luise

Marie-Luise.

in Wien unbeendet hatte zurücklassen mußten, und an der ihr viel gelegen war, nach Paris kommen lassen, so daß die junge Kaiserin nicht wenig erstaunt und angenehm überrascht war, sie auf ihrem Arbeitstisch vorzufinden.

Die Ausstattung, die Napoleon für die Kaisertochter bereit hielt, übertraf alles, was von Fürstinnen in dieser Hinsicht erträumt wird. Sie kostete einschließlich der Schmucksachen fünf Millionen Franken, eine ungeheure Summe im Vergleich zu der Mitgift der Braut, die 500 000 Kronen betrug.

Aber auch die eigene Persönlichkeit Napoleons sollte der jungen Marie Luise in dem denkbar vorteilhaftesten Lichte erscheinen. Ein einundvierzigjähriger Mann war für ein neunzehnjähriges Mädchen nicht mehr jung. Es konnte sein, daß Marie Luise ihn zu alt finden würde; er suchte sich daher soviel wie möglich zu verjüngen und zu verschönen. Er, der nie viel mit Kleider- und Schuhkünstlern hatte zu tun haben wollen, ließ sich jetzt modische Fräcke und Röcke, zierliche Stiefel und Schnallenschuhe anmessen. Der schon recht behäbige Mann versuchte es sogar noch einmal mit dem Tanzen, denn er hatte erfahren, daß Marie Luise, wie alle Österreicherinnen, den Walzer leidenschaftlich liebte. Es gelang jedoch Napoleon diesmal ebenso wenig wie in seiner Jugend, in der Kunst Terpsichores etwas zustande zu bringen, so große Mühe sich auch Hortense und die Großherzogin Stephanie von Baden mit ihm gaben. Er wollte aber unbedingt jung in den Augen Marie Luises erscheinen. Um magerer zu werden, ritt und jagte er viel und machte sich viel Bewegung im Freien.

Mittlerweile näherte sich der Brautzug immer mehr den Städtchen Soissons und Compiègne. Zwischen ihnen lag ein Wald. Dort sollten Napoleon und Marie Luise sich unter einem mit Gold und Purpur behangenen Zelte zum erstenmal begegnen. Von München an hatte die Kaiserbraut täglich einen Brief von ihrem Verlobten erhalten. Das riesenhafte, wuchtige N, mit dem Napoleon seine Liebesepistel unterzeichnete, charakterisiert wunderbar den ungeheuren Ehrgeiz, den Stolz und die Genugtuung, die er in jener Zeit empfand. Von Straßburg an überraschte er Marie Luise außerdem jeden Morgen mit frischen Blumen aus seinen Gewächshäusern oder mit einem Beutestück von seiner Jagd. Er wußte, daß die Erzherzogin Blumen, aber auch etwas Leckeres für ihre Tafel liebte, und sofort bot er alles auf, um ihr beides zukommen zu lassen.

Solche Aufmerksamkeiten ihres Bräutigams schmeichelten Marie Luise. Sie milderten allmählich das ungünstige Bild, das sie sich von Napoleon im geheimen gemacht hatte. Die zärtlichen, schmeichelnden Worte, die er diskret in seine Briefe einzuflechten verstand, beglückten sie, und schließlich war sie so daran gewöhnt, täglich von ihm ein Zeichen seiner Zuneigung zu erhalten, daß sie betrübt und ärgerlich war, wenn der Kurier einmal nicht zur bestimmten Zeit eintraf. „Ich bin beruhigt über mein Schicksal," schrieb sie von Straßburg aus an den geliebten Vater, „ich bin überzeugt, glücklich zu sein, ich wünschte, daß Sie die Briefe lesen könnten, die mir Kaiser Napoleon schreibt, er hat unendlich viel Attentionen für mich."

Gewissenhaft antwortete sie auf jedes Schreiben ihres Verlobten, und Napoleon war über „die oft recht langen Antworten überglücklich", wie der getreue Méneval berichtet. Den letzten Brief seiner zukünftigen Frau erhielt der Kaiser, als diese Rheims verlassen hatte und auf dem Wege nach Soissons war. Nun hielt es ihn nicht länger mehr in Compiègne, wo er seit dem 20. März mit dem Hofstaat weilte. Napoleons ganze Familie war dort anwesend, mit Ausnahme des Prinzen Eugen und der Königin Hortense, die erst nach der Ankunft Marie Luises in Compiègne eintreffen sollten. Wieder war es ein lobenswertes Feingefühl, das Napoleon sagte, der Anblick der Kinder Josephines könnte vielleicht im ersten Augenblick peinlich auf Marie Luise wirken.

Das unter den unglaublichsten Mühen bis ins genaueste vorgeschriebene Zeremoniell aber war mit einemmal vergessen. Was kümmerten Napoleon die Vorurteile der höfischen Gesellschaft? Er war kein geborener Fürst, also auch nicht mit all jenen Äußerlichkeiten verwachsen, die im Leben eines Monarchen von Geblüt und dessen Angehörigen eine so große Rolle spielen. Napoleon war vor allem Mensch. Als solcher wollte er seine junge Frau empfangen, nicht als Kaiser.

Nur von seinem Schwager Murat begleitet, in den berühmten grauen Mantel gehüllt, denn die bestickten Fräcke hatte er gar bald wieder beiseite gelegt und seine einfache Uniform angezogen, fuhr Napoleon am 28. März in einer unscheinbaren Kutsche, ohne alle kaiserlichen Wappen, der Braut entgegen. Er hatte sich vorgenommen, Marie Luise zu überraschen, unerkannt sich ihrem Wagen zu nähern und ihr als kaiserlicher Ordonnanzoffizier einen Brief zu überreichen.

In Courcelles stießen die beiden Reisenden auf die ersten Wagen des Brautzugs. Man war im Begriff, die Pferde zu wechseln. Unbeobachtet stellten Napoleon und Murat sich in die Nähe der Kirche, wo der Wagen Marie Luises vorfahren mußte. Es regnete in Strömen, aber Napoleon merkte es kaum, so ungeduldig war er. Er brauchte nicht lange zu warten. Als sich der Wagen Marie Luises näherte, trat er rasch an den Wagenschlag und war eben im Begriff, der jungen Kaiserin den Brief zu überreichen, als der Stallmeister, Herr von Audenarde, der natürlich die Absicht Napoleons nicht ahnte, ihn erkannte. Er riß den Schlag des Wagens auf und rief den beiden nicht wenig erstaunten Insassen, Marie Luise und Karoline, zu: „Seine Majestät der Kaiser!" Und da saß Napoleon auch schon in regendurchnäßten Kleidern neben seiner jungen Gattin, deren Kopf über die von ihm empfangenen Küsse wie in Purpur getaucht war.

Mit der geplanten Überraschung war es nun freilich nichts. Nachdem man sich gegenseitig einige Sekunden lang verstohlen betrachtet und Marie Luise sich ein wenig von ihrem Schrecken erholt hatte, nahm sie zuerst das Wort. „Sire," sagte sie, „Ihr Bild ist nicht geschmeichelt." Sie hatte sich ihn wohl schlimmer vorgestellt, als er aussah, und fand ihn durchaus nicht dem Marschall Berthier ähnlich, wie man ihr gesagt hatte. Und darüber war sie sehr froh, denn der Fürst von Neuchâtel war gar nicht nach ihrem Geschmack.

Napoleon schien gleichfalls von Marie Luises ganzer Person angenehm überrascht zu sein. Seine Voraussetzungen schienen ihn nicht getäuscht zu haben. Schön jedoch war Marie Luise nicht. Ihr volles Gesicht zeigte schwache Spuren von Pockennarben, die Lippen waren ein wenig zu dick, die blauen Augen vielleicht ein wenig zu hell und zu weit voneinander entfernt und die hohe Gestalt etwas zu üppig. Aber die Gesamterscheinung dieser jungen Erzherzogin war äußerst angenehm. Ihre köstliche Jugendfrische überstrahlte alle Mängel. Die frischen roten Backen, die Fülle des dunkelblonden Haares, das sanfte angenehme Lächeln verliehen diesen derben Zügen großen Liebreiz. Ihre Füße und Arme aber waren sehr schön, die Füße so klein und schmal, daß man kaum begreifen konnte, wie sie den

Marie Luise.
Nach einem italienischen Stiche von Stoppi.
(Sammlung Kircheisen.)

Körper zu tragen vermochten. „Die junge Kaiserin", sagte Metternich, „wird und muß in Paris durch ihre Güte, ihre außerordentliche Sanftmut und Einfachheit gefallen. Eher häßlich als hübsch, hat sie doch eine sehr schöne Gestalt, und wenn sie ein wenig hergerichtet und gut angezogen sein wird, wird sie sich sehr gut ausnehmen."

So leicht war jedoch das Pariser Volk nicht zu befriedigen, wie es sich Metternich vorstellte. Er bedachte wohl nicht, daß Marie Luise eine Erbschaft antrat, deren Verwaltung schwer war. Er dachte nicht daran, daß sie eine Frau zur Vorgängerin gehabt hatte, die in allen Künsten der Koketterie und Gefallsucht außerordentlich erfahren war und nichts unterließ, um sich Freunde zu schaffen. Dazu besaß Josephine jene wundervolle Anmut der Kreolin, jene Liebenswürdigkeit und Geschmeidigkeit des Geistes, einen ausgeprägt Pariser Geschmack in ihrer Kleidung, wodurch sie zum Liebling des Volkes wurde. Das alles hatte Marie Luise nicht. Madame Mère nennt sie in ihren Erinnerungen geradezu „geschmacklos, in der Nähe gesehen", und selbst Berthier, der mit Schmeicheleien für den Kaiser nicht geizte, konnte sie nicht schön finden. Aber Marie Luises Intellekt war kein gewöhnlicher und stand weit über der Bildung Josephines. Sie hatte eine vortreffliche, wenn auch in mancher Hinsicht einseitige Erziehung genossen. Sie war musikalisch, liebte die Künste und die Literatur, und suchte sich, wo sie konnte, zu unterrichten. Sie sprach deutsch, ungarisch, böhmisch, französisch, englisch und hatte Kenntnisse im Spanischen, Italienischen, Lateinischen, ja sogar im Türkischen. Jedenfalls kannte sie keine Langeweile; sie wußte sich immer zu beschäftigen. Alle diese Eigenschaften krönte ihr wahrhaft tiefes religiöses Gefühl, das selbst Napoleon Achtung einflößte, und ihre große Sanftmut. Der französische Gesandte in München, Graf Otto, empfahl die Erzherzogin seinem Kaiser mit den Worten: „Sanftmut, Güte, ein tiefes und religiöses Gefühl ihrer Pflichten machen aus ihr ein Muster, das in der ganzen Stadt zitiert wird"*).

Als Napoleon an der Seite seiner jungen Gattin dahinfuhr, sah er vorläufig freilich nur ihre äußeren Vorzüge.

---
*) Brief vom 10. März 1810.

Und er schien es sehr eilig zu haben, noch am Abend in Compiègne anzukommen. Dort war für die Kaiserin das Schloß zum Aufenthalt vorbereitet worden, während für Napoleon bis zum 1. April, dem Tage, an welchem die offizielle Vermählung stattfinden sollte, das Kanzleigebäude zur Wohnung bestimmt worden war. Das Zeremoniell schrieb ferner vor, in Soissons zu Abend zu essen und zu übernachten, aber der Kaiser überging seine eigenen Vorschriften und ließ die Wagen direkt nach Compiègne fahren. Dort traf man bei fürchterlichem Regenwetter um zehn Uhr abends ein. Eilig stellte der Kaiser seine junge Gemahlin den anwesenden Familienmitgliedern und Würdenträgern vor; kaum ließ er den jungen Mädchen der Stadt, die zur Begrüßung der neuen Kaiserin mit Blumen ins Schloß gekommen waren, Zeit, ihre Willkommenssprüche zu sagen, so hastig zog er sich mit ihr in die inneren Gemächer zurück. Man hatte in der Eile, denn nichts war vorbereitet, weil man die Majestäten erst am nächsten Tag erwartete, ein Souper hergerichtet, an dem jedoch nur als Dritte im Bunde die Königin Karoline teilnahm.

Während der Mahlzeit war Marie Luise äußerst schüchtern und verlegen, aber gerade diese Befangenheit verlieh ihr in Napoleons Augen einen besonderen Reiz, den er bei Josephine nicht gekannt hatte. Wenn er sich zu ihr neigte und leise auf sie einsprach, errötete Marie Luise über und über oder gab naive Antworten. Als er sie fragte, was denn ihr Vater ihr gesagt hätte, ehe sie abgereist wäre, erwiderte sie mit unschuldsvoller Offenheit: „Er hat mir gesagt, daß ich Ihnen ganz angehören und alles tun soll, was Sie von mir verlangen."

Gegen ein Uhr nachts war bereits alles still im Schlosse von Compiègne. Die Kerzen waren verlöscht, die Menschen hatten sich aus den Vorzimmern zurückgezogen, vom Schloßhofe waren Wagen und Diener verschwunden. Wie wir wissen, sollte auch der Kaiser, der Vorschrift gemäß, sich nach dem Souper entfernen — aber er war geblieben. Er hatte sich vorher eingehend beim Kardinal Fesch erkundigt, ob er wohl durch die Trauung in Wien der rechtmäßige Gatte der Erzherzogin sei. „Ja," hatte ihm Fesch geantwortet, „Sie sind nach dem Zivilgesetz mit der Erzherzogin Marie Luise verheiratet." Der Kardinal ahnte nicht, zu welchem Zwecke Napoleon die Frage an ihn gerichtet hatte. Auf diese Weise aber hatte er sein Gewissen erleichtert und blieb nun, ohne sich Gedanken darüber zu machen, im Schlosse.

Am nächsten Morgen ließ er das gemeinsame Frühstück ans Bett der jungen Kaiserin bringen und war den ganzen Tag heiter und froher Laune. Seinen Kammerdiener Constant soll er beim Ankleiden gefragt haben, ob man bemerkt hätte, daß er die Etikette so brüsk übergangen habe. Er war glücklich, bis zu dem Grade glücklich, daß er Marie Luise zuliebe zum Diner noch einmal Toilette machte und einen der bestickten Fräcke anzog, die ihm der Schneider des Königs Murat gemacht hatte. Es war jedoch das letzte Mal, daß Napoleon dies tat, denn am nächsten Tag schon erschien er wieder in seiner dunkelgrünen Uniform.

Sein Glück machte sich auch in seinen Worten an den Schwiegervater Luft, dem er am 29. März 1810 schrieb: „Die Tochter Eurer Majestät ist seit zwei Tagen hier. Sie erfüllt alle meine Hoffnungen, und wir hören nicht auf, uns gegenseitig Beweise der zärtlichen Gefühle zu geben, die uns verbinden. Wir passen sehr gut zueinander. Ich werde ihr Glück sein und verdanke das meinige Eurer Majestät. Erlauben Sie mir, Ihnen für das schöne Geschenk zu danken und Ihr Vaterherz damit zu erfreuen, daß ich Ihnen das Glück Ihres geliebten Kindes zusichere!"

Die öffentlichen Feierlichkeiten der bürgerlichen Trauung Napoleons und Marie Luises fanden am 1. April in Saint-

Marie Luise.
(Nach einem Stiche aus der Sammlung Kircheisen.)

Cloud statt. Am 2. erst vereinigte sie die Kirche, das heißt der Kardinal Fesch, in der Eigenschaft als Großalmosenier vor der Welt als Mann und Frau, in den Sälen des Louvre. Gleichzeitig hielt die neue Kaiserin ihren Einzug in die Hauptstadt Frankreichs.

An Pomp und Pracht hatten die Pariser noch nichts ähnliches gesehen. Die Damen des Hofes trugen die kostbarsten Toiletten und Edelsteine. Marie Luise selbst erschien in einem Kleide aus Silbertüll mit prachtvollen Steinen bestickt und war buchstäblich mit Diamanten übersät. Das Hochzeitskleid allein kostete 12 000 Franken.

Und es schien, als wollte auch der Himmel seinen Anteil an dieser glänzenden Feier haben. Nach einer fürchterlichen Sturmnacht überstrahlte am nächsten Mittag die Sonne mit ihrem goldenen Glanze den von Saint-Cloud nach Paris sich bewegenden Hochzeitszug. Das Pariser Volk befand sich in einem wahren Festjubel; es war ebenso glücklich und stolz wie Napoleon selbst, daß er nun die Tochter der Cäsaren in seinen Armen hielt. Es begrüßte Marie Luise mit unbeschreiblicher Freude. Es sah in ihr die Glückbringerin, die junge Herrscherin, die dem Lande einen Erben schenken würde. Die Pariser waren bereit, sich Marie Luise zu Füßen zu werfen. Aber ihre unüberwindliche Schüchternheit, die wohl im intimen Leben ein Vorzug sein konnte, schadete ihr in der Öffentlichkeit. Man legte ihr schließlich als Stolz aus, was nur schüchterne Zurückhaltung war. Sie verstand nicht, wie Josephine, liebenswürdig zu lächeln und zu nicken, wenn sie an der jubelberauschten Menge vorüberfuhr. Sie verstand nicht, ihre Stimmungen, ihre Launen und ihre Schmerzen zu verbergen, sondern gab sich immer so wie sie war. War sie ermüdet, oder fühlte sie von all den Förmlichkeiten, die sie vom Grunde ihres Herzens aus haßte, ihren Kopf schmerzen, dann sagte sie es und zog sich zurück, unbekümmert um die spannend auf einen Blick von ihr harrende Menge des Publikums. Josephine wäre lieber gestorben, als daß sie das Volk hätte merken lassen, wie sie sich fühlte, wenn es galt, repräsentieren zu müssen. Sie hatte für jeden ein liebes Wort, ein holdes Lächeln, einen freundlichen Blick. Marie Luise fand nie Worte, oder wenn sie sie fand, so kamen sie schüchtern und ungeschickt aus ihrem Munde, obwohl sie das Französische wie ihre Muttersprache beherrschte.

Was jedoch Josephine nie vermocht hatte, das gelang Marie Luise. Sie gewann, wenigstens in der ersten Zeit, die

Herzen der Familie ihres Mannes! Und das machte Napoleon am allerglücklichsten. Längst hatte er sich ein ruhiges, glückliches Familienleben ohne Hader und Streit gewünscht; daß Marie Luise mit der „Sippe" auf gutem Fuße stand, erhob sie noch höher in seiner Achtung. Später allerdings, sollte auch sie erkennen, daß mit ihren Schwägern und Schwägerinnen nicht immer so gut auszukommen war.

Napoleon selbst schien ganz in seinem jungen Glück aufzugehen. Er umgab seine Gattin mit der zärtlichsten Fürsorge. Er war buchstäblich in sie verliebt und sehr von ihr eingenommen. Alle seine Lebensgewohnheiten ordnete er ihren Wünschen unter und überhäufte sie mit Aufmerksamkeiten und Geschenken. Wäre Marie Luise ein anderer Charakter gewesen, vielleicht hätte sie auf Napoleon einen Einfluß und eine Macht gewinnen können, die größer als der Einfluß Josephines gewesen wären. Dies erkannte auch Metternich in einem Briefe vom 16. April 1810 an seinen Kaiser, in dem es heißt: „Er (Napoleon) hat vielleicht mehr schwache Seiten als mancher andere, und wenn die Kaiserin fortfährt, sie so zu benutzen, wie sie die Möglichkeit nun einzusehen anfängt, so kann sie sich und ganz Europa die größten Dienste leisten." Marie Luise war jedoch in diesen Dingen zu unerfahren, vielleicht auch zu wenig selbstlos. Sie kümmerte sich nicht viel um das Wohl anderer; ihr eigenes lag ihr vor allem am Herzen, und sie genoß ihr Glück in vollen Zügen.

Napoleon verbrachte die ersten Monate ausschließlich in ihrer Gesellschaft. Er teilte mit ihr die Mahlzeiten, was er schon lange nicht mehr mit Josephine getan hatte, er nahm an ihren Reitstunden teil, begleitete sie auf ihren Spazierfahrten und -ritten, spielte mit ihr Billard, kurz, suchte sie soviel wie möglich zu unterhalten und zu zerstreuen. Er, der sonst nie länger als zwanzig Minuten auf die Mahlzeiten verwendete, wartete jetzt geduldig, bis Marie Luise mit dem ganzen Diner fertig war, und da sie immer guten Appetit hatte, dehnte sich ihre Tafel ziemlich lange aus. Oft war er, wenn sie sich ankleidete, zugegen und kümmerte sich um die geringsten Kleinigkeiten ihres Anzugs, ihrer Frisur, ihres Schmucks, machte hier und da eine scherzhaft spöttische Bemerkung, kniff sie in die blossen vollen Arme oder in die roten Wangen und nannte sie „grosse bête", wenn sie ärgerlich wurde.

Nie war er gegen Marie Luise jähzornig, aufbrausend oder launenhaft. Nie hatte er mit ihr Szenen wie bisweilen mit Josephine. Mit einem Wort, er schien sich in der Gesellschaft seiner jungen Frau sehr wohlzufühlen und schien wirklich, wie die Königin Katharina von Westfalen an ihren Vater, den König von Württemberg, schrieb, „der Welt den Frieden und Zaïre seine ganze Zeit spenden zu wollen." Er war stolz, die Kaisertochter seinem Volke zeigen zu können, und alle Welt war sich einig darüber, daß er sehr glücklich sein müsse. Der Herzog von Cadore nannte ihn den besten Ehemann von der Welt, denn es sei unmöglich, daß ein Mann seiner Frau mehr Fürsorge, mehr zarte und freigebige Aufmerksamkeit beweisen könne, als Napoleon Marie Luise bewiesen habe. Selbst der Polizeiminister Fouché stellt dem Kaiser das Zeugnis aus, daß er gegen seine zweite Gemahlin stets außerordentlich gut und liebenswürdig gewesen sei. Und viele andere, wie Frau Durand, Frau von Rémusat, Herr von Caulaincourt, der Fürst Metternich, der Fürst Schwarzenberg, der Baron von Méneval, die Herzogin von Abrantes und der Kammerdiener Constant stimmen in dasselbe Lob mit ein.

Welch große Vorzüge aber die junge Marie Luise für Napoleon haben mußte, geht aus den Worten hervor, die er oft gegen seine Umgebung äußerte: „Heiratet eine Deutsche; sie sind „sanft, gut, unverdorben und frisch wie Rosen." Und zu Chaptal sagte er einst: „Wenn Frankreich alle die Tugenden dieser Frau kennte, es würde vor ihr auf den Knien liegen".

Sein Glück aber erreichte den höchsten Grad, als Marie Luise nach drei Monaten merkte, daß sie Mutter werden würde. Endlich, endlich sollte sich Napoleons Wunsch, rechtmäßige Nachkommen zu haben, erfüllen, der Wunsch, den er vierzehn lange Jahre vergebens gehegt hatte. Von dieser Stunde an verdoppelte sich seine Fürsorge und Rücksicht, seine Liebe und Zärtlichkeit für die junge Kaiserin. „Napoleon", schreibt Metternich bei dieser Gelegenheit, „befindet sich in einem schwer zu beschreibenden Jubel."

In der Tat, er war sehr glücklich und bewies dies Marie

Napoleon der Große.
(Nach einem Gemälde von Desrais.)

Luise auf jede Weise. In mancher Hinsicht freilich artete seine Sorge für sie fast in eifersüchtige Überwachung ihrer Person aus. So schien es wenigstens der näheren Umgebung der Kaiserin. Napoleon gestattete zum Beispiel nicht, daß ein männliches Wesen ohne seine persönliche Erlaubnis die Gemächer Marie Luises betrete, und auch dann mußte stets eine Hofdame oder eine der Anmeldedamen zugegen sein. Während der Zeichen-, Mal- und Musikstunden, die die Kaiserin von verschiedenen Künstlern erhielt, war stets eine ihrer Damen anwesend, und wehe, wenn sie sich erlaubten, auch nur für eine Sekunde die Kaiserin mit dem Lehrer allein zu lassen! Des Nachts schlief immer eine Hofdame neben dem Zimmer Marie Luises, und man mußte erst das Zimmer dieser Hofdame durchschreiten, ehe man zur Kaiserin gelangte.

Was indes anderen als Eifersucht erschien, war nichts weiter als kluge Vorsicht. Wir kennen bereits Napoleons Theorie von der Untreue und dem Ehebruch; sie faßte sich in den Worten zusammen: „L'adultaire est une affaire du canapé: il est tout commun!" Napoleon wollte nicht, daß auf der Kaiserin, der Mutter seiner Kinder auch nur der leiseste Schimmer von einem Verdachte haftete. „Ich achte und ehre die Kaiserin," sagte er eines Tages zu einer der Anmeldedamen, die sich einen Augenblick aus dem Salon entfernt hatte, wo der greise Paër Marie Luise Musikstunde gab, „aber die Herrscherin eines großen Reichs muß vor jedem Verdacht bewahrt bleiben." Und aus demselben Empfinden heraus schrieb er ihr 1813 von Hanau aus, da er erfahren, daß sie den Erzkanzler Cambacérès empfangen hatte, als sie noch im Bett lag: „Es ist mein Wunsch, daß Sie unter keinen Umständen und unter keinem Vorwand jemand, wer es auch sei, im Bett liegend empfangen. So etwas ist nur Frauen gestattet, die das 30. Lebensjahr überschritten haben."

Wäre diese strenge Überwachung eine Folge von Eifersucht gewesen, so hätten Leidenschaft und Liebe vorausgehen müssen. Napoleon liebte jedoch Marie Luise nicht bis zum Grade der Eifersucht. Seine Neigung zu ihr war eine ruhige, bürgerliche Gattenliebe, weit entfernt von der glühenden Leidenschaft des jungen Generals zu Josephine oder der sentimentalen Neigung des Kaisers zu Marie Walewska. Anfangs hatte die frische Jugend Marie Luises seine Sinne gereizt, später waren es ihre für einen Mann wie Napoleon trefflich geeigneten Eigenschaften, die ihn anzogen und sie schätzen ließen. Marie Luises Sparsamkeit, ihr Ordnungssinn, Tugenden, die er an Josephine vermißt hatte, entzückten ihn. Ihr Garderobebudget belief sich auf 500 000 Franken im Jahr, aber niemals gab sie es ganz aus. Je weniger sie jedoch verlangte, desto mehr gab ihr Napoleon. Wie oft überraschte er sie mit einem Schmucke, einem Kleide, einem Tand, die sie sich versagt hatte, weil sie glaubte, ihr Geld würde dazu nicht reichen. Sie machte niemals Schulden.

Kurz, Marie Luise war ganz so, wie Napoleon wünschte, daß seine Frau sein sollte. Ihre Sanftmut und Einfachheit machten sie in seinen Augen täglich schätzenswerter. Sie war kein selbständiger, kein starker Charakter, sondern brauchte stets jemanden, an den sie sich anlehnen konnte. Napoleons starker Arm war ihr eine willkommene Stütze. Sein Wille war der ihrige, wie es früher in Wien der Wille des Vaters gewesen war, und dabei bemerkte sie nicht, daß Napoleon seine Herrschaft auf sie ausübte. Und dennoch ließ auch er sich bisweilen ihre kleinen Launen gefallen, wenn man Lebensgewohnheiten Launen nennen will. Er liebte bekanntlich die Wärme und hatte es gern, wenn selbst des Nachts im Kamin ein Feuer flackerte. Marie Luise hingegen war gewöhnt, in einem ungeheizten Zimmer zu schlafen — und Napoleon fügte sich. Sie, die sich als

Marie Luise.
(Von einem unbekannten Maler. Im Besitz der Gräfin Bombelles in Preßburg.)

Opfer betrachtet hatte, die bittere Tränen in den Brautkranz geweint hatte, war vollkommen glücklich mit dem Mann, der der Erbfeind ihres Landes und ihrer Familie gewesen war. Schrieb sie ihrem Vater doch wenige Tage nach ihrer Vereinigung mit Napoleon: „Er liebt mich inniglich, ich bin ihm auch sehr erkenntlich und erwidere herzlich seine Liebe, ich finde, daß er sehr gewinnt, wenn man ihm (!) näher kennt, er hat etwas Einnehmendes und Zuvorkommendes, dem man unmöglich widerstehen kann. Ich bin überzeugt, daß ich recht zufrieden mit ihm leben werde."

Sie lebte wirklich recht „zufrieden" mit Napoleon. Sie hatte ihn ganz anders gefunden, als sie sich ihn in ihrer Einbildungskraft vorgestellt hatte. Er war gegen sie weder brutal noch rücksichtslos, noch jähzornig, noch despotisch, sondern zuvorkommend, liebenswürdig und zärtlich, kurz, in seinem Familienleben ein ganz anderer Mensch als in der Öffentlichkeit. Marie Luise konnte sich gegen ihre Verwandten, gegen Metternich und Schwarzenberg nicht genug in lobenden Worten über ihr Eheglück aussprechen, das auch für sie den Gipfel erreichte, als die Stunde nahte, in der sie Mutter ward.

II.

Am Abend des 19. März 1811, nachdem die Kaiserin mit Napoleon einen kleinen Spaziergang auf der Terrasse der Tuilerien gemacht hatte, spürte sie die ersten Anzeichen der nahen Niederkunft. In ihren Gemächern waren für den Abend zu Ehren des seit dem 16. in Paris weilenden Großherzogs von Würzburg, ihres Onkels, Empfang und Theater angesagt. Schon erschienen die ersten Damen und Herren im Hofkleid. Die Gesellschaft mußte abgesagt werden, denn Marie Luise hatte sich niedergelegt. Der Hof blieb jedoch in den Gemächern des Erdgeschosses versammelt.

Die ganze Nacht hindurch hielten die Wehen an. Bald war auch die Bevölkerung von Paris von dem nahe bevorstehenden Ereignis unterrichtet. In allen Kirchen wurde für die glückliche Niederkunft der Kaiserin gebetet. Den Bischöfen war von Napoleon selbst befohlen worden, daß die Priester in dem in solchen Fällen für Fürstinnen üblichen Gebet die Stelle: „pro laborantibus in partu", in „pro regina praegnante" verwandelten.

Gegen Morgen füllten sich die Gänge und Anlagen vor dem Schlosse mit einer ungeheuren, ehrfurchtsvoll schweigenden und ängstlich harrenden Menschenmenge. Sie wollte das Ereignis, das die ganze Welt erschüttern würde, aus erster Quelle erfahren. Man wußte, daß 101 Kanonenschüsse die Geburt eines Prinzen, 21 aber die Geburt einer Prinzessin verkünden würden. Andachtsvoll lauschten die Menschen; jeder wollte der erste sein, der das Freudensignal vernähme. Aber es ließ sich nichts hören. Stunde um Stunde verrann; schon machte man sich die besorgniserregendsten Gedanken.

Drinnen im Schlosse lag die junge Fürstin auf ihrem Schmerzenslager. Gegen Morgen hatten die Wehen aufgehört, und Marie Luise war eingeschlummert. Die Ärzte meinten, es könne noch lange dauern, ehe das Ereignis eintrete. Der Kaiser schickte daher einen Teil des Hofes nach Hause, nur die Ehrendame Frau von Montebello, die Hofdamen Luçay, Durand, Ballant, zwei Kammerfrauen, die Wärterin Blaise und der Doktor Dubois blieben im Zimmer der Kaiserin. Napoleon selbst, der die ganze Nacht hindurch nicht vom Bett seiner Frau gewichen war, ihr Trost zugesprochen und sie mit Zärtlichkeiten zu zerstreuen gesucht hatte, war äußerst erschöpft. Als er sah, daß Marie Luise schlief, zog er sich zurück, um sich durch ein Bad zu erfrischen.

In der achten Morgenstunde jedoch ließ der Geburtshelfer

Dubois sich beim Kaiser, der noch im Bade saß, melden. Der Arzt sah höchst besorgt aus und schien sich keinen Rat zu wissen, da das Kind nur mittels Zangen zur Welt zu bringen war. Ja, es war fraglich, ob es möglich sein werde, beide, Mutter und Kind, am Leben zu erhalten. Napoleon indes überlegte nicht lange: die Stimme des Gatten übertönte die Stimme des Kaisers. „Retten Sie vor allem die Mutter!" sagte er. „Tun Sie ganz so, als wenn Sie eine Bürgersfrau entbänden." Darauf ließ er sich eilig von Constant abtrocknen und ankleiden und eilte zu Marie Luise.

Sobald er bei ihr eingetreten war, schickte sich Dubois an, die Operation vorzunehmen, während die Ärzte Corvisart,

Yvan und Bourdier die Kaiserin hielten. Als diese die Zangen sah, schrie sie wild auf und rief: „Weil ich Kaiserin bin, muß ich geopfert werden!" Aber Napoleon sprach ihr beruhigend zu, erfaßte zärtlich ihre Hand und behielt sie in der seinigen, während Dubois das Kind zur Welt beförderte. Marie Luise schrie fürchterlich. Ihre Schreie zerrissen Napoleon fast das Herz. Sein Gesicht war weiß wie Marmor, seine Nasenflügel bebten vor Aufregung, und die Tränen traten ihm in die Augen, als er seine Frau so leiden sah. Schließlich fühlte er nicht mehr die Kraft in sich, diese schrecklichen Qualen mit anzusehen. Aufs höchste erregt zog er sich ins Ankleidezimmer der Kaiserin zurück. Der Mann, der den Tod tausendmal in seiner fürchterlichsten Gestalt vor Augen gesehen hatte, dem die grauenvollsten Szenen im Kriege kein Augenzwinkern verursacht hatten, dieser Mann zitterte jetzt, als er das junge Weib, sein Weib, sich in Schmerzen winden sah. Von Minute zu Minute erkundigte er sich, wie es Marie Luise ging.

Endlich, nach fast einer halben Stunde, zwanzig Minuten nach neun Uhr morgens, war die Kaiserin erlöst. Napoleon eilte zu ihr und bedeckte die vom Schmerze noch bleichen Lippen mit zärtlichen Küssen. Erst als er sich vollkommen beruhigt hatte, daß sie sich wohl befinde, sah er sich nach dem Kinde um, das seiner Mutter so große Schmerzen verursacht hatte. Es war ein Knabe! Aber das Glück, das Napoleon schon in Händen zu halten glaubte, schien ihm im letzten Augenblick noch entschlüpfen zu wollen. Das kleine Wesen lag leblos zu ebener Erde auf dem Teppich. Napoleon hielt das Kind für tot, und ohne ein Wort zu verlieren, wandte er sich wieder zur Kaiserin.

Inzwischen beschäftigte sich sein Leibarzt, der Doktor Corvisart, mit dem Neugeborenen. Nach minutenlangem Klopfen und Frottieren mit warmen Tüchern und nachdem man ihm ein paar Tropfen Branntwein eingeflößt hatte, erwachte das Kind zum Leben und ließ nun sein Stimmchen kräftig ertönen.

Der erste Schrei seines Sohnes riß Napoleon aus den Armen Marie Luises. Er nahm ihn und küßte ihn. Tränen der Freude rannen ihm über die Wangen, als er dieses kostbarste, aber auch das letzte aller Geschenke der Göttin des Glücks in den Armen hielt. Dann verließ er das Zimmer der Kaiserin für einige Augenblicke, um seine im Badezimmer so eilig vorgenommene Toilette zu vervollständigen. Als er wiederkam, strahlte er vor Freude und Glück. Zu den in seiner Nähe befindlichen Personen sagte er mit sichtbarem Stolze: ,,Ich denke, meine Herren, es ist ein ganz tüchtiger Junge, den wir da haben. Er hat sich zwar ein wenig bitten lassen, ehe er ankam, aber am Ende ist er nun doch da! Aber", fügte er im Gedanken an die Kaiserin

Kaiserin Marie Luise und der König von Rom.
(Nach dem Gemälde von Baron F. P. S. Gérard, im Musée de Versailles.)

hinzu, „was hat die arme Frau gelitten! Um diesen Preis wünsche ich mir keine Kinder mehr."

Unten vor dem Schlosse jauchzte die Menge, die in bangem Erwarten die Böllerschüsse gezählt hatte. Bis zum 21. Schuß hatte Totenstille geherrscht. Erwartungsvoll hatten alle den Atem angehalten, nur das laute Zählen einzelner war zu vernehmen gewesen. Aber schon beim 22. Schuß waren ein nicht endenwollender Beifallssturm, ein tausendstimmiges „Vive l'empereur!" „Vive le roi de Rome!" losgebrochen, das weiter und weiter in alle Straßen von Paris getragen wurde. Frankreich hatte einen Thronerben!

Oben im Schlafzimmer der Kaiserin stand Napoleon hinter den Vorhängen des Fensters und schaute hinab auf das jubelnde glückliche Volk. Er gebot seinen Tränen keinen Einhalt mehr; in dicken Tropfen rannen sie ihm über die Wangen. Sein Glück war vollkommen. Den ganzen Tag über waren seine Augen feucht; es waren die letzten Freudentränen, die er vergoß.

Nun endlich war dieser langersehnte Erbe, sein legitimer Sohn geboren! Er erhielt schon in der Wiege neben den Namen Napoleon Franz Karl Joseph den hochklingenden Titel „König von Rom". Wer hätte ahnen können, daß dieser Kaisersohn, dieser geborene König, der bestimmt schien, über zwei Reiche zu herrschen, einundzwanzig Jahre später als einfacher Herzog von Reichstadt sein junges, so glänzend begonnenes Leben ohne Ruhm und ohne Macht beschließen würde? „Seine Geburt und sein Tod — in diesen beiden Worten liegt seine ganze Geschichte!"

Jene trüben Tage aber lagen noch fern. Napoleon zweifelte nicht einen Augenblick an seinem Glück, das ihm alles in den Schoß geworfen hatte. Die Zukunft gehörte ihm! Hätte ihm Victor Hugo damals zurufen können:

> L'avenir, l'avenir, mystère!
> Toutes les choses de la terre,
> Gloire, fortune militaire,
> Couronne éclatante des rois,
> Victoires aux ailes embrassées,
> Ambitions réalisées
> Ne sont jamais sur nos posées
> Que comme l'oiseau sur nos toits!

Napoleon würde diese Worte gewiß nicht begriffen haben!

Feste auf Feste folgten dem glücklichen Ereignis. Niemals hatte das Paris der alten Könige von Frankreich

solchen Reichtum und solchen Aufwand bei ähnlichen Gelegenheiten gesehen. Napoleon lechzte in seinem Stolze förmlich danach, die Frau, die ihm den Erben geschenkt, so bald als möglich seinem Volke zu zeigen. Sie hatte sich kaum ein wenig vom Wochenbett erholt, als er mit ihr eine Reise nach der Normandie unternahm, die im wahren Sinne des Wortes ein Triumphzug für Marie Luise wie für ihn selbst war. Erst nach dieser Reise, am 9. Juni, fand in der Kirche von Notre-Dame die Taufe des Erben von Frankreich statt. Als der Chor das „Veni Creator" anstimmte,

Der König von Rom.
(Nach einer Miniatur von J. B. Isabey.)

nahm Napoleon seinen Sohn in seine Arme und zeigte ihn glückstrahlend den Anwesenden. Da brachen die Beifallsrufe wie brausender Sturm von allen Seiten los; man vergaß, daß man sich an geheiligtem Orte befand. Die Mauern von Notre Dame erdröhnten von den Stimmen der tausendköpfigen Menge, die sich in dem einen Ruf „Vive l'Empereur!" vereinigten.

Für Marie Luise persönlich bedeutete jedoch die Geburt des Kindes eine gewisse Zurücksetzung von seiten Napoleons. Von diesem Augenblick an war es vorbei mit den vielen traulichen Stunden des Beisammenseins. Der Kaiser hatte wieder seine alten Gewohnheiten angenommen: er speiste nur abends mit der Kaiserin und widmete sich mit verdoppelter Kraft seinen Geschäften. Und selbst seine freien Augenblicke gehörten nicht mehr allein Marie Luise. Sie mußte sie jetzt mit ihrem Sohne teilen, den Napoleon abgöttisch liebte.

Der kleine König entwickelte sich zu einem schönen gesunden Kinde, das jedoch mehr der Mutter als dem Vater ähnelte. Mit diesem Knaben konnte Napoleon selbst zum Kinde werden; sein größtes Vergnügen war, mit ihm zu spielen. Wenn sein Sohn bei ihm war, vergaß er alles um sich her: seine Würde, seine Macht, seine Geschäfte. Dann war er nur Vater, und der kleine König sein Sohn. Er mochte noch so sehr beschäftigt sein: wenn Marie Luise mit dem Kinde auf dem Arme in seinem Arbeitszimmer erschien, dann legte er alles beiseite, oder er setzte wohl auch die Arbeit mit dem geliebten Kinde auf den Knien fort. Der Kleine mußte sich alle möglichen Zärtlichkeiten von seinem Vater gefallen lassen. Ungestüm nahm ihn Napoleon in seine Arme, warf ihn hoch in die Luft und fing ihn wieder auf, daß der Knabe vor Lust jauchzte oder auch ängstlich weinte, je nachdem er gelaunt war, während Marie Luise besorgt dabei stand und ihren Mann im stillen bewunderte, daß er so wild mit diesem kleinen zerbrechlichen Wesen umsprang. Ein andermal stellte sich Napoleon mit seinem Sohne vor den Spiegel und schnitt Gesichter, um ihn zu belustigen. Dem Kinde aber gefielen die unheimlichen Fratzen gar nicht, und es fing an zu weinen. Da sah ihn Napoleon halb scherzend, halb ernst an und sagte: „Wie, Sire, Sie weinen? Pfui, ein König, der weint, das ist häßlich!" Und er sann auf neue Späße.

Später, als er etwas älter war, weinte der kleine Napoleon nicht mehr, sondern kreischte vor Freude und Lust, wenn ihn der Kaiser beim Frühstück, zu dem ihn die Gouvernante Frau von Montesquiou täglich bringen mußte, das

ganze Gesicht mit Bratensauce beschmierte und allerlei Dummheiten mit ihm trieb. Bald setzte er dem kleinen Knirps seinen Hut auf, bald schnallte er ihm den Degen um, oder er ließ sich zu ihm auf den Teppich nieder und diente ihm als Pferdchen und ritt mit ihm im Zimmer herum. „Napoleons Geduld mit diesem Kinde", sagt Méneval, „war unerschöpflich."

Sein Wohl und Wehe lag ihm wie einer Mutter am Herzen. Er ließ sich täglich über sein Befinden und Gedeihen berichten, und war er abwesend, so stand er mit Frau von Montesquiou im Briefwechsel. Nur ein Mann wie Napoleon vermochte mitten in dem Getriebe des Feldlagers, mitten unter der Last der Arbeit, während er das Kommando einer großen Armee führte, Zeit zu finden, die

Napoleon.
Vermutlich nach einem Gemälde von J. L. David und nicht von Gérard. Original in: Real Academia de Bellas Artes de San Fernando, Spanien.
(Reproduziert nach einem Stiche aus der Sammlung Kircheisen.)

Erzieherin seines Sohnes zu fragen, ob die letzten vier Zähne durchgebrochen seien*). Und auch Marie Luise mußte ihm immer ausführlich über den kleinen König von Rom berichten. Dieser liebte, als er verständiger wurde, seinen Vater sehr, mit dem er so schön spielen konnte. Er nannte ihn später stets sehr gravitätisch „mon papa l'empereur" und sich selbst „le petit roi de Rome", was Napoleon außerordentlich amüsierte.

So ging das Jahr 1811 im reinsten Familienglück dahin. Mit Beginn des folgenden jedoch ballten sich hoch im Norden von neuem die Kriegswolken zusammen. Der Feldzug nach Rußlands eisigen Schneefeldern war für den Kaiser der Franzosen unvermeidlich. Zuversichtlich trat er ihn an einem blühenden Maimorgen des Jahres 1812 in Begleitung der Kaiserin an. Denn ehe er sich endgültig in den Krieg begab, wollte er in Dresden alle Könige und Fürsten, seine ganze österreichische Verwandtschaft um sich versammeln, um ihnen zu zeigen, daß er durch seine Heirat mit dieser Kaisertochter nun vollkommen in ihre Gemeinschaft aufgenommen sei, nicht mehr nur als politischer Souverän, sondern als Ihresgleichen, als ein Fürst wie sie.

Für Marie Luise gehörten die Dresdener Tage zu den schönsten ihrer Ehe. Nicht nur, daß sie mit ihrem Gatten fast immer beisammen war, sondern auch der geliebte Vater und die liebe Mama waren da. Ihre Tochter hatte sich sehr verändert. Aus der einfachen kleinen Erzherzogin war eine mächtige Kaiserin geworden, die jetzt über und über mit Diamanten bedeckt vor ihnen erschien. Die Pracht ihrer Toiletten erregte Aufsehen und gewiß auch ein wenig Neid bei den anderen Fürstinnen. Nicht einmal die Schwestern Napoleons, die Königinnen der Mode, konnten mit ihr rivalisieren. Napoleon selbst strahlte vor befriedigtem Ehrgeiz

---

*) Brief an Frau von Montesquiou vom 16. Juni 1812.

und Glück, wenn er an der Seite Marie Luises seinen Rundgang durch die Säle des Dresdener Schlosses machte, und alle die Könige und Fürsten um ihn herum ehrfurchtsvoll seinen Blicken und Bewegungen folgten oder seinen Worten lauschten. Er war „wahrhaft der König der Könige!"

Leider sollten diese glücklichen Tage bald ihr Ende nehmen. Die Scheidestunde schlug. Marie Luise, die in Dresden fast nie ausgegangen war, um keinen Augenblick des Zusammenseins mit Napoleon zu verlieren, schluchzte bitterlich, als er am 26. Mai von ihr Abschied nahm. Sie hatte sich so an ihn gewöhnt, daß sie jede, selbst die kürzeste Trennung von ihm fürchtete, wie vielmehr eine, von der man nicht wußte, wie lange sie währen würde. Ohne ihn, ohne seine Fürsorge, ohne seinen starken Schutz fühlte sie sich unendlich verlassen. „Sie kennen mich genug," schrieb sie zu jener Zeit an ihre Hofdame, Frau von Luçay, „um sich vorzustellen, wie unglücklich und traurig ich bin. Ich versuche, mich zu beherrschen, aber ich werde so bleiben bis zu dem Augenblick, wo ich ihn wiedersehe!"

Der einzige Trost für sie waren seine Briefe, aus denen seine Zuneigung für sie sprach. In ihnen loderte zwar nicht die Glut, die er für Josephine empfunden hatte, als er in Italien Sieg auf Sieg errang, aber Marie Luise war schon zufrieden, wenn er ihr schrieb: „Du begreifst, daß ich mich ebenso nach Dir sehne, wie Du nach mir, um Dir alle die Gefühle zu sagen, die Du mir einflößt. Leb wohl, meine Freundin. Ganz der Deine."

Dies schrieb er ihr, als er die rauchenden Trümmer der alten Zarenstadt Moskau verließ. Zwei Monate später kehrte er, von den Elementen besiegt, in einer elenden Kutsche, nur von dem getreuen Caulaincourt begleitet, unvermutet zu Marie Luise aus jenem Feldzuge zurück, den er so zuversichtlich mit seiner schönen Großen Armee be-

Die Alte Garde betrachtet das im Biwak vor Borodino angekommene Gemälde des Königs von Rom.
(Nach H. Bellangé.)

gonnen hatte. Vom Erhabenen zu Lächerlichen war nur ein Schritt!

Der Fels war erschüttert, der Granit hatte Sprünge bekommen. Ein Fingerzeig, daß seine Macht geschwächt war, mußte ihm bereits das Attentat Malets gewesen sein; aber sein Kriegsmut war nicht gebrochen. Eine neue schöne Armee wuchs wie durch Zaubermacht aus der Erde, und mit ihr zog Napoleon im Frühjahr 1813 zu neuen Taten in den Krieg nach Deutschland.

Wieder war Marie Luise allein. Der Kaiser hatte sie am 30. März zur Regentin mit einer Zivilliste von 4 000 000 Franken eingesetzt, eine Ehre, deren die Kaiserin Josephine niemals teilhaftig geworden war. Auf den jungen Schultern Marie Luises lasteten jetzt die Sorgen des Reichs. Als Regentschaftsrat stand ihr jedoch der Herzog von Parma, Erzkanzler Cambacérès zur Seite, durch dessen Hände alle Angelegenheiten gingen. Napoleon hatte ihm ausdrücklich aufgetragen, alles Unangenehme, was die Regierungsgeschäfte mit sich brächten, von der jungen Kaiserin abzuwenden. Besonders machte er ihn auf die Polizeiberichte aufmerksam, die Marie Luise nicht alle vorgelegt werden sollten, damit das Häßliche und Niedrige im menschlichen Leben nicht an ihre unverdorbene Seele herantrete. „Man muß den Geist einer jungen Frau nicht durch gewisse Einzelheiten beschmutzen", schrieb er unter anderem einmal dem Erzkanzler.

Marie Luise erfüllte ihre Pflichten zur großen Zufriedenheit ihres Mannes, der sich darüber wiederholt lobend gegen seinen Schwiegervater aussprach. Um ihr die Trennung ein wenig zu erleichtern, bestellte er sie für den 26. Juli nach Mainz, wo er mit ihr einige Tage verbrachte. Mit seinem Stallmeister Caulaincourt sprach er vorher von diesem Stelldichein wie ein glücklicher junger Mann, der die Geliebte wiedersehen wird. Er war heiter und zufrieden, die Sorgenfalten verschwanden von seiner Stirn, wenn er davon sprach, daß er seine Frau und seinen Sohn bald werde umarmen können. Und als er Marie Luise in Mainz gesehen hatte, kehrte er von neuem Mute beseelt nach Dresden zurück.

Wie aber kam er im Herbst desselben Jahres aus diesem Feldzug wieder heim? Vernichtet, von dem Vater seiner Frau verraten, und doch sich noch wie ein verwundeter Löwe verteidigend! Das Wiedersehen mit Weib und Kind war ergreifend. Innig preßte Napoleon seine Frau an sich und küßte seinen Sohn mit der ganzen Liebe eines glücklichen Vaters. Über den Kaiser Franz, seinen Schwiegervater, kam kein bitteres Wort gegen seine Frau über seine Lippen.

Nur drei Monate durfte Napoleon sich Rast und Ruhe im Familienkreise gönnen. Die Verbündeten überschritten Frankreichs Grenzen. Es galt, sich von neuem zu schlagen, diesmal auf eigenem Boden und gegen den eigenen Schwiegervater. Marie Luise traf das Schicksal schwer. Napoleons erster Gedanke war, sie und seinen Sohn in Sicherheit zu bringen. Wem aber konnte er sie sicherer anvertrauen als der Nationalgarde? Er berief daher, ehe er ins Feld zog, am 22. Januar 1814 im Marschallsaale der Tuilerien die Offiziere der Nationalgarde zusammen und empfahl die Kaiserin und ihren Sohn ihrem Schutze. Es war ein feierlicher Augenblick, als Napoleon die Worte sprach: „Ich vertraue Ihnen das Liebste an, was ich besitze: die Kaiserin, meine Frau und den König von Rom, meinen Sohn! Sie stehen mir für sie ein, nicht wahr?" wiederholte er mehrmals. Als Antwort schallte ihm aus dem Munde aller dieser tapfern Männer der begeisterte Ruf „Vive l'Empereur!" entgegen. Napoleon küßte darauf seinen Sohn, und manches Auge der Anwesenden wurde feucht. Zwei Tage später, nachdem er seine wichtigsten Papiere verbrannt hatte, nahm der Kaiser um drei Uhr in der Frühe Abschied von Weib und Kind. Er sollte weder den kleinen Napoleon, noch Marie Luise wiedersehen!

Während Napoleon sich in diesem Feldzuge selbst übertraf, während er Wunder an Tatkraft und Tapferkeit verrichtete, während er wieder zum General Bonaparte von 1797 ward, vollzog sich in Paris sein Schicksal. Der Feind stand vor den Toren der Stadt, in der Marie Luise und sein einziger Sohn weilten. Am 8. Februar hatte er noch an Joseph geschrieben: „So lange ich lebe, wird Paris nicht vom Feinde besetzt werden!" und hatte dem Bruder gleichzeitig Frau und Kind empfohlen. „Lebe ich," hatte er ferner geschrieben, „so muß man mir gehorchen, und ich zweifle nicht, daß man sich fügt. Sterbe ich, so dürfen mein regierender Sohn und die Kaiserin nicht in die Hände der Feinde fallen, sondern müssen sich zur Ehre Frankreichs mit ihren letzten Soldaten in das entfernteste Dorf zurückziehen. Erinnern Sie sich der Gemahlin Philipps V.! Was würde man von der Kaiserin denken? Man würde sagen, sie habe den Thron ihres Sohnes und den meinigen preisgegeben! Und die Verbündeten wären froh, sie gefangen nach Wien führen zu können... Fielen die Kaiserin und der König von Rom in die Hände der Feinde... so wären Sie und alle, trotz Ihrer Beteuerungen, Aufrührer!

„Ich möchte lieber, meinen Sohn ermordet, als ihn in Wien als österreichischen Prinzen aufwachsen zu sehen... Ich habe niemals ‚Andromache' sehen können, ohne das Schicksal des Astyanax zu bedauern, und es als ein wahres Glück für ihn betrachtet, daß er seinen Vater nicht überlebte." Und am 16. März wiederholte er seine Worte an Joseph, indem er ihm schrieb: „Wenn der Feind sich Paris mit einer Heeresstärke nähert, daß jede Verteidigung unmöglich erscheint, dann lassen Sie die Regentin und meinen Sohn, die Großwürdenträger, die Minister, die Mitglieder des Senats, die Präsidenten des Staatsrats, die Großoffiziere der Krone, den Baron de la Bouillerie und den Staatsschatz in der Richtung nach der Loire abreisen. Verlassen Sie meinen Sohn nicht und denken Sie stets daran, daß ich ihn lieber in der Seine als in den Händen der Feinde Frankreichs wissen möchte. Das Schicksal des Astyanax als Gefangener der Griechen ist mir immer als das unglücklichste Schicksal in der Geschichte erschienen."

Und doch sollte Napoleons Sohn dieses Schicksal bestimmt sein. Auf die Briefe des Kaisers hin beschlossen der König Joseph und der Minister Talleyrand, daß Marie Luise mit dem kleinen König von Rom Paris verlasse. Die Kaiserin selbst wußte keinen Entschluß zu fassen. In ihrem Kopfe kreuzten sich die verschiedensten Gedanken. Da stand vor ihrem Geiste auf der einen Seite ihr Vater, ihre Heimat, ihre Jugenderinnerungen, auf der anderen Seite Napoleon, ihr Sohn, Paris, ihre Würde als Kaiserin und die Liebe, die man von ihr zu dem Lande forderte, dessen Fürstin sie kaum vier Jahre lang war. Joseph und Talleyrand drangen in sie, abzureisen, die Offiziere der Nationalgarde aber, die dem Kaiser versprochen hatten, seinen Sohn und seine Gattin zu beschützen, flehten sie an, Paris nicht zu verlassen, das allein durch ihre Anwesenheit gehalten werde könne. Aber Marie Luise war kein starker Charakter; sie ließ sich von ihren Ratgebern leiten. Ihre Abreise von Paris erfolgte am 26. März mittags zwölf Uhr. Die Kaiserin der Franzosen ging, die Stadt ihrem Schicksal überlassend!

Ein seltsamer Zwischenfall ereignete sich, kurz ehe man

die Wagen besteigen wollte, mit dem kleinen König von Rom. Er wollte die Tuilerien durchaus nicht verlassen, wälzte sich auf dem Boden und schrie: „Geh nicht nach Rambouillet, Mama, es ist ein häßliches Schloß. Wir wollen hier bleiben!" Mit aller Kraft seiner kleinen Hände und Füße verteidigte er sich, als der Stallmeister, Herr von Canisy, ihn in den Wagen tragen wollte. Ganz rot vor Zorn rief er: „Ich will nicht! Ich will mein Haus nicht verlassen; ich will nicht fort von hier! Da Papa nicht da ist, bin ich der Herr!"

Wie anders gestaltete sich doch Marie Luises Abreise von Paris, im Vergleich zu ihrem glänzenden Einzug! Kein Abschiedsgruß, keine Träne von seiten der Einwohner für die Frau und den Sohn des Kaisers! Ihr Weg führte sie zuerst nach dem Schloße Rambouillet, von da nach Blois. Hier empfing sie die vernichtende Nachricht von der Abdankung ihres Mannes. Niemals war diese schwache Frau unglücklicher und mehr zu beklagen als zu jener Zeit. Niemals hat sie mehr Tränen vergossen, niemals war sie verzweifelter. Zu ihrer Rechtfertigung aber muß gesagt werden, daß sie sich erst, nachdem Napoleon ihr selbst in einem Briefe empfohlen hatte, sich ganz auf ihren Vater zu verlassen, vollkommen in dessen Schutz stellte. Ihr erster Gedanke war gewesen, zu ihrem Mann zu eilen, an seiner Seite alle Ereignisse abzuwarten, mit ihm sein Unglück zu teilen; aber der Wille ihres Vaters, der gleichbedeutend mit der Politik der Verbündeten war, bestimmte es anders. Sie, die junge, die unerfahrene, die schwache Marie Luise, die sich mit ihrem Sohne so vollkommen verlassen vorkam, glaubte sich bei ihrem Vater am sichersten aufgehoben. Sie war fest überzeugt, daß er nur das Beste für sie und ihren Sohn wünschte. So ließ sie sich leiten, in der Überzeugung, nur auf gewisse Zeit von ihrem Gatten getrennt zu sein. Die Zusammenkunft mit dem Vater am 16. April in Fontainebleau gab ihrem Entschlusse den Ausschlag. Die Kindesliebe siegte über die Liebe zu Napoleon. Mit einem Aufschrei von Verzweiflung warf Marie Luise sich und ihren Sohn in die Arme des Kaisers Franz, von dem der kleine König von Rom nachher in unbarmherziger Kinderkritik zu Frau von Montesquiou sagte: „Ich habe den Kaiser von Österreich gesehen. Er ist nicht schön."

Marie Luise war nicht wie die Königin von Westfalen, die Gattin Jérômes, die ihrem Vater auf sein Verlangen, daß sie sich von ihrem entthronten Gatten trenne, antwortete: „Sie haben mich gegen meinen Willen mit seinem Schicksal verkettet, als er mächtig und glücklich war. Heute, da das Unglück über ihn hereingebrochen ist, bin ich nicht gesonnen, ihn feig zu verlassen." Marie Luise hatte auch nicht den Charakter ihrer Großmutter, der Königin Marie Karoline von Neapel und Sizilien, die, obwohl eine Feindin Napoleons, gewünscht hätte, daß ihre Enkelin sich aus ihren Bettüchern ein Seil drehe, um sich von ihrem Fenster hinabzulassen und zu dem verlassenen Gatten zu entfliehen. Nein, daran dachte Marie Luise nicht.

Unter dem Schutze ihres Vaters reiste sie durch die Schweiz nach Wien, während der entthronte Kaiser seine einsame Fahrt nach der Insel Elba antrat. Er hatte bis zum letzten Augenblick gehofft, Frau und Kind wiederzusehen. Er hatte bestimmt geglaubt, Franz werde sie dem Gatten und Vater nicht vorenthalten, da sie nichts mit der Politik zu tun hatten. Schließlich war es ihm aber doch zur Gewißheit geworden, daß er einsam sein werde, und da hatte ihn in einem schwachen Augenblick die Verzweiflung übermannt. In jener fürchterlichen Nacht, während welcher die treueste Freundin des unglücklichen Mannes im Vorzimmer vergebens auf ein Abschiedswort von ihm wartete, hatte er Gift genommen. Aber der Tod hatte ihn nicht gewollt. Er sollte den Leidenskelch bis zur Neige leeren.

MARIE LOUISE ARCHID.^{se} D'AUTRICHE
Imperat.^{ce} des Français et Reine d'Italie
Terminer la tete d'après nature par M. Prudon à Paris

Später war wieder ein wenig Hoffnung in Napoleons Herz eingezogen. Er hatte ruhiger über sein Schicksal nachgedacht. Der Doktor Corvisart hatte ihm gesagt, daß das Klima auf Elba Marie Luise vorläufig nicht zuträglich sei, sie solle zuerst die Bäder von Aix gebrauchen und dann zu ihm nach Elba kommen. Und in dieser Voraussetzung allein hatte Napoleon seine Frau und sein Kind nach Wien reisen lassen und sie der Obhut des Vaters und Großvaters anvertraut. In Elba angekommen, suchte er sofort für die Kaiserin die beste und gesündeste Lage der Insel, San Martino, zum Aufenthalt aus, so gewiß war er, daß sie kommen würde. Hatte sie es ihm nicht selbst geschrieben? Noch am 31. Juli 1814 teilte sie ihm mit, daß sie zwar vorläufig wieder von Aix nach Wien reisen müsse, weil es ihr Vater wünsche, aber sie werde bald zu ihm kommen. Der Brief endete mit der Versicherung ihrer Zuneigung. Das war das letzte Lebenszeichen, das Napoleon von seiner Frau erhielt. In namenloser Angst und Besorgnis schrieb er ihr Brief um Brief, aber keiner wurde mehr beantwortet. Der General Neipperg wachte sorgfältig darüber, daß die Briefe Napoleons an Marie Luise alle uneröffnet dem Kaiser Franz übermittelt würden. Aber der Verlassene setzte alles in Bewegung, um von ihr und seinem Sohne Nachricht zu bekommen. Schließlich nahm er seine Zuflucht zu dem Onkel Marie Luises, dem Großherzog Ferdinand Joseph von Toscana.

„Mein Herr Bruder und teurer Onkel," schreibt er ihm am 10. Oktober 1814, „da ich von meiner Frau seit dem 10. August und von meinem Sohne seit sechs Monaten keine Nachricht erhalten habe, beauftrage ich den Chevalier Colonna mit diesem Briefe an Sie. Ich bitte Eure Königliche Hoheit, mir mitzuteilen, ob Sie mir gestatten wollen, daß ich Ihnen jede Woche einen Brief für die Kaiserin schicke, ebenso, ob Sie mir über sie Nachricht geben und die Briefe der Frau von Montesquiou, der Erzieherin meines Sohnes, zugehen lassen möchten? Ich hoffe, daß trotz der Ereignisse, die so viele Veränderungen hervorgerufen haben, Eure Königliche Hoheit mir noch ein wenig Freundschaft bewahren. Durch diese Versicherung würde ich vollkommen getröstet sein."

Er, den Kaiser und Könige einst um eine Gunst, um Kronen und Länder baten, Napoleon mußte jetzt einen kleinen Fürsten fast um ein Lebenszeichen von Weib und Kind anflehen. Und dieser Herzog war nicht einmal ein großmütiger Feind. Auch er ließ das Schreiben des einstigen Kaisers der Franzosen unbeantwortet. Er kümmerte sich nicht darum, wie unbeschreiblich Napoleons Vaterherz unter der Sehnsucht nach seinem Sohne litt. Gar mancher aus der Umgebung des einsamen Mannes auf Elba sah ihn vor dem Bilde des blonden Knaben stehen und weinen.

Allmählich schickte Napoleon sich in sein Los. Vielleicht träumte er im stillen von einem Wiedersehen in Frankreich. Wenn er wieder wie einst auf dem Throne Frankreichs säße, wenn er wieder alle Macht in Händen hätte, dann, ja dann würde wohl auch Marie Luise wieder zu ihm kommen, um für den König von Rom, für seinen einzigen Sohn den Thron zu empfangen, den der Vater ihm wieder erobert hatte! Ach! Napoleon irrte sich. Marie Luise kam auch da nicht wieder. Sie hörte seinen Ruf nicht, als er ihr am 27. März 1815 schrieb: „Ich bin Herr von ganz Frankreich!... Ich erwarte Dich hier im April mit meinem Sohn!" Auch dieser letzte Aufschrei des Verlassenen blieb unerhört. Madame Duchâtel, die Gräfin Walewska, Madame Pellaprat und manche andere Frau, die Napoleon einst nahegestanden hatten, waren gekommen, um den Heimkehrenden, dem ehemaligen Freund und Geliebten ihre Anhänglichkeit und Treue zu beweisen. Nur die Eine, die Mutter seines Sohnes blieb fern. Sie hatte sich, als sie die Nachricht von der Rückkehr ihres Gatten durch den General Neipperg, der hoch in ihrer Gunst stand, während einer gemeinsamen Spazierfahrt die Nachricht von der Rückkehr des Gatten erfuhr, sofort in den Schutz der Verbündeten gestellt und damit die letzte Hoffnung Napoleons, sie und seinen Sohn wiederzusehen, zerstört. Sie war nun nicht mehr Kaiserin der Franzosen! Im Juni 1815 verwandelte man diesen Titel in Großherzogin von Parma, Piacenza und Guastalla und legte ihr die Verpflichtung auf, niemals eine Zeile an Napoleon zu richten, sowie ihren Sohn in Wien zu lassen. Sie ging auf alles ein. Und so war der Kaiser aufs neue verlassen. Aufs neue stand er ohne Thronerben da, ohne den Träger seiner Dynastie! Dieser Sohn, den er so heiß ersehnt hatte, er war nicht mehr sein Sohn! Bald wurde ihm auch zum zweitenmal der Thron genommen, und es blieb dem großen Kaiser der Franzosen nichts als ein kahler Felsen, an dem die Wogen des Ozeans zerschellten.

Auf diesem rauhen Eiland aber bewahrte der Gefangene der Frau, die ihn so schnell vergessen hatte, und seinem Sohne, der sich in Schönbrunn desto mehr mit dem Geschick seines Vaters beschäftigte, ein treues Andenken. Wie Napoleon während seiner Ehe mit Marie Luise stets rücksichtsvoll, zärtlich und liebenswürdig gewesen war, so drückten sich jetzt seine Gefühle für sie in seinen Worten aus. Nichts von Bitterkeit, nichts von Haß und Verachtung für diese Frau kam über seine Lippen. Er verzieh ihr alles und war überzeugt, daß sie ihm die Treue bis zu seinem Tode bewahren werde. Der Arme, er wußte nicht, daß Marie Luise längst eine morganatische Verbindung mit dem General Neipperg eingegangen und ihm bereits mehrere Kinder geboren hatte. Gerade, als sie wieder auf dem Punkte stand, Mutter zu werden, kurz vor Napoleons Tode im Frühjahr 1821, sagte er noch zum

General Bertrand in einem Augenblick, wo er unsäglich unter den Schmerzen seiner Krankheit litt: „Seien Sie überzeugt, daß, wenn die Kaiserin nichts tut und nichts versucht, um meine Leiden zu lindern, so geschieht dies nur deshalb nicht, weil sie von Spionen umgeben ist, die verhindern, daß sie etwas über meine Leiden erfährt; denn Marie Luise ist die Tugend selbst." Aber Marie Luise war von allem unterrichtet. Sie wußte, wie sehr Napoleon auf Sankt Helena litt; sie wußte welch furchtbaren Todeskampf er zu bestehen hatte, denn als sie den Tod ihres einstigen Gatten erfuhr, schrieb sie an ihre Freundin, Frau von Crenneville, geborene von Poutet: „Ich gebe zu, daß mich diese Nachricht außerordentlich überrascht hat. Obwohl ich niemals ein tieferes Gefühl irgendwelcher Art für ihn empfunden habe, so darf ich doch nicht vergessen, daß er der Vater meines Sohnes ist, und daß er, weit entfernt, mich schlecht zu behandeln, wie die Welt glaubt, mir stets die größte Rücksicht bewiesen hat." Und etwas später schrieb sie an dieselbe: „Der Tod, der alles Schlechte verwischt, verursacht immer Schmerzen, besonders wenn man bedenkt, welch entsetzliche Qualen er (Napoleon) in den letzten Jahren hat ausstehen müssen."

Napoleons letztes Vermächtnis für diese Frau war sein Herz, das man ihr in einer Kapsel schicken sollte. Ach! Er wußte nicht, daß Marie Luise dieses Herz längst um eines andern willen vergessen hatte*).

*) Nach dem Tode Neippergs (22. Februar 1829), mit dem sie sich im Jahre 1822 morganatisch vermählt hatte, heiratete Marie Luise am 17. Februar 1834, ebenfalls im geheimen, den Nachfolger des Grafen Neipperg, ihren Hofmarschall, den Grafen Charles-René de Bombelles.

DIE SCHÖNGEISTIGEN FRAUEN AM HOFE NAPOLEONS

ACHTZEHNTES KAPITEL

LAURA JUNOT. HERZOGIN VON ABRANTES

Eine der hübschesten und geistreichsten Frauen am Hofe des Ersten Konsuls und Kaisers war die Gemahlin des Generals Junot. Außerdem war sie eine der wenigen Frauen, die tieferen Einblick in das Werden Bonapartes getan hatten, denn sie kannte ihn von ihrer frühesten Kindheit an. Sie hatte ihn im Kampfe ums Dasein ringen sehen, als er arm und ohne Beziehungen in Paris an alle Türen klopfte, als er in einer abgenutzten Uniform und in schlechtgewichsten Stiefeln, ungepflegt und unordentlich in seinem Äußern, nur darauf bedacht war, das Los seiner Familie zu bessern und sich selbst eine Zukunft zu gründen. Sie war Zeugin, wie er von Stufe zu Stufe zu jener Größe emporklomm, von derem Glanze auch auf ihre Person einige Strahlen fielen, als sie an der Seite ihres Gatten als Gouverneurin die Honneurs der französischen Hauptstadt machte. Und nicht genug damit: der Mann, der im Hause ihrer Mutter einst die Mahlzeiten eingenommen hatte, weil er nicht die Mittel besaß, in einem Gasthause zu speisen, dieser Mann machte aus ihr eine Herzogin von Abrantes. Vielleicht hatte sie für sich ein Königreich erträumt. Stammte sie doch selbst von einem Fürstengeschlechte ab, denn sie war die Tochter jener Panoria Permon, der der sechsundzwanzigjährige Napoleon in seinem Verlangen nach einem eigenen Heim Hand und Herz angeboten hatte, aber abgewiesen worden war.

Seit langem waren die Permons, besonders die Mutter, mit der Familie Bonaparte befreundet. Sie waren, wie diese, Korsen. Panoria jedoch stammte von dem griechischen Kaisergeschlecht der Komnenen ab, die im 17. Jahrhundert an der Spitze einiger Getreuen nach Korsika geflüchtet waren. Später war Panoria mit ihrem Gatten, Herrn von Permon, der sich durch Spekulationen in Amerika vom kleinen Kaufmann zum mächtigen und reichen Armeelieferanten emporgeschwungen hatte, nach Montpellier übersiedelt. Dort hatten sie ein gastfreies, fast verschwenderisches Haus geführt. Bei ihnen fand der kranke Vater Napoleons liebevolle Aufnahme, als ihn im Jahre 1785, während einer Reise nach Frankreich, die entsetzliche Krankheit darniederwarf, der er bald darauf erliegen sollte.

Nach der Schreckensherrschaft zogen die Permons nach Paris. Sie waren jedoch durch die Revolution finanziell vollkommen ruiniert, und Herrn von Permon gelang es nicht, sein früheres Vermögen wieder zu erlangen. Als er am Tage nach dem 13. Vendémiare aus dem Leben schied, hinterließ er seiner Witwe und seinen drei Kindern, einem Sohne und zwei Töchtern, nichts als Schulden. Sobald die Permons in Paris angekommen waren und in der Rue des Filles-Saint-Thomas im „Hôtel de la Tranquilleté" Wohnung genommen hatten, nahmen sie sich des jungen Napoleon Bonaparte an, der, obwohl bereits General, keine Anstellung hatte. Er kam täglich mit seinem Freunde und Landsmann Saliceti, um die Mahlzeiten mit der Familie einzunehmen und wohl auch, um mit Panoria von seiner Heimat, seinem schönen Korsika, zu sprechen.

Zu jener Zeit war Laura Permon, die spätere Herzogin von Abrantes, elf Jahre alt. Ihren Kinderaugen entging das seltsame Äußere des wortkargen, fast immer finsteren Generals Bonaparte nicht, und das Porträt, das sie uns später in ihren Memoiren von dem äußeren Menschen Napoleon entwirft, gehört zu den besten Schilderungen, die wir von ihm als Vendémiairegeneral besitzen. Bekanntlich war er um jene Zeit nichts weniger als schön; erst in späteren Jahren, als sein Gesicht voller ward, nahm es jene edle Rundung der römischen Männerköpfe an. ,,Aber sein Blick und sein Lächeln", sagte Madame Junot, ,,waren immer bewunderungswürdig... Seine Haartracht, die uns heute auf

Die Herzogin von Abrantes.
(Nach einem Gemälde von A. Farey.)

dem Bilde, das ihn auf der Brücke von Arcole darstellt, so seltsam erscheint, war damals sehr einfach, denn jene Muscadins, die er verabscheute, trugen die Haare noch viel länger als er. Aber er pflegte sich so wenig, daß seine schlechtgekämmten, schlechtgepuderten Haare ihm ein unangenehmes Äußere verliehen. Auch seine Hände haben eine Verwandlung durchgemacht. Damals waren sie mager und braun. Bis zu welchem Grade Napoleon später auf seine schönen Hände mit Recht eingebildet war, ist bekannt. Wenn ich ihn mir vorstelle, wie er im Jahre 1795 in den Hof des Hôtel de la Tranquilleté eintrat, wie er ihn linkisch und unsicher durchschritt, einen alten, abgenutzten runden Hut bis in die Augen gedrückt, die beiden schlechtgepuderten „oreilles de chiens" bis auf den eisengrauen Überrock herabhängend, stets ohne Handschuhe, weil ihm dies eine unnötige Ausgabe schien, schlechtsitzende und schlechtgewichste Stiefel an den Füßen, kurz, wenn ich mir dieses infolge der schrecklichen Magerkeit und der gelben Hautfarbe außerordentlich kümmerliche Ganze vorstelle und es mit dem Napoleon vergleiche, den ich später sah, so kann ich unmöglich denselben Mann in diesen beiden Porträts finden."

Gerade damals aber, da ihn die kleine Laura so unscheinbar und häßlich sah, war Napoleons Stern im Aufgehen begriffen. Der 13. Vendémiaire machte den General Bonaparte zum Helden des Tages und war der Beginn seiner glänzenden Laufbahn. Bald darauf wurde er zum Oberbefehlshaber der Italienischen Armee ernannt, mit der er jene ersten fabelhaften Siege als Feldherr errang.

Ehe er zu diesem Feldzug aufbrach, machte er Frau Permon seinen Abschiedsbesuch. Er brachte seinen Adjutanten, den flotten, damals vierundzwanzigjährigen Husarenrittmeister Junot mit, der die zwölfjährige Lulu Permon auf seinen Knien schaukelte. Junot war damals in die reizende Paulette, Napoleons Schwester, verliebt und dachte nicht daran, daß das kleine Mädchen auf seinen Knien einmal seine Frau werden würde.

Die Ereignisse gingen jedoch ihren Gang. Sie waren beiden, dem General und seinem Adjutanten, günstig. Stolz trug der italienische Sieger Frankreichs Ruhm bis in die Sandwüsten Afrikas, um dann, zurückgekehrt, sich selbst an die Spitze der Regierung zu stellen. Aus dem kleinen, unscheinbaren General Bonaparte wurde der mächtige Erste Konsul, der nach der Schlacht bei Marengo seinen Lieblingsadjutanten zum Gouverneur von Paris machte.

Niemand war dazu besser geeignet, als dieser tapfere Offizier, niemand hätte die Interessen der Hauptstadt besser

Junot.
(Nach einem Gemälde von J. L. David.)

vertreten können als Junot, denn er war dem Ersten Konsul aufrichtig und uneigennützig ergeben. Aber zu einem Gouverneur gehörte auch eine Gouverneurin. Napoleon riet ihm, eine reiche Frau zu heiraten, denn er liebte es bekanntlich, wenn seine Beamten glänzend repräsentierten, und die Haushaltung eines Gouverneurs einer Stadt wie Paris kostete viel Geld.

Junot wollte indes vor allem eine Frau, die ihm gefiel. Seine Wahl fiel auf die inzwischen zum Backfisch herangewachsene Lulu Permon, bei deren Mutter er und sein General einige Jahre vorher so freundliche Aufnahme gefunden hatten. Bonaparte war anfangs mit einer solchen Heirat nicht einverstanden, denn die Braut hatte so gut wie kein Vermögen, aber Junot ließ sich in seinen Herzensangelegenheiten nichts sagen, selbst nicht vom Ersten Konsul. Und da dieser der Familie Permon stets Freundschaft entgegengebracht hatte, gab er schließlich seine Zustimmung. Daß Laura ihrem Gatten keine Mitgift mitbrachte, glich Napoleon dadurch aus, daß er seinem Gouverneur ein Geschenk von 100 000 Franken machte und der Braut eine Ausstattung im Werte von 40 000 Franken schenkte. Auf diese Weise war allen geholfen, und die Hochzeit fand ohne Hindernisse statt.

Die Frau Gouverneurin zählte erst siebzehn Lenze. Dennoch verstand sie es, einen Kreis hervorragender Leute um sich zu bilden. Ihr Salon wurde bald, wie einst der ihrer Mutter, einer der bedeutendsten und beliebtesten von Paris. Franzosen und Ausländer gingen bei ihr aus und ein, selbst manche, die dem Ersten Konsul nicht freundlich gesinnt waren. Wenn er ihr Vorstellungen machte, daß sie eine zu ausgesprochen englische Gesellschaft bei sich sähe, lachte sie ihn aus und fuhr doch fort, sie bei sich zu empfangen. Sie selbst war der reizende Mittelpunkt ihres Kreises, in dem ihr sprühender Geist, ihr Witz, aber auch ihr bisweilen beißender Spott zur vollen Geltung kamen. Napoleon nannte sie „la petite peste", und vergab ihr immer. Ihre Unterhaltungen waren für ihn stets interessant; er liebte es außerordentlich, sie zu necken, sich mit ihr in kleine Wortgefechte einzulassen, aus denen Madame Junot meist als Siegerin hervorging, oder sie auch auf Junot eifersüchtig zu machen. Der jungen Gouverneurin wiederum war es ein großes Vergnügen, Napoleon zuzuhören, wenn er in seiner kurzangebundenen, etwas nervösen Weise mit den Herren seiner Umgebung sprach. Sie fehlte bei keinem der Empfänge, die unter dem Konsulat jeden fünften Tag der Dekade in den Tuilerien stattfanden. Kam sie dann abends nach Hause, so schrieb sie die Worte nieder, die sie aus dem

La coquetterie n'est pas ce que nous avons de plus mauvais, car si la jeune fille de quinze ans désire qu'on la trouve jolie, bientôt elle veut qu'on l'aime — la jeune femme veut plaire — et pour plaire et être aimée une femme sait qu'avant tout il faut être bonne

La Duchesse d'Abrantès

Faksimile der Handschrift der Herzogin von Abrantes.

Munde des Mannes vernommen hatte, dessen Genie sie bewunderte, und dessen geistige und moralische Bedeutung ihrem feinen Beobachtungssinn das höchste Interesse einflößten.

Ihr Leben unter dem Konsulat und unter dem Kaiserreich war eine Kette von Glanz und Glück. Nie hat Napoleon vergessen, daß ihm sein einstiger Adjutant Junot, als er arm und ohne Anstellung in Paris war, oft mit seinem Geldbeutel ausgeholfen hatte. Der Kaiser vergaß nicht die Schulden des Generals Bonaparte. Er hegte stets eine besondere Zuneigung und Schwäche für Junot, und dieser und seine Frau genossen immer besondere Auszeichnungen. Beide waren äußerst verschwenderisch; Madame Junot brauchte Unsummen für ihre Diamanten, und ihr Gatte vergeudete sein Geld im Spiel. Sein ungeheures Einkommen als Gouverneur genügte ihm durchaus nicht. Als solcher bezog er vom Staate 500 000 Franken, ohne die vielen Nebeneinnahmen zu rechnen, die ein solcher Posten mit sich bringt. Sein Einkommen stellte sich im Durchschnitt jährlich auf 1 400 000 Franken, und er brachte es dennoch fertig, jedes Jahr ungeheure Schulden zu machen. Dann kam er reumütig zum Kaiser, der ihm einmal an einem Tage ohne Widerrede 300 000 Franken schenkte, damit er einen Teil der schreiendsten Schulden bezahlen könne. Und solche Geschenke waren nicht vereinzelt. Was Napoleon den Junots an barem Gelde gegeben hat, sind Summen, die kaum glaublich erscheinen.

Weder Madame Junot noch ihr Gatte aber machten sich viel Gedanken über ihre Verschwendungssucht und schränkten ihr Leben trotz aller Ermahnungen Napoleons nicht ein. Schließlich war es ja auch kein Wunder, daß ein so fabelhaftes Glück, wie es ihnen widerfuhr, sie berauschte. Trotz aller Wohltaten aber machte Napoleon Junot weder zum Marschall, noch verlieh er ihm ein Königreich wie Murat. Er war Gesandter, Gouverneur und Herzog von Abrantes geworden, aber weder eine Fürsten- noch eine Königskrone schmückte sein Haupt. In Lissabon, wo er 1807 befehligte, glaubte er bereits den portugiesischen Königsthron in Händen zu haben, als der Prinzregent sich nach Amerika eingeschifft hatte, aber er täuschte sich. Sein und seiner Gattin schönster Traum sollte nicht in Erfüllung gehen.

Der Erste Konsul und Josephine Bonaparte besuchen die Manufakturen zu Rouen im November 1802.
(Nach einem Gemälde von E. Isabey im Musée de Versailles.)

Eine weitere Enttäuschung erwartete ihn nach dem unglücklichen Feldzug von Rußland, denn Napoleon stellte ihn unter die Befehle seines Stiefsohnes Eugen Beauharnais, Junot, den Soldaten mit Leib und Seele! Im nächsten Jahr machte der Kaiser jedoch diese Zurücksetzung dadurch wieder gut, daß er ihn zum Gouverneur von Illyrien ernannte.

Madame Junot begleitete ihren Mann nicht nach Triest, sondern blieb in Paris, um ihre Rolle als Gouverneurin weiter zu spielen. Das Klima von Triest war für Junots bereits erschütterte Gesundheit sehr nachteilig, so daß er sich bald außerstande sah, seinen Pflichten nachzukommen. Deutliche Symptome von Geistesgestörtheit machten sich an ihm bemerkbar, und er wurde durch Fouché, den Herzog von Otranto, ersetzt, während man ihn zur Erholung nach seiner Heimat in die Bourgogne zu seinem alten Vater brachte. Dort gab er sich in einem Anfall von Wahnsinn selbst den Tod, indem er, einen Augenblick allein gelassen, sich aus dem Fenster stürzte.

Als Napoleon dieses beklagenswerte Ende des Herzogs von Abrantes erfuhr, soll er ausgerufen haben: „Armer Junot! Wie liebte er mich. Ich glaube, er hätte sein Herzblut für mich hergegeben!" Und er hatte nicht unrecht damit: Junots Tod war eine Folge seiner Aufopferung für Napoleon.

Als die Herzogin von Abrantes Witwe wurde, war sie erst 29 Jahre alt. Die ungeordneten Lebensverhältnisse, in denen sie ihr Mann zurückgelassen hatte, hätten Napoleon bestimmen sollen, ihr mit seiner Unterstützung beizustehen. Er tat indes nichts für sie. Bald führten die Ereignisse den Sturz des Kaiserreichs herbei und damit auch den Zusammenbruch der meisten während dieser Epoche gegründeten Vermögen und erworbenen gesellschaftlichen Stellungen. Die einst so gefeierte Gouverneurin von Paris mußte sich in eine bescheidene Wohnung zurückziehen und, wenn auch nicht verlassen von ihren einstigen Freunden, so doch ein sehr einfaches Leben führen. Erst die Hundert Tage brachten ihr wieder ein paar schwache Strahlen vergangenen Glanzes, bis endlich der Tag von Waterloo alles mit Asche und Staub bedeckte.

Von allem entblößt, so arm, daß sie nicht einmal genug hatte, um das nackte Leben zu fristen, denn die große Zahl ihrer Gläubiger hatte ihr alles genommen, war sie gezwungen, das Anerbieten eines Verlegers, ihre Memoiren zu schreiben, anzunehmen. Sie füllte damit 18 Bände, die in den Jahren 1831—1834 erschienen. Aber sie schrieb sie nicht, wie eine andere Frau, die auch viele Wohltaten von Napoleon empfangen hatte, mit einer gehässigen Feder gegen den Mann, der ihr in ihrer Witwenschaft nicht zu Hilfe gekommen war. Die Herzogin von Abrantes hat sich mit diesen Memoiren selbst das schönste Denkmal gesetzt, denn sie sind trotz aller Weitschweifigkeit mit Liebe und Begeisterung für jene große, ereignisvolle Zeit geschrieben. Es weht uns aus ihnen ein Hauch von dem Glanze napoleonischer Größe und napoleonischen Siegertums entgegen, und die zwischenhindurch schimmernden Hofgeschichten lassen uns den seltsamen Mann auch in seinen Schwächen erkennen.

Madame Junot ist ganz Weib, und als solches verschweigt sie auch in ihren Erinnerungen nicht ein kleines Abenteuer, das ihrer Eigenliebe schmeichelte, trotzdem Napoleon sich hierbei nicht sehr rücksichtsvoll gegen sie benahm. Welche Frau würde nicht mit Stolz bekannt haben, daß ihr Cäsar gehuldigt hätte? Und welche Frau würde nicht mit noch mehr Stolz verkünden, daß sie Cäsar widerstanden hätte?

Es war im Sommer des Jahres 1803, als Junot von seinen Gesandtschaftsposten aus Lissabon zurückgekehrt und seine Stellung als Gouverneur von Paris wieder eingenommen hatte. Der Erste Konsul befand sich mit seiner Umgebung in Malmaison, während Frau Bonaparte die Bäder von Plombières gegen ihre Kinderlosigkeit gebrauchte. Jugend, Anmut, Frohsinn und Eleganz waren die Hauptmerkmale des Konsularhofes, an dem Napoleons junge, reizende Stieftochter Hortense als Frau Louis Bonaparte die Honneurs machte. Man spielte Theater, veranstaltete Jagden, unterhielt sich im Parke von Malmaison mit dem bei Bonaparte sehr beliebten Barrenspiel. Dann lief der Erste Konsul mit den jungen Frauen und Männern um die Wette und war heiter wie ein Kind. Abends legte man sich todmüde zu Bett und erfreute sich eines erquickenden Schlafes, namentlich wenn man zwanzig Jahre alt war wie Frau Junot, die Gouverneurin von Paris.

Sie sollte sich nicht immer eines so sorglosen Schlafes erfreuen. Eines Morgens wurde sie plötzlich durch ein Geräusch in ihrem Zimmer geweckt; im nächsten Augenblick schlug eine Hand die Vorhänge ihres Bettes zurück, und der Erste Konsul stand vor ihr. Madame Junot wußte nicht, wachte oder träumte sie, rieb sich die Augen, sah nach der Uhr und suchte sich vergebens den Grund dieses frühen Besuchs klarzumachen, denn es war eben erst fünf Uhr.

Napoleon lächelte vergnüglich über das Erstaunen der holden Schläferin, trällerte ein Liedchen und sagte, als Frau Junot ihm die Uhr hinhielt, ziemlich gleichmütig: „Wie, erst fünf Uhr? Nun so plaudern wir ein wenig." Darauf zog er sich in aller Gemütsruhe einen Sessel an ihr Bett, legte ein Paket Briefe, das er unter dem Arme hatte, auf die Bettdecke und schickte sich an, einen Brief nach dem andern zu lesen, als wäre er in seinem Arbeitszimmer. Dann und wann richtete er eine Frage an Madame Junot, ließ sich aber sonst nicht in seiner Arbeit stören. Die Frau Gouverneurin wußte nicht, was sie von ihrem seltsamen Gaste denken sollte, der sich das Schlafzimmer einer jungen Frau aussuchte, um seine Korrespondenz zu lesen. Da schlug es vom nahen Kirchturme sechs Uhr. Napoleon sprang auf, raffte seine Papiere zusammen und entfernte sich, ein Liedchen summend, nachdem er sich auf ziemlich vertrauliche Weise von Frau Junot verabschiedet hatte. Er hatte sie nämlich durch die Bettdecke hindurch in den Fuß gekniffen.

Der Frau Gouverneurin gab dieser Besuch zu so ungewöhnlicher Stunde zu denken. Sie hoffte jedoch, daß dies nur eine vorübergehende Laune des Ersten Konsuls gewesen wäre, die sich nicht wiederholen würde. Da irrte sie indes gewaltig. Am nächsten Morgen um dieselbe Zeit stellte er sich wieder ein und las wieder seine Briefe an ihrem Bett. Diesmal sagte er ihr viele Schmeicheleien über ihre schönen Zähne. Punkt sechs Uhr entfernte er sich wie am vorhergehenden Tage, die junge Frau vielleicht noch erstaunter als das erstemal zurücklassend. Jetzt war sie auf ihrer Hut, denn sie liebte ihren Junot und wollte nicht in den Ruf kommen, ihm untreu zu sein. Wenn man jedoch den Ersten Konsul täglich zur frühen Morgenstunde aus ihrem Schlafzimmer kommen sah, war es leicht möglich, daß man das Gerücht verbreitete, sie sei seine Geliebte. Am folgenden Tage verschloß sie ihre Tür, zog den Schlüssel ab, nachdem sie ihrem Kammermädchen streng verboten hatte, jemanden, wer es auch sei, zu ihr hineinzulassen. Lange vor fünf Uhr war sie wach; die Unruhe und Aufregung liessen sie nicht schlafen. Richtig, zur bestimmten Stunde vernahm sie Schritte im Korridor. Es machte sich jemand an der Türklinke zu schaffen. Sie hörte, wie der Erste Konsul leise mit ihrem Kammermädchen sprach und sich dann entfernte. Für diesmal also war sie ihn los und freute sich herzlich darüber, daß sie ihm einen Streich gespielt hatte. Aber sie hatte die Rechnung ohne den Wirt gemacht. Eben, als sie im Begriff war, wieder einzuschlummern, wurde ihre Tür heftig aufgerissen, und Napoleon stand mit nicht

Eine Jagdpartie in Raincy, der Besitzung des Herzogs von Abrantes.
(Nach einem Stiche von C. Bourgeois.)

eben freundlicher Miene vor ihr. „Was denken Sie denn, Madame Junot," fragte er sie unwillig, „haben Sie vielleicht Angst, daß man Sie ermorde?" Er hatte sich mit Hilfe eines zweiten Schlüssels zu ihrem Zimmer Eingang verschafft. Diesmal entfernte er sich jedoch bald, nachdem er ihr angekündigt hatte, daß er sie am nächsten Morgen um dieselbe Zeit zur Jagd wecken kommen werde.

Laura Junot wußte sich keinen Rat; sie ahnte, was diese Besuche zu bedeuten hatten. Glücklicherweise kam im Laufe des Tages ihr Gatte aus Paris, um sie auf ein paar Stunden zu besuchen. Obwohl es dem Gouverneur nicht gestattet war, ohne die besondere Erlaubnis des Ersten Konsuls eine Nacht von Paris wegzubleiben, wußte ihn doch seine junge Frau zu überreden, bei ihr zu bleiben, ohne

daß sie ihm den wahren Grund verriet. Sie freute sich unbändig auf das erstaunte Gesicht, das Napoleon machen würde, wenn er am nächsten Morgen Junots Kopf an ihrer Seite sähe. Die Aufregung ließ sie fast nicht schlafen.

Der Morgen kam, und mit ihm trat wie gewöhnlich Bonaparte in das Schlafzimmer der Frau Gouverneurin. Wer von den beiden Männern überraschter war, Napoleon oder Junot, ist schwerlich zu sagen, jedenfalls fragte der Ehemann, was denn der Erste Konsul zu so früher Morgenstunde bei seiner Frau zu suchen habe.

„Ich wollte Frau Junot zur Jagd wecken", war die Antwort Napoleons, der nicht verfehlte der Schelmin einen wütenden Blick zuzuwerfen. „Aber ich sehe," fuhr er fort, „daß sie einen noch früheren Wecker als mich gefunden hat. Ich könnte Sie bestrafen, Junot, denn Sie sind ohne Urlaub hier."

„Herr General, wenn jemals ein Fehler entschuldbar war, so ist es der meinige. Wenn Sie die kleine Sirene hier gestern abend gesehen hätten, wie sie alle ihre Verführungskunst und ihren Zauber aufbot, um mich zu überreden hier zu bleiben, ich glaube, Sie würden mir verzeihen."

„Nun gut, ich vergebe dir, und zwar vollkommen. Madame Junot allein wird bestraft werden. Um dir zu beweisen, daß ich dir nicht böse bin, erlaube ich dir, mit uns zur Jagd zu kommen. Hast du ein Pferd?"

„Nein, ich bin mit dem Wagen gekommen."

„Gut. Jardin wird dir ein Pferd geben, und ich erlaube dir, mich ganz tüchtig auszuschelten. Adieu, Madame Junot. Stehen Sie auf und beeilen Sie sich." Damit entfernte sich Napoleon. Am Nachmittag hatte er während der Jagd eine lebhafte Aussprache mit der jungen, widerspenstigen Frau Gouverneurin, während welcher er sie mehrmals „kleine Dumme" nannte. Mehr verrät Madame Junot nicht, und es ist schwer, aus ihrer Erzählung einen Schluß zu ziehen.

NEUNZEHNTES KAPITEL

FRAU VON STAËL

Keine Frau außer Madame de Staël hat sich rühmen können, daß sie der größte Mann der modernen Zeiten, der Mann, der die Geschicke der Völker in Händen hielt, daß Napoleon sie fürchtete. Und doch war dem so. Er fürchtete die gewandte Feder Frau von Staëls, ihren zu Intrigen geneigten Geist, ihren großen Einfluß auf manche bedeutende Persönlichkeiten, kurz, er betrachtete sie als eine gefährliche Macht, gegen die er sich stets gewappnet, stets im Verteidigungszustand halten mußte. Da Frau von Staël jedoch die Schwächere, Napoleon aber der Gewaltige war, mußte sie schließlich unterliegen.

Der Kampf dieser beiden Größen war zuerst ein rein persönlicher und begann mit der verschmähten Bewunderung des Genies auf der einen Seite und der Verabscheuung alles Unweiblichen auf der andern Seite. Napoleon liebte nur wahre, nur echte Frauen. Frau von Staël hatte seiner Meinung nach viel zu viel männlichen Geist und ein zu emanzipiertes Wesen, selbst in der Koketterie, die sie anfangs für den jungen General verschwendete. Die Sucht, in der Welt unbedingt die erste Rolle zu spielen, die bei ihr stark ausgeprägte Herrschsucht, war ihm, der selbst herrschsüchtig und ehrgeizig war, bei einer Frau geradezu verhaßt. Ebenso mißfiel ihm die wenig weibliche Art, auf welche sie ihm ihre Bewunderung in überschwenglichen Worten und Beweisen entgegenbrachte. Ähnelten doch die Briefe, die sie dem Oberbefehlshaber der Italienischen Armee schrieb, mehr glühenden Liebeserklärungen als dem Ausdruck reiner Begeisterung für sein militärisches Genie. Sie waren voller Feuer und Geist und in ihrem Ausdrucke den Gefühlen der Corinna würdig. Daß sie ihn darin gleichzeitig mit Scipio und Tankred verglich, weil er die Einfachheit des einen und die glänzenden Taten des andern in sich vereinigte, das hätte

Frau von Staël im Jahre 1816.
Nach einer Miniatur im Besitze des Herzogs von Broglie.
(Aus: P. Gautier: Madame de Staël et Napoléon. Paris, Plon-Nourrit et Cie.)

sich gewiß der junge General gefallen lassen, daß sie jedoch in diese Begeisterung für das Genie auch die unumwundene Anbetung des Weibes mischte, das wollte und konnte er, der ganz und gar in der Liebe zu Josephine aufging, nicht begreifen. Es stieß ihn ab.

Wenn wir den Aussagen Bourriennes glauben können, so war dieser oft Zeuge der spöttischen Bemerkungen des Generals Bonaparte, wenn dieser die enthusiastischen Briefe der

Genfer Schriftstellerin empfing. Napoleon las ihm bisweilen Stellen daraus hervor und sagte dann lachend: „Bourrienne, begreifen Sie nur einigermaßen alle diese Überspanntheiten? Diese Frau ist toll." Als aber Frau von Staël in einem dieser Briefe darauf anspielte, daß ein Genie, wie er, sich mit einer kleinen, unbedeutenden Kreolin, wie Josephine, vereinigt hätte, die seiner weder wert sei noch ihn verstehen könne, daß nur eine so feurige Seele, wie die ihrige (Frau von Staëls), für einen solchen Helden bestimmt sein könne, da hatte sie sich Napoleons ganze Abneigung zugezogen. Wie konnte eine so kluge Frau, wie Madame de Staël, eine solche Torheit begehen? Wußte sie nicht, daß sie damit in Bonaparte das Heiligste, seine große, seine unendliche Liebe zu Josephine verletzte? Für so viel Anmaßung eines „Blaustrumpfes", der es wagte, sich mit seiner Josephine, der Einzigen, der Anmutigen, der Liebeskünstlerin zu vergleichen, hatte der General Bonaparte nur ein verächtliches Lächeln übrig. „Jawohl," sagte er, „eine schöngeistige Frau, eine Gefühlsmacherin, und die will sich mit Josephine vergleichen! Bourrienne, ich will auf solche Briefe nicht antworten."

Frau von Staël ließ sich nicht beirren. Wenn auch die Briefe nicht beantwortet wurden, ihre Begeisterung und Bewunderung für den Helden litten darunter nicht. Kaum konnte sie die Rückkehr des Siegers aus Italien erwarten. Sie hätte die erste sein mögen, die einen Gruß, einen Blick von ihm empfing. War er doch der berühmteste Mann des Tages; zwanzig gewonnene Schlachten wanden um die junge Stirn ruhmvolle Lorbeeren! In seiner Person vereinigten sich alle Tugenden eines Helden: Genie, Hochherzigkeit, Unerschrockenheit, Uneigennützigkeit, Jugend und Glück! Vor Bonapartes Siegergestalt erblaßte alles. Frau von Staël erschien er sowohl durch seinen Charakter als auch durch seine fabelhaften Siege bemerkenswert. Man erzählte sich allenthalben von seiner Großmut gegen die Feinde, von seiner Gerechtigkeits- und Freiheitsliebe; er verstand es zu den Herzen der Soldaten und des französischen Volkes zu sprechen; aber er hatte neben diesen Eigenschaften eines Soldaten auch Sinn für die Schönheiten der Literatur. Er liebte die Verse Ossians und die Werke Rousseaus und war mit der Literatur der Griechen und Römer vertraut. Kurz, Frau von Staël sah in Bonaparte eine Art Halbgott, um dessen seltsame Person nicht allein der Zauber der Berühmtheit, sondern auch der der Originalität schwebte. Sie dürstete danach, die mageren, von den langen, strähnigen Haaren umgebenen Züge zu betrachten, in seinen Augen das Feuer zu lesen, das darin für die Freiheit des Vaterlandes glühte. Nannte sie ihn doch ,,den besten Republikaner Frankreichs! den Freiesten der Franzosen!"

Als der General Bonaparte daher am 15. Frimaire des Jahres VI (5. Dezember 1797) als gefeierter Sieger nach Paris zurückkehrte, ließ Frau von Staël nichts unversucht, um in seine Nähe zu gelangen. Er hatte dem Minister des Auswärtigen, Herrn von Talleyrand, für den folgenden Tag seinen Besuch angekündigt. Dieser benachrichtigte sofort seine Freundin, Frau von Staël, damit sie sich rechtzeitig in seinem Salon einfinden könne, um den Helden, den sie so sehr bewunderte, von Angesicht zu Angesicht zu schauen.

Frau von Staël ließ sich dazu nicht zweimal auffordern. Seit zehn Uhr morgens war sie bei Talleyrand. Gegen elf Uhr wurde der General gemeldet. Der Traum, in dem sie sich gewiegt hatte, wurde aber bald zerstört: Bonaparte nahm kaum Notiz von ihr, als der Minister ihm ihren Namen nannte. Er richtete zwar einige verbindliche Worte an sie und beglückte sie besonders durch die Bemerkung, daß er auf seiner Reise durch die Schweiz ihren Vater vergebens

Schloß der Frau von Staël in Coppet.
(Gegenwärtiger Zustand.)

in Coppet gesucht habe, dann aber, als fürchte er eine eingehende Unterhaltung mit ihr, wandte er sich anderen Personen zu und begab sich mit Talleyrand in dessen Arbeitszimmer.

Dennoch war Frau von Staël vollkommen von dem jungen Helden bezaubert. Sie, die Beherrscherin des Wortes, die geistsprühende, lebhafte Frau wußte im ersten Augenblick kaum etwas auf seine Anrede zu erwidern. Sie konnte ihn nur mit ihren großen, weitgeöffneten Augen ansehen und immer wieder ansehen. Sie selbst wunderte sich über ihre Befangenheit und sagt: „Ich fand keine Worte, um ihm zu antworten... Als ich mich ein wenig von meiner Verwirrung und Bewunderung erholt hatte, merkte ich ein ausgesprochenes Gefühl der Angst in mir aufsteigen... Ich sah ihn mehrmals wieder, aber niemals habe ich in seiner Nähe frei atmen können. Jedesmal, wenn ich ihn sprechen hörte, war ich von seiner Überlegenheit überrascht." Ihre Bewunderung und Ehrfurcht vor dem italienischen Sieger gingen so weit, daß sie sich auch auf seine Adjutanten übertrug. Als der Oberst Lavalette an jenem Tage bei Talleyrand nach dem Essen Frau von Staël zuerst in den Salon eintreten lassen wollte, sagte sie ehrerbietig, indem sie bescheiden einige Schritte zurückging: „Wie könnte ich es wagen, vor einem Adjutanten Bonapartes einzutreten?" Diese Begeisterung, vor allem aber der Wunsch, dem General zu gefallen, beraubte sie faßt aller Fähigkeiten des Geistes, sobald sie sich in seiner Nähe fühlte. Eines Tages gestand sie Lucien Bonaparte fast unter Tränen: „Vor Ihrem Bruder werde ich blöde, weil ich ihm gefallen möchte. Ich weiß plötzlich nichts mehr, möchte mit ihm sprechen, suche nach Worten und drehe meine Sätze hin und her. Ich will ihn zwingen, sich mit mir zu beschäftigen; mit einem Wort, ich bin in seiner Gegenwart dumm wie eine Gans."

Sie bewunderte in Bonaparte den großen General, den selbstlosen Philosophen und den aufrichtigen Republikaner, der trotz seines Ruhmes aus seiner bescheidenen Zurückhaltung nicht herausging. Das bewiesen auch die Worte, die er an die bei Talleyrand Anwesenden richtete, als er aus dem Kabinett des Ministers wieder heraustrat: „Bürger, die Begeisterung, die Sie mir entgegenbringen", sagte er, „rührt mich tief. Ich habe, so gut ich konnte, Krieg geführt und Frieden geschlossen. Jetzt ist es die Sache des Direktoriums, für das Glück und das Gedeihen der Republik daraus Nutzen zu ziehen."

Solche Worte mußten eine Frau, eine so glühende Anhängerin der Freiheit wie Frau von Staël begeistern. Von diesem Augenblick an nahm sie den Kampf um Napoleon auf, von dem sie fühlte, daß er ihr Mißtrauen entgegenbrachte und sich ihrer Gesellschaft absichtlich entzog. Mit aller Gewalt, mit allen Mitteln suchte sie den Helden auf ihre Seite, in ihren politischen Kreis zu ziehen. Sie mußte dabei bittere Enttäuschungen erleben. Nicht nur, daß sie ihn nicht bezauberte, wie sie anfangs heimlich gehofft hatte, sondern sie flößte ihm Besorgnis und schließlich Abscheu ein. Er brachte sie durch seine trockenen, manchmal sogar rücksichtslosen Antworten zur Verzweiflung. So wollte sie eines Tages wissen, welche Frau in seinen Augen die berühmteste auf der Welt sei, er aber erwiderte: „Die, welche die meisten Kinder geboren hat." Frau von Staël mochte wohl eine andere Antwort erwartet haben und gab ihm etwas spitz zurück, er stünde in dem Rufe, die Frauen sehr wenig zu lieben. „Entschuldigen Sie, Madame," entgegnete er da mit Nachdruck: „ich liebe die meinige."

Napoleons Abneigung für Frau von Staël war ungeheuer. Er sah in ihr die gefährliche Geistesmacht, die er anfangs mit aller Vorsicht behandeln mußte — denn sie hatte die einflußreichsten Verbindungen — der er jedoch, wo er konnte, aus dem Wege ging. Sie aber war bei jeder Festlichkeit, bei jedem Essen, auf jedem Ball zugegen, die dem General zu Ehren gegeben wurden. Dann verschlang sie ihn förmlich mit ihren Blicken, richtete ostentativ das Wort an ihn und suchte ihn bei jeder Gelegenheit auszuzeichnen.

Der Erste Konsul.
(Nach einer Zeichnung nach dem Leben während einer Parade aus dem Jahre 1800, von J. Duplessis Bertaux.)

Sie wollte um jeden Preis, daß er sich mit ihr beschäftige. Sie lechzte danach, ihn für sich zu gewinnen und ihn gegebenenfalls, ihrer Herrschernatur zufolge, in seinen Plänen und Taten zu beeinflussen, kurz, den Staat von ihrem Salon aus zu regieren, da sie persönlich die Macht nicht ausüben konnte. Außerdem wollte sie ihm die Gewalt zeigen, die eine Frau über den Mann vermag. Bonaparte aber ließ sich nicht zu einer solchen Bevormundung herab. Er blieb uneinnehmbar. Erstens liebte er Frauen wie Josephine, weich, schwach und hingebend, die nichts weiter für sich haben als ihre Schönheit und Anmut. Bei Frau von Staël fand er nichts dergleichen. Das zarte Weibliche in ihr verschwand völlig unter ihrem großen Geiste, ihrem Wissen, ihrer Persönlichkeit als berühmte Frau und unter ihrer Sucht, als solche eine führende Rolle zu spielen. Napoleon war kein Benjamin Constant, der sich ohne weiteres vor ihren Triumphwagen spannen ließ. Zwischen ihnen entwickelte sich zuerst Mißtrauen, und da beide leidenschaftliche Charaktere waren, wurde aus diesem Mißtrauen tiefer, unauslöschlicher Haß. Frau von Staëls Feder, ihr Salon, ihr Hineinmischen in die Politik, das alles schreckte Napoleon ab. Er wollte weder beobachtet noch erraten sein. Und gerade deswegen verfuhr er strenger gegen sie, als sie es vielleicht verdiente. Gerade deswegen zwang er ihr jenes rastlose Wanderleben auf, das sie seit dem Erscheinen ihres Buches „De la littérature" führte.

Dieses Buch war ihr politisches Glaubensbekenntnis. Weil sie darin mit Mut und Entschlossenheit zeigte, daß allein die Freiheit und die republikanischen Einrichtungen Fortschritt und menschliche Vervollkommnungsfähigkeit herbeiführen könnten, weil sie darin die Revolution verherrlichte und dem 18. Brumaire einen Faustschlag versetzte, wurde sie vom Ersten Konsul auf 40 Meilen vom Umkreis von Paris verbannt. Wohl hatte sie in ihrem Werke nichts Persönliches über Napoleon gesagt, aber es enthielt tausend scharfe Dolchstiche gegen ihn und seine Regierung. Wollte er sich Autorität verschaffen — und seine Macht stand damals durchaus noch nicht auf so festen Füßen, wie man meint — so mußte er mit aller Strenge gegen die Verfasserin eines solchen Buches verfahren. Sein Zorn kannte keine Grenzen.

Selbst die Fürsprache ihrer Freunde, Josephs Bonaparte, des Generals Junot, der Madame Récamier und anderer vermochten ihr nicht zu helfen; einige, wie Frau von Récamier, hatten sogar mit unter dieser Ungnade zu leiden. Napoleon blieb unerbittlich. Frau von Staël trat ihre erste Reise nach Deutschland an und begab sich nach dem Tode ihres Vaters

Benjamin Constant.
(Nach einer Lithographie aus der Sammlung Kircheisen.)

nach Italien. Dort entstand der Roman Corinna. Erst nach dieser Zeit wagte die Verstoßene wieder den Fuß nach Frankreich zu setzen, in der Hoffnung, Napoleon werde sie vergessen haben.

Dieser befand sich um jene Zeit im Felde gegen Preußen. Währenddessen hatte seine gutorganisierte Polizei ein wachsames Auge auf Frau von Staël gehabt, so daß der

Kaiser von allen ihren Schritten und Absichten früher unterrichtet war, als sie sie auszuführen vermochte. So schrieb er von Pultusk aus an seinen Polizeiminister Fouché:

„Lassen Sie dieses Weib, Frau von Staël, ja nicht in die Nähe von Paris; ich glaube, sie ist nicht weit davon entfernt." Und als er die Gewißheit hatte, daß sie wirklich dort war, drohte er: „Wenn sie Paris nicht verläßt, lasse ich sie durch meine Gendarmerie verhaften." Darauf flüchtete Frau von Staël nach Coppet, um erst im Jahre 1810 wieder in dem Umkreise der 40 Meilen von Paris aufzutauchen. Sie weilte damals in Chaumont und versuchte durch einen gefühlvollen Brief das Herz ihres Verfolgers zu erweichen. Vergebens. Wie Napoleon damals über Frau von Staël dachte, spricht sich am deutlichsten in den Worten aus, die er um jene Zeit zum Fürsten Metternich äußerte, als sich dieser zu ihrem Fürsprecher machte. „Ich will Frau von Staël nicht in Paris", sagte der Kaiser, „und habe gute Gründe dafür. Wenn Frau von Staël wollte oder verstünde, entweder Royalistin oder Republikanerin zu sein, so würde ich nichts gegen sie haben. Aber sie ist wie ein Triebrad, das die Salons in Bewegung setzt. Nur in Frankreich ist eine solche Frau zu fürchten, und ich will nichts von ihr wissen."

Außerdem aber waren auch die Lebensauffassungen dieser beiden Menschen grundverschieden. Frau von Staël war Ideologin, Napoleon hingegen haßte die Ideologen. Dieser Haß war jedoch nicht aus seiner eigenen Veranlagung heraus entstanden, sondern aus der Zeit, in der er groß geworden war und aus den Ereignissen, die ihn gebildet hatten. Frau von Staël konnte es ihm nie verzeihen, daß er, auf den sie alle ihre Hoffnungen für die Freiheit des Vaterlandes gesetzt hatte, den sie als den reinsten und aufrichtigsten Republikaner fast angebetet hatte, daß dieser

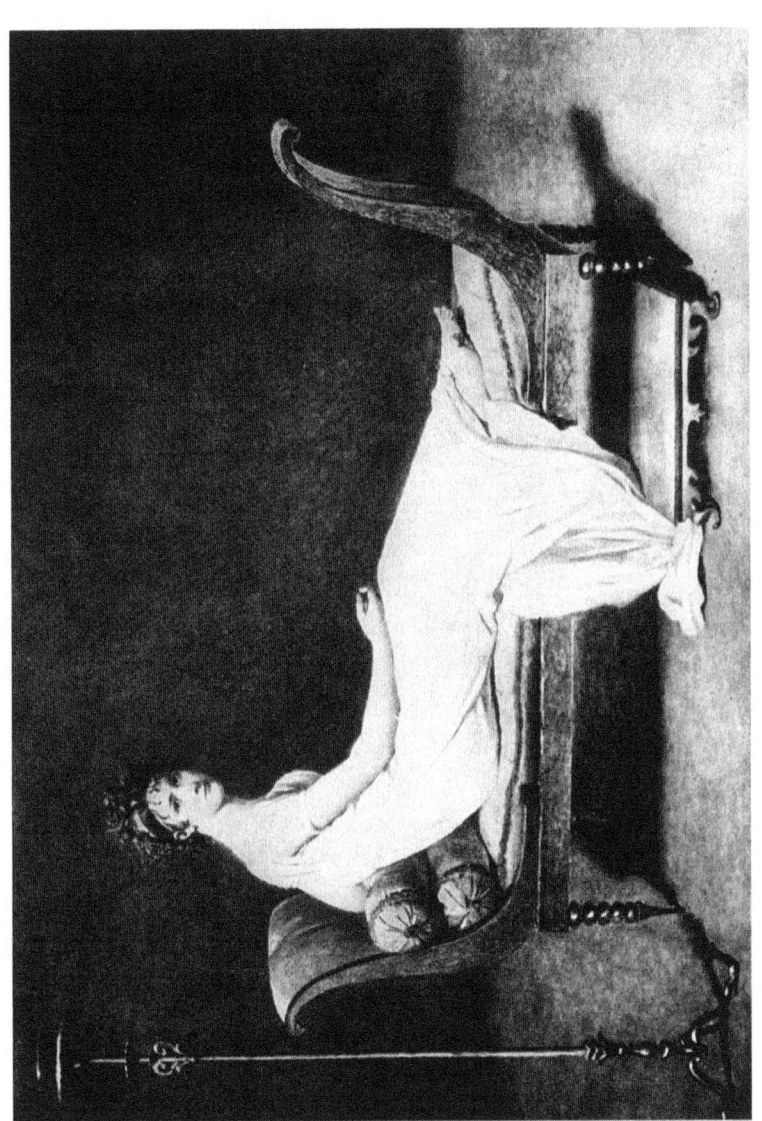

Julie von Récamier.
(Nach einem Gemälde von J. L. David im Musée du Louvre.)

Mann den „Despotismus auf der Unmoralität begründete", wie sie selbst sich ausdrückt. Frau von Rémusat hat das Empfinden dieser Frau gegen ihren mächtigsten Feind gut erfaßt in den Worten: „Frau von Staël sah, wie aus Bonaparte der Napoleon wurde. Sie hat am 19. Brumaire über das Geschick der Freiheit Tränen vergossen; sie hat sich bis zu den Zähnen gewappnet, um sie zu verteidigen, und fünfzehn Jahre lang den Kampf fortgeführt, ohne eine Schwäche zu zeigen. Verfolgt, ruhelos umherirrend, ist sie in dem großen Schweigen des gefangenen Europa die Stimme gewesen, die sich im Namen der edelsten Interessen der Menschheit, der Freiheit und der Moral erhob.

Diese Stimme kommt uns besonders in ihrem Buche „L'Allemagne" zum Bewußtsein. Welches Schicksal ihm bevorstand, ist bekannt. Ein Werk, das ein Loblied auf Deutschland sang, konnte nur den Zorn des Kaisers Napoleon herausfordern. Er befahl sofort seine Unterdrückung, ließ die ganze Ausgabe vernichten, die Matrizen zerstören und das Manuskript beschlagnahmen. Diesmal galt die Ungnade des Gewaltigen für das ganze Leben, und von neuem mußte Frau von Staël, gleich dem ewigen Juden, die Welt durchwandern.

Aber das Vorgehen Napoleons gegen Frau von Staël rief damals im Auslande, wo das Buch „L'Allemagne" mit wahrer Gier verschlungen ward, einen ungeheuren Sturm und die ärgste Entrüstung hervor, und seine Handlung hat ihm mehr geschadet, als wenn er das Buch hätte in Paris erscheinen lassen.

Daß Napoleon sich Frau von Staël zur Feindin machte, war eine große Unklugheit von ihm. Mit ein ganz klein wenig Diplomatie hätte er diese Frau für sich gewinnen können, denn ihre Bewunderung für ihn hielt trotz seiner Sprödigkeit noch lange bei ihr an. Noch im Jahre 1800, als Napoleon bereits Konsul war, schrieb Frau von Staël an Heinrich Meister: „Haben Sie der Neugier widerstehen können, den Helden zu sehen? Er wird von neuem Italien erobern und ein zweites Mal in Campo Formio den Frieden unterzeichnen! Ist das nicht historisch?" Das hielt sie jedoch nicht ab, in ihren Memoiren den Sieg von Marengo mit größtem Mißfallen aufzunehmen und in leidenschaftlicher Wut auszurufen: „Ich wollte, er wäre geschlagen worden!" Und doch wünschte sie zu jener Zeit nichts Sehnlicheres, als sich mit Napoleon auszusöhnen. Joseph Bonaparte sagte einmal zu seinem Bruder: „Wenn Sie ihr nur ein wenig Wohlwollen bewiesen, würde sie Sie anbeten." Darauf soll Napoleon geantwortet haben: „Oh, das ist zuviel! Aus dieser Anbetung mache ich mir nichts. Die Frau ist zu häßlich."

Der blinde Eifer, mit der Napoleon Frau von Staël aus Frankreich vertrieb, erweckte in ihr den bittersten Haß gegen ihn, und er selbst sah später ein, daß ihm dieser Haß in Deutschland, Rußland, Österreich, Schweden und England mehr Schaden zufügte, als wenn er seine Feindin in Paris geduldet hätte. Und schließlich triumphierte sie doch über ihn durch ihre Schriften, gleichsam Napoleons eigene Worte bestätigend, die er im Jahre 1808 zu Fontanes gesagt hatte: „Wissen Sie, was ich am meisten in der Welt bewundere? Das Unvermögen der Kraft, etwas zu organisieren. Es gibt nur zwei Gestalten in der Welt: den Degen und den Geist...! Schließlich aber wird der Degen doch immer vom Geiste besiegt werden." Der mächtige und gefürchtete Eroberer wußte im Grunde eben doch, daß man die Welt nicht allein mit den Waffen in der Hand lenken konnte, sondern daß die öffentliche Meinung auch ein Wort mitzusprechen hatte.

Nach Frankreich aber sollte Frau von Staël erst mit den Verbündeten zurückkehren, sie, die zu Benjamin Constant gesagt hatte: „Eher soll mich Gott für immer aus Frankreich

Schlafzimmer der Frau von Staël im Schlosse zu Coppet.
(Nach einer Photographie.)

verbannen, als daß ich meine Rückkehr den Fremden verdanke." Wenn sie jedoch Siegerin blieb, so ist sie trotz vieler Irrtümer, großer Verblendung in ihren Ansichten und vieler Ungerechtigkeiten gegen Napoleon und Frankreich keine hämische Siegerin gewesen und nie zu gemeinen Schmähungen ihres gefallenen Feindes hinabgestiegen. Als er wieder von Elba zurückkam, hätte sie wohl nicht überraschter sein können, „wenn sich die Erde unter ihren Füßen geöffnet haben würde", und sie sah in diesem Ereignis das größte Unglück für Frankreich, aber sie schmähte ihren Feind nicht wie so viele andere. Sie fand sogar, daß das, was Napoleon getan hatte, ganz natürlich war und er gar nicht anders hätte handeln können, als zu versuchen, den verlorenen Thron wieder zu erlangen.

Das Mémorial de Sainte-Hélène berichtet allerdings ganz andere Sachen hinsichtlich des Verhaltens der Frau von Staël im Jahre 1815. Sie sei von Begeisterung und Bewunderung über diesen Schritt Napoleons so hingerissen gewesen, daß sie ihn nicht mehr als eine menschliche sondern als eine göttliche Handlung betrachtet habe. Sie habe sogar dem Kaiser geschrieben, daß sie durch dieses große Ereignis völlig besiegt sei, und wenn er ihr die zwei Millionen auszahlen wolle, die Frankreich ihrem Vater schulde, so würde sie für immer ihre Feder und ihre Grundsätze in den Dienst Frankreichs stellen. Der Brief, der durch die Vermittelung Joseph Bonapartes an den heimkehrenden Kaiser gelangte, ist vorhanden. Wenn Frau von Staël aber solches an Napoleon geschrieben hat, so war es nicht ihre Überzeugung, sondern nur eine feine Diplomatie, denn sie glaubte dadurch am ehesten in den Besitz dieses Geldes, das sie brauchte, zu gelangen. Napoleon jedoch, der damals darauf bedacht sein mußte, sich aus seinen ehemaligen Feinden Freunde zu schaffen, ließ ihr antworten, daß ihn wohl nichts mehr schmeichele als ihre Anerkennung, denn er schätze ihre Fähigkeiten außerordentlich, allein er sei nicht reich genug, um sie um diesen Preis zu erkaufen.

Im übrigen fragt man sich, wer von beiden der am meisten Bedrängte war: Napoleon oder Frau von Staël. Beide ließen nicht nach, sich gegenseitig das Leben schwer zu machen, und Napoleon tat mit der Verfolgung der Frau von Staël eigentlich nur das, was das Direktorium und der Konvent vor ihm auch mit ihr getan hatten. Der Wohlfahrtsausschuß bereits forderte Herrn von Staël, der zu jener Zeit schwedischer Gesandter in Paris war, auf, seine Frau aus Paris zu entfernen, da sie überall politische Intrigen spinne. Nur der Fürsprache ihres Mannes hatte sie es damals zu verdanken, daß sie in der Hauptstadt bleiben durfte. Ein wenig später, im Jahre 1795, ließ die Regierung des Direktoriums Frau von Staël auf ihrem Schlosse in Coppet bei Genf beobachten und erteilte den Befehl, sie sofort zu verhaften, wenn sie es wagen würde, nach Frankreich zu kommen. Und unter dem „ancien régime" würde sie wahrscheinlich mit der Bastille Bekanntschaft gemacht haben, wenn sie gegen König und Staat derartige Intrigen gesponnen und Schmähungen losgelassen hätte wie gegen Napoleon. Dieser war zur Strenge gegen Frau von Staël gezwungen, denn die leidenschaftliche Frau schürte unaufhörlich das Feuer des Hasses gegen ihn. Er konnte sie in dem leicht erregbaren Paris nicht dulden. Übrigens verbannte er sie ja auch nur aus dieser Stadt und ihrem Umkreis, was allerdings für eine Frau wie Madame de Staël die Vertreibung aus dem Paradies bedeutete. In dem übrigen Europa konnte sie machen, was sie wollte; das war Napoleon gleich, obwohl er sie scharf beobachten ließ.

Sie versäumte auch nichts, um ihm zu schaden. In Berlin, Petersburg, Stockholm, Wien, in Italien, in England, verband sie sich mit seinen Feinden und stachelte sie und andere zur Gegnerschaft auf. Schließlich trug sie selbst

Madame de Staël.
(Nach einem Gemälde vom Baron F. P. S. Gérard.)

die Schuld, daß sie fast wie eine Gefangene auf ihrem Schlosse in Coppet bei Genf gehalten wurde.

Frau von Staël hat unter der Regierung Napoleons viel gelitten, meist jedoch durch eigenes Verschulden; oft auch war sie das Opfer einer ungerechten Tyrannei und besonders ihrer Zeit. Ferner war sie eine Frau, die wohl, wenn ihr Urteil durch keinerlei Leidenschaft getrübt wurde, sehr klarsehend und gerecht, in ihrem Hasse aber blind war. Trotz alledem jedoch war sie, wie ihr großer Feind, ein Genie. Dieser selbst sagte von ihr: „Sie war eine Frau von großen Fähigkeiten und von großem Geiste. Man könnte nicht sagen, daß sie eine böse Frau gewesen wäre, aber sie war unruhig und hatte großen Einfluß." Und dieses Anerkennen ihrer guten Seiten gereicht Napoleon zur großen Ehre.

ZWANZIGSTES KAPITEL.

FRAU VON REMUSAT

Während der Jahre 1879—1880 erschienen die dreibändigen Memoiren der Frau von Rémusat und riefen in Frankreich wie im Auslande das lebhafteste Interesse hervor, denn man war begierig, wie diese Frau den Gewaltigen schildern würde, den sie anfangs so sehr bewundert, später so bitter gehaßt hatte. Das Werk erlebte viele Auflagen, und die Übersetzungen häuften sich. Man fand darin eine Menge Einzelheiten über die Persönlichkeit Napoleons, sowie zahlreiche Charakterzüge und Handlungen, die, obgleich sie nicht immer mit dem Griffel der Gerechtigkeit und Unparteilichkeit gezogen waren, doch ungemein fesselten und einen weiten Blick in das intime Leben des Konsuls und Kaisers gewährten. Von Frauen geschriebene Denkwürdigkeiten haben ja oft den Vorteil vor denen der Männer voraus, daß sie Dinge und Menschen schärfer beurteilen und eingehender behandeln, während der Mann meist seinen Blick auf die Zeitverhältnisse und die Wechselwirkungen der Ereignisse richtet.

Frau von Rémusat hat es besonders verstanden, durch zahlreiche, hübsch erzählte Hofgeschichten und Anekdoten ihre Erinnerungen lebenswarm zu gestalten, wenn sie auch dabei etwas stark durch die Brille ihres guten Freundes Talleyrand blickt, der immer die Taschen voller Hofklatsch hatte. Jedenfalls war sie eine Frau von vielem Verstand und guter Beobachtungsgabe. Sie war von Jugend auf gewöhnt, alles, was um sie her vorging, kritisch zu beurteilen.

Sie entstammte einer angesehenen Familie Frankreichs und hatte durch ihre Mutter eine vortreffliche, aber fast puritanische Erziehung genossen. Ihr Vater war der ehe-

Frau von Rémusat.
(Nach einem Gemälde von J. B. Isabey.)

malige Intendant des Departements Auch, Charles Gravier de Vergennes, der vor der Revolution eine bedeutende Rolle gespielt hatte. Bereits mit 16 Jahren vermählte sich Claire Elisabeth Jeanne Gravier de Vergennes mit dem Generaladvokaten von Rémusat. Er war noch einmal so alt wie sie, und doch war die Heirat eine Neigungsheirat*).

*) Frau von Rémusat wurde am 5. Januar 1780 in Paris geboren.

Claire war nicht besonders schön. Sie war klein und dick, hatte indes ein sehr lebhaftes Gesicht, ausdrucksvolle dunkle Augen und vor allem einen sprühenden Geist. Sie besaß außerdem die seltene Gabe, nicht nur selbst das Wort zu führen, sondern auch zuzuhören, wenn andere sprachen. Als sie in ihrem dreiundzwanzigsten Jahre an den Hof des Ersten Konsuls kam, charakterisierte sie sich selbst wie folgt: „Ich war nicht gerade hübsch, es fehlte mir jedoch nicht das Angenehme. Die Hoftoilette kleidete mich gut. Meine Augen waren schön, meine Haare schwarz, meine Zähne weiß, meine Nase und mein Gesicht zu stark für eine zwar kleine aber angenehme Gestalt. Ich galt am Hofe für eine geistvolle Frau, beinahe mit Unrecht. Es fehlte mir zwar ebensowenig an Geist wie an Vernunft, aber ich besaß einen Grad von Feuereifer, der mich meine Worte und Handlungen übereilen und bisweilen Fehler begehen ließ, die ein vernünftigerer und kälterer Charakter vielleicht vermieden haben würde. Man täuschte sich oft in mir an diesem Hofe. Ich war lebhaft, und man hielt mich für ränkesüchtig. Ich war begierig, bedeutende Personen kennen zu lernen, und man hielt mich für ehrgeizig."

Da dieses das einzige Porträt ihrer Person ist, an das wir uns halten können, denn die Memoirenschreiber ihrer Zeit sprechen wenig oder gar nicht von ihr, müssen wir uns wohl mit ihrer eigenen Beschreibung begnügen. Sie entspricht übrigens, was das Äußere betrifft, so ziemlich den Bildern, die wir von ihr besitzen. Ihre geistige Entwickelung hatte Frau von Rémusat besonders ihrer klugen und strengen Mutter zu verdanken. Der Vater und der Großvater hatten im Juli des Jahres 1794, wie soviele andere Adelige, ihr Leben auf dem Schaffot lassen müssen. Ihre Mutter blieb in Not und Sorgen zurück. Auch Herr von Rémusat wurde durch die Revolution brotlos. Da wollte es der Zufall, daß seine junge, kaum neunzehnjährige Frau den Sommer von

1799 in dem Landhause ihrer Mutter in Croissy verbrachte und dort Josephine, die Gattin des in Ägypten weilenden Generals Bonaparte zur Nachbarin hatte. Malmaison und Croissy lagen dicht beieinander, und so machte man bald Bekanntschaft. Josephine fiel es nicht schwer, sich das Herz der jungen Frau von Rémusat zu erobern. Sie hatte ein so liebenswürdiges, einnehmendes Wesen, wußte so nett zu plaudern, daß auch Frau von Vergennes bald ganz für sie eingenommen war. Diese hatte jedoch gleich anfangs die Bedeutung einer solchen Nachbarschaft erkannt und suchte sie sich zu erhalten. Der Name des Siegers von Italien hatte einen guten Klang, und die Nachrichten von den Erfolgen in Ägypten verfehlten auch in Croissy nicht ihre Wirkung.

In der Tat kehrte der General bald darauf von den Pyramiden zurück, um sich mit starker Hand des Staatssteuers zu bemächtigen. Jetzt wußte Frau von Vergennes aus ihrer Bekanntschaft mit Josephine Bonaparte Nutzen zu ziehen. Sie ließ nichts unversucht, deren Einfluß auf ihren Gatten zu benutzen, um die Zukunft ihres Schwiegersohns und ihrer Tochter unter der neuen Regierung sicherzustellen. Ihr Wunsch erfüllte sich schneller, als sie geglaubt hatte. Der Erste Konsul ernannte Herrn von Rémusat zum Palastpräfekten, und seine Frau wurde der Generalin Bonaparte als Gesellschafterin beigeordnet. Später führte Frau von Rémusat den Titel einer Palastdame.

Da der Hof des Konsuls ganz militärisch war, nahmen Herr und Frau von Rémusat, obgleich sie nicht zu den ersten Familien des Reichs, aber doch zu den wenigen Adeligen gehörten, die sich, weniger vielleicht aus Neigung als aus Berechnung, sehr bald der neuen Regierung angeschlossen hatten, eine Sonderstellung ein. Herr von Rémusat war ein vollendeter Weltmann und stand in seinen besten Jahren. Seine junge Gattin, die noch in den Gewohnheiten des

„ancien régime" erzogen worden war, war weit gebildeter als die meisten der Frauen am Hofe des Ersten Konsuls. Waren diese doch zum großen Teil aus den einfachsten Ständen des Volkes hervorgegangen. Frau von Rémusats sicheres und doch zurückhaltendes Wesen, das trotz seiner Natürlichkeit etwas an das einer „grande dame" erinnerte, ihr unbefangener gewählter Unterhaltungston und die Gewandtheit, mit der sie jede Stockung und Verlegenheit der Gesellschaft auszugleichen wußte, machten den Ersten Konsul auf sie aufmerksam. Es lag ihm viel daran, den guten Ton an seinem Hofe einzuführen, und es schien ihm, als wenn Frau von Rémusat ganz besonders geeignet wäre, den Damen mit gutem Beispiele voranzugehen. Später freilich wurde sie durch glänzendere Namen verdrängt. Napoleon liebte mit ihr zu plaudern und zog ihre Unterhaltung der aller andern Frauen seines Hofes vor. Mit ihr wußte er stets über etwas Interessantes zu sprechen, während er den andern gegenüber meist unangebrachte Späße, indiskrete Fragen oder schroffe Entgegnungen zur Verfügung hatte. Er war sogar nachsichtig gegen diese kleine, lebhafte Dame, die sich nicht scheute, ihn bei Gelegenheit zu tadeln oder in angemessenen Worten zurechtzuweisen. Ihre treffenden, schlagfertigen Antworten machten ihm viel Vergnügen, und er ließ sich gern mit ihr in ein Wortgefecht ein, aus dem er nicht immer als Sieger hervorging.

Als der Erste Konsul sich kurz nach dem Bruche des Friedens von Amiens nach Boulogne begab, hatte Herr von Rémusat, der ihn in seiner Eigenschaft als Palastpräfekt dahin begleitete, das Unglück, dort am Typhus zu erkranken. Seine Frau eilte zu ihm, um ihn zu pflegen. Kaum war sie im Hauptquartier von Pont-de-Briques angekommen, so ließ sie Napoleon zu sich rufen, um sie über die Krankheit und den Zustand ihres Mannes ein wenig zu trösten. Er war äußerst liebenswürdig gegen die junge unerfahrene Frau, küßte sie

Napoleon I.
Gemälde von P. Delaroche.
(Nach einem Stiche aus der Sammlung Kircheisen.)

väterlich auf die Wangen, kurz, er bewies ihr das größte Wohlwollen. Frau von Rémusat weinte, denn sie glaubte ihren geliebten Mann bereits dem Tode nahe. Da fand der Erste Konsul Worte, die sie vollkommen beruhigten und ihre Tränen trockneten. Er lud sie zu seinem Frühstück ein, und bald darauf entspann sich zwischen beiden eine lebhafte Unterhaltung. Napoleon erinnerte sich an manches schlagfertige Wort, das Frau von Rémusat in Paris gebraucht hatte; er wußte auch, daß sie in der englischen Literatur, besonders in den Werken Shakespeares bewandert war, und staunte über ihre mannigfaltigen Kenntnisse, die er bei einer so jungen Frau nicht voraussetzte. Er sprach mit ihr über Ossian, den er in seiner Jugend geliebt hatte, und schließlich meinte er, daß er sich verpflichtet fühle über sie, die so jung in ein Feldlager von rohen Soldaten gekommen sei, besonders sorgfältig zu wachen. Er forderte sie daher auf, täglich mit ihm die Mahlzeiten einzunehmen. Zuerst ein wenig über so viel Wohlwollen verwirrt, nahm Frau von Rémusat doch die Einladung an und war vollkommen von seinem einnehmenden, galanten Wesen bezaubert. Bei den Mahlzeiten war er sehr gesprächig, besonders am Abend dehnte er die Unterhaltung mit der jungen Frau gern länger aus. Dann sprach er mit ihr von seiner seltsamen, melancholischen Jugend, von seiner Vorliebe für die Werke Rousseaus, kurz, von seiner ganzen sentimentalen Entwickelung zum Jüngling. Frau von Rémusat war eine aufmerksame Zuhörerin und stolz darauf, daß der erste Mann des Staates sich herabließ, einer jungen, unerfahrenen Frau solche Geständnisse zu machen. Kein Wunder, wenn sie sich in der Hoffnung wiegte, einmal größeren Einfluß auf ihn zu gewinnen.

Bald legten die Offiziere und Soldaten das Verhältnis ihres Generals zu dieser jugendlichen angenehmen Frau auf ihre Weise aus. Sie konnten sich nicht vorstellen, daß ein

Mann, ein Soldat wie sie, stundenlang mit einem hübschen Weibe allein sein könne nur zu dem Zwecke eines geistigen Austauschs. Frau von Rémusats Ruf stand auf dem Spiele, und sie hat später alle Mühe gehabt, den Verdacht, Napoleons Geliebte gewesen zu sein, von sich abzulenken. Selbst Josephine, die große Stücke von ihr hielt, war eine Zeitlang eifersüchtig auf sie. Sie hatte jedoch durchaus keinen Grund dazu. Frau von Rémusat war eine vollkommen reine Frau in ihrem Denken und in ihrem Handeln. Sie war nur Gattin und Mutter. Sie liebte ihren Mann und ihren Sohn, den sie mit siebzehn Jahren zur Welt gebracht hatte. Ihre Familie und ihr Haus waren ihr alles. Wohl hätte sie gern dem Manne, der die Geschicke der Welt in

seinen Händen hielt, eine geistige Beraterin sein mögen, eine Art Favoritin in ihrem Sinne, aber niemals seine Maitresse. Es schmeichelte ihrer weiblichen Eitelkeit, daß der Erste Konsul sie bevorzugte, daß er sich herabließ, ihr seine Ansichten über Dinge und Menschen klarzulegen, und sie träumte von Einfluß und Gunst, ohne jedoch dafür mehr geben zu wollen als ihren Geist und ihre Kenntnisse. Sie täuschte sich darin ebenso wie Frau von Staël. Gekränkte Eigenliebe und verletzter Ehrgeiz entfernten sie schließlich immer mehr von Napoleon.

Der Kaiser ließ sie dieses Entfernen nicht entgelten wie seine große Feindin in Genf. Und obgleich Frau von Rémusat sich während des Kaiserreichs immer mehr seinen Feinden anschloß, oder, um weniger scharf zu sein, sich einen Kreis bildete, der Napoleon mißfiel, bewahrte dieser ihr doch immer seine Achtung und Wertschätzung. Frau von Rémusat blieb bei Josephine bis zu deren Tode. Auch ihr Mann, mit dem Napoleon durchaus nicht immer zufrieden war, bekleidete seinen Kammerherrnposten bis zum Sturze des Kaiserreichs. Nur die Freigebigkeit Napoleons ließ nach, denn im Anfang hatte er die Rémusats mit Geschenken und Belohnungen förmlich überschüttet. Sie waren fast von allen Mitteln entblößt an den Hof des Ersten Konsuls gekommen, reich und begütert zogen sie sich aus den Trümmern des Kaiserreichs zurück, um als eine der ersten Familien zu den Bourbonen überzugehen.

Während des Konsulats und des Kaiserreichs hatte die junge Palastdame, ebenso wie Frau Junot, die Gewohnheit, am Schlusse eines ereignisreichen oder interessanten Tages ihre Beobachtungen, Eindrücke und Unterhaltungen mit Napoleon oder bedeutenden Persönlichkeiten des Hofes niederzuschreiben, und auf diese Weise entstanden ihre Aufzeichnungen. Als jedoch das Reich Napoleons in Trümmer fiel und die Bourbonen ihren Einzug in Paris hielten, fürchtete Frau von Rémusat sich als Bonapartistin bloßzustellen und verbrannte das Manuskript. Erst als im Jahre 1818 das nachgelassene Werk der Frau von Staël „Considérations sur la révolution française" erschien, das zahlreiche Bemerkungen über die Persönlichkeit und die Regierung Napoleons enthielt und einen bedeutenden Erfolg hatte, entschloß sich Frau von Rémusat auf Veranlassung ihres Sohnes Charles, ihre Erinnerungen nochmals aus dem Gedächtnis niederzuschreiben.

In welchem Geiste diese Memoiren geschrieben wurden, ist leicht zu begreifen. Da Frau von Rémusat schon während der Regierung des Kaisers mit dem in Ungnade gefallenen Minister Talleyrand freundschaftlich verbunden und von ihm beeinflußt war, mußte sich während der Restauration ihre Gesinnung gegen Napoleon noch mehr verbittern. Auch die liberalen Ideen ihres Sohnes, in dem sie einst gern den Historiographen ihres Helden gesehen hätte, trugen zu dieser Schärfe bei. Daß sie jedoch die strenger urteilende Nachwelt fürchtete, geht aus einem Briefe hervor, den sie an ihren Sohn am 8. Oktober 1818 schrieb, und worin es heißt: „Was würde man von mir denken, wenn mein Sohn das alles veröffentlichte."

Diese von einer Frau geschriebenen Memoiren würde man zu den wichtigsten Quellenwerken der napoleonischen Zeit rechnen können, wenn sie nicht durch so großen Haß gegen den Weltbeherrscher entstellt wären. Der Kenner freilich wird immer daraus Nutzen ziehen können, denn sie bergen eine Fülle von Einzelheiten über das Leben des Kaisers und über seine Familie, die, wenn man sie vorsichtig benutzt, über vieles Aufschluß geben. Wir verdanken Frau von Rémusat auch eine ausführliche Beschreibung seines äußern und innern Wesens. Hat man davon die Spreu vom Weizen gesondert, so tritt ein Porträt des Konsuls und Kaisers hervor, das in seinen feinsten Linien nicht charakteristischer gezeichnet werden kann. Und obgleich Frau von Rémusat keine Gelegenheit vorübergehen läßt, Napoleon zu schmähen, so vermag man doch zwischen den Zeilen die unbegrenzte Verehrung zu lesen, die sie für den Mann des Jahrhunderts, für den Sieger von Montenotte, Arcole, Rivoli, an den Pyramiden und von Marengo empfunden hatte. Und diese junge Heldengestalt stand noch ungetrübt vor ihren Augen.

Glücklicherweise gibt sie uns selbst eine Waffe in die Hand, mit der wir ihre Gesinnung von 1818 bekämpfen und widerlegen können: die Briefe, die sie während des Kaiserreichs an ihren Mann und ihren Sohn schrieb. Sie sind der wahre Spiegel ihrer Empfindungen und stehen unmittelbar unter dem Eindrucke der Ereignisse[*]. Man sieht in ihnen die

---

[*] Sie erschienen unter dem Titel: Lettres de Mme de Rémusat, 1804—1814. 2 tom. 8°. Paris, 1881.

Louis Bonaparte.

unverhohlene Verehrung und Bewunderung für den Helden, der mit einem Schlage der Welt ein anderes Äußere verliehen hatte. Man liest daraus, daß Frau von Rémusat noch in der Erinnerung an die schönen Tage von Pont-de-Briques schwelgt. Diese Briefe allein geben ihre wahren Gedanken wieder zu einer Zeit, da sie noch das Gute in Napoleon erkannte und es zu schätzen wußte. Man hätte ihre damaligen Gefühle und ihre Begeisterung beinahe als Liebe auslegen können; sie entsprangen jedoch nur der Empfänglichkeit ihres Geistes für alles Große und Erhabene und wohl auch der Dankbarkeit für ihn, der ihr und ihrer ganzen Familie Wohltaten erwiesen hatte. Später trat dieses schöne Dankbarkeitsgefühl vor den royalistischen Prinzipien zurück, zu denen Frau von Rémusat sich wieder bekannt hatte. Es blieb ihr nur eine schwache Erinnerung an die guten Seiten Napoleons, dem sie und ihr Mann alles zu verdanken hatten. Und auch diese Erinnerung löschte der Haß völlig aus.

Einmal sagt sie in ihren Memoiren: „Vielleicht wäre der Kaiser mehr wert gewesen, wenn er die Menschen mehr und vor allem besser zu lieben verstanden hätte." In diesen Worten verrät sie ihr ganzes Bedauern, daß die Frauen, und vor allem die Frauen von Geist, so wenig Einfluß auf ihn gehabt haben, und daß auch sie schließlich die erträumte Rolle als kluge und verständige Ratgeberin in ein Nichts hatte zerfließen sehen.

In Frau von Rémusats Briefen lesen wir nichts von dem unangenehmen Wesen Napoleons den Frauen gegenüber. Da ist alles Lob und fast Überhebung: er ist unwiderstehlich. Sein Lächeln ist bezaubernd, seine Leutseligkeit herzgewinnend, seine Höflichkeiten sind taktvoll, seine Reden geistreich und seine Schmeicheleien zart und feinfühlend. Während er in den Memoiren linkisch und verlegen in Gesellschaft von Damen genannt wird, heißt es in einem

Briefe vom 24. April 1805 an ihren Mann von ihm: „Ich weiß nicht, ob Sie die französischen Zeitungen gelesen haben. In diesem Falle hätten Sie eine eingehende Schilderung des außerordentlich liebenswürdigen Wesens gelesen, das der Kaiser in Brienne an den Tag legte. Frau von Brienne ist ganz außer sich vor Glück. Man kann allerdings auch unmöglich mehr Liebenswürdigkeit aufwenden, als es der Kaiser bei diesem Besuche getan hat. Ich habe Briefe von Frau von Damas gesehen, die voll von reizenden Erzählungen und Worten sind. Kurz, er hat wahrhaft kokettiert, und das hat in unserer schwer zu befriedigenden Gesellschaft den schönsten Erfolg gehabt ... Es gibt keine Frau unserer Bekanntschaft, die nicht ebenso begeistert von ihm gewesen wäre wie Frau von Brienne."

Und in einem andern Briefe an ihren Mann, der ihr geschrieben hatte, wie huldvoll ihm Napoleon zugelächelt habe, schreibt sie: „Ich wünschte, Sie genössen recht oft das Lächeln des Gebieters, das Sie tröstet." Als sie den Sieg von Austerlitz erfährt, fällt sie fast in lyrische Begeisterung und ruft wiederum in einem Schreiben an den Gatten aus: „Das ist wahrhaft ein wunderbarer Feldzug! Und ich möchte wie ein guter Provinzler, der gestern meiner Mutter schrieb, sagen: an der Seite unseres Kaisers würden Cäsar und Alexander nur Leutnants sein!"

Solche Beispiele von Enthusiasmus für die Person Napoleons sind unzählige in den Briefen der Frau von Rémusat enthalten. Unbefriedigter Ehrgeiz und verletzte Eigenliebe allein konnten aus einer so großen Bewunderin des Genies eine Verkleinerin machen. Hier liegt das Geheimnis eines Frauenherzens begraben, das in seiner Tiefe unergründbar ist. Dieses Herz sah sich in seinen kühnsten Hoffnungen getäuscht und konnte es dem Manne nicht verzeihen, daß an seinem Hofe keine Frau irgendwelchen Einfluß über ihn gewinnen durfte, nicht einmal die, deren Geistesgaben er besonders bevorzugt zu haben schien.

Frau von Rémusat überlebte ihren einstigen Helden nicht lange. Noch im selben Jahre wie Napoleon, im Dezember 1821, schloß auch sie die Augen zum ewigen Schlaf.

EINE UNBEKANNTE FREUNDIN

EINUNDZWANZIGSTES KAPITEL

DIE GRÄFIN CHARLOTTE VON KIELMANSEGG

Noch heute schwebt ein undurchdringliches Dunkel über den Beziehungen Napoleons zu der sächsischen Gräfin Auguste Charlotte von Kielmansegg, geborene Schönberg, geschiedene Gräfin Lynar*). Und dieses Dunkel vollkommen zu erhellen, wird erst dann möglich sein, wenn die Tagebücher dieser merkwürdigen Frau ans Tageslicht gelangt sein werden. Sie sollen Interessantes und Aufklärendes über ihr Verhältnis zu Napoleon enthalten, das noch heute von den meisten als ein geheimes Liebesverhältnis betrachtet wird. Alle Bemühungen, in diese seltenen Dokumente eines Stückes Lebens- und Zeitgeschichte Einblick zu tun, waren bis jetzt erfolglos. Die Tagebücher sollen sich in sicherem Verwahrsam eines Nachkommen der Gräfin aus erster Ehe, des Grafen Lynar auf Schmochtitz, befinden, und auch ich habe mich leider vergebens bemüht, sie einsehen zu können.

Soviel wir aus dem vorhandenen gedruckten und archivalischen Material wissen, lernte die Gräfin Charlotte den französischen Kaiser nicht erst am Hofe des Königs von Sachsen im Jahre 1812 kennen, sondern sie wurde bereits während ihres Aufenthaltes in Paris in den Jahren 1809—1812 an Napoleons Hofe in Saint-Cloud gut aufgenommen, obgleich

---

*) Sie war die Tochter des kursächsischen Hausmarschalls Peter August von Schönberg, geboren am 18. Mai 1777 und in erster Ehe mit dem Reichsgrafen Rochus August von Lynar vermählt, der am 1. August 1800 starb. Den Grafen Ferdinand von Kielmansegg heiratete sie im Jahre 1802.

ihr Mann der französischen Polizei als Spion verdächtig war und von ihr verfolgt wurde. Die Schritte, die sie damals für ihren Gatten bei der französischen Regierung tat, waren nicht ohne Erfolg, was sie besonders den Polizeiministern Fouché und Savary, sowie der westfälischen Königsfamilie zu danken hatte. Noch im August des Jahres 1818 sprach die Gräfin der Königin von Westfalen, die als Herzogin von Montfort mit ihrem Gatten, Jérôme Bonaparte, in Schönau lebte, ihren Dank für ihren Beistand mit den Worten aus: „Als im Jahre 1809 derjenige, dessen Namen ich trage, und von dem ich damals abhing, Sie tödlich

beleidigt hatte, fehlte es mir an Mut, unter Ihre Augen zu treten. Einige Monate nach diesem Ereignis ließen mich Eure Majestät in Paris zu einer Privataudienz rufen, und anstatt uns zu vernichten und uns mit den Schuldigen zu verdammen, beglückten mich Eure Majestät mit einem ebenso edlen als großmütigen Empfang."

Als die Gräfin von Kielmansegg dann im Kriegsjahre 1812 endgültig nach Sachsen zurückkehrte, und der Kaiser der Franzosen mit seiner jungen Gemahlin Marie Luise in Dresden Hof hielt, war sie eine der ersten, die sich beeilten, ihm zu huldigen. Auch im folgenden Jahre sah sie ihn wieder, freilich weniger ruhmvoll, weniger glänzend, und doch immer noch mächtig und imponierend.

Daß die schöne, damals 35 jährige Frau Napoleons Aufmerksamkeit erregte, ist wohl begreiflich, denn sie gehörte zu den eigenartigsten Frauenschönheiten des sächsischen Hofes. Ihre hohe schlanke Gestalt war wahrhaft königlich zu nennen. Kalter Stolz und zugleich leidenschaftliche Hingebung sprachen aus dem vornehmen, regelmäßigen

Napoleon I.
Lithographie von Jab nach einem Gemälde von M. Lavigne.
(Aus der Sammlung Kircheisen.)

Gesicht, das von dunklen Locken umrahmt war. Die dunkelblauen Augen sprühten bald Feuer von Witz, Wildheit und Übermut, bald waren sie der Spiegel tiefer Niedergeschlagenheit. Alle ihre Bewegungen atmeten Anmut und zugleich edle Würde. Kurz, „es war in ihr immer etwas ganz Eigentümliches, meist Erhebendes und Anlockendes, zuweilen aber auch Befremdendes". So beurteilte sie die Freundin ihrer Mädchenjahre, die Tochter des Dresdener Arztes Doktor Mittelhäuser.

Sehr merkwürdig und befremdend ist es, daß in keinem französischen zeitgenössischen Memoirenwerk, nicht einmal in den Feldzugserinnerungen des sächsichen Obersten von Odeleben, der Name der Gräfin Kielmansegg genannt oder ihre Begegnung mit Napoleon erwähnt wird. Natürlich ist das kein Grund, daraus zu schließen, daß sie in keinerlei Beziehung mit dem Kaiser der Franzosen gestanden hätte. Daß sie jedoch seine Geliebte gewesen, dafür haben wir bis jetzt keine Beweise! Es deutet im Gegenteil alles darauf hin, daß sie nur eine bewundernde Freundin seines ungeheuren Genies und seiner Größe gewesen ist, die sie während ihres Aufenthaltes in Paris ganz in der Nähe hatte schätzen lernen können. Zu jener Zeit, als die Gräfin Kielmansegg in Paris weilte, ging Napoleon vollkommen in seiner jungen Ehe mit Marie Luise auf. Alle seine freien Augenblicke gehörten ihr; er hatte damals keine Geliebte von längerem Bestande; nicht einmal die Gräfin Walewska war ihm mehr als Freundin. Nicht, daß wir Napoleon als Tugendhelden hinstellen möchten, wenn wir behaupten, er sei Marie Luise wenigstens in den ersten Jahren treu geblieben, aber es hielt ihn doch ein Gefühl des Stolzes und eitlen Selbstbewußtseins davon ab, die Tochter der Cäsaren mit einer anderen Frau zu betrügen. Vorübergehende Beziehungen rein physischer Art wird er wohl auch während dieser Ehe gehabt haben, aber dazu hätte sich eine Gräfin Kielmansegg, zumal diese stolze Frau, nimmermehr hergegeben; dazu war sie eine viel zu fanatische, viel zu gefährliche Natur. Sie hätte, wenn sie wirklich nähere Beziehungen mit Napoleon verbanden, ihn nicht so leichten Kaufs freigegeben.

Fast aus denselben Gründen ist ein intimes Zusammentreffen in Dresden 1812 unwahrscheinlich. Napoleon befand sich in Begleitung seiner jungen Gattin, die eifrig bemüht war, jede Stunde seiner freien Zeit für sich zu beanspruchen. Wie wir wissen, beschränkte Marie Luise ihre Besuche und Ausgänge auf das Nötigste, um nur immer in der Nähe des Kaisers zu sein. Und diesem selbst war es darum zu tun, seinem Schwiegervater und seiner Schwiegermutter, dem Kaiser und der Kaiserin von Österreich, ein Beispiel reinsten Familienglücks zu geben. Dies schrieb ihm nicht allein seine Politik, sondern auch sein Ehrgeiz vor. Er wollte der Welt zeigen, daß er dieser Kaisertochter auch als Mensch würdig sei.

Im Jahre 1813 soll Napoleon allerdings im Marcolinischen Palais in Dresden ein geheimes Gemach gehabt haben, aber wir wissen weder, ob die Gräfin Kielmansegg dort von ihm empfangen worden ist, noch ob es überhaupt galanten Zwecken diente. Die darüber vorhandenen Aussagen sind nicht einwandfrei. Auch unter Frauen gab und gibt es diplomatische Agenten. Vielleicht waren es solche, die 1813 bei Napoleon aus- und eingingen, der, obwohl er alles Einmischen der Frauen in die Geschäfte haßte, es doch nicht verschmähte, auch auf diesem Wege über den Feind etwas zu erfahren. Auch das ist kein Beweis für ein Liebesverhältnis zwischen dem Kaiser und der Gräfin Kielmansegg, daß diese mit dem Polizeiminister Fouché, mit Savary und vielen französischen Generalen im Briefwechsel gestanden hat. Es könnten eher zwei andere Schlüsse daraus gezogen werden: Entweder benutzte Napoleon die überaus kluge und gewandte Frau, die die glänzendsten Verbindungen unterhielt, von der er wußte, daß sie ihm in bewundernder Verehrung vollkommen ergeben war, ganz im geheimen als seine Spionin, oder Fouché selbst ließ sich auf eigene Hand durch sie über die sächsischen Verhältnisse und über die Begebenheiten im Lande aufklären.

Ferner möchte man der Scheidung der Gräfin Kielmansegg von ihrem Mann als Grund unterschieben, daß sie infolge der intimen Beziehungen zum französischen Kaiser erfolgt wäre. Sie wurde jedoch erst im Jahre 1817 ausgesprochen. Allerdings lebten die beiden Gatten bereits nach den Ereignissen von 1813 nicht mehr in Gemeinschaft, aber die Ursache dazu wird vielmehr darin zu suchen sein, daß der Graf ein eifriger Patriot und Kämpfer für sein Vaterland, also Franzosenhasser, die Gräfin jedoch die glühendste Bewunderin von allem Französischen war. Außerdem war sie eine wenig verträgliche, exzentrische, herrische, fantastische und überspannte Natur, und der Graf hatte sie dazu im Verdacht, daß sie ihm während des sächsischen Feldzugs die Treue nicht gehalten habe. Der Name des Kaisers Napoleon wurde jedoch dabei nicht genannt, sondern der einiger hochgestellter französischer Offiziere, die bei der Gräfin Charlotte von Kielmansegg auf ihrem Gute Schmochtitz bei Bautzen aus- und eingingen. Sie selbst hat sich gegen diesen Verdacht energisch verwahrt. Zum mindesten verließ sie ihr Gatte, weil, wie die Familienchronik der Kielmansegg ausdrücklich betont, „die Gräfin, auftauchenden Gerüchten zufolge, eines Verkehrs mit Agenten der geheimen französischen Polizei verdächtig, ihn der Gefahr ausgesetzt hatte, festgenommen zu werden".

Eine höchst sonderbare Geschichte ist allerdings die Angelegenheit Karl Heinrich Schönbergs, des ihr als Sohn zugesprochenen, in Dürrhennersdorf verstorbenen Böttchers. Charlotte von Kielmansegg erzählt uns selbst, daß dieser Karl Heinrich ihr im Jahre 1816 vom Minister Fouché als Neugeborener von einer ihr unbekannten Frau und ihr unbekanntem Manne zur Erziehung anvertraut wurde. So fabelhaft dieser Bericht auch klingt, so beweist er doch nichts in bezug auf ihre Beziehungen zu Napoleon. Wäre dieser Knabe, wie vielfach vermutet wird, ein Sohn des Kaisers und der Gräfin Kielmansegg gewesen, so wäre dies nur möglich, wenn sie Anfang des Jahres 1816 oder Ende 1815 dem

Kaiser auf Sankt Helena einen Besuch abgestattet hätte. Es ist jedoch nachgewiesen, daß Napoleon während der sechs Jahre seiner Gefangenschaft nie ein weibliches Wesen aus Europa auf der Felseninsel empfangen hat. Auch auf Elba ist die Gräfin Kielmansegg nicht gewesen. Die einzige Frau,

Marie Luise.
(Nach einem Stich von N. Bertrand.)

die den Kaiser dort besuchte, war Marie Walewska. Ferner würde Napoleon, wenn Karl Heinrich sein Sohn gewesen wäre, besser für ihn gesorgt haben, denn wir wissen, welche Fürsorge er für seine beiden außerehelichen Kinder an den Tag legte, selbst als er längst mit Marie Luise verheiratet war. Auch die Gräfin Kielmansegg würde ein solches Unterpfand der Liebe des von ihr so hochgeschätzten Mannes in ihrem Testament freigebiger bedacht haben*) und ihn nicht das harte Handwerk eines Böttchers haben erlernen lassen. Sie selbst schreibt in ihrem Testament darüber folgendes:

„Der am Dresdener Hofe im Jahre 1816 als Gesandter akkreditierte Herr Minister Fouché hatte damals aus Frankreich proskribierte Personen bei sich aufgenommen. Unter diesen Personen befand sich ein Mann und in dessen Begleitung eine Frauensperson, die von ihm schwanger war. Nun ersuchte mich der Herr Gesandte, welcher mich von Frankreich her kannte und zu mir Vertrauen hatte, mich dieser Person und ihres zu gebärenden Kindes annehmen zu wollen. Ich sagte ihm solches zu und nahm in dessen Folge jene Person, als sie ihrer Niederkunft gewärtig war, im Schlosse zu Schmochtitz bei mir auf. Hier brachte sie am 6. September 1816 einen Knaben zur Welt, welcher dem Akkoucheur Dr. Bönisch in Kamenz übergeben wurde. Bei der Entbindung war niemand zugegen als die Schloßverwalterin Schneider und ich. Dr. Bönisch ließ ihm in der Taufe die Namen Karl Heinrich geben und ihn ein Jahr lang erziehen, worauf ich ihn nach Dürrhennersdorf brachte und dem Förster Lodemann zur Erziehung übergab, während die vom Minister Fouché dazu von Zeit zu Zeit eingehenden Gelder dem ebengenannten Erzieher durch mich eingehändigt wurden. Als jedoch nach dem Tode des Ministers Fouché**) die Verpflegungsgelder für Karl Heinrich, welche schon einige Zeit vorher deshalb ausgeblieben waren, weil der Knabe nach Frankreich abgeholt werden sollte, nicht mehr eingingen, so war ich schon wegen des Dr. Bönisch in die Notwendigkeit versetzt, mich der Unterstützung des Knaben zu unterziehen, insbesondere ihm ein Handwerk lernen zu lassen. Nachdem jedoch Dr. Bönisch,

---

*) Karl Heinrich erhielt den Pflichtteil, er starb 1872 in Dürrhennersdorf.
**) Fouché starb am 25. Dezember 1820.

Polizeiminister Fouché.
(Nach einem Stiche aus der Sammlung Kircheisen.)

der einzige, dessen Zeugnis mir hätte zur Seite stehen können, verstorben, und dieser junge Mensch seine Mündigkeit erreicht hatte, benutzte derselbe die Momente, welche ihm aus meiner Beteiligung bei seiner Erziehung zur Hand waren dazu, die ihm von seiner Umgebung beigebrachte Meinung, daß er von mir selbst geboren, bei dem Stadtgerichte zu Dresden gegen mich geltend zu machen. Er wurde auch infolge rechtskräftiger Erkenntnisse zur eidlichen Bestärkung seiner Behauptung zugelassen. Ich erkläre nochmal feierlich seine Angabe als eine Lüge!... Genannter Karl Heinrich hat durch die erwähnten Vorgänge das Recht erlangt, mich mit zu beerben."

Außer diesem Karl Heinrich machte noch ein anderer Mensch, namens Ernst Ludwig Wolf Graf, Ansprüche an das Erbe der Gräfin Charlotte von Kielmansegg. Er behauptete, aus einer Verbindung zwischen ihr und dem Kaiser Napoleon entsprossen zu sein, ohne einen anderen Beweisgrund dafür anführen zu können als seine allerdings überraschende Ähnlichkeit mit dem Kaiser der Franzosen. Aller Wahrscheinlichkeit nach hatte man es aber mit einem Hochstapler oder Geistesschwachen zu tun, eher schon mit dem ersteren, der aus einem Zufall Vorteil zu ziehen suchte. Alle seine Schritte, die Gräfin Kielmansegg zu beerben oder von der französischen Regierung eine Unterstützung zu erlangen, waren übrigens erfolglos. Er endete 1864 sein Leben durch einen freiwilligen Tod in der Elbe.

So wob sich die Sage immer dichter um die seltsame Frau, die dreißig Jahre lang in dem düsteren Hause im Plauenschen Grunde bei Dresden gehaust hatte*). Man erzählte sich die schauerlichsten Geschichten von diesem sogenannten „Wasserpalais", dessen Parkmauern von der wilden Strömung der Weisseritz bespült wurden. Es ist mir selbst noch heute lebhaft in Erinnerung, daß ich als kleines Mädchen,

*) Sie bezog das Haus im Plauenschen Grunde bei Dresden im Jahre 1833.

wenn ich mit der Mutter und den Geschwistern einen Spaziergang nach dem Plauenschen Grunde unternahm, mit ängstlicher Scheu und unüberwindlichem Grauen dieses unfreundliche, gelb angestrichene Haus betrachtete. Man erzählte uns Kindern, es habe hier eine böse Gräfin gehaust, verlassen von aller Welt, von Gewissensbissen gepeinigt, in namenlosem Ringen und doch trotzig sich allem Trost verschließend. Nicht lange indes sollte dieses schauerliche Haus uns Kindern Furcht einflößen, denn schon im Jahre 1890 wurde es niedergerissen.

Veranlassung zu all diesen Geschichten und Sagen mag wohl die zurückgezogene, exzentrische, allem Gewohnten der Gesellschaft entgegengesetzte Lebensweise der Gräfin Charlotte von Kielmansegg gegeben haben, denn es fällt ganz besonders dem sächsischen Volke nicht schwer, die geheimnisvollsten Märchen um eine Person zu spinnen, die nicht ganz und gar nach den Vorschriften des „normalen Menschen" lebt. Der von der Gräfin bis zum Fanatismus betriebene Napoleonkultus gab Stoff genug, um einen ganzen Roman daraus zu machen. Ihr Haus an der Weißeritz war angefüllt mit allen möglichen Reliquien aus der Umgebung des französischen Kaisers. Sein Bild schmückte alle Wände ihres Hauses; jedes Hausgerät, jedes Möbelstück war fast ein Andenken an ihn und seine Zeit. Unter den zahllosen Bildern von ihm und seiner Familie, mit denen sich die Gräfin Kielmansegg zu umgeben liebte, befand sich eine Miniatur in einem wundervollen Rahmen, das sie selbst auf der Rückseite mit den Worten versehen hatte: „J'ai reçu ce portrait de l'Empereur Napoléon lui-même en 1813." Sie trieb ihre Verehrung des großen Mannes so weit, daß sie eine Haarlocke von ihm, einen Holzsplitter aus dem Fußboden seines Arbeitskabinetts im Palais Marcolini, einen alten Klingelzug, eine Kaminvase, Öfen, einen Bettschirm, alles Gegenstände aus dem erwähnten Palais, deren er sich 1813 bedient hatte, sorgfältig wie Heiligtümer aufbewahrte. Sie war eben eine fanatische Verehrerin napoleonischer Größe. Jeden 15. August, den Geburtstag des Kaisers, feierte sie ebenso gewissenhaft, wie seinen Sterbetag, den 5. Mai. An diesen Tagen schmückte sie seine Bildnisse mit Blumen und Kränzen und weinte wie um einen heißgeliebten Toten, der ihrem Herzen nahe gestanden hatte. Das alles verfehlte nicht, im Volke,

Charlotte Auguste Gräfin Kielmansegg
in ihrem 85. Lebensjahre.
(Nach einer Photographie.)

dem es die Dienstboten der Gräfin zutrugen, die absurdesten Gedanken zu erwecken, zumal man wußte, daß sie besonders in den Jahren 1818 und 1819 ernstliche Schritte zu seiner Befreiung aus der Gefangenschaft getan hatte, die natürlich vollkommen negativ ausgefallen waren.

In der Gräfin Charlotte von Kielmansegg hatte Napoleon noch als einsamer Gefangener eine wahre Freundin, ohne daß er es vielleicht ahnte. Sie hätte gewiß alles getan, um zu ihm zu gelangen, wenn die Hindernisse nicht unüberwindliche gewesen wären, und hätte ihm an Stelle seiner Gattin Trost gespendet. Aber sie mußte am 29. April 1863 aus der Welt scheiden, ohne daß sich ihr heißester Wunsch, den von ihr angebeteten Helden in seiner Gefangenschaft gesehen zu haben, erfüllt hatte. „Seule et soumise" war ihr Wahlspruch in den letzten Lebensjahren gewesen. Welche Kämpfe der Seele sprechen aus diesen beiden kurzen Worten!

Das beste Porträt von dieser aus Gegensätzen zusammengesetzten eigenartigen Frau überliefert uns Hans Blum aus dem Jahre 1849, als er mit seiner Mutter, der Witwe des im Jahre 1848 in der Brigittenau erschossenen Demokraten Robert Blum, die Gräfin Kielmansegg besuchte. „Ich werde den Eindruck nie vergessen", erzählt er, „den das Erscheinen der Gräfin auf mich machte. Ich habe nie wieder eine so aristokratische Gestalt in so schmutzig plebejischem Aufzuge oder, um mit den Ästhetikern zu reden, nie wieder eine so vollendete Idee in so widersprechender Form gesehen! Die Gräfin Kielmansegg war damals schon eine greise Frau — aber ungebrochen hatte dieser stolze Nacken die Ströme überdauert, die Europa seit mehr als zwei Menschenaltern durchzogen und auch sie oftmals gewaltig erfaßt hatten. Eine Säule von ehedem stand sie da, hoch und schlank, in dem sichern Bewußtsein eines tadellos aristokratischen savoir vivre. Ihre feinen, regelmäßigen Züge verrieten die letzten Spuren jener gefeierten Schönheit, auf welche einst der erste Napoleon bewundernd geblickt haben soll. Und konnten diese gemütlosen, kalten (!) blauen Augen, diese harten, marmornen Züge wirklich jenes innere Feuer verbergen, das in den Briefen an meine Mutter lebendig hervortrat, dann hatte sie entweder eine außerordentliche Gewalt über den Spiegel ihrer Seele, oder sie war einer der selbst unter Männern seltenen Charaktere, bei denen jede Gebärde, jedes Wort, jede Tat den

Stempel einer inneren Notwendigkeit trägt, an denen jeder Zoll ein Wille, ein Charakter ist, und die darum den gewöhnlichen Sterblichen als mit undurchdringlicher Kälte und Herzlosigkeit behaftet erscheinen. Wenn aber einmal — was nur selten geschah — das schlafende Feuer seine Hülle zersprengte, dann bot ihr Antlitz den erschreckendsten Ausdruck dar. Wie ein heimlicher Krater plötzlich eine friedliche Landschaft mit Lavaströmen tränkt, wenn seine verhaltene Lohe emporschießt, so flog alsdann über diese sonst regungslosen Muskeln ein jähes dämonisches Feuer, ein Zucken und Wühlen und Arbeiten, das plötzlich wieder zu einem souveränen Lächeln erstarrte."

Gleicht dieses Charakterbild nicht vollkommen dem Napoleons? War die Gräfin Kielmansegg nicht selbst ein ähnlicher Charakter wie er? Soll es uns daher wundern, daß sie, die mit ihm Wahlverwandte, ihn so verehrte?

Finis!

LITERATUR

1. Allgemeine Darstellung und solche, die zu verschiedenen Kapiteln verwendet wurden.

Correspondance de *Napoléon Ier*. 32 tom. 8°. Paris 1858—1870.
Lettres inédites de *Napoléon Ier* (An VIII—1815). Publiées par *L. Lecestre*. 2 tom. 8°. Paris 1897.
Lettres inédites de *Napoléon Ier*. Publiées par *L. de Brotonne*. 8°. Paris 1898.
Dernières lettres inédites de *Napoléon Ier*. 2 tom. 8°. Paris 1903.
Briefe *Napoleons des Ersten*. Auswahl aus der gesamten Korrespondenz des Kaisers; herausgegeben von *F. M. Kircheisen*. 3 Bde. 8°. Stuttgart 1909—1910. — 6. Aufl. 1912.
Napoléon inconnu. Papiers inédits (1786—1793). Publiés par *F. Masson* et *G. Biagi*. 2 tom. 8°. Paris 1895.
Napoleon. Der Feldherr, Staatsmann und Mensch in seinen Werken. Bearbeitet von *F. M. Kircheisen*. 16°. Stuttgart 1907. — 3. Aufl. 1912.
Gespräche *Napoleons des Ersten*. Zum erstenmal gesammelt und herausgegeben von *F. M. Kircheisen*. 3 Bde. 8°. Stuttgart 1911—1912.

H. d'Alméras, La vie parisienne sous la révolution et le directoire. 8°. Paris 1909.
H. d'Alméras, La vie parisienne sous le consulat et l'empire. 8°. Paris [1910].
Amours secrètes de *Napoléon Bonaparte*. Par M. le baron de B*** [*C. Doris*.] 4 tom. 12°. Paris, 1815.
  Mit Vorsicht zu benutzen.
C. F. Antommarchi, Mémoires, ou les derniers moments de *Napoléon*. 2 tom. 8°. Paris 1825.
A. V. Arnault, Souvenirs d'un sexagénaire. Tom. I—IV. 8°. Paris 1833.
P. H. Azaïs, Jugement impartial sur *Napoléon*. Paris 1820.
J. C. Bailleul, Histoire de *Napoléon*. 4 tom. 8°. Paris 1838—1839.
R. Barbiera, Donne e madonne di *Napoleone I* a Milano e a Montebello. In: — —, Figure e figurine del secolo che muore. Milano 1899.
Comte *P. J. F. N. Barras*, Mémoires. 4 tom. 8°. Paris 1895—1896.
H. Baudrillart, Histoire du luxe privé et public. 4 vol. 8°. Paris 1878—1880.
Baron *L. F. J. de Bausset*, Mémoires anecdotiques sur l'intérieur du palais. 4 tom. 8°. Paris 1827—1829.
E. Bonnal de Ganges, Le génie de *Napoléon*. 2 tom. 12°. Paris [1897].
H. Bouchot, Le luxe français. 4°. Paris [1892].

H. *Bouchot*, La toilette à la cour de *Napoléon*. 8°. Paris [1895].
L. A. F. *de Bourrienne*, Mémoires sur *Napoléon*. 10 tom. 8°. Paris 1829.
Vicomte H. *de Broc*, La vie en France sous le premier empire. 8°. Paris 1895.
A. C. L. V. *duc de Broglie*, Souvenirs. 4 tom. 8°. Paris 1886.
L. *de Brotonne*, Les *Bonaparte* et leurs alliances. 8°. Paris 1893.
F. *Castanié*, Napoléon au jour le jour. Tom. I. 8°. [Als Manuskript gedruckt. Paris 1907.]
A. A. L. *Comte Caulaincourt*, duc de *Vicence*, Souvenirs. 2 tom. 8°. Paris 1837.
Comte J. A. *Chaptal*, Mes souvenirs sur *Napoléon*. 8°. Paris 1893.
F. R. Vicomte *de Chateaubriand*, Mémoires d'outre-tombe. 12 tom. 8°. Paris 1849—1850.
Mémoires de *Constant*, premier valet de chambre de l'empereur, sur la vie privée de *Napoléon*, sa famille et sa cour. 4 vol. 8°. Paris 1830—1831. Nur mit Vorbehalt zu benutzen.
T. *De Colle*, Genealogia della famiglia *Bonaparte*. 8°. Firenze 1898.
V. *Du Bled*, Les comédiens français pendant la révolution et l'empire. In Revue des Deux Mondes. 64e année. Tom. 122, 124, 126. Paris 1894.
Madame la générale S. *Durand*, Mes souvenirs sur *Napoléon*, sa famille et sa cour. 2 tom. 12°. Paris 1819.
R. W. *Emerson*, Representative men. 12°. London 1844.
Prince *Eugène*, Mémoires et correspondance politique et militaire. 10 tom. 8°. Paris 1856—1860.
Baron *Fain*, Mémoires. 8°. Paris 1908.
H. *Fleischmann*, Napoléon et l'amour. 16°. Paris 1909.
H. *Fleischmann*, Napoléon adultère. 16°. Paris [1909].
Baron P. A. E. *Fleury de Chaboulon*, Mémoires pour servir à l'histoire de la vie privée, du retour et du règne de *Napoléon* en 1815. 2 tom. 8°. London 1819.
Mémoires de J. *Fouché*, duc d'Otrante. 2 tom. 8°. Paris 1824.
L. J. *Gohier*, Mémoires. 2 tom. 8°. Paris 1824.
L. *Goldsmith*, The secret history of the cabinet of *Bonaparte*. 8°. London 1810.
E. L. A. et J. A. H. *de Goncourt*, Histoire de la société française pendant le directoire. Paris 1855. — Letzte Ausgabe 1895.
General Baron G. *Gourgaud*, Sainte-Hélène. Journal inédit de 1815 à 1818. 2 tom. 12°. Paris [1899].
A. *Guillois*, Napoléon. L'homme, le politique, l'orateur. 2 tom. 8°. Paris 1889.
T. *Hopkins*, The women *Napoleon* loved. 8°. London 1909.
Mémoires et correspondance politique et militaire du roi *Joseph*. 10 tom. 8°. Paris 1853—1854.
H. F. T. *Iung*, Bonaparte et son temps, 1769—1799. 3 tom. 12°. Paris 1880—1881.
H. F. T. *Iung*, Lucien Bonaparte et ses mémoires 1775—1840. 3 tom. 8°. Paris 1882—1883.

M. d'Irisson, Comte *d'Herisson*, Le cabinet noir. 12°. Paris 1887.
F. M. Kircheisen, Bibliographie des napoleonischen Zeitalters. Bd. 1, 2. Berlin 1908—1912.
F. M. Kircheisen, Napoleon I. Sein Leben und seine Zeit. 1. Bd. 8°. München 1911. — Band 2 im MS. benutzt.
Baron *F. H. Larrey*, Madame Mère. (*Napoleonis* mater.) 2 tom. 8°. Paris 1892.
Comte *A. M. C. Lavalette*, Mémoires et souvenirs. 2 tom. 8°. Paris 1831.
A. Lévy, Napoléon intime. Paris 1893.
E. Maindron, L'Académie des sciences. 8°. Paris 1888 [1887].
A. F. L. V. de Marmont, duc de *Raguse*, Mémoires de 1792 à 1832. 9 tom. 8°. Paris 1857—1858.
F. Masson, Napoléon et les femmes. I. L'amour. [Alles, was erschienen.] Paris 1894 [1893].
F. Masson, Napoléon chez lui. Paris 1894.
F. Masson, Napoléon et sa famille. 8°. Paris 1897 ss.
F. Masson, Sur *Napoléon*. Huit conférences. 16°. Paris 1909.
A. Maze-Sencier, Les fournisseurs de *Napoléon Ier* et des deux impératrices. 8°. Paris 1893.
Baron *C. F. de Méneval*, Mémoires pour servir à l'histoire de *Napoléon Ier* depuis 1802 jusqu'à 1815. 3 tom. 8°. Paris 1893.
Aus *Metternichs* nachgelassenen Papieren. 8 Bde. 8°. Wien 1880—1884.
[Comte *Mollien*], Mémoires d'un ancien ministre du trésor public, de 1800 à 1814. 4 tom. 8°. Paris 1837.
General *C. J. F. T. de Montholon*, Récits de la captivité de l'empereur *Napoléon* à Sainte-Hélène. 2 tom. 8°. Paris 1847.
[*L. G. Montigny*], Le colonel *Duvar*, fils naturel de *Napoléon*. [Roman.] 4 tom. 16°. Paris 1827.
C. Nauvroy, Les secrets des *Bonaparte*. 12°. Paris 1889.
B. E. O'Meara, Napoleon in exile. 2 vol. 8°. London 1822.
G. J. Ouvrard, Mémoires sur sa vie. 3 tom. 8.° Paris 1826—1827.
Baron *E. D. Pasquier*, Histoire de mon temps. Mémoires. 6 tom. 8°. Paris 1893.
J. B. H. L. A. de Ricard, Autour des *Bonaparte*. 12°. Paris 1891.
Oeuvres du Comte *P. L. Roederer*. 8 tom. 8°. Paris 1853—1859.
Mémoires du duc de *Rovigo* [*Savary*] pour servir à l'histoire de l'empereur *Napoléon*. 8 tom. 8°. Paris 1828.
Général Comte *P. P. de Ségur*, Histoire et mémoires. 7 tom. 8°. Paris 1873.
de Stendhal (*M. H. Beyle*), Vie de *Napoléon*. Fragments. 12°. Paris 1876.
Prince de *Talleyrand*, Mémoires. 5 tom. 8°. Paris 1891—1892.
[Comte *A. C. Thibaudeau*], Mémoires sur le consulat. 1799 à 1804. 8°. Paris 1827.
Comte *A. C. Thibaudeau*, Le consulat et l'empire, ou histoire de la France et de *Napoléon Bonaparte* de 1799 à 1815. 10 tom. 8°. Paris 1834—1835.
J. Turquan, Souveraines et grandes dames. Les soeurs de *Napoléon*. 12°. Paris [1896].
J. Turquan, Napoléon amoureux. Paris [1897].

A. *Vandal*, Napoléon et *Alexandre*. 3 tom. 8°. Paris 1891 [1890]—1896.
M. L. E. *Vigée-Lebrun*, Souvenirs. 2 tom. 12°. Paris [1867].

1.—4. Kapitel.

M. *Bois*, Napoléon Bonaparte, lieutenant d'artillerie à Auxonne. 12°. Paris [1898].
A. M. *Chuquet*, La jeunesse de Napoléon. 3 tom. 8°. Paris 1897—1899.
Baron F. G. de *Coston*, Biographie des premières années de Napoléon Bonaparte. 2 tom. 8°. Paris 1840.
A. M. *Franck*, Valence en 1785 et le lieutenant Bonaparte. 8°. Valence 1897.
M. *Léty*, Bonaparte à Valence. 8°. Tournon 1895.
J. B. *Marcaggi*, La genèse de Napoléon. 8°. Paris 1902.
Napoléon Bonaparte à Auxonne, souvenirs recueillis par C. *Pichard*. 12°. Auxonne 1847.
F. *Bouvier*, Un amour de Napoléon [Madame *Turreau*]. 8°. Paris 1900.
Comtesse M. C. A. *d'Armaillé*, Une fiancée de Napoléon. Désirée *Clary*, reine de Suède 1777—1860. 16°. Paris 1897.
C. *Bearne*, A Queen of Napoleon's Court. Life story of Désirée *Bernadotte*. 8°. London 1905.
L. *Cappelletti*, Una fidanzata di Napoleone I. La regina *Bernadotte*. 8°. Firenze 1909.
  Estratto dalla: Rassegna nazionale.
Baron C. F. L. *Hochschild*, Désirée, reine de Suède et de Norvège. 8°. Paris, 1888.
L. M. V. Comtesse de *Chastenay*, Mémoires 1771—1815. 2 tom. 8°. Paris 1896.

5. Kapitel.

L. *Gastine*, La belle *Tallien*, Notre-Dame de septembre. 2 tom. 8°. Paris [1908 à 1909].
A. *Houssaye*, Notre-Dame de Thermidor. Histoire de Madame *Tallien*. 8°. Paris 1866.
P. *Lafond*, Garat 1762—1823. 8°. Paris [1899].
E. *Lairtullier*, Les femmes célèbres de 1789 à 1795. 8°. Paris 1840.
L. *Sonolet*, Figures de femmes. Madame *Tallien*. 16°. Paris 1909.
J. *Turquan*, Souveraines et grandes dames. La citoyenne *Tallien*. 16°. Paris [1898].

6. Kapitel.

C. *d'Arjuzon*, Hortense de Beauharnais. — Madame *Louis Bonaparte*. 2 tom. 16° et 8°. Paris 1897, 1901.
J. A. *Aubenas*, Histoire de l'impératrice Joséphine. 2 tom. 8°. Paris 1857 à 1859.
Mlle. *Avrillon*, Mémoires sur la vie privée de Joséphine. 2 tom. 8°. Paris 1833.

[Mme. *G. Bochsa*, née *Ducrest*], Mémoires sur l'impératrice *Joséphine*. 3 tom. Paris 1828.
C. Bonnet, Mme. *Bonaparte* à la Malmaison. [2 Artikel.]
   In: Revue de l'histoire de Versailles et de Seine-et-Oise. Versailles 1901—1902.
E. Colmet de Santerre, Le divorce de l'empereur et le code *Napoléon*.
   In: Séances et travaux de l'Académie des sciences morales et politiques. Tom. 141. Paris 1894.
P. Dudon, Le divorce de *Napoléon*.
   In: Revue napoléonienne. Rome 1902.
   Dazu die Entgegnung von *H. Welschinger*.
H. Fleischmann, *Joséphine* infidèle. 16°. Paris [1909].
E. Fourmestraux, La reine *Hortense*. 8°. Paris 1864.
E. Fourmestraux, Le prince *Eugène*. 8°. Paris 1867.
P. C. Headley, The life of the Empress *Joséphine*. 8°. New York 1855.
Baron *A. L. Imbert de Saint-Amand*, Les femmes des Tuileries ... *Joséphine* ... 5 tom. 12°. Paris 1883—1884.
L. Junot, duchesse *d'Abrantès*, Salon de l'impératrice *Joséphine*.
   In: — —, Histoire des salons de Paris. Tom. V. Paris 1838.
Mlle. *M. A. A. Le Normand*, Mémoires historiques et secrets de l'impératrice *Joséphine*. 2 tom. 8°. Paris 1820.
Lettere inedite di *Giuseppina* e di *Napoleone*.
   In: Miscellanea napoleonica. Serie V. Roma 1898.
Lettres de *Napoléon* à *Joséphine*. 2 tom. 8°. Paris 1833.
Lettres écrites pendant la campagne d'Italie: *Berthier* à *Joséphine*.
   In: Souvenirs et mémoires. Paris 15 juillet 1898.
E. Masi, Le due mogli di *Napoleone*. 16°. Bologna 1888.
F. Masson, *Joséphine* de Beauharnais 1763—1796. — *Joséphine* impératrice et reine. — *Joséphine* répudiée (1809—1814). 3 tom. 8°. Paris 1899—1901.
Baron *de Méneval*, L'impératrice *Joséphine*. 8°. Paris 1910.
F. A. Ober, *Joséphine*, Empress of the French. 8°. New York [1896].
R. Pichevin, L'impératrice *Joséphine*. 8°. Paris 1909.
A. Pulitzer, Une idylle sous *Napoléon Ier*. Le roman du prince *Eugène*. 8°. Paris [1894].
Rudemare, Narré de la procédure (ecclésiastique) à l'occasion de la demande en nullité du mariage de *Napoléon Bonaparte* et de *Joséphine Tascher de la Pagerie*.
   In: Revue rétrospective. Tom. II. Paris 1834.
J. Schnitzer, Die Ehescheidung *Napoleons I*. 8°. Freiburg i. B. 1898 [1897].
P. W. Sergeant, The Empress *Josephine*. *Napoleons* enchantress. 2 vol. 8°. London 1908.
S. de Sismondi, Notes sur l'empire et les cent-jours.
   In: Revue historique. Tom. IX. Paris 1879.
J. Turquan, Souveraines et grandes dames. La générale *Bonaparte*. — L'impératrice *Joséphine*. 2 tom. 12°. Paris [1895—1896].
J. Turquan, Souveraines et grandes dames. La reine *Hortense*, 1783—1837. 8°. Paris [1896].

Vicomte *M. de Vogüé*, Pour *Joséphine*.
  In: Revue napoléonienne. Rome 1905.
H. Welschinger, Le divorce de *Napoléon*. 16°. Paris 1889.

7.—10. Kapitel.

E. Guillon, Un trottin de l'an VII.
  In: La Grande Revue. Paris 1899.
J. A. Baron *Paulin*, Souvenirs. 8°. Paris 1895.
E. de Villiers du Terrage, Journal et souvenirs sur l'expédition d'Egypte (1798—1801). 8°. Paris 1899.
Madame *M. L. V. Ancelot*, Les salons de Paris. Foyers éteints. 12°. Paris 1858.
[*F. Masson*], Isola bella. (An V.) Tableau de *F. Flameng*. Obl. 8°. s. l. s. d.
P. Scudo, Joséphine Grassini.
  In: Revue des Deux Mondes. 22e année. Tom. 13. Paris 1852.
A. Sorel, Bonaparte et Hoche en 1797. 8°. Paris 1896.
Marguerite Joséphine Weimer, dite Mademoiselle *George*, Mémoires inédits de Madmoiselle *George*. Publiés d'après le manuscrit original par *P. A. Chéramy*. 16°. Paris 1908.
J. Clarétie, Profils de théâtre. 12°. Paris 1902.
Colonel *M. Combe*, Mémoires sur les campagnes de 1812—1815. 8°. Paris 1853.
H. Fleischmann, Une maîtresse de *Napoléon* (Mlle. *George*). 8°. Paris 1908.
H. Lyonnet, Histoire du théâtre. Mademoiselle *George*. 16°. Paris 1907.
E. de Mirecourt, Les contemporains. 100 Hefte. 32°. Paris 1853—1858.
  Heft 52: Mademoiselle *George*.
Boursault, La conjuration de Mlle. *Duchesnois* contre Mlle. *George* pour lui ravir la couronne. 8°. Paris s. d.
A. Dinaux, Notice biographique sur Mlle. *Duchesnois*. 8°. Valenciennes 1836.
H. Lyonnet, Mademoiselle *Duchesnois*.
  In: — —, Dictionnaire des comédiens français. Fasc. 37. Genève s. d.
J. F. Reichardt, Vertraute Briefe aus Paris, geschrieben in den Jahren 1802 und 1803. 3 Tle. 8°. Hamburg 1804—1805.
Stendhal (*H. Beyle*), Journal 1801—1814. 12°. Paris 1888.

11.—13. Kapitel.

E. V. E. B. Comte *de Castellane*, Journal, 1804—1862. 5 tom. 8°. Paris 1895 à 1897.
P. Audebrand, Derniers jours de la bohême. (Souvenirs de la vie littéraire.) 12°. Paris 1905.
M. Billard, Un fils de *Napoléon Ier* (Le comte *Léon*). 32°. Paris [1911].
  Erschien vorher in: La Revue. Paris 1909.
F. Funck-Brentano, L'aigle et l'aiglon.
  In: La Grande Revue. Paris, 15 mars 1904.
C. Nauroy, Les enfants de *Napoléon Ier*. (Le comte *Léon*. — Le comte *Walewski*.)
  In: — —, Les secrets des *Bonaparte*. Paris 1889.

Souvenirs de *J. F. Revel* (1804—1816).
In: Nouvelle Revue rétrospective. 2e série. 7e semestre. Paris 1903.

14. Kapitel.

Sir *N. Campbell*, Napoleon at Fontainebleau and Elba. 8°. London 1869.
Burggraf und Graf *H. zu Dohna*, Napoleon im Frühjahr 1807. 8°. Leipzig 1907.
G. Firmin-Didot, Napoléon souverain de l'île d'Elbe.
   In: — —, Pages d'histoire. Paris [1899].
E. Joachim, Napoleon in Finckenstein. 8°. Berlin 1906.
Journal d'un Anglais prisonnier de guerre à Paris. Retour de l'Ile d'Elbe.
   In: Revue britannique. Tom. 19. Paris 1828.
Paul Marmottan, Madame *Walewska* à Boulogne-sur-Seine (1811).
   In: Bulletin de la Société historique d'Auteuil-Passy. 1908.
C. Nauroy, Les enfants de *Napoléon Ier*. (Le comte *Léon*. — Le comte *Walewski*.)
   In: — —, Les secrets des *Bonaparte*. Paris 1889.
M. Pellet, Napoléon à l'île d'Elbe. 16°. Paris 1888.
A. Pons (de *l'Hérault*), Souvenirs et anecdotes de l'île d'Elbe. 8°. Paris 1897.
Comtesse *A. Potocka*, Mémoires (1794—1820). 8°. Paris 1897.
Le registre de l'île d'Elbe. Lettres et ordres inédits de *Napoléon Ier* (28 mai 1814 à 22. février 1815). 8°. Paris 1897.

15.—16. Kapitel.

Der Bericht über die Begegnung *Napoleons* mit der Herzogin von Weimar erschien zuerst in: Le Spectateur ou variétés historiques, littéraires, critiques, politiques et morales par *Malte Brun*. Tom. I, p. 78. Paris 1814.
A. Bielschowsky, Goethe. 2 Bde. 8°. München 1896—1904.
W. Bode, Amalie Herzogin von Weimar. 3 Bde. 8°. Berlin 1908 [1907].
E. von Bojanowski, Luise, Großherzogin von Sachsen-Weimar. 8°. Stuttgart und Berlin 1903.
Eckermann, Gespräche mit Goethe in den letzten Jahren seines Lebens. 2 Bde. Leipzig 1837.
Weimar in den Jahren 1806 und 1813. Schilderungen eines Augenzeugen [id est: *Theodor Götze*]. Mitgeteilt von *Robert Krause*. In: Neues Archiv für sächsische Geschichte. Bd. 4. Dresden 1883.
[Madame *Lenormant*], Coppet et Weimar. Madame *de Staël* et la grandeduchesse *Louise*. 8°. Paris 1862.
F. von Müller, Erinnerungen aus den Kriegszeiten von 1806—1813. 8°. Braunschweig 1851.
W. Schroeter, Louise, Großherzogin von Sachsen-Weimar. 8°. Weimar 1838. [War nicht zu ermitteln.]
Briefe der Königin *Luise* an die Oberhofmeisterin Gräfin *Voß*, 1796—1810. Herausgegeben von *P. Bailleu*.
   In: Deutsche Rundschau. Bd. 86. Berlin 1896.

Luise, Königin von Preußen in ihren Briefen. Herausgegeben von *J. W. Braun*. 8°. Berlin 1888.

Briefwechsel König *Friedrich Wilhelm's III*. und der Königin *Luise* mit Kaiser *Alexander I*. 8°. Leipzig 1900.

Die Verhandlungen in Tilsit (1807). Briefwechsel König *Friedrich Wilhelms III*. und der Königin *Luise*. Veröffentlicht von *P. Bailleu*.
   In: Deutsche Rundschau. Bd. 110. Berlin 1902.

F. Adami, *Luise*, Königin von Preußen. 4. Aufl. (des Werkes der Frau *von Berg*). Berlin 1868.

P. Bailleu, Königin *Luise* in Tilsit.
   In: Hohenzollern-Jahrbuch. 3. Jahrgang. Leipzig 1899.

P. Bailleu, Königin *Luise*. 4°. Berlin-Leipzig 1908.

[Frau *von Berg*], *Luise*, Königin von Preußen. 8°. Berlin 1814.

Charakter-Züge und historische Fragmente aus dem Leben des Königs von Preußen *Friedrich Wilhelm III*. Gesammelt von *R. F. Eylert*. 3 Tle. Magdeburg 1844—1846.

F. Gentz, Journal de ce qui m'est arrivé de plus marquant dans le voyage que j'ai fait au quartier-général de S. M. le roi de Prusse. Le 2 octobre 1806 et jours suivants.
   In: Mémoires et lettres inédits du chevalier *de Gentz*. Stuttgart 1841.

The diaries and letters of Sir *George Jackson*. 2 vol. 8°. London 1872.

F. M. Kircheisen, Die Königin *Luise* in der Geschichte und Literatur. Eine systematische Zusammenstellung der über sie erschienenen Einzelschriften und Zeitschriftenbeiträge. 8°. Jena 1906.
   Darin und in den handschriftlichen Nachträgen ist weitere Literatur angegeben.

E. Knaake, Leben und Wirken der Königin *Luise*. 8°. Halle 1909.

A. Lonke, Königin *Luise* von Preußen. Leipzig 1904 [1903].

M. M. Moffat, Queen *Louisa* of Prussia. 8°. London 1906.

De Nadaillac, Un diplomate anglais (Sir *George Jackson*) an commencement du 19e siècle. *Napoléon* en Prusse.
   In: Le Correspondant. Paris 1895.

M. Paléologue, *Louise*, reine de Prusse.
   In: Revue des Deux Mondes. 61e année. Tom 103. Paris 1891.

Neunundsechzig Jahre am preußischen Hofe. Aus den Erinnerungen der Oberhofmeisterin *S*. Gräfin *von Voss*. 8°. Leipzig 1876 [1875].

17. Kapitel.

Correspondance de *Marie Louise*. 1799—1847. 8°. Vienne 1887.

J. Antomarchi, Le mariage par procuration de *Napoléon* avec *Marie-Louise*.
   In: Revue hebdomadaire. 2e série. Tom. 11. Paris 1898.

M. Billard, Les maris de *Marie-Louise*. Paris 1908.

Briefwechsel der Königin *Katharina* und des Königs *Jérome* von Westphalen, sowie des Kaisers *Napoleon I*. mit dem König *Friedrich* von Württemberg. 3 Bde. 8°. Stuttgart 1886—1887.

Comte *J. B. N. de Champagny*, Souvenirs. Paris 1846.

Cardinal *E. Consalvi*, Mémoires sur le mariage de l'empereur *Napoléon* et de l'archiduchesse d'Autriche.
  In: — —, Mémoires. Tom. I. Paris 1864.
Baronne *Du Montet*, Souvenirs 1785—1866. 8°. Paris 1904.
H. Fleischmann, *Marie-Louise* libertine. 16°. Paris [1910].
A. Fournier, *Marie Louise* und der Sturz Napoleons.
  In: Deutsche Rundschau. Bd. 112. Berlin 1902.
J. A. Frhr. *von Helfert, Maria Louise*, Erzherzogin von Österreich, Kaiserin der Franzosen. 8°. Wien 1873.
Baron *A. L. Imbert de Saint-Amand*, Les femmes des Tuileries. *Marie-Louise*... 4 tom. 12°. Paris 1885—1886.
Comte *M. J. E. A. D. de Las Cases*, Mémorial de Sainte-Hélène. 8 tom. 8°. Paris [1822—]1823.
Général Baron *L. F. Lejeune*, Souvenirs. 2 tom. 8°. Toulouse 1851.
Maria Luise und der Herzog von *Reichstadt*, der Sohn *Napoleons*, die Opfer der Politik *Metternichs*. 2. Aufl. Bern 1849.
E. Masi, Le due mogli di *Napoleone*. 16°. Bologna 1888.
Baron *de Méneval*, Marie-Louise et la cour d'Autriche. Paris 1909.
F. Masson, L'impératrice *Marie-Louise*. 8°. Paris 1901.
F. Masson, *Napoléon* et son fils. 4°. Paris 1904.
1809—1815. Mémorial et archives du Baron *G. Peyrusse*. 8°. Carcassonne 1869.
Lettres inédites du Baron *G. Peyrusse*, 1809 à 1814. 16°. Paris 1894.
Projet de mariage de *Napoléon Ier* avec la grande-duchesse *Anne* de Russie.
  In: Le Correspondant. 62e année. Paris 1890.
D. D. de Pradt, Histoire de l'ambassade dans le grand-duché de Varsovie en 1812. 8°. Paris 1815.
G. Valbert, Lettres intimes de l'impératrice *Marie-Louise*.
  In: Revue des Deux Mondes. 57e année. Tom. 82. Paris 1887.
H. Welschinger, Le roi de Rome (1811—1832). 8°. Paris 1897.
E. Wertheimer, Der Herzog von *Reichstadt*. 8°. Stuttgart und Berlin 1902.
E. Wertheimer, Die Heirat der Erzherzogin *Marie Louise* mit *Napoleon I*.
  In: Archiv für österreichische Geschichte. Bd. 64. Wien 1882.

18. Kapitel.

Madame la duchesse *d'Abrantès*, Mémoires ou souvenirs historiques sur *Napoléon*. 18 tom. 8°. Paris 1831—1835.
L. Junot, duchesse *d'Abrantès*, Salon de la gouvernante de Paris, 1806 à 1814.
  In: — —, Histoire des Salons de Paris. Tom. IV. Paris 1838.
E. Biré, La duchesse *d'Abrantès*.
  In: — —, Mémoires et souvenirs. Tom. II. Paris 1895.
A. V. La duchesse *d'Abrantès*.
  In: Revue britannique. 59e année. Tom. IV. Paris 1883.
G. Stenger, La duchesse *d'Abrantès*.
  In: — —, Grandes dames du XIXe siècle. Paris 1911.

J. Turquan, Souveraines et grandes dames. La générale *Junot*, duchesse *d'Abrantès*. 12°. Paris [1901].
J. Wirth, Le maréchal *Lefèbvre*, duc de Dantzig. 8°. Paris 1904.

19. Kapitel.

A. L. G. baronne *de Staël*, Considérations sur les principaux événements de la révolution française. 3 tom. 8°. Paris 1818.
— —, Dix années d'exil. Paris 1821.
Duchesse *d'Abrantès*, Salon de Mme. *de Staël*.
 In: — —, Histoire des salons de Paris. Tom. II, III. Paris 1837—1838.
A. Albert, Madame *de Staël*.
 In: — —, La littérature française sous la révolution, l'empire et la restauration (1789—1830). Paris 1891.
A. Bardoux, Etudes sur la fin du XVIIIe siècle. La comtesse de *Beaumont*. 12°. Paris 1889.
C. J. Lady *Blennerhassett*, Frau von *Staël*. 3 Bde. 8°. Berlin 1887—1889.
E. Caro, Madame *de Staël*.
 In: — —, La fin du 18e siècle. Tom. II. 16°. Paris 1880.
E. Chapuisat, Madame *de Staël* et la police. 8°. Genève [1910].
E. J. Delécluze, Souvenirs de soixante années. 12°. Paris 1862.
B. Duffy, Madame *de Staël*. 8°. London 1887.
E. Faguet, Madame *de Staël*.
 In: — —, Politiques et moralistes du 19e siècle. Ire série. 2e éd. Paris 1891. — Abgedruckt aus: Revue des Deux Mondes. 57e année. Tom. 83. Paris 1887.
P. Gautier, Madame *de Staël* et *Napoléon*. 8°. Paris 1902.
P. Gautier, Le premier exil de Mme. *de Staël*.
 In: Revue des Deux Mondes. 76e année. Tom. 33. Paris 1906.
Madame *S. Gay*, Le salon de Mme. la baronne *de Staël*.
 In: — —, Salons célèbres. Paris 1839.
[*Girard*], Napoléon et Madame *de Staël*.
 In: Revue suisse. 12e année. Tom. 12. Neuchâtel 1849.
P. Holzhausen, H. Heine und Napoleon I. 8°. Frankfurt a. M. 1903.
[Madame *Lenormant*], Coppet et Weimar. Madame de *Staël* et la grande-duchesse *Louise*. 8°. Paris 1862.
C. A. Sainte-Beuve, Madame *de Staël*.
 In: — —, Nouveaux lundis. Tom. II. Paris 1864.
A. Sorel, Madame *de Staël*. 16°. Paris 1890.
A. Stevens, Madame *de Staël*. 2 vol. 8°. London 1881.

20. Kapitel.

C. E. J. de Rémusat, Mémoires 1802—1808. 3 tom. 8°. Paris [1879—]1880.
Lettres de Madame *de Rémusat* 1804—1814. Publiées par son petit-fils Paul *de Rémusat*. tom. 3 8°. Paris 1881.
Correspondance de M[onsieur] *de Rémusat* pendant les premières années de la restauration. Publiée par son fils *P. de Rémusat*. 6 tom. 8°. Paris 1883—1886.

J. Barbey d'Aurevilly, Mme *de Rémusat*.
   In: — —, Mémoires historiques et littéraires. Paris 1893.
E. Bertin, Mémoires de Madame *de Rémusat*.
   In: — —, La société du consulat et de l'empire. Paris 1890.
K. Hillebrand, Madame *de Rémusat* et *Napoléon Bonaparte*.
   In: — —, Aus dem Jahrhundert der Revolution. 2. [Titel-] Ausg. Berlin 1886. — Abgedruckt aus: Deutsche Rundschau. Bd. 23.
G. d'Hugues, Madame *de Rémusat*.
   In: Le Correspondant. Paris, 10 août 1886.
Memoires of Madame *de Rémusat*.
   In: The Quarterly Review. Vol. 149. London 1880.
Memoires of Madame *de Rémusat*.
   In: The Edinburgh Review. Vol. 152. Edinburgh 1880.
Prince *Napoléon*, Madame *de Rémusat*.
   In: — —, Napoléon et ses détracteurs. 16°. Paris 1888.
C. A. Sainte-Beuve, Madame *de Rémusat*.
   In: Revue des Deux Mondes. 4e série. Tome 30. Paris 1842. — Wieder abgedruckt in: — —, Portraits de femmes. Nouv. éd. Paris 1856.
E. Scherer, Les mémoires de Madame *de Rémusat*.
   Dans: — —, Etudes critiques sur la littérature contemporaine. Tome VII. Paris 1882.
G. Stenger, Madame *de Rémusat*.
   In: — —, Grandes dames du XIXe siècle. Paris 1911.

21. Kapitel.

Hans Blum, Ein denkwürdiger Besuch [bei Frau *von Kielmansegg*]. Fragment aus unseren Familienpapieren.
   In: Die Gartenlaube. Leipzig 1868.
Carletto [pseudon.], *Ernst Graf Napoleon Buonaparte*, angeblicher Sohn *Napoleon I.* und der Gräfin *Kielmannsegge-Schönberg*. 8°. Leipzig 1904.
A. Fiedler, Zur Geschichte des Kurländischen Palais (Zeughausplatz 3) und des Marcolinischen Palais (jetzt Stadtkrankenhaus zu Dresden-Friedrichstadt). 8°. Dresden 1904.
Ein ödes Haus.
   In: Vom Fels zum Meer. Leipzig 1888.
E. G. L. W. H. Graf *von Kielmansegg* und *E. F. C. L.* Graf *von Kielmansegg*, Familienchronik der Herren und Grafen *von Kielmansegg*. 8°. Leipzig 1872. — 2. Aufl. von *E.* Graf *von Kielmansegg*. Wien 1910.
R. Marenholz, Gräfin *Charlotte Kielmansegg*.
   In: Das Universum. 7. Jahrgang. Leipzig 1901.
E. M. Oettinger, Gräfin *Kielmannsegge* und Kaiser *Napoleon Buonaparte I*. Geschichtlicher Memoiren-Roman. 3 Bde. 8°. Brünn 1864.
Severus, Licht ins Dunkel der Verhüllung. Das wahre Lebens- und Charakterbild der Gräfin *von Kielmannsegge-Schönberg*. 8°. Dresden 1863.
O. Wilsdorf, Gräfin *C. von Kielmannsegge*. 8°. Dresden 1889.

VERZEICHNIS DER ILLUSTRATIVEN BEIGABEN.

A. VOLLBILDER.

Seite

Titelbild, Josephine. Nach einem Gemälde von J. B. Isabey. (Aus der Sammlung E. Taigny.)
Bonaparte bei Arcole. (Nach einem Gemälde vom Baron A. L. J. Gros im Musée du Louvre.) 2
Geburtshaus Napoleons. (Nach einem Stich aus dem Anfang des 19. Jahrhunderts. Aus der Sammlung Kircheisen.) 8
Königin Luise von Preußen. (Nach dem Gemälde von Joseph Grassi.) . 12
Die Söhne Hortenses und Louis Bonapartes. (Nach zeitgenössischen Stichen aus der Sammlung des Herrn P. Lafond.) 14
Marquise Visconti. (Nach Baron F. P. S. Gérard im Musée du Louvre.) 18
Jean-Jacques Rousseau im armenischen Kostüm. Von Ramsay (1779). (Nach einem Stiche aus der Sammlung Kircheisen.) 26
Stephanie, Großherzogin von Baden. (Nach einem Porträt von Grevedon.) 30
Die Bogengänge des Palais-Royal. (Nach einem Gemälde von L. L. Boilly.) 34
Das Hôtel de Cherbourg in Paris. Gegenwärtiger Zustand. (Nach einer Photographie aus der Sammlung H. Fleischmanns.) 36
Basrelief der 1857 in Auxonne errichteten Statue des jungen Bonaparte 40
Napoleon als Gefangener im Fort Carré bei Antibes. (Nach einer Zeichnung von Weber, gestochen von Motte.) 44
Napoleon Bonaparte. Nach einem Gemälde von H. E. P. Philippoteaux. (Musée de Versailles.) 50
Marseille. Nach einem Stiche aus dem Anfang des 19. Jahrhunderts. (Aus der Sammlung Kircheisen.) 52
Marie Julie, Königin von Spanien mit der Prinzessin von Canino. (Nach einem Gemälde von P. Lefebvre im Musée de Versailles.) 54
Bernadotte. Porträt von Jean Guerin. Gestochen von G. Fiesinger. (Nach einem Stiche aus der Sammlung Kircheisen.) 56
Gräfin Victorine de Chastenay 66
Madame Tallien 74
Tallien. Nach einer Lithographie von Delpech. (Aus der Sammlung Kircheisen.) 76
Bonaparte. Nach einem Porträt von Jean Guerin, gestochen von G. Fiesinger. (Aus der Sammlung Kircheisen.) 78
„La Chaumière" der Frau Tallien in den Champs Elysées 84

	Seite
Madame de Talleyrand, Fürstin von Benevent. (Nach einem Gemälde vom Baron F. P. S. Gérard.)	88
Alexandre Beauharnais	96
Die Vergnügungssäle bei Frascati, unter dem Konsulat. (Nach einem Kupferstich von Debucourt.)	98
Hoche. (Nach einem Porträt von Boze.)	102
Der 13. Vendémiaire. (Nach D. A. M. Raffet.)	104
General Bonaparte im Jahre 1797. (Nach einer Zeichnung von D. A. M. Raffet. Gestochen von Pollet. Aus der Sammlung Kircheisen.)	106
Kaiserin Josephine. Nach einem Gemälde von P. Prud'hon. (Musée du Louvre.)	108
Josephine	114
Bonaparte, Obergeneral der Italienischen Armee. (Nach einem Porträt von A. Fragonard jun. Gestochen von Coqueret.)	118
General Bonaparte. (Zeitgenössische italienische Zeichnung von P. T. Nach einem Stiche aus der Sammlung Kircheisen.)	126
Madame Mère. (Nach einem Porträt vom Baron F. P. S. Gérard im Musée de Versailles.)	128
Alexander Berthier. (Nach einem Gemälde vom Baron A. J. Gros.)	130
Schlafzimmer Josephines in Malmaison. (Gegenwärtiger Zustand.) (Sammlung H. Fleischmann.)	134
Pauline Bonaparte. (Federzeichnung nach der Statue A. Canovas.)	136
Der Erste Konsul Bonaparte. (Nach einer Zeichnung von J. B. F. Massard. Nach einem Stich von J. B. L. Massard jun. Aus der Sammlung Kircheisen.)	140
Die Krönung Napoleons und Josephines in Notre-Dame. (Nach einem Gemälde von J. L. David im Musée du Louvre.)	146
Papst Pius VII. (Nach einem Gemälde von J. L. David im Musée du Louvre.)	148
Kaiserin Josephine. (Nach einem Gemälde vom Baron F. P. S. Gérard im Musée de Verasilles.)	150
Vor der Scheidung. (Gezeichnet von Chasselat, gestochen von Bosselman.)	158
Kaiser Alexander I. (Gezeichnet von A. Desnoyers, gestochen von Bourgeois de La Richardière.)	164
Rustan, der Leibmameluck des Kaisers Napoleon. (Aus der Sammlung H. Fleischmann.)	172
Pauline Bonaparte. (Nach einer Zeichnung von A. Sandoz. Gestochen von Pannier.)	174
Giuseppina Grassini. (Nach einem Gemälde im Musée de Rouen.)	184
Louis Bonaparte. (Gemälde von J. L. David. Nach einem Stiche aus der Sammlung Kircheisen.)	188
Der Erste Konsul. (Nach einem Gemälde von Appiani. Nach einem Stiche aus der Sammlung Kircheisen.)	192
Ludwig XVIII. Nach einem Stiche von Fleischmann. (Aus der Sammlung Kircheisen.)	196
Herzog von Wellington. (Gezeichnet und gestochen von T. Woolnoth. Nach einem Stiche aus der Sammlung Kircheisen.)	198

	Seite
Der Erste Konsul hält Parade über die Garde ab. (Nach einem Gemälde von J. Masquerier, gestochen von C. Turner.)	204
Napoleons Schlafzimmer in Fontainebleau. (Jetziger Zustand.)	206
Lucien Bonaparte. (Nach einem Stiche aus der Sammlung Kircheisen.)	208
Mademoiselle George. (Nach einem Gemälde im Foyer der Comédie Française.)	210
Mademoiselle George. (Nach einer Lithographie von Ducarne.)	212
Fräulein George im Théâtre Odéon	218
Die Schauspielerin Mars	232
Ansicht von Saint-Cloud aus dem Jahre 1803. (Nach einem populären deutschen Holzschnitt aus der Sammlung Kircheisen.)	244
Kaiser Napoleon. (Nach einem Gemälde von R. Le Fevre, gezeichnet von Gregorius.)	246
Fürst Talleyrand. Nach einem Gemälde von Baron F. P. S. Gérard, gezeichnet von Girardet. (Sammlung Kircheisen.)	248
Josephine	250
Karoline Murat. (Nach einem Stiche von Delpech aus der Sammlung Kircheisen.)	256
Joachim Murat. (Nach einem Gemälde vom Baron F. P. S. Gérard.)	258
Pauline Bonaparte. (Nach einem Gemälde von R. Le Fevre im Musée de Versailles.)	260
Kaiser Napoleon. Gemälde von E. Hader. (Nach einer Photographie aus der Sammlung Kircheisen.)	272
Gräfin Marie Walewska. (Nach einem Gemälde vom Baron F.P.S. Gérard.)	274
Schloß Finckenstein mit Gartenparterre. (Aus: Burggraf und Graf H. zu Dohna, Napoleon im Frühjahr 1807. Leipzig, G. Wigand. — Reproduziert mit Erlaubnis des Herrn Burggrafen Georg zu Dohna-Finckenstein.)	284
Napoleons Schlafzimmer in Finckenstein. (Reproduziert mit Erlaubnis des Herrn Burggrafen Georg zu Dohna-Finckenstein aus: Burggraf und Graf Hannibal zu Dohna, Napoleon im Frühjahr 1807.)	286
Napoleons Wohn- und Arbeitszimmer in Finckenstein. (Reproduziert mit Erlaubnis des Herrn Burggrafen zu Dohna-Finckenstein aus: Burggraf und Graf Hannibal zu Dohna, Napoleon im Frühjahr 1807.)	288
Napoleon zu Fontainebleau am 31. März 1814. Nach einem Gemälde von Paul Delaroche im Städtischen Museum zu Leipzig. (Nach einer Photographie aus der Sammlung Kircheisen.)	292
Landhaus Napoleons in Porto Ferrajo auf Elba. Gemälde von J. de Sinety. (Nach einer Lithographie von A. Hastrel aus der Sammlung Kircheisen.)	294
Herzogin Luise von Sachsen-Weimar. Ölgemälde von J. H. W. Tischbein. (Reproduziert nach: Bojanowski, Luise Großherzogin von Sachsen-Weimar. Stuttgart, J. G. Cotta.)	302
Goethe. Nach einem Gemälde von F. Jagemann in der Großherzoglichen Bibliothek zu Weimar	306
Napoleon I. Nach einem Stiche von Mme. Fournier. (Aus der Sammlung Kircheisen.)	308

F. J. Talma. (Gezeichnet von Singry. Nach einer Lithographie von
G. Engelmann. Aus der Sammlung Kircheisen.) 314
Königin Luise. (Nach einem Gemälde im Besitze S. K. H. des Groß-
herzogs von Hessen.) 320
Friedrich Wilhelm III. und Luise von Preußen. (Nach einem zeit-
genössischen Stiche aus der Sammlung Kircheisen.) 322
Königin Luise, König Friedrich Wilhelm III. und Kaiser Alexander zu
Memel am 10. Juni 1802. Nach einem Gemälde von Dähling. (Aus dem
Hohenzollernjahrbuch. Leipzig, Verlag von Giesecke & Devrient.) 324
Königin Luise. Nach einem Stiche von Tielker. (Reproduziert nach
dem Hohenzollernjahrbuch. Verlag von Giesecke & Devrient.) . . 326
Parade der Kaisergarde vor den beiden Kaisern in Tilsit am 28. Juni
1807. (Nach einer Zeichnung von Swebach, aus der Sammlung
Kircheisen.) 330
Napoleon und die Königin Luise in Tilsit. (Nach einem Gemälde von
N. L. F. Gosse.) 336
Kaiser Alexander I. (Nach einem Gemälde nach C. Vernet.) 340
Friedrich Wilhelm III. Gezeichnet von Swebach. (Nach einem Stiche
von Laudelle aus der Sammlung Kircheisen.) 342
Erzherzog Karl. (Nach einem Stiche aus der Sammlung Kircheisen.) 354
Karoline Bonaparte mit ihrer Tochter Marie. (Nach einem Gemälde
von Luise Vigée-Lebrun im Musée de Versailles.) 356
Marie Luise 358
Marie Luise. (Nach einem Stiche aus der Sammlung Kircheisen.) . 366
Napoleon der Große. (Nach einem Gemälde von Desrais.) 370
Marie Luise. (Von einem unbekannten Maler. Im Besitze der Gräfin
Bombelles in Pressburg.) 372
Kaiserin Marie Luise und der König von Rom. (Nach einem Gemälde
von Baron F. P. S. Gérard, im Musée de Versailles.) 376
Der König von Rom. (Nach einer Miniatur von J. B. Isabey.) . . 378
Napoleon. Vermutlich nach einem Gemälde von David und nicht von
Gérard. Original in: Real Academia de Bellas Artes de San Fernando,
Spanien. (Reproduziert nach einem Stiche aus der Sammlung
Kircheisen.) 380
Die Alte Garde betrachtet das im Biwak von Borodino angekommene
Gemälde des Königs von Rom. (Nach H. Bellangé.) 382
Marie Luise, Archiduchesse d'Autriche 388
Der Erste Konsul und Josephine Bonaparte besuchen die Manufakturen
zu Rouen im November 1802. (Nach einem Gemälde von E. Isabey
im Musée de Versailles.) 402
Eine Jagdpartie in Raincy, der Besitzung des Herzogs von Abrantes.
(Nach einem Stiche von C. Bourgeois.) 406
Schloß der Frau von Staël in Coppet. (Gegenwärtiger Zustand.) . . 412
Julie von Récamier. (Nach einem Gemälde von J. L. David im Musée
du Louvre.) 418
Schlafzimmer der Frau von Staël im Schlosse zu Coppet. (Nach einer
Photographie.) 420

Madame de Staël. (Nach einem Gemälde vom Baron F. P. S. Gérard.) 422
Napoleon I. Gemälde von P. Delaroche. (Nach einem Stiche aus der Sammlung Kircheisen.) 428
Louis Bonaparte 432
Polizeiminister Fouché. (Nach einem Stiche aus der Sammlung Kircheisen.). 446

B. ABBILDUNGEN UND FAKSIMILES VON SCHRIFTZÜGEN IM TEXT.

Ajaccio. (Nach Baron D. V. Denon.) 5
N. (Unterschrift.) 10
Kleber. (Unterschrift.) 16
N. (Unterschrift.) 20
Valence am Anfang des 19. Jahrhunderts. (Nach einem Stiche aus der Sammlung Kircheisen.) 25
Erstes authentisches Porträt des jungen Bonaparte, von seinem Landsmann Pontornini gezeichnet. (Musée de Versailles.) 29
Ansicht von Ajaccio vom Hospitalgarten aus gesehen. (Nach einem Stich von Despois. Aus der Sammlung Kircheisen.) 33
Der Boulevard des Italiens im April 1797. (Stich von Voysard, nach dem Gemälde von Desrais.) 39
Turreau. (Unterschrift.) 45
Bonaparte. (Unterschrift.) 46
General Carteaux. (Nach einem Stiche der Bürgerin Boze.) 48
Saliceti. (Unterschrift.) 49
Alexandre Berthier. (Unterschrift.) 50
Buonaparte. (Unterschrift.) 55
Désirée Bernadotte. (Unterschrift.) 58
General Bernadotte. (Ausschnitt aus einem Gemälde von Lebrun, nach einem Stiche von Lefevre.) 59
J. B. Bernadotte. (Unterschrift.) 60
A. F. L. Viesse de Marmont. (Nach einem Gemälde von J. P. B. Guérin im Musée de Versailles.) 63
Junot. (Unterschrift.) 64
Bonaparte. (Nach Baron A. L. J. Gros.) 65
L. Bonaparte. (Unterschrift.) 68
Fouché, de Nantes. (Unterschrift.) 69
Napoleone Bonaparte. (Münze, gelegentlich der Gründung der cisalpinischen Republik im Jahre 1797 geschlagen.) 71
G. L. Ouvrard. (Nach einer Lithographie von Villain.) 83
Tallien. (Unterschrift.) 85
Frau Tallien. (Nach einem Porträt von Quenedey.) 87
Josephine de Beauharnais. 95
Alexandre de Beauharnais. (Unterschrift.) 97
P. Barras. (Unterschrift.) 100
Barras. (Nach einer Lithographie von Delpech.) 101

	Seite
Billett Josephine Beauharnais' an den General Bonaparte. (Faksimile.) 105
Bonaparte. (Unterschrift.) 107
Französische Assignate. (Aus der Sammlung Kircheisen.) 111
Aus einem Briefe Josephine Bonapartes. (Faksimile.) 121
Faksimile eines Briefes Bonapartes an Josephine vom 13. Fructidor des Jahres IV (10. August 1796.) 123
Faksimile einer Einladung der Generalin Bonaparte zu einem Ball im Palazzo Serbelloni. (Aus der Sammlung H. Fleischmanns.) . . 129
Faksimile der letzten Seite eines Briefes Josephine Bonapartes, vom 30. Prairial des Jahres VII 133
Eugène de Beauharnais. (Ausschnitt. Nach einem Stiche von Joubert. Aus der Sammlung Kircheisen.) 138
Hortense de Beauharnais. (Nach einer Miniatur von Sain, im Besitze der Frau Rainbeaux.) 139
Hortense de Beauharnais. (Gestochen nach einem Gemälde von A. L. Girodet de Roucy-Trioson.) 145
Napoleon I. (Gezeichnet und gestochen von Longhi, nach einem Gemälde von J. B. Isabey.) 153
Faksimile eines Briefes Eugen de Beauharnais' 155
Corvisart. (Unterschrift.) 157
Letizia Buonaparte. (Unterschrift.) 160
Cambacérès. (Gemälde von Devouge. Nach einem Stiche von Levachez.) 161
N. (Unterschrift.) 163
N. (Unterschrift.) 166
Bonaparte im militärischen Divan. (Nach einer Zeichnung vom Baron D. V. Denon.) 171
Bourrienne. (Unterschrift.) 172
Eugène Napoléon. (Unterschrift.) 175
General Kléber 177
Suleiman El Halebis am Marterpfahle. (Nach einer Zeichnung von Dutertre.) 179
Ansicht von Fréjus. (Nach einem Stiche aus der Sammlung Kircheisen.) 181
Bonaparte Premier Consul de la République Française. (Münze, gelegentlich der Vereinigung Piemonts mit Frankreich im Jahre 1803 geprägt.) 184
Elisa Bonaparte. Nach einer Miniatur aus dem Jahre 1810. (Aus: Paul Marmottan, Elisa Bonaparte.) 187
Augereau. Nach einer Lithographie von Delpech. (Sammlung Kircheisen.) 191
Die Künste bringen dem Ersten Konsul ihre Huldigung dar. (Nach einer Zeichnung von Desrais. Gestochen von Mariage. Aus der Sammlung Kircheisen.) 195
Napoleone Bonaparte. (Münze, gelegentlich der ersten Handlungen der Consulta im Jahre 1802 in Lyon geprägt. Vorder- und Rückseite.) 199

	Seite
Mademoiselle George. (Nach einem Porträt vom Baron F. P. S. Gérard. Aus der Sammlung der Gräfin Pourtalès.)	203
Napoleon	219
Talma. (Nach G. Belliard.)	223
Mademoiselle Duchesnois. (Nach einem Stich von Momal.)	225
Duchesnois. (Unterschrift.)	226
Josephine Duchesnois	227
Fräulein Duchesnois. Nach einer Zeichnung von Devéria, gestochen von Bertonnier. (Aus der Sammlung Kircheisen.)	228
Grabmal der Schauspielerin Duchesnois auf dem Père Lachaise in Paris	229
Pauline Bonaparte, Prinzessin Borghese	235
Der Erste Konsul. (Nach einer Ölskizze von J. L. David.)	237
Siegel Napoleons. (Vorderseite.)	239
Siegel Napoleons. (Rückseite.)	241
N. (Unterschrift.)	245
Faksimile der Handschrift Napoleons	253
Graf Léon, Sohn Napoleons und der Eleonore Dénuelle de la Plaigne. (Sammlung H. Fleischmann.)	265
Kaiser Napoleon. (Münze, geprägt im Jahre 1812.)	268
Anna Tyszkiewicz, Gräfin Potocka. (Nach einem Gemälde von Angelika Kauffmann.)	277
Autograph der Gräfin Walewska. (Sammlung H. Fleischmann.)	281
Graf Walewski. Sohn Napoleons und der Gräfin Walewska. (Nach einer Photographie aus der Sammlung H. Fleischmanns.)	291
Herzog Karl August von Sachsen-Weimar. (Nach dem Ölgemälde von H. Kolbe.)	305
N. (Unterschrift.)	310
Herzogin Luise von Sachsen-Weimar. (Nach einem Ölgemälde.)	313
König Friedrich Wilhelm III.	329
Gräfin Voss	333
Königin Luise	339
Schwarzenberg. (Unterschrift.)	347
Napoleon I. (Nach einem Stiche von N. Bertrand.)	349
Marie Luise als Kind. (Nach einem Gemälde von J. Hickel.)	351
N. (Unterschrift.)	360
Marie Luise. Nach einem italienischen Stiche von Stoppi. (Sammlung Kircheisen.)	363
Napoleon und Marie Luise. (Münze, gelegentlich der Vermählung Napoleons mit Marie Luise geschlagen.)	368
A. Dubois. (Unterschrift.)	375
Baptême du roi de Rome. (Münze, gelegentlich der Taufe des Königs von Rom geschlagen.)	378
Gouvernante des Enfans de France. M. C[tsse] de Montesquiou. (Unterschrift.)	380
Rémusat, 1er Chambelan. (Unterschrift.)	383
Die Herzogin von Abrantes. (Nach einem Gemälde von A. Farey.)	397

	Seite
Junot. (Nach einem Gemälde von J. L. David.)	399
Faksimile der Handschrift der Herzogin von Abrantes	401
Napoleon. (Unterschrift.)	407
Le duc d'Abrantes. (Unterschrift.)	408
Frau von Staël im Jahre 1816. Nach einer Miniatur im Besitze des Herzogs von Broglie. (Aus: P. Gautier, Madame de Staël et Napoléon. Paris, Plon-Nourrit et Cie.)	410
Der Erste Konsul. (Nach einer Zeichnung nach dem Leben während einer Parade aus dem Jahre 1800, von J. Duplessis Bertaux.)	415
Benjamin Constant. (Nach einer Lithographie aus der Sammlung Kircheisen.)	417
N. (Unterschrift.)	423
Frau von Rémusat. (Nach einem Gemälde von J. B. Isabey.)	425
Bonaparte. (Unterschrift.)	430
Napoleon. (Unterschrift.)	434
Napoleon Bonaparte. (Münze, gelegentlich der Wiedererrichtung des Denkmals der Jeanne d'Arc geprägt.)	435
König und Königin von Westfalen. (Münze.)	440
Napoleon I. Lithographie von Jab nach einem Gemälde von M. Lavigne. (Aus der Sammlung Kircheisen.)	441
Marie Luise. (Nach einem Stich von N. Bertrand.)	445
Charlotte Auguste Gräfin Kielmansegg in ihrem 85. Lebensjahre. (Nach einer Photographie.)	449

www.ingramcontent.com/pod-product-compliance
Lightning Source LLC
Chambersburg PA
CBHW021218300426
44111CB00007B/348